U0862229

礼乐政治与明朝国家祭祀

李媛 著

科学出版社
北京

内 容 简 介

“夫祀，国之大节也；而节，政之所成也。”祭祀是古代中国治国理政的大事，也是理解传统中国政治文化的枢纽之一。本书从明代国家祭祀体系的历史衍变、祭祀仪式的礼乐文化内涵、国家祀典与地方祭祀的关系、域外视角下的明代礼制四个方面，阐释了祭礼仪式之于明代国家政治的意义及其相互关系。

本书适合科研工作者及人文社科爱好者阅读。

图书在版编目（CIP）数据

礼乐政治与明朝国家祭祀 / 李媛著. —北京：科学出版社，2023.5
ISBN 978-7-03-074410-4

Ⅰ. ①礼… Ⅱ. ①李… Ⅲ. ①礼乐-祭礼-研究-中国-明代
Ⅳ. ①K892.98

中国版本图书馆 CIP 数据核字（2022）第 253983 号

责任编辑：李春伶 / 责任校对：王晓茜
责任印制：吴兆东 / 封面设计：润一文化

科学出版社 出版
北京东黄城根北街 16 号
邮政编码：100717
http://www.sciencep.com
北京厚诚则铭印刷科技有限公司印刷
科学出版社发行 各地新华书店经销
*
2023 年 5 月第 一 版 开本：720×1000 1/16
2024 年 1 月第二次印刷 印张：17 3/4
字数：280 000

定价：99.00 元

（如有印装质量问题，我社负责调换）

代序

礼制与仪式：明代国家政治研究的文化维度

历史学研究是受到现实影响最为明显的学科之一，历史学家的研究既需要置身于历史之外，又不可避免地身处历史之中，无论是历史研究中关注的问题，还是运用的理论和方法，甚至语言叙述的风格，往往会带有鲜明的时代色彩。因此，史学研究的推进势必紧密关联于现实社会的变迁，这赋予了历史研究别样的魅力。明清是中国传统社会最后的两个王朝，是中国古代史研究中距离现代社会最近的一个时段，是中国历史从传统走向现代的过渡期和转变期。明清史的研究因此不仅更具有现实反思的意义，也是受到近代以来社会变革影响最为明显的领域之一，尤其是改革开放以后，各种新鲜的理论、方法和观念扑面而来，国内史学研究迎来发展最为迅猛的半个世纪，明清史研究也在许多领域因应了这场时代变革，获得了长足发展。明代礼制研究正是在这样的背景下逐渐受到关注，成为理解明代国家政治运作的一个重要维度。

一、被忽略的史料与历史面相

《春秋左传正义》中孔颖达疏称“中国有礼仪之大，故称夏；有服章之美，谓之华。华、夏一也”[①]。自周公制礼作乐，用一套等级分明、内容丰富的礼乐制度作为社会运作的规范以来，中国的礼仪制度一直被历代王朝所重视，到唐代完备的五礼体系形成，吉、凶、军、宾、嘉五种礼制大致涵盖了帝制时代礼制的全部内容。从礼制的发展历史来看，固然有非常明显的继

① （周）左丘明传，（晋）杜预注，（唐）孔颖达疏：《春秋左传正义》卷56《定公十年》，载（清）阮元校刻：《十三经注疏》，北京：中华书局，2009年，第4664页。

承性，但每个王朝礼制体系的具体内容皆有明显差异，需要结合当时的社会实际和不同的统治特点加以理解。明朝在取代元朝政权统治的过程中，以“驱逐胡虏，恢复中华”为目标①，在明朝建国后的几年间创建和完善了各种制度规定，建立了一套体现中原文明特色和符合本国统治实际的礼制体系。从长时段视角来看，明朝的礼仪制度奠定了清代礼制的基本样貌，从这个角度来说，明代的礼制体系是中国帝制后期礼仪制度的关键环节。由于受到20世纪以来中国历史学研究的核心关注和主要导向的影响，明代礼制研究在很长一段时期，并没有得到学者的重视，成为明清历史研究中一个被忽略的历史面相。

20世纪初，在传统帝制时代终结的历史背景下，史学研究掀起了第一波新旧交替的浪潮，以梁启超为代表的新史学对传统旧史学进行了系统批判。他的核心主张是，传统史学虽发达，但只重视政治史，只记录帝王将相、精英人物，所做的历史也只是为维护封建统治服务，而不关注国家和民众，因此倡导挣脱传统史学的窠臼，进行史学革命，写全体国民之历史，并且在记述历史的同时更强调分析与阐释。然而正如学者所看到的，20世纪初的历史学尽管对旧史学有许多批判，但在问题意识、研究方法，以及书写模式、论著内容等方面，都带有深刻的旧史学印记，新领域的研究与新方法的运用尚未展开。②也就是说，新史学对旧史学的冲击更多是观念和思想上的。

如果说新史学着重从史学之功用上批判传统史学，并没有对历史研究对象有更为具体的影响，那么不久以后掀起的新文化运动，则将批判的矛头直指中国传统的专制主义文化，试图通过揭露和彻底批判传统社会的积弊，探索新的科学民主之路，在这个过程中则直接影响了对中国传统礼制的基本判断。从社会发展的角度来看，新文化运动在除旧破新之际，自有其反对尊卑等级、寻求个人解放，反对皇权专制、追求自由民主的重要意义，但在学术研究上，将礼制或礼教等同于专制与落后，却在客观上偏离和固化了“礼”的含义，这在史学思想上直接促成了影响深远的“五四史观”的诞生。③进

① 《明太祖实录》卷26，“吴元年冬十月丙寅”条，台北：台湾“中央研究院”历史语言研究所，1962年校勘本，第402页（以下《明实录》类文献信息均为此版本，不再一一列出）。

② 杨振红：《社会史论战与中国新史学的成长》，《历史研究》2020年第1期。

③ 尽管后来不断有学者分析和界定新文化运动所反对的礼教指的并非以孔子为代表的儒家礼教之全部，而是其中体现专制传统糟粕的旧礼教，但当新文化运动在全社会范围内形成一种思潮的时候，这种扩大化的指向不可避免。

而，无论是研究话题，还是方法视角，“五四史观”都影响了20世纪上半叶史学研究的诸多领域，而其最为核心的内容就是将代表中国传统社会和专制文化特点的“礼教”树立为批判的靶心。诚然，“礼”带有浓厚的等级特点，礼制的发展与完善也始终与帝制时代的运转相始终，但对礼制研究更重要的意义在于，理解礼制之于中国传统社会的塑造作用，进而寻找中国政治文化的思想渊源。因此，在前述观念的影响下，对明代礼制的研究并没有洞悉其本质，而是呈现出一边倒式的批判，也偏离了客观意义上的学术研究。

20世纪二三十年代，在马克思主义唯物史观的影响下，中国史学界掀起了对中国社会性质的大讨论，社会史论战成为当时史学研究的基本主题。在对中国社会性质的讨论中，学者普遍受到马克思主义唯物史观的影响，对中国历史阶段的划分提出了自己的不同主张。马克思主义唯物史观主张关注生产力与生产关系、经济基础与上层建筑之间的关系，其中生产力和经济基础起着决定性作用，并与其他力量形成合力，是推动历史发展的主要动力。这一理论主张的直接影响就是，经济史、政治史，以及以探讨社会阶层和社会结构为核心的社会史成为绝对主角。论战前后，在马克思主义唯物史观影响下写就的一大批中国通史，以及到新中国成立以后，正式确立马克思主义唯物史观的领导地位后涌现的更多通史性著作，在书写方式和观念上都发生了重大变化。[①] 在这种背景下，无论是中国通史还是断代史著作，研究的主要问题均涉及朝代更迭、精英人物、国家机构、经济发展、社会阶层、农民运动等，礼制几乎没有进入到上述任何一个研究主题当中。

对近代明清断代史研究有开创之功的孟森先生，在治史路径上更接近于传统史家，他在20世纪30年代初以北京大学授课讲稿集结而成的《明清史讲义》[②]，是20世纪早期明清史研究的代表著作，体现了新旧史家相结合的研究方法，奠定了近代以来明清历史叙述的基本框架。在《明史讲义》中我们看到，该书基本以政治变动为线索引领历史书写，提及嘉靖议礼的部分，也是重在分析其背后体现的政治角力和人事纷争，而非关注礼制本身。到了20世纪50年代，李洵先生写就了国内第一部马克思主义理论指导下的明清断

① 参看杨振红：《社会史论战与中国新史学的成长》，《历史研究》2020年第1期。

② 孟森：《明清史讲义》，北京：商务印书馆，2011年。

代史学术专著——《明清史》[①]，形成了新中国成立后明清史研究独立系统的学科体系。该书对明清史框架的建构，除了以政治变动为核心外，还着重阐明了经济发展和对外关系的变化，“以君主专制中央集权的消长和资本主义萌芽发生滋长迟滞为主线”，勾勒明清时期的重大历史问题[②]，然于洪武和嘉靖时期的礼制建设几乎没有着墨。以上情况显示出，早期明清史研究的整体架构还处于起步阶段，对该时期社会总状况的讨论，也皆集中于政治变迁和经济发展。除了明清断代以外，改革开放以前，有关明清礼制的专题研究也是成果寥寥，除了偶有一些篇幅短小的介绍性研究外，并未形成有影响的研究成果。因此，20世纪上半叶，受到当时史学研究基本问题和理论方法的影响，礼制几乎不在学者的研究视野内。

然而翻检史料可以看到，无论从何种意义上说，礼制与明清时代的政治和社会的深度融合，都是理解明清时代一个不能被忽视的重要面相。从有关明代礼制内容的史料来看，大量有关明代礼制的史料未被系统利用。比如在研究明史最重要的史料《明实录》中，礼仪制度占有很大比重：以《明太宗实录》为例，在修纂凡例所列举的52项内容中，直接或间接涉及礼仪制度的条目大约占1/4[③]；而在对礼制建设讨论最多的明太祖和明世宗两朝实录中，有关礼制的内容更多。李洵先生在晚年为研究生讲授明清史课程，尤其是在讲读明清史料过程中，也注意到了这个问题。他说：“实录里有很大一部分，现在看起来好像没有什么用，就是关于礼仪的内容……这类内容，粗看实录的话可以不看，细看还是很有用的……我们说的那个封建等级制，一般从经济上或者政治上看它，其实这种体制在人的社会关系上，非得通过礼仪表现出来不可。这个礼仪就规定了封建等级制，而且相当详细、相当讲究。将来要是谁专门研究这个东西，是很有意思的。”再如关于祭天礼仪，他也认为，祭天礼仪的变化，表面看来无所谓，不过是祭祀方式和程序上的问题，但其实里面包含很深奥的东西。[④]除了实录以外，还有一批集中和专门

① 李洵：《明清史》，北京：人民出版社，1956年。

② 赵毅、罗冬阳：《再版序言》，载李洵：《下学集》，北京：中国社会科学出版社，2006年，第5页。

③ 《明太宗实录》修纂凡例。

④ 李洵：《中国的明清时代——李洵明清史讲义·明清实录的史料分析》，载《李洵全集》第5卷，北京：人民出版社，2022年，第199—200页。

记载礼制内容的典籍，如《明会典》《明集礼》《礼部志稿》等；在丰富的明代地方史料和私人著述中，也能见到为数众多的有关地方礼仪制度的记载。这些曾经被忽略的史料都提示我们，礼仪制度生动鲜活地存在于明清时代社会生活中，对于理解明清时期的历史、理解中国传统政治文化并非可有可无。

二、视角转换与文化取向

改革开放以后，历史学研究迎来了发展最为迅猛的40多年，与20世纪上半叶相比，研究视野极大拓展，理论方法不断更新，研究成果大量涌现。有学者对改革开放以来的中国礼学与礼制进行了回顾性研究，认为礼所涵盖的几大内容——传统礼学、庙堂礼制、乡里礼秩的各层面在这个时期都受到了学者的瞩目，有关研究在近20年获得了重大发展。[①]这一重要转变既受到社会发展现实的影响，也与史学研究本身在方法和理论视角上的转换有关。

20世纪80年代以来，随着全球化进程的不断深入，史学研究者之间的交流大为增强，史学界普遍意识到，以朝代更迭、帝王将相、精英人物为主要内容所书写的中国历史是存在缺陷的，甚至有可能是不真实的，因此主张关注普通大众构成的历史生活，以反映更为贴近真实和人们生活的历史，社会史逐渐兴起。社会史的兴起拓展了人们研究和认识历史的视野，使历史研究更为鲜活生动，也打破了原有过于僵化的解读。随着研究的深入，学者也意识到，不管是政治史还是社会史，都需要打破单一视角的界限，在研究的方法上做文章，这就出现了文化的转向。文化史的研究方法并非迟至20世纪80年代才出现，英国史学家彼得·伯克认为，20世纪70年代以后的文化史复兴不过是被重新发现的过程。文化史家强调复数形式“文化”的整体性，从而克服历史的碎片化状态；强调在不同的研究领域，如政治学、地理学、经济学、心理学、人类学等领域发生文化研究的转向，关注特定群体在特定时代和地点的价值观是怎样的；文化史学家的共同基础就是“他们关注符号以及对符号内涵的解释。符号，无论是有意识的还是无意识的，从艺术到日常生活，处处可见”。[②]

① 参看杨英：《改革开放四十年礼学与礼制研究》，《孔学堂》2018年第3期。

② 〔英〕彼得·伯克：《什么是文化史·导论》，蔡玉辉译，北京：北京大学出版社，2009年，第1—3页。

与社会史、文化史兴起同时起到作用的是微观史学的抬头，微观史学不满足于历史学家对人类发展进程的宏大描述，而是主张更加注重地方知识和区域文化。与此同时，在精细化的现代学科体系的影响下，微观研究更被学者所推崇，学界逐步从描述社会总体性质和整体结构，转向对微观的研究。这些微观史学的主张在一定程度上推动了社会史、文化史在研究对象上的巨大转变，进一步促使史学研究中的文化转向被更多的学者接受。这种转变的好处显而易见：它拓展了史学研究的对象和范围；重新发现了历史的多样性和复杂性。更重要的是，文化的转向使研究者不再拘泥于单纯寻找未被研究过的领域，而是重在思考如何在传统研究对象和文化的解读之间建立起桥梁，进而将原有的研究话题推向深入。

以上研究视角的文化转向，改变了20世纪80年代以后有关中国传统礼制的研究方向，礼制不再被看作落后的、需要被批判的传统制度及形式化的条文，取而代之的是其所展现的中国传统文化精神的内涵被学界充分注意到。在这样的背景下，对礼制的研究被纳入到了明代国家政治研究的范畴内，在多个层面推进了对明代政治文化的理解。

对明代礼制的研究首先是呈现这一体系的基本面貌。从纵向来看，明太祖时期的礼制建设和明世宗时期的礼制改革，是展现明代礼制变迁的重要节点。在朱元璋的政治版图设计中，礼制建设体现了对华夏礼仪的复原，礼制定则秩序定、规范定，于是礼制被置于与官僚体系建置、户籍与赋税体系、学校与教育政策、军事与卫所制度等同等重要的位置。虽然明代礼制来源于前代传统，具有较强的文化继承性，但明初的国家礼制与元制相比，表现出更为突出的儒家化倾向，并且这种倾向得到了儒家士大夫的普遍认同。明初礼制突出的儒家人本主义精神提示我们，“在经历了中古时代（唐宋时期以后）的狭义宗教活跃和民族文化融合以后，在14世纪之后的一个时期，（儒家人本主义的政治文化）得到了更明确的认定，并与国家政治生动结合”①。对嘉靖时期以大礼议为核心的礼制改革的研究，也不同于以往将之视为政治权力和人事纷争的背景，而是关注到此时礼仪制度上较明初的重大转变，以及这些转变背后的文化含义。嘉靖时期不仅在庙堂礼制上有颇多变革，在地

① 李媛：《明代国家祭祀制度研究》，北京：中国社会科学出版社，2011年，第308页。

方上也出现了家礼的普遍化倾向，民间礼仪丰富多样，成为16世纪明代礼制的重要变动时期。从对礼制结构的呈现来看，不仅有对明代礼制庙堂层面的设计，即结合政治变动对五礼体系的全面梳理，还有对精英礼学及其思想，以及民间庶民家礼的拓展研究，展现出多层次的明代礼制全貌。

在呈现明代礼制结构的基础上，探讨礼制对明代政治文化精神的塑造，则更进一步体现了研究视角的文化转向对明代礼制研究的影响和启示。传统社会的礼制与国家政治密切结合，从文化视角的解析，会看到礼制对于塑造传统中国政治理念的深远影响。礼仪制度是国家制度，皇帝及其臣僚是礼仪制度的制定者和主导者，因此其背后的设计理念首先体现的是统治者的政治理念和政治文化：明代礼制从明初的全面制定，到其后历代皇帝或多或少的调整，其中的突出特点是外在形式上虽掺杂有狭义宗教化内容，但始终秉持传统儒家人文精神的内核，这种精神在皇帝与士大夫之间达成了共识，成为屡次修订礼制的基本精神和原则；礼仪制度涵盖祭祀、丧葬、婚冠嫁娶、宾主相见、军事礼仪等内容，对皇室、贵族、士大夫，以及普通民众生活的诸多侧面皆有规定，是明朝政府规范从皇室到民众，从宗藩到朝贡，从庙堂到乡间各类群体秩序的有效手段，礼制既服务于政治权威，是统治者对内对外、对上对下推演权力的方式，也潜移默化地影响和规范着明人的生活，这一特点显示出帝制时代权力体系架构中比较柔性的层面；与此同时，礼制也在一定程度上发挥制约与规范皇权的作用，比如明代的国家祭祀活动，即对皇权的范围提出要求，以约束皇帝在现实中的政治权威，皇帝的合法性也需要通过祭天这种礼仪活动得以确认和昭示，同时提示皇权政治的合法性是有条件的，也是变化着的，天既可以显示权威于世间，也可以对不符合天道者进行惩罚，以此对皇权进行监督。这些礼制背后丰富的文化内涵无不体现理解传统政治文化的关节。

与前述社会史研究的勃兴相同步，明代礼制研究还表现出对民间社会礼仪的重点关切。首先，对民间礼制和礼仪活动的研究丰富了关于明代下层社会生活，尤其是百姓文化生活、精神信仰、宗族活动、婚丧嫁娶等内容的认识，展现了帝制时代后期民间社会礼制影响下民众生活的活力，体现了明代礼制的多层次性，这些都与社会史研究所提倡的对普通民众生活的研究相吻合；其次，民间礼制并非脱离上层社会而存在，其发展变迁与国家礼制关系甚为密切，因此对民间礼制的研究会关注礼制的流动路径及其反映出的权力关系，主要表现在探讨各种民间礼仪制度如何在国家礼制的框架下运行，如何进入或被剔除出国家礼制体系，甚至是反过来影响国家礼制的变动等问题，这也是探讨帝制后期朝廷与地方社会权力关系的一个重要侧面；最后，对地方礼制的研究充分体现了社会文化史研究中以小见大的视角和方法，将对某一礼仪行为的微观研究置于对明代社会整体的宏观理解中，见微知著。

整体来看，近年来的明代礼制研究不仅拓展了传统明代政治史研究的范畴，也深化了原有国家政治研究的维度，加深了对明代国家权力运作与政治文化含义的理解。这些都与研究视角的转换和文化取向的强化密切相关，充分展现了全球化时代背景下理论方法的更新对史学研究的推进作用，体现出现代史学研究与传统史学的巨大差异。

三、明代礼制研究的多维度拓展

礼制研究长期以来不受关注的原因，除了受不同历史时期的社会背景、史学理论和观念等因素影响以外，更显而易见的是中国礼制传统悠久、内涵艰深枯燥且不易把握。这使得对其研究表现出样貌呈现有余、深度探讨薄弱的特点，显然，在已有研究成果的基础上，提升与突破并非易事。深入结合中国传统礼制的特点，笔者认为可从四个方面对明代礼制研究进行多维度、多层面的再思考。

首先，时间维度的拓展。明朝前后分别是两个少数民族统治下的王朝，在礼仪制度方面，明朝与元朝呈现出较大的文化差异，而与清朝的相似性较强。对比明代礼制在入清以后的延续与变化，可以看出两朝在政治文化理念上的异同，这对于凝练明代礼制的特点也是有帮助的。与变化相比，明清两朝礼制体系表现出更明显的继承性，这种继承性超越了王朝的政治界限，从精神意蕴到具体制度层面呈现出较多的一致性。如在吉礼方面，明清两代以宫廷为核心的国家祭祀体系一脉相承，清朝除了增加了一些有关本民族特色的祭祀活动外，如堂子祭祀，在祭祀内容和方式上与明朝的连续性更明显。因此，从时间维度来看，对明代礼制的研究理应向下延伸，只有对明清时期进行整体关照，才能深刻认识帝制时代晚期礼制文化的特点，乃至厘清与近代以后礼仪文化的差异。在断代史研究大行其道的今天，通贯式研究尤其难能可贵，许多明清史研究的前辈学者也在学理层面指出了明清历史关联的重要性。如郑天挺先生一直强调将明清历史作为一个统一的时期进行研究；李洵先生也将此时期称为"明清时代"，充分强调对两个朝代的通盘理解。[①]礼制就是非常能体现这种关联性的政治制度之一。从时间维度向上回溯，虽然礼制在汉代以后发展为重要的国家政治制度，但从根源上来说，礼制与中国的礼学和经学深度融合，礼制的产生和发展不仅为历代国家政治变迁所左右，更浸润于以经学为显学的传统社会，并受到其深刻的影响。故每一种具体的礼制均有其原初的文化内涵，这种追溯有助于理解"礼"之于中国传统文化的本源意义。在理解明代礼制变迁的讨论中，这种溯源也是有帮助的，比如在讲到嘉靖大礼议的时候，议礼两派均声称秉持古礼，从政治背景上来解释固然是一种角度，但从礼的来源和本意来看则会触及此种分歧内里的文化根源。

其次，结构维度的拓展。从体系化的五礼制度来看，前述有关明代礼制研究的成果中，对吉礼即祭祀礼仪的研究最多，也最为深入，这与吉礼在礼制体系中的地位最重、变动最多、与国家政治结合最为紧密有关。相比之下，对其他四类礼制的研究还有较大的拓展空间：围绕皇室成员丧事而行之凶礼，内容主要包括山陵、寝庙、丧葬仪、谒陵、忌辰之礼等，目的在于体现对死去皇室成员的悼念和缅怀，抒发孝思之情，并依据其生时地位给予相应的丧祭礼仪安排，事死如事生。在繁复的仪式过程之外，凶礼突出地表现了传统社会的伦理精神意蕴。军礼是以凸显军事象征意义为标的的仪式活动，以亲征仪、遣将仪、受降仪、奏凯献俘仪、论功行赏礼、大阅礼、大射礼、救日伐鼓等为主要内容。宾礼指中央王朝与周边藩国及少数民族交往过程中使用的礼仪，以朝贡及遣使之礼为主，涉及宾主之间的双向礼仪互动。对这一仪式的研究，有助于理解主宾双方的政治立场、明清时期中央朝廷与藩属国之间外交关系的演变，以及当时国际政治关系的格局建构。嘉礼内容繁杂，尤其是涉及宫廷政治生活的君臣之礼、宫廷日常生活之礼、皇室家礼、节庆礼仪等内容，包括登极仪、朝会仪式、册封仪式、宴飨仪式、婚冠

① 参见郑天挺：《郑天挺明史讲义·明清史之异同》，北京：中华书局，2017年；赵毅、罗冬阳：《再版序言》，载李洵：《下学集》，第11页。

之礼及修书、教育仪制等，凸显了政治礼仪的等级秩序、仪式性和内外之别，对于理解明清时代的宫廷文化和政治行为均有助益。[①] 此五类礼仪制度的划分虽然十分明确，但在实际运行中交叉十分明显。比如，册封、冠婚属嘉礼；皇帝亲征、遣将仪等属军礼；同时这些仪式过程中，亦包含祭告天地、宗庙、社稷等属于吉礼的祭祀内容。陵祭虽属凶礼范畴，却与庙祭颇多关联，有时甚至会直接影响礼仪制度的实际运作。[②] 因此，从这个意义上说，明代礼制的研究应该是一个对结构性礼制的整体研究，其核心交叉点指向的是明代的国家政治文化。

再次，明代礼制研究应有空间维度的拓展。明代中国与前代的一个重大差异在于与外部世界的交往更为直接和密切，范围更广。这对国家礼仪制度研究的直接影响是，在比较的方法下通过域外视角对明清时代礼仪制度的审视，可以从另一个视角认识中国礼制文化的独特之处，看到其对中国传统精神的塑造作用。这一时期，相当丰富的异域史料，以及基于不同文化特点围绕礼仪问题出现的诸多讨论，均为这种空间上的拓展提供了可能。比如在对儒家精神和中国传统文化认同度较高的朝鲜半岛，朝鲜王朝的礼仪制度很可能成为中国礼制非常具有参照价值的镜像，其相关史料丰富且系统。这一点在20世纪70年代末谢国桢先生讲到明清史料的拓展时就曾反复强调过，他认为此类域外史料的使用对于明清史研究有重要作用。[③] 在此基础上的对比研究，可以帮助我们进一步理解明清时代礼制体系的原则和特点。与之相反，来自欧洲的天主教文明与明清时代的中国在礼仪问题上的百年之争，则在相反层面上提供了异质文明对比研究的另一种可能。16世纪进入中国的天主教传教士，从一开始就面临如何处理与中国本土文化的关系问题。直到18世纪礼仪之争出现高潮，这一在当时国际关系中相当引人注意的冲突现象，从文化内涵的角度来看，意义深远。明清时代的中国文化和以天主教为代表的欧洲文化对“礼”的核心概念、制度、功用的理解，以及仪式文化上的巨

---

① 详细讨论参见李媛：《明代宫廷典制的结构与功能》，载赵中男等：《明代宫廷典制史·绪论》，北京：紫禁城出版社，2010年。

② 如关于明懿文太子陵祭问题的讨论，参见王剑：《明懿文太子陵陵祭逾制考论》，《历史研究》2011年第6期；高寿仙：《明懿文太子陵祭礼异常问题探微》，《北京大学学报（哲学社会科学版）》2015年第5期。

③ 谢国桢：《对于研究明清史的一点体会》，《中国史研究》1979年第3期。

大差异，都是这种冲突的具体表现。这场在中西方文明史上首次真正意义的接触过程中发生的旷日持久的礼仪冲突，背后体现了中西文化的深刻差异，对这一问题的拓展性研究，无疑具有更深刻的理论意义。

最后，符号维度的解读——从理论建构回归理论实践。前述关于中国传统礼制研究中使用的新方法，已经让我们看到了一些颇有意义的探索，这在很大程度上拓宽了礼制研究的视域，增强了对礼仪文化的解释力度，显示了多学科交叉理论对历史学研究的影响力。新概念和理论的引入与建构固然令人瞩目，其间的窒碍也比较明显，故对明代礼制研究在方法层面的拓展，对此不可不察。礼制不仅仅是行诸文本的典制，更是着落于现实的行为，因此对明代礼制变迁的梳理必然要结合其实践状态。礼制的实践以仪式活动的开展为外在标志，无论是庙堂典礼还是民间仪式，公开而有节奏的表现形式都是明代人精神文化生活的日常。于是，对仪式活动的解读成为明代礼制研究的关键部分。受到人类学对仪式符号象征意义解读的影响，对明代礼制仪式的解读主要从两个方面展开：一是对某一种或某一类仪式的象征性分析，如对明代礼仪活动政治合法性的解读，研究者将礼仪活动与其他以皇帝为核心的政治活动结合起来观察，从而使礼制仪式展示的政治文化意蕴更为凸显；二是对仪式程序过程中的某些环节或要素，结合其渊源，阐明其象征意义。这两种分析方式可能存在一定问题，比如过度依赖于对仪式文本的解析，或者是解释方式的模式化，其中对仪式政治合法性的分析，表现得尤为明显。这与近年来多学科方法在历史研究中的应用，以及在历史解释过程中不自觉的概念先行有关。因此对明代礼制研究在方法上的拓展，反而应从理论建构回归到理论实践，回归到明代礼制实际运行的复杂过程，着重于展示礼制仪式对明代政治和社会生活多层面的塑造作用。

由于礼制与中国传统文化相伴而生，并深刻塑造了传统文化的内核，对明代礼制研究的多维度拓展最终指向的是，明清时期帝制中国如何建构自己的国家和国际秩序，中国传统文化精神的意蕴如何通过礼仪制度得到阐发和传承。明清时代礼仪研究的核心即探讨国家的统治秩序和传统文化的精髓。

以儒家文明为核心价值观念的明代中国，在国家统治秩序的建设上秉承帝制中国的传统，体现于政治、经济、军事等多个层面的显性存在，然于礼仪制度层面的权力与秩序关系则表现为隐性的、不易察觉的。隋唐以来，帝制中国在国家秩序的建构上秉持礼法合一、教化先行的观念，体系化的礼仪制度涵盖帝制国家中的公共领域和私人领域、社会精英与下层民众、国内秩序与对外交往等诸多层面。在礼仪制度规范下的传统社会的人们，逐渐形成和强化了对帝制国家的认同感，由此进一步巩固了帝制国家的统治秩序。从这个角度说，礼制并非只是自上而下的国家的手在起作用。当论及明清时代的政府与地方社会的关系，以及帝制国家的统治效力问题时，需要顾及中国庞大的地域，巨大的地区间差异，以及复杂的社会结构。帝制晚期，地方社会的活力和自治，更是常常成为对帝制中国政府统治效力的质疑，但是从礼制在明清时代的推行情况却让我们看到了另一种图景和解释路径。近年，秦晖提出的中国传统社会是一个“大共同体本位”的判断，在分析礼制之于传统国家建立统治秩序的问题上，颇具启发意义。[①]从国家权力对秩序维护的视角来看，皇权（国家权力）对地方社会的控制从来都在，礼制便是其中最为重要的手段和方式。朝廷乐于看到诸如公共仪式所建立起来的秩序感，在这期间，人们形成了临时构建的小共同体，而在这背后是国家大共同体在起作用。而类似家族（宗族）、乡绅、行会等有形的、固定的小共同体组织，则容易在长期发展过程中削弱国家这一大共同体的权威，因而始终是国家构建权力和秩序的次要选择。由此，我们看到了一个被礼仪制度所深刻塑造了的帝制中国。

从近年来对传统中国国家政治研究的趋势来看，礼制研究显然触及了中国史研究中更为根本的问题，即对中国传统文化精神内核的挖掘。无论从历史上曾经发生的重大事件来看，还是在当下的国际环境和全球视野中，对中国传统文化的探索，从来都是有魅力和切中要害的。塞缪尔·亨廷顿就认为，在当今世界，文化在塑造全球政治过程中发挥了重要的作用，文化差异远比政治差异、经济差异更为重要和根本，而政治冲突从根本上说就是塑造了政治表象的文化冲突。[②]从这个意义上说，礼制研究的深入和推进，不仅是历史学者新的兴趣点，更具有重要的现实意义。

---

① 《传统中华帝国的乡村基层控制：汉唐间的乡村组织》《“大共同体本位”与传统中国社会——兼论中国走向公民社会之路》，载秦晖：《传统十论：本土社会的制度、文化及其变革》，太原：山西人民出版社，2019年。

② 参见〔美〕塞缪尔·亨廷顿：《文明的冲突与世界秩序的重建·中文版序言》，周琪、刘绯、张立平，等译，北京：新华出版社，2010年。

目　录

绪　言

一、现状与视角

在现代社会以前，礼制是帝制时代政治和社会生活的重要组成部分之一，与传统社会的政治运行和人们的日常生活深度融合。从这个意义上说，当时的礼制研究是对该时期国家政治和社会生活本身的诠释性、塑造性研究。伴随帝制时代的终结，礼制作为一种文化传统成为学者的研究对象，其研究方式和视角必然存在转变，即站在礼仪制度本身之外，尽量还原其在传统社会的存在样貌，并分析礼制文化对于传统和现代的双重含义。在此背景下，对中国古代礼仪制度的研究慢慢呈现蓬勃之势，但具体到各个朝代，关注程度与研究成果则出现了相当明显的差异。大致来说，首先，对中国传统社会早期，即礼制发展初期的历史关注较多，如对先秦、秦汉礼制的研究；其次，对礼制发展的完善时期——唐宋时期的整理和研究逐渐增多，渐成体系。相比之下，明清时期的礼制研究还有较大空间。

改革开放以后，史学研究无论在观念上、领域上还是方法上，都得到了极大的拓展和深入。不同于对先秦、秦汉时期的礼制研究，明清时期礼制研究一是更注重结合当时的政治与文化，体现政治话语对礼制体系建构的影响，如对明代嘉靖礼制改革的研究、对清朝礼制特色的探讨等，都具有这方面的倾向；二是将明清时期的礼仪制度作为一个单元，充分注意到该时期礼制发展的连续性，以及与前代的差异，如对明初五礼体系的构建、对各种礼仪制度在明清两朝演变的研究等；三是对民间社会礼制研究的充分关注，在明清两朝的礼制研究中表现得更为突出，相关成果大量涌现。

祭祀制度是礼制研究中最重要的一个组成部分，笔者曾对20世纪以来到

2011年明代国家祭祀问题研究的现状进行了回顾与总结。[①]如果说彼时该问题的研究已经取得了初步进展，那么近年来有关明清时期的祭祀制度，甚至对各个不同断代的祭祀制度的研究成果都更为丰富。接下来，笔者主要对近十年来有关明代祭祀制度研究的成果择要介绍，以探讨该领域研究的成绩、问题和空间。

不同于以往主要讨论祭祀制度中最重要的郊庙制度，近年来的相关研究较多倾向于以往研究并不充分的祭祀内容，力图展现明代祭祀体系的全貌；对嘉靖大礼议期间礼制改革的关注度有所下降；在梳理祭祀制度的事实层面力图细致，并注重分析祭祀礼仪的文化含义；较多关注了地方祭祀活动的丰富多样性，并阐释了地方祭祀活动与国家祀典的关系。分述如下。

孔庙祭祀：台湾学者黄进兴是20世纪末孔庙祭祀研究的代表性学者[②]，近年撰《象征的扩张：孔庙祀典与帝国礼制》一文，将孔庙祭祀放在各朝礼制发展的制度层面，对其动态变迁过程及其体现的象征意义再做申说。[③]董喜宁的《孔庙祭祀研究》对孔庙祭祀进行了贯通式的梳理，尤以孔庙享祭者、献祭者，祭品与祭器，乐舞及释典程序为主要内容。[④]李媛的《塑像与木主：明朝祭孔形象的变迁及其原因》考证了明朝祭孔形象从明初使用塑像到洪武十五年（1382年）南京国学祀孔改用木主，直至嘉靖撤塑像改用木主的过程，分析了其中的缘由，并对木主与塑像这两种形式所体现的含义做出解读。[⑤]张分田、刘方玲的《祭孔与清初帝王道统形象之链接》考察了清初孔庙祭祀中反映出的帝王对道统、治统关系的认知，展现出了明清时代帝王祭孔观念的差异与连续性。[⑥]

宗庙祭祀：吴恩荣、赵克生的《明代王国庙制的演进及礼制特点》考察了明代王国宗庙庙制的演变，指出其师法周代诸侯宗庙礼意，以支子立庙，

---

① 参看李媛：《明代国家祭祀制度研究》，北京：中国社会科学出版社，2011年。

② 其相关研究成果及评价参见李媛：《明代国家祭祀制度研究・绪论》，第8—9页。

③ 黄进兴：《象征的扩张：孔庙祀典与帝国礼制》，台湾《“中央研究院”历史语言研究所集刊》，2015年。台湾学者对孔庙相关研究还包括，吴静芳：《明嘉靖朝孔庙祀典改制考析》，《成大历史学报》2016年第31期；何威萱：《明中叶孔庙祀典嬗变的理论基础：程敏政的〈奏考正祀典〉及与张璁孔庙改制观的异同》，《清华学报》2017年第47卷第1期。

④ 董喜宁：《孔庙祭祀研究》，湖南大学博士学位论文，2011年。

⑤ 李媛：《塑像与木主：明朝祭孔形象的变迁及其原因》，《史学月刊》2011年第8期。

⑥ 张分田、刘方玲：《祭孔与清初帝王道统形象之链接》，《深圳大学学报》2009年第6期。

以小宗为祀，以始封者为始祖，立五庙，祀五世，与明朝太庙一起构成了等级分明的祖先祭祀系统，并对清代宗室的家祭制度产生了一定的影响。[①]杨新成的《明代奉慈殿兴废考》和李佳的《明代皇后入祀奉先殿相关问题考论》两文分别对明代内庙奉慈殿祭祀的变化，以及与之相关的皇后（主要是庶后和继后）从奉慈殿移祀奉先殿的变化进行了详细考述，修正了以往对该问题的误解。[②]与宗庙祭祀相关的研究中，王剑的《明懿文太子陵陵祭逾制考论》一文对明代懿文太子陵陵祭逾制，即一年九祭的原因进行了详论，赞同“太祖以全礼爱其子”说，并分析了逾制现象反映的明代相关政治问题。[③]高寿仙的《明懿文太子陵祭礼异常问题探微》再论该问题，认同明末清初史学家潘柽章的说法，认为其原因是靖难之变后，将庙祭移到陵寝举行，混合陵祭与庙祭两种不同性质的祭祀为一个序列。[④]这一问题的讨论再次显示出明代祭祀系统考察的复杂性，其中涉及较多的其他礼仪制度问题。

岳镇海渎祭祀：牛敬飞的《从曲阳到浑源：北岳移祀过程补考》认为五代之际的北岳祭祀确实发生过一次地点变化，而浑源北岳说则至少在金元时期就已经出现。到明朝弘治年间，浑源北岳说在文本和实际祭祀活动两个层面都得到了延续与发展。[⑤]齐仁达的《明清北岳祭祀地点转移之动态考察》一文考察了北岳恒山祭祀地点转移的过程，并指出这一过程反映出军事力量在祭祀地点变化方面起到的重要作用，以及话语权力的转移、地域社会变迁和国家之间的互动关系。[⑥]王元林、张目的《国家祭祀体系下的镇山格局考略》考察了国家祭祀体系中镇山祭祀的发展历程，五大镇山概念、格局的形成及其地位。[⑦]王元林的《明清国家礼制中的四海祭祀》认为四海祭祀是国家权力疆域的象征，具有庇佑和保障国家安定的功用。明清时期的四海祭祀

---

① 吴恩荣、赵克生：《明代王国庙制的演进及礼制特点》，《江海学刊》2014年第5期。

② 杨新成：《明代奉慈殿兴废考》，《故宫博物院院刊》2011年第3期；李佳：《明代皇后入祀奉先殿相关问题考论》，《故宫博物院院刊》2011年第3期。

③ 王剑：《明懿文太子陵陵祭逾制考论》，《历史研究》2011年第6期。

④ 高寿仙：《明懿文太子陵祭礼异常问题探微》，《北京大学学报（哲学社会科学版）》2015年第5期。

⑤ 牛敬飞：《从曲阳到浑源：北岳移祀过程补考》，《中国历史地理论丛》2009年第4辑。他的博士学位论文《五岳祭祀演变考论》则专考五岳祭祀在历代的演变过程，结合历史地理和历代政治文化对五岳祭祀演变做出较为系统的解读。参见牛敬飞：《五岳祭祀演变考论》，清华大学博士学位论文，2012年。

⑥ 齐仁达：《明清北岳祭祀地点转移之动态考察》，《史学月刊》2009年第9期。

⑦ 王元林、张目：《国家祭祀体系下的镇山格局考略》，《社会科学辑刊》2011年第1期。

比宋元时期地位有所下降，且祭祀内容比较僵化死板，变化不大。[①]张勃的《明代国家山川祭祀的礼仪形态和多重意义》对明代国家山川祭祀的大致情况及其反映的象征性意义进行了探讨。[②]

城隍信仰与地方社会：张显慧、范立舟的《明清时期华南地区的城隍信仰研究》认为城隍信仰具有民间与官方双重属性。[③]王健的《官民共享空间的形成：明清江南的城隍庙与城市社会》认为在明初典制规定中，城隍庙是官方教化场所，地方官对其管理严格，到明代中后期，城隍庙已慢慢与地方官员的掌控相疏离，导致民间力量逐渐介入，推动了城隍庙的世俗化过程。同时，城隍庙也与地方官员的实际施政发生了越来越多的关联。[④]赵娓娓、里赞的《城隍崇拜在清代知县司法中的影响》一文认为清代城隍祭祀的影响已经不仅是表达信仰的范畴，在清代的地方司法事务和行政事务中也产生了十分重要的影响：城隍神被赋予“监察”和“司民”的功用，在基层的实际诉讼中，清代知县也往往借助于城隍的“监察”之功。[⑤]张传勇的《明清城隍封爵考》考察了明清时期城隍祭祀在制度和实施层面无敕封，但在民间有关城隍封爵的叙述却颇为普遍，体现人们对城隍封爵历史的重温，本质上是一种解释性传说，体现出城隍祭祀在国家制度层面与民间叙述层面的多面相。[⑥]刘玉堂、张帅奇的《国家在场、民间信仰与地方社会——以明清江南城隍庙为中心的历史透视》认为，明清时期政府对江南城隍庙的管理经历了由最初的严禁民众逾越，到晚明以后放任民众参与的过程，城隍庙也成为地方行政管理的特殊补充。[⑦]法国学者高万桑的《清代江南地区的城隍庙、张天师及道教官僚体系》认为清代江南地区城隍庙中，道士扮演了重要角色，在城隍崇拜的过程中掺杂进了道教官僚体系的信仰，由此可见江南地区道士精英已经广泛参与到帝国的建设当中。[⑧]

---

① 王元林：《明清国家礼制中的四海祭祀》，《探索与争鸣》2011年第4期。

② 张勃：《明代国家山川祭祀的礼仪形态和多重意义》，《中原文化研究》2017年第2期。

③ 张显慧、范立舟：《明清时期华南地区的城隍信仰研究》，《江西社会科学》2009年第8期。

④ 王健：《官民共享空间的形成：明清江南的城隍庙与城市社会》，《史学月刊》2011年第7期。

⑤ 赵娓娓、里赞：《城隍崇拜在清代知县司法中的影响》，《四川大学学报》2013年第6期。

⑥ 张传勇：《明清城隍封爵考》，《史林》2017年第5期。

⑦ 刘玉堂、张帅奇：《国家在场、民间信仰与地方社会——以明清江南城隍庙为中心的历史透视》，《湖北民族大学学报（哲学社会科学版）》2020年第1期。

⑧ 〔法〕高万桑：《清代江南地区的城隍庙、张天师及道教官僚体系》，曹新宇、古胜红译，《清史研究》2010年第1期。

乡贤与名宦祭祀：赵克生对明代乡贤名宦祠祀研究最为集中，他的《明代地方庙学中的乡贤祠与名宦祠》首次集中探讨了明朝的乡贤祠和名宦祠的建立、相关制度及其功用，并指出正德嘉靖时期是先贤祠出现变化的重要时期，在国家制度的强力推动下，乡贤名宦合祠逐渐向分祠转变。其在《明清乡贤祠祀的演化逻辑》一文中指出，明清时期的乡贤祠祀演化从祠祀规制、管理体制和地方人物祠祀系统内部结构性变动三个方面展开，并通过直接的纵向的制度供给和横向的调整地方人物祠祀系统内部结构两种模式完成。其《优出常典：明代乡贤专祠的礼仪逻辑与实践样貌》一文则重点关注了乡贤祠和乡贤专祠这两类既相关联又有区别的双轨制乡贤祠祀系统，尤其对乡贤专祠的地区分布、立祠模式和祀典规制进行了考察，并指出其承担着政治教化之外的多种社会诉求。[①] 林丽月的《俎豆宫墙——乡贤祠与明清的基层社会》对明清时期乡贤祠的建立及其影响进行了分析，尤其着重于其在基层社会的影响力，以此探讨了地方祀典变化与国家权力的消长过程。[②] 牛建强的《地方先贤祭祀的展开与明清国家权力的基层渗透》关注明清时期国家对地方先贤祭祀的操作，以及由此反映出的国家权力在文化层面对地方控制的加强，尤其是正德以后建立了与府县庙学相结合的乡贤名宦祠宇制度，使得先贤祭祀更具规模化和制度化，朝廷对先贤祭祀冒滥现象的整顿也反映了此时国家对地方社会的文化渗透和塑造。[③] 另，张会会的《明代的乡贤祭祀与乡贤书写——以江浙地区为中心》以江浙地区为中心，对乡贤祭祀和书写进行了区域性研究。[④]

旗纛、先医祭祀：任方冰的《明代旗纛祭祀及其用乐》关注了明代旗纛祭祀的用乐情况，尤其是国家祭祀和王国、京营与都司卫所祭祀旗纛用乐的区别。[⑤] 郭红的《明代的旗纛之祭：中国古代军事性祭祀的高峰》认为旗纛

---

① 赵克生：《明代地方庙学中的乡贤祠与名宦祠》，《中国社会科学院研究生院学报》2005年第1期；赵克生：《明清乡贤祠祀的演化逻辑》，《古代文明》2018年第4期；赵克生：《优出常典：明代乡贤专祠的礼仪逻辑与实践样貌》，《中国史研究》2020年第1期。

② 林丽月：《俎豆宫墙——乡贤祠与明清的基层社会》，载黄宽重主编：《中国史新论：基层社会分册》，台北：台湾“中央研究院”、联经出版事业股份有限公司，2009年。

③ 牛建强：《地方先贤祭祀的展开与明清国家权力的基层渗透》，《史学月刊》2013年第4期。

④ 张会会：《明代的乡贤祭祀与乡贤书写——以江浙地区为中心》，东北师范大学博士学位论文，2015年。

⑤ 任方冰：《明代旗纛祭祀及其用乐》，《音乐研究》2012年第4期。

祭祀与明代的卫所制度密切相关，但是因其与普通百姓的日常生活较远，因此没能真正融入民间。[①]刘桂海的《明代先医祭祀考述》对明代先医祭祀的流变进行了考察，指出了从洪武时期废除三皇通祀到嘉靖时期复入祀典，先医祭祀在明代既受到政治权力变动的影响，也体现了儒学与医学之间的博弈。[②]

民间祭祀：赵克生的《明代士人对宗祠主祭权多元化的思考》考察了明代家礼实践中出现的“宗子主祭”格局被打破，支子主祭、族长主祭、宗子与支子同主祭等多种形式并存的情况。[③]朱海滨的《国家武神关羽明初兴起考——从姜子牙到关羽》在日本学者井上以智等对于关羽信仰研究的基础上进一步论说，尤其对关羽信仰何时上升为国家祀典进行了考证，认为明初是关羽信仰代替武成王信仰成为武神，进入明朝中央祀典的重要时期。[④]包诗卿的《庇佑“敌国”：明代江南地区关羽信仰的传播》对明代江南地区关羽信仰的传播过程进行了梳理，讨论了其与国家正统话语体系的整合过程。[⑤]王元林、褚福楼的《国家祭祀视野下的金龙四大王信仰》关注了明清时期盛行于运河一带的金龙四大王信仰，指出国家通过敕建庙宇、颁发匾额和赐予封号等方式表示对金龙四大王正祀地位的肯定，促使金龙四大王信仰由北向南扩展，在大运河、黄河下游地区形成了密集的祭祀带。[⑥]此外，王元林、郭学飞的《移风能否易俗：明代江西地区毁淫祠事件探析》[⑦]，李小萍、刘方玲的《国家祭祀与基层社会的沟通：一个县志祀典的考察》[⑧]，关昕的《从明清北京东岳庙祀典看“小祀”制度的融通性》[⑨]，王健的《神灵入祀与地方社会：明代无锡张巡信仰考略》[⑩]，李天纲的《江南镇乡祭祀体系中的地方

---

① 郭红：《明代的旗纛之祭：中国古代军事性祭祀的高峰》，《民俗研究》2013年第5期。

② 刘桂海：《明代先医祭祀考述》，《历史教学》2020年第6期。

③ 赵克生：《明代士人对宗祠主祭权多元化的思考》，《东北师大学报》2010年第2期。

④ 朱海滨：《国家武神关羽明初兴起考——从姜子牙到关羽》，《中国社会经济史研究》2011年第1期。他的博士学位论文对该问题做了更为详尽的研究，参见朱海滨：《祭祀政策与民间信仰变迁——近世浙江民间信仰研究》，上海：复旦大学出版社，2008年。

⑤ 包诗卿：《庇佑“敌国”：明代江南地区关羽信仰的传播》，《史林》2014年第4期。

⑥ 王元林、褚福楼：《国家祭祀视野下的金龙四大王信仰》，《暨南学报》2009年第2期。

⑦ 王元林、郭学飞：《移风能否易俗：明代江西地区毁淫祠事件探析》，《江西社会科学》2012年第2期。

⑧ 李小萍、刘方玲：《国家祭祀与基层社会的沟通：一个县志祀典的考察》，《农业考古》2012年第4期。

⑨ 关昕：《从明清北京东岳庙祀典看“小祀”制度的融通性》，《宗教学研究》2013年第4期。

⑩ 王健：《神灵入祀与地方社会：明代无锡张巡信仰考略》，《史林》2013年第4期。

与国家——以上海金泽镇及苏、松二府为例》[①]等文章都以民间某地祭祀为个案，探讨祭祀过程变动的原因及其反映的国家与地方社会的权力关系。

祭仪、祭乐、祭文、祭服：刘永华的《明清时期的礼生与王朝礼仪》一文考察了从汉至清王朝祭祀礼仪中的礼生，并结合明清文庙释奠仪式对礼生的职责和地位进行了论述，认为礼生在王朝礼仪关系中占有主导地位。[②]赵克生的《何谓礼生？礼生何为？——明清礼生的分类考察与职能定位》认为，明清时期的“礼生”群体包括特定的差役礼生、临时选用的礼生；既有官礼生，也有私礼生，是一个复杂的群体，他们并非公私礼仪中的主导者，而是礼仪传播的中介。[③]张广保的《明代的国家宫观与国家祭典》关注了创建于明朝洪武永乐时期的几座道教宫观是如何参与进国家祭祀大典的。[④]项阳的《明代国家吉礼中祀教坊乐类型的相关问题》考察了地方祭祀礼仪和民间祭祀礼仪中的用乐情况，强调除了国家大祀雅乐以外，还应关注中祀和小祀用乐，其所用鼓吹乐类型亦在国家礼乐制度内。[⑤]李媛的《明代公祭文文本的政治文化内涵》考察了明代公祭文在国家祭祀活动中的应用，并分析了祭文文本传达出的文化内涵。[⑥]赵连赏的《明代祭服略论》考察了明代的帝王祭服与百官祭服样式。[⑦]

其他：吴恩荣关注了元末明初礼制的变革与明朝初年朱元璋对礼仪秩序的重建，认为明初对唐宋以来的“五礼”体系不断进行增补和完善，并结合明朝政治实际突破周礼的束缚，简化礼仪，最终完成明前期国家礼制的定型；明初对国家礼仪制度的建构是全方位的，不仅上层，对中下层社会的日

---

① 李天纲：《江南镇乡祭祀体系中的地方与国家——以上海金泽镇及苏、松二府为例》，《华东师范大学学报（哲学社会科学版）》2014年第4期。

② 刘永华：《明清时期的礼生与王朝礼仪》，《中国社会历史评论》2008年第9卷。另一文章《明清时期的神乐观与王朝礼仪——道教与王朝礼仪互动的一个侧面》（《世界宗教研究》2008年第3期）则以相同的方法考察了神乐观中道士在国家礼仪过程中的角色。

③ 赵克生：《何谓礼生？礼生何为？——明清礼生的分类考察与职能定位》，《史林》2021年第2期。

④ 张广保：《明代的国家宫观与国家祭典》，《全真道研究》2011年第2期。

⑤ 项阳：《明代国家吉礼中祀教坊乐类型的相关问题》，《音乐研究》2012年第2期。相关文章还有郑莉：《明代太常乐官考》，《内蒙古大学艺术学院学报》2011年第2期；逯凤华：《泰山祭祀用乐与鼓吹乐》，《济宁学院学报》2011年第2期；任方冰：《明代卫所镇营礼仪及用乐考》，《中国音乐学》2013年第4期。

⑥ 李媛：《明代公祭文文本的政治文化内涵》，《古代文明》2008年第4期。

⑦ 赵连赏：《明代祭服略论》，《形象史学研究》2011年第1辑。

常礼仪也均有完备规定。[①] 王慧明的《明留都南京宫廷典制研究》一文在讨论南京宫廷典制问题时涉及南京的礼仪机构和各类国家祭祀活动的展开，指出留都南京祭祀制度发展整体滞后，祖先祭祀凸显，嘉靖前期归并两京祭祀礼仪后方有变化，但很快又恢复嘉靖以前的停滞状态。[②] 李媛的《明代国家祭祀体系中的“天”——一种政治文化视角的分析》从政治文化视角对祭祀体系中的核心——“天”的观念进行了解析，认为明人眼中的“天”是独一无二的，代表了抽象的至上权威，并演变为具有象征意义的神圣符号，凌驾于一切自然与人世之上；“天”的意象也具有明显的复杂性，尤其是在祭祀活动中凸显了其自然属性和人格属性；明朝皇帝、士大夫群体以及普通民众也因身份和祭祀目的不同对祭天有各自的解读。[③]

综上，祭祀制度研究已经成为明代礼制研究的重要内容，学者都注意到通过对礼仪制度的探讨，可以进一步加深对明代政治和文化的解释力度。以上成果对完善明代祭祀制度各个侧面的认知均有所推进，在地方祭祀与国家祀典的互动关系方面用力尤多，拓展了明代祭礼研究的空间。综合来看，在以下方面尚有进一步探究的空间：首先，国家祭祀礼仪活动贯穿整个明朝始终，虽然祭祀制度的变动在洪武和嘉靖两朝最为明显，但欲厘清祭祀制度之实施，必须充分关注到其中的细节，才能将这一体系比较完整而动态地呈现出来；其次，对祭祀仪式诸要素的研究多停留在对基本状况的介绍上，对其背后文化内涵的解释稍显固化，虽能借助有关符号和仪式研究的一些概念，但应用过程中稍显生硬，无法拓展祭祀文化的深层内涵；最后，现有成果对于明代国家祭祀制度与民间祭祀信仰及活动的互动关系已有不少关注，这是明代国家祭祀研究仍需拓展的一个重要侧面，但因所包含的内容很多，可进行比较研究的对象也极为丰富，因此成果也比较分散，系统性的总结与提升还值得期待。

---

① 吴恩荣：《元代礼失百年与明初礼制变革》，《北京社会科学》2016年第8期；吴恩荣：《明初“五礼”体系的重建与唐宋以来的礼制趋向》，《史林》2018年第6期；吴恩荣：《明前期国家礼制的定型及其对政治与社会秩序的构建》，《江苏社会科学》2019年第1期。

② 王慧明：《明留都南京宫廷典制研究》，东北师范大学硕士学位论文，2013年。

③ 李媛：《明代国家祭祀体系中的“天”——一种政治文化视角的分析》，《古代文明》2010年第2期。

二、结构与内容

首先，纵向梳理了明代国家祭祀体系发展的几个阶段，厘清了其动态衍变过程；其次，对其中几种最重要、最典型的祭祀活动的仪式过程、符号文化、祭祀空间等内容进行了剖析，深入探讨了其文化内涵；再次，从地方公祀的角度，讨论了这一体系在地方社会的设置与变动，以及国家公祀如何与民间信仰相互影响；最后，从域外视角审视了明代国家祭礼的传播与影响，以期进一步深入理解其区别于异域祭祀制度的特质。

第一、第二两章以时间为序，梳理了明代国家祭祀的衍变历程。洪武时期是明代国家祭祀体系的建置时期，这一时期可分为三个阶段。第一阶段为元至正十二年（1352 年）朱元璋正式投入郭子兴部进行反元斗争至明朝正式建立以前，这个时期的祭祀活动主要是临时性的，内容多与军事民事相关。朱元璋称吴王后，召集儒士讨论有关祭祀制度的相关内容，含有为称帝后全面礼仪制度建设做准备的意味。第二阶段为洪武元年到三年（1368—1370 年），这个时期是国家祭礼制度密集设置期，既借此展现了明政权的威严与合理性，也通过对古礼的追溯和考证，正式建立了有明一朝的祭祀体系，以便后代子孙遵循施行。第三阶段为洪武三年到三十一年（1370—1398 年），此时期对祭礼中的某些部分做了改动或增补删减，涉及内容不少，但频率明显较明初降低。整体来看，洪武时期对国家祭祀制度的作为最多，调整也最为频繁，展现了朱元璋开国君主之气象。

建文一朝礼制建树不多，所做的局部改动也均在永乐时被废止，故对祭祀制度的影响微乎其微。永乐到仁宣时期祭祀制度的变迁主要围绕两京制的建立展开，并最终完成从南京向北京的转移。明初，朱元璋定都南京，建造圜丘、方丘、日月、社稷、山川坛及太庙，并积极营建中都城。洪武时期虽显露出迁都意向，但终未付诸实行。永乐时期，明朝都城及整个政治中心向北方转移，朱棣将其藩王时期发迹地北平改称为北京，并开始一系列营建举动，如充分依托原有燕王时期的祭祀建筑、增加祭祀管理机构、逐渐提高北京祭祀规格等。朱棣多次北上巡狩期间，北京也屡次举行国家祭祀活动，隐隐展现都城地位。此时明朝首都虽尚未正式定为北京，但诸多国事活动都在北京举行，一些在北京新建的祭祀建筑规格较南京更高，北京祭祀地位得以提升，南京城中的祭祀活动减少，地位趋于降低。永乐十八年（1420 年）正式定北京为京师，不称“行在”，郊社、宗庙及宫殿等一一建成，规制悉如南京，且“高敞壮丽过之”。[①]

仁宗虽有回迁南京之意，但未及作为即去世，复都事宜遂搁置。宣宗于回迁南京并无强烈意愿，且在位时间不长，故仁宣期间，虽然北京名义上为“行在”，事实上则是国家祭祀活动的中心。仁宣两朝讨论了祭祀制度上的一些细节，而没有重大变动。到正统六年（1441 年），随着北京皇城修建基本竣工，北京正式成为京师，之后再无迁都之说，而国家祭祀制度是围绕权力中心展开的，是体现国家政治意图的仪式活动，因此北京的正式定都，使得以其为中心的国家祭祀体系替代了以南京为中心的体系，留都南京在保留原有祭祀坛庙殿宇的基础上，仅行春秋祈报之类的常规祭祀活动，祭祀中心完成从南京向北京的转移。从正统六年北京去“行在”直到正德末年，可以在两京差异的视角下来梳理其内容和变化。对比来看，北京祭祀活动的变动较多，涉及祭祀仪式、祭器和乐舞人员、祭祀场所等内容，而南京祭祀活动趋于停滞，其变化主要表现在对祭祀场所和祭器的修缮与管理上。

成化时期的祀典变化突出表现在孔庙祭祀和地方祀典两个方面。对孔庙祭祀规格的提高在成化时期达到顶峰，主要表现在加封孔子帝号、提升冕服之制、增加笾豆佾舞数量，另外，关于孔庙从祀的问题也多有涉及。地方上则常常有增加庙祀的请求，对于一些紊乱祀典的内容也进行了清理。弘治初年，孝宗力图纠正成化时期的诸多政策，对祭祀制度的更定也较多，尤其是弘治元年（1488 年）前后，内容主要以宗庙祭祀和厘正祀典为中心。宗庙祭祀方面，随着九庙齐备，太庙升祔和祧迁规制被提上日程，并对后来的庙制具有指导意义。据周制，尊德祖为始祖，懿祖以下奉祧，太祖、太宗为万世不祧之主，太庙寝殿后别建一殿九室以事奉藏祧庙神主，岁暮则合祧庙与未祧之主于太庙行袷祭礼。除此之外，还对岳镇海渎、耕籍田、视学仪和孔庙从祀制度做出了一些调整。武宗正德时期的祭祀活动较成化弘治时期均少，武宗本人或沉溺于豹房，或常常出巡，对待祭祀一类礼仪活动十分消极，反而是大臣呼吁祭祀活动按常规举行的讨论十分引人注目。

---

① 《明太宗实录》卷232，“永乐十八年十二月癸亥”条，第 2244 页。

明代祭祀体系的重大变动发生在嘉靖时期。大礼议是嘉靖全面礼制改革的序幕，其关注的要点、讨论的内容，以及最后的结果，均与嘉靖时期的祭祀改制内容密切相关。从正德十六年（1521 年）三月武宗驾崩，到嘉靖三年（1524 年）九月大礼初步定论，庙堂之上，君臣争论的核心内容是如何确定以藩王身份入继大统的嘉靖帝生父母——兴献王和兴献王妃的称号及庙祀问题，以及与其相关的礼仪。最终以世宗称孝宗为皇伯考，称武宗为皇兄，兴献帝为皇考，并在奉先殿西室别建观德殿，以奉安献皇帝神主，按太庙规制造祭器，行超越于内庙制度的祭祀礼仪，为进一步升祔献皇帝神主于太庙做出铺垫而告终。大礼初定后，庙祀问题再度成为争论的焦点，因其较称号更为复杂，牵涉更多，受到大臣的强烈反对。嘉靖帝多次令礼部会议群臣，终于嘉靖四年在环碧殿旧址创建世庙，制如太庙而高广稍减。从世庙的位置、祭祀时间、祭祀方式、仪式规模等诸多方面均可看到，世宗意欲将其打造成准太庙的意图。与此同时，移建观德殿于奉先殿左，改称崇先殿，与奉慈殿相对，以示与世庙内外相对。直到嘉靖七年《明伦大典》书成，将嘉靖即位以来大礼之争始末及最终结论昭告天下，大礼终定。

嘉靖八年开始，世宗正式启动了以郊祀和庙享为中心的一系列国家祀典改革，成为自洪武定制以来最大规模的祭礼改制。主要内容可分述为郊祀、宗庙、孔庙三个方面，以及围绕这三个方面施行的一些相关调整。郊祀改革的核心是将洪武十年（1377 年）的天地合祀改为四郊礼，并以天子亲耕南郊，皇后亲蚕北郊相比附。在嘉靖帝的多次授意下，终定天地分祀制度，称南郊坛为天坛，北郊坛为地坛，东郊、西郊分别为日坛、月坛。南郊圜丘坛除了举行郊天礼外，还行祈谷与雩祭礼。与郊祀改制相关，改太祖太宗配享太社稷为后土勾龙与后稷配享；仿社稷坛规制建太岁及云雨风雷、岳镇海渎等神祇坛；于西苑土谷坛建帝社稷，以区别太社稷；建帝王庙。庙祀制度的核心围绕睿宗祔太庙展开，嘉靖九年后的讨论包括定禘祀礼，以高皇为始祖，以德祖为所自出之帝；定大祫礼，特享礼，时享礼；改同堂祭祀之宗庙制度为独立的都宫寝庙制，左昭庙，右穆庙；改建九庙之制后，重定宗庙雅乐；更定世庙为献皇帝庙，为睿宗最终进入太庙做准备。孔庙祭祀制度改革的基本内容是：改定孔子封号，去除大成文宣称号，只称庙，不称殿；四配十哲皆称先贤某子、先儒某子，改塑像为木主以别于释教；乐舞笾豆改为降郊庙一等；更定配享及从祀先贤先儒。

嘉靖十五年（1536 年）以后，祭祀制度变动的主要内容大略涉及献皇帝称宗，配享明堂；重建宗庙，恢复同堂异室旧制，睿宗正式进入太庙；先行祔孝烈皇后入太庙，确定遵太祖，祧迁仁祖以下的祧迁之制；增定太庙功臣配享；罢元世祖祀帝王庙；定文华殿祀孔子仪；定三皇祭祀；等等。除此之外，一些关于地方庙祀、孔庙从祀、宗藩祭祀、祭品祭服、乐舞及祭祀人员方面的讨论也值得关注，显示嘉靖时期关于国家祭祀制度的调整是全方位的。

隆庆时期，祭祀制度经历了短暂的调整，对郊祀、祈谷、大享、社稷、太庙祔享等礼，参酌礼制传统及实用性和存在的必要性，重新考量其存废。对施行已久且有制度源流可考者，如天地分祀，社稷坛配享皆不予改动；对缺乏实用性没有存在必要的大享、祈谷、帝社稷、玉芝宫岁时享祀均予废除。总体看来，对嘉靖时期的祭祀改革尊重继承者多，变动废除者则无关宏旨。同时，隆庆时期与嘉靖后期倦怠的祭祀活动相比稍显积极，遇有因事而可能废礼的情况，即令礼臣考证明白，对于皇帝多年未亲躬的祭祀活动也有所恢复。

万历时期的国家祭祀活动逐渐趋于荒疏，尤其在万历十年（1582 年）神宗亲政以后，直到神宗末年，万历皇帝长时不理朝政，其中即包括在祭祀大礼上，从最初能够亲力亲为，到后来渐渐遣官代祀，以致遭到朝臣连篇累牍上疏劝谏，甚至是批评，这一点反映在郊祀大典上尤为明显。万历皇帝的回应则是百般辩解，或是不予理睬，甚至惩罚建言官员，神宗本人的态度直接导致了万历时期祭祀活动的荒疏，加之陪祀朝臣们玩忽职守，引来大臣不断批评。万历时期关于孔庙从祀问题的讨论最引人注目，其间多人屡次上疏要求增加孔庙从祀人员，讨论最多的是关于王守仁的从祀，其他从祀人员则多涉地方庙祀。除此以外，还有关于恢复建文帝祀典的讨论也被朝臣多次提出，但对以往祭祀制度，万历时期的总体趋势是保留旧制，不轻易变动。

光宗朱常洛即位不及一个月即暴毙，诸事均无作为。到天启年间，熹宗朱由校又是一个荒唐皇帝，朝政长期被宦官把持，所以实际上对祭祀制度也没有全面恢复和张扬的举措。对万历时期荒废已久的祭祀活动，朝臣屡次建议恢复亲祭，但也是直到天启三年（1623 年）才行亲祀郊天大典；有朝臣提出的恢复孔子塑像，出睿宗神主于太庙，为建文帝请庙祀等也均未施行。崇祯时期，为了体现振兴之意，崇祯帝在祭祀活动上力求身体力行，但因内忧外患，无暇在礼制建设上多花心思，其有关增加孔庙从祀，全面厘正祭乐，以及增建祧殿等事也均停留在讨论阶段。总之，从泰昌到崇祯，国家祭祀活动基本上延续了万历时期的不作为情况，虽有过崇祯时期短暂的试图振兴的征兆，但在明末内忧外患的局势下，对祭祀制度的整饬和对祭祀活动的重视都自然而然地退居次要地位。

第三章通过分析明代国家祭祀体系中最具代表意义的五种祭祀的仪式过程，详细讨论了这些象征性符号的礼乐文化内涵。祀天礼是国家祭祀礼仪中最隆重、仪式程序最繁复的一项。祀天仪式因天地祭祀方式即合祀和分祀的改变而稍有不同。无论是皇帝亲自参加的郊天仪式，还是等而次之的方泽祭祀和朝日夕月祭祀仪式，程序均较为相似，但体现出因祭祀等级不同而导致的仪式繁复程度和祭祀规格的差异。体现每种祭祀活动独特性的环节主要表现在一些典型的象征性符号上面，如告庙、燔柴望燎、圭爵币帛、饮福受胙和祭祀乐舞。这些环节的象征性意义，凸显了祭祀仪式的功用，并展示了一个差异化和等级化的祭祀体系。

社稷、先农、先蚕祭祀以民生和农事为核心，仪式过程中的“展示”意义更为凸显。社稷坛的建筑设计，坛壝与门楼，祭坛上覆盖的五色土，所有这些颜色的运用展示了国家对广袤土地的占有，在仪式过程中给人以视觉的冲击，提示着它们背后的象征意义。耕籍礼与亲蚕礼的目的和意义在于向百姓展示国家上层治理者对农桑和民生的重视，同时也通过礼仪活动的举行，提醒和告诫统治者要以民为本，体察民众的生活。

宗庙祭祀仪式体现的是对祖宗的报本之意，一岁之中，大大小小的宗庙祭祀活动繁多。时享仪式是太庙一年四时的常规祭仪，祫祭是将包含祧庙神主在内的所有祖宗神位一起祭祀的仪式，禘祭则是祭祀皇初祖的仪式。在国家祭祀体系中，宗庙祭祀具有一些与众不同的特点：一是其祭祀对象是一组，相应地，在祭祀仪式环节上就有重复性的仪式反复出现。二是宗庙祭祀仪式各个环节因庙制、神位等内容改变出现变化，也有祭祀环节上的细小差异。三是宗庙祭祀仪式是公私结合最为明显、体现家国关系最为贴切的祭仪。既有公祀性质明显的常规时享、祫祭仪，兼具公私属性的朔望、荐新、献新、告祭仪，也有与宗庙祭祀密切相关但私祀性质更为浓重的内殿祭祀。

因祭祀时间、方式、内容和意义等差异而举行的不同类型的宗庙祭祀突出体现了“公”“私”结合的特点。

祭孔不仅在京师和阙里，还涉及天下府州县儒学祭祀。各类孔庙祭祀中最重要的就是释奠仪和释菜仪，前者最为隆重，后者比较简单，是每月常规的祭拜仪式，以鞠躬行拜礼、进爵为核心仪式，不行献帛礼和三献礼。祭孔仪式体现出孔子形象具有“师”和“道”双重含义。孔子既被塑造成万世师表的形象，承担着教育和激励天下读书人的责任（其中也包含帝王教育），是为师者的表率和象征；同时也是上古圣王以来道统的接续者和传承者，这种道统意识被历代帝王和儒者普遍认同，并体现为一种自我归属意识，帝王将进入这一统系作为国家正统性得以确认的标志。

地方公祭如社稷祭祀、里社祭祀，岳镇海渎、山川、风云雷雨、旗纛祭祀，孔庙祭祀、城隍庙祭祀及祭无祀鬼神等都是明代国家祭祀体系的重要组成部分。从祭祀规制与仪式过程可见，地方公祭仪式是地方官员职权的重要范畴，是国家意志和官方权力的重要展现方式，也是明朝社会治理的重要手段之一。通过公开举行的地方公祭仪式，达到规范和引导民众生活与行为规范的目的。由此可见，地方公共祭祀活动具有极强的社会现实关照，在繁复礼仪的背后有着众多现实利益的考量。

第四章进一步从祭祀空间和告祭仪式两个方面讨论了仪式的文化内涵。第一节以宫廷祭祀场所为核心，系统展现了其空间布局，分析了这一布局的含义及其空间意象。明代宫廷祭祀礼仪是指发生在宫廷及其辐射建筑区域内，由皇帝、皇室成员参与，或由皇帝派遣官员参加的祭祀礼仪活动，它与国家祭祀礼仪既有联系又有区别。宫廷是明代政治活动和礼仪活动展开的核心区域，在明朝典制中规定的数十种大中小祭祀礼仪中，很大一部分是围绕宫廷发生的。因此，对以宫廷为核心的祭祀空间布局与意象的探究，是理解整个国家祭祀体系空间布局的重要侧面。而与散布在地方各处的祭祀场所相比，以宫廷为核心的祭祀活动地点较为集中，对祭祀地点的选择也最为慎重，因此具有代表意义。

在“大宫廷”的概念下，结合明代北京的皇宫布局，可以将明代宫廷祭祀建筑的位置大致划分为三个层次：第一个层次是位于紫禁城（又称“宫城”）内部的祭祀礼仪建筑，最重要的是遵循“左祖右社”原则设立的太庙和社稷坛。此外，紫禁城内还有众多内殿祭祀建筑。第二个层次是在核心宫廷紫禁城的辐射区域内，即皇城的大部分地方，主要包括帝王庙、京师孔庙、先蚕坛。帝王庙和京师孔庙祭祀地点在宫廷辐射区域，祭祀在特定时间由皇帝亲自参加，绝大多数时期派遣官员代祀。此类祭祀建筑与纯粹在宫廷中的祭祀建筑，以及天地日月坛这些皇室专属祭祀场所相比，宫廷属性稍显逊色。第三个层次是在京城四周形成的环形祭祀建筑群，主要是圜丘坛、方泽坛、朝日坛、夕月坛，以及山川坛和先农坛。

从祭祀建筑的空间布局可见，明代宫廷祭祀建筑的位置分布并非依据祭祀等级的高低，而是依据各种祭祀活动的功能以及它们的象征意义来进行布局的。其建筑空间布局展示了从“家”—“国”—“宇宙”，逐层推衍开去的观念意象。在宫廷祭祀空间的第一个层次，即空间的内与皇室家内日常关联较多。在以紫禁城为中心的核心宫廷空间里，祭祀建筑的设置突出了“家”的核心观念。这层祭祀圈内的祭祀建筑绝大多数与皇家活动密切相关，如内庙祭祀、五祀。而由皇帝主持或主导的发生在京城祭祀范围的空间外展部分，即空间的外则与国家、天下相关较多。在第二个层次祭祀建筑圈中安置的祭祀建筑更多反映出“国”的观念，典型者如反映历代文统继承的孔庙、与代表历代帝统接续的帝王庙。第三个层次以天、地、日、月坛为主的祭祀建筑则体现祭祀观念中的“宇宙”意识，即按照阴阳相顺、协调互补的原则，分别设置于京城南北东西，形成了围绕京城四周将宫城、皇城、京城内所有祭祀建筑笼罩其中的祭祀圈，象征着所有国家事务都在这个宇宙圈的笼罩和制御之下。

第二节讨论的是明代国家祭祀仪式的重要组成部分——告祭仪。广义上说，告祭仪式可分为常规与非常规两种。前者在正祭仪式之前或之后举行，是常规祭仪的一个环节；后者因时因事而举，内容更为丰富，主要包括因新皇帝登极、出征与凯还、营建与修缮、建制与改制、藩王之国、册封、奉安神主与祔庙、节庆与忌辰、禳灾与告谢而举行的祭祀仪式。告祭的方式有皇帝亲祭与遣官告祭两种，以明代登极告祭仪为例，可见其从亲祭到遣官的变化，体现了不同的政治象征意义。明代告祭仪式的基本内涵是“告诉”与“祈禳”，每种告祭仪式的含义又常常是复合的。比如，一些告祭仪式在体现祈禳功能的同时，也带有仪式的“展示”功用。典型的如出行、出征所行告祭仪式，一方面有祈求平安顺利或战争胜利的意义，另一方面也是对参与出行及出征人员，甚至是在场其他人员的动员与激励，营造军队威严的气势，增强必胜的信心，具有鼓动士气的作用。而在战争凯旋后举行的告祭仪式，祈福含义基本消失，更多的是要通过仪式的举行，达到表彰、庆祝和激励军民的作用。这种仪式的展示功用不仅仅是一种象征，也发挥着很多实际功用。因此，这类具有多重含义的告祭仪式，应配合其他典礼仪式理解其象征意义。

第五章将考察视角延伸至地方社会，讨论的是地方公祭体系。通过系统梳理明代地方公祭神祠的建立及其变动情况，考察其拣选原则与标准，从中分析明代公祭体系的包容性与排斥性，从整体上理解明代设立公共祭祀系统的目的和内涵。在明朝从中央到地方的公祀等级体系中，明确规定了地方祭祀的内容，其中天下府州县合祭的风云雷雨、山川、社稷、城隍、孔子和无祀鬼神几乎没有什么变化，两京祭祀神祇的变化较为明显。除此以外，地方政府还依据本地历史文化传统及民风，选择祭祀一些人鬼、神灵。这些变动较多的地方主要经历三个发展时期：一是洪武朝地方公祀神祇系统的基本确定；二是成弘时期所祀神祇的大量增加；三是嘉靖到万历朝祭祀对象的持续扩展。整体来看，明代地方祀典祭祀神祇在明初确立后，在成化以前变动不多，正德以后，尤其是万历朝以后祭祀对象不断增加，以致繁复。

明代的地方祀典是一个相对开放的体系，并处于不断变化中，公祀对象的选择基本遵循古礼标准：一是有功于国家者，如历朝历代帝王和功臣；二是惠爱在民者，即指其行为对于地方社会的发展、民众的生活改善，以及施行仁德之政等方面做出过杰出贡献，堪称表率者；三是具有保佑功能者，主要指对地方社会的安定和发展起到庇佑功能的神祇；四是学识德行昭著者，如历代先贤、大儒，其选择标准在于学识文采与道德品行的双重考量。将这些内容作为选择标准主要是基于对公共利益的考量，即崇德报功，对普通民众发挥示范表率的作用，以及发挥舆论导向的功用。这一标准的核心在于是否为公共利益做出贡献，是否对天下福祉发挥功用，能够进入祀典的神或人都符合有功于民的标准，具有极强的公价值导向。

除了选择加入地方公祭体系以外，还有一些被排除在祭祀体系之外的内容，这需要结合地方祭祀信仰的层级结构加以理解。被列入公祭系统的地方祀典被国家承认和保护，是地方祭祀体系的第一个层次，地位最高，有些内容虽不列入祀典，但仍禁止撤毁；仅次于公共祀典的是佛教、道教这些在地方已经普遍存在的制度性宗教，这是第二个层次，明朝政府对此持开放态度，并在此基础上加以利用，关涉皇室者还会作特别保护；第三个层次是需要撤毁的地方淫祠，基于社会文化导向和社会控制的目的，通常被取缔。

明代地方公祭对象的选择标准及地方信仰的层级结构表明，地方公共祭祀体系是开放的，祭祀对象的变动在整个公祭体系中最为频繁，尤其在成化、弘治时期和嘉靖时期最为明显；公祭活动具有明显的为公属性，即以民众福祉和社会秩序为中心；公共祭祀活动主要体现了儒家治世理念，与纯粹的宗教活动或盲目的迷信崇拜行为有深刻的差别。公祭对象虽然被赋予神性，但目标却是民生与现实秩序的和谐，关注对世俗世界进行治理。

第二节以泰山东岳大帝与碧霞元君信仰为例，探讨国家祀典与民间信仰交融和互动的另一个侧面。在前贤已有研究的基础上，本节侧重探讨何以在明清时期东岳大帝庙祀已经普遍存在的情况下，碧霞元君信仰还能够以迅猛之势在同一地点发展起来，体现了信众怎样的诉求，官方在其中扮演了什么角色；从明朝政府的角度来看，是如何统合国家正祀与民间信仰，并利用祭祀活动所形成的公共空间实现其社会治理目标的。

官方祀典中的东岳泰山庙祀早在汉代即已逐步完善，历代相沿。明朝东岳庙祀不仅在山东十分兴盛，在全国各地都有东岳行宫。明朝还多次积极修缮东岳庙，弘治以后，有人提出厘正东岳庙祀，但未得施行。万历年间，多次敕修全国各地东岳庙，皇室及地方各类人群都积极参与其中，推动了东岳庙祀的繁盛。碧霞元君信仰则大致在宋以后得到普及，明初已得册封封号，明中叶以后，不仅在民间形成了更大范围的信仰群体，而且逐渐得到官方的认可和倡导。征收香税意味着国家以行政手段将碧霞元君祠祀纳入统治范围，表明朝廷对泰山信仰的管理更为积极，泰山香税也成为地方财政的重要来源之一。万历时期在皇室的带动下，推动了民间碧霞元君信仰的进一步扩展。

东岳大帝信仰在明代不可谓不昌盛，在此情况下，碧霞元君信仰还能够在同一地点获得发展，甚至超越国家祀典所承认的祭祀对象，原因主要有四：一是因俗而治的传统；二是多元的神职力量与人们的现实生活普遍关联，尤其是碧霞元君作为女性神祇具备的独特护佑功能，更是吸引普通民众尤其是女性信众的重要原因；三是作为国家的正祀对象，东岳庙祭的祭祀主体是地方政府，一般民众的参与度有限，碧霞元君信仰则为普通百姓的祭拜活动提供了一个绝佳的空间，东岳大帝与碧霞元君共同存在于泰山之上，恰兼顾了官方仪式的严肃性与民间信仰的随意性，在官方与民间共同构建的祭祀空间中各得其所；四是泰山东岳大帝与碧霞元君信仰的迅速传播都与道教对他们的塑造和推动有重要关联，两者无论是从信仰来源、形象塑造，还是从时人关于其神职功能的描述来看都与道教关联甚密。

总之，泰山东岳大帝与碧霞元君信仰在以往历史发展的基础上，到明朝进一步深度融合，正祀与民间信仰之间的互动关系更为紧密，其界限也甚为模糊。明朝政府对两者皆采利用策略，对正祀大为支持，对民间已有雄厚基础的信仰对象也给予充足发展空间，通过这两种方式达到对民间信仰的引导与塑造。

第六章通过域外视角远距离审视明代国家祭礼的内涵，参照明朝传统藩属国朝鲜王朝和与中华文明截然有别的西方天主教文化，进一步站在明代礼制体系之外分析其传播和影响。

朝鲜半岛上的李氏朝鲜王朝是明朝周边最重要的藩属国，长期以来，其国家制度在很大程度上效仿中华文明。14世纪以后，李氏朝鲜时代的礼制体系臻于完备，各种礼书的撰修与刊布逐渐成熟。对比两国祭祀体系可见，朝鲜王朝祭祀体系深受明朝影响，同时也具有自己的特点。第一节的讨论即通过对比两部记载明朝和朝鲜王朝国家祭祀礼仪最全面系统的典籍——《明集礼》和《国朝五礼仪》，总结两国在祭祀内容上的异同。这两部典籍在两国历史上均经过多次删改、补充和考订，是反映两国祭祀制度最完备的礼书。通过回顾《明集礼》和《国朝五礼仪》的编纂背景，对比文献，可以看到，明朝与朝鲜王朝的国家祭祀体系均以中国古礼即《周礼》为蓝本，以汉唐以来祭祀制度的历史事实为基础而确立。两国祭祀制度大体构架基本相同，同时结合本国习俗设定了一些独特的祭祀内容。两朝祭祀体系也存在等级差异，在朝贡体系关系框架下，朝鲜王朝奉行对明朝的事大政策，表现在祀典上，明朝祭祀礼仪行天子之礼，而朝鲜王朝则行王国之礼。两朝祭祀制度在发展过程中均曾受到来自佛道思想的冲击，但纯粹的宗教信仰都没有占据主流，国家祭祀的基本理念仍是政府倡导的儒家思想和原则。

第二、三两节聚焦中西文化碰撞过程中对祭礼内涵的不同理解。16—18世纪，在中西交流的大背景下，传教士如何认识中国的儒家祭礼，如何理解中国本土的宗教信仰，是了解这一时期中西思想交流的主要内容，也是从域外视角审视明清礼制的重要维度。

以往，学者较多关注了“礼仪之争”这一重大问题，并形成了相对丰富和完善的文献系统。本节从中国祭祀体系本身来反观耶稣会士的关切，并分析他们的态度和言论。来华耶稣会士对中国祭礼的关注集中在祭天、敬祖和祀孔，部分人关注城隍祭祀和民间私人祭拜。这主要是因为传教士来华目的在于传播宗教，发展信众，因此倾向于关注个人行为，对代表公共事务的祭祀活动缺少兴趣，而祭天、祭祖、孔子和城隍祭祀被欧洲传教士认为是中国人最热衷崇拜的祭祀对象，他们认为这与天主教所反对的偶像崇拜相类似。耶稣会士虽然被认为是支持中国祭礼采取灵活妥协态度的重要派别，但其内部态度复杂。既有利玛窦（Matteo Ricci）、郭居静（Lazzaro Cattaneo）、苏如望（Giovanni Soerio）、庞迪我（Diego de Pantoja）、高一志（Alfonso Vagnone）、艾儒略（Giulio Aleni）等对中国祭礼持包容态度，也有龙华民（Niccolo Longobardi）那样极力反对中国祭礼的人物。而多明我会、方济各会等派别则明确反对，于是各派别展开了一轮轮关于中国祭礼的辩论。中国本土入教士大夫也参与其中，并成为解答欧洲耶稣会士及罗马教廷有关中国礼仪疑问的主要人员。他们对中国祭天、敬祖、祀孔等持肯定态度，认为与天主教教义并不冲突，不妥之处唯在于祭礼世俗化的泛滥与衍变；对民间祭礼，尤其是牵涉偶像崇拜等迷信活动则极力反对，倡导革除。

耶稣会士对中国祭礼的认知与中国人对本国祭礼的认知有较大差异。前者基本上不甚区分这些祭祀礼仪到底是具有公共属性的典礼，还是民间或个人化的行为。这与中国人比较注重由于祭礼本身的性质及参与人员的不同，而具有的不同象征意义，是有很大差异的。耶稣会士内部关于中国祭礼的不同态度显示，早在多明我会和方济各会向罗马教廷指责耶稣会的传教策略以前，耶稣会内部对这个问题的分歧就已经存在，因此礼仪之争并非全然由天主教各个派别的争斗引起。

第三节讨论了传教士对中国佛教和道教的差异认知，从另一个侧面展现了中西异质文化相遇过程中所用策略的复杂性。从早期入华的天主教传教士利玛窦，到万历末年的耶稣会士曾德昭，他们对中国道教的介绍多是描述性的，较为通俗浅显。随着对道教研究的深入，传教士开始逐渐关注道教的教义和经典，但是总体来看，明末清初数千名传教士中只有少数对道教做了比较深入的研究。来华天主教传教士对待中国的佛道二教总体上均持否定态度，但具体说来，在反对两教的内容、程度，以及方式等方面均存在差异。在塑像崇拜问题上，传教士倾向于认为佛道二教均崇拜偶像，应予毁撤；对佛教则还包含对其教义的指斥，而对道教则集中于对其迷信和巫术色彩的反对，未涉及理论内容，甚至有一些传教士还对道教抱有好感，将之作为中国宗教文化的根基之一。通过对比可以发现，天主教徒对中国儒释道三种思想和宗教的态度是有层次区别的。原因在于：首先，天主教传教士对佛道二教的认知从其进入中国那一天起就存有差异。其在日本传教的经历为他们处理与中国佛教的关系提供了借鉴，但中国本土宗教道教对他们来说则是全新的。其次，与两教在中国的发展程度有关。佛教较道教在中国有更广泛的信众，故成为天主教反对的主要对象。再次，佛道二教在宗教理论、修炼方法、崇拜对象、行为方式等许多方面存在不同。与佛教或儒家思想相比，道教更类似于一种技术性宗教，如强调使用法术、炼制灵丹、求取长生等。因此，天主教多是驳斥道教的巫术色彩，而较少对其宗教理论加以辨析。最后，道教崇拜多个神灵，并与民间信仰深度融合，加之内部派别纷杂，使得天主教传教士往往将两者混为一谈，不加区分。

三、史料与应用

接下来，笔者对本书使用的史料类别、选择与应用原则做简要说明。

祭祀制度是明代国家最重要的制度设置之一，故明朝最重要的官方史料《明实录》记载非常丰富且细致，此为第一类材料。从实录的编纂凡例中可以看到相当一部分是有关礼制及其实际活动的内容，因此是该问题研究最为集中和全面的一类史料。以《明太宗实录》的修纂凡例为例，在所列举的52项内容中，直接或间接涉及礼制者约占1/4，主要有即位礼仪及赏赉；册立皇后、皇妃、皇太子、皇太子妃，以及册封诸王、王妃、公主，包括新定者；祀天地、宗庙、社稷、山川等神，郊祀跻配，太庙增配享，以及遣官祭岳镇海渎、帝王陵寝，包括新增祀典；大驾卤簿及后妃、东宫、亲王、郡王仪仗，包括新制及增损者；皇太孙、诸王、公主冠婚，包含新定礼仪；巡狩及留守事；亲王之国及郡王受命往某地；除授太常寺、光禄寺、鸿胪寺、钦天监等官职；礼仪有新制或损益，新制乐器；每岁圣节、正旦、冬至郊祀庆成大宴；车驾视学礼仪恩赉，修曲阜先圣庙、两京国子监，各处学校增设或罢革；丧葬之礼及上尊谥、谥册；亲王、郡王、王妃、公主、郡主丧葬，其礼有新定，或损益旧仪；修理宫殿，并天地、宗庙、社稷及一应神祇坛场；营建山陵，建各王王妃公主坟，其制度有损益者。①全面搜集实录中有关该问题的记载，是展现明代国家祭祀制度发展演变的第一步。

实录记载祭祀制度相关内容的特点是不如礼制类专门史料集中，较为繁杂。所以在史料的拣选使用上，遵循直接相关者重点采择，其他相关材料则要明确在何种程度上使用，或者不用。以《明武宗实录》中有关祭祀制度内容的史料为例，正德时期虽然在祭祀制度上疏少变革，但在祭祀活动的记载上却不乏内容，尤其是有关正德皇帝不依时举行祭祀活动的奏疏，连篇累牍。这些材料在探讨正德时期的祭祀实态和士大夫对祭祀活动的认识方面是有意义的，但从梳理祭祀制度的衍变这个角度来看则显得较为次要，如武宗时期在祭祀活动中出现的一些违礼行为、士大夫催促正德皇帝依时行郊祀礼的诸多奏疏，以及一些有关祭祀活动的临时变动等。

再以《明世宗实录》中的史料为例。嘉靖时期有关祭祀制度的变动最多，因此围绕大礼议及一系列祭祀制度的变革充斥了嘉靖十五年（1536年）以前的实录记载。但一些临时性的祭仪变动，如嘉靖九年十二月，为避免圣母圣旦与祀社稷先农礼相冲突，世宗谕内阁改行告祀社稷先农礼一事②；嘉靖十二年正月，为行祈谷礼而免行祀先师孔子，先一日传旨礼仪事等③。因其不影响祭祀制度整体局面，故未予采用。

第二类材料是礼制类的专门史料。这类史料记载明代国家祭礼的内容最为集中，现择要介绍。官修两朝《明会典》是记载明代典章制度最为完备的史料，与弘治正德时期编辑刊刻的会典相比，万历重修会典更具价值。比较

① 《明太宗实录》修纂凡例。
② 《明世宗实录》卷120，“嘉靖九年十二月丙寅”条，第2859页。
③ 《明世宗实录》卷146，“嘉靖十二年正月己未”条，第3383页。

弘治修纂凡例与万历重修凡例可以发现，“礼仪以国初典制为定，后有损益者，节书之，或止分注其下，如大丧礼之类。其仪注同少异多者，则别书之曰某年更定，或曰某年以后续定，如正旦、冬至朝贺仪，视学仪之类。若郊祀等礼，嘉靖中虽已更定，仍载于旧仪之次，如合祀分祀之类。有创举者，以新仪立目，如大禘、大享之类。后已厘正者，仍载其仪，而注其下曰今罢，或曰后罢”①。而在叙述方式和内容上，万历重修会典也显得更为清楚细致，不像正德会典那样，以纂辑诸书进行分类。徐一夔等修纂的《明集礼》（五十三卷）以吉、凶、军、宾、嘉、冠服、车辂、仪仗、卤簿、字学、乐为纲，下列子目，其中吉礼十四卷列于首，分别为祀天、祀地、宗庙、社稷、朝日、夕月、先农、太岁、风云雷雨师、岳镇海渎、天下山川、城隍、旗纛、马祖、先牧社、马步、祭厉、三皇、孔子，是有关明代国家祭祀内容较为集中的文献。与之相似的还有俞汝楫的《礼部志稿》，但该书里面的很大部分内容与前述两书多有重复，故地位次之。其他礼制专题类的如李之藻《泮宫礼乐疏》，“首列泮宫祀典，次列仪注，次列名物、器数，共成八卷；第九卷为启圣祠及名宦乡贤祠，附以乡饮酒礼；第十卷附以乡射礼。其中如释奠仪之散斋、演乐、涤牲诸礼，及时祭仪注皆《明会典》及《南雍志》诸书所未载”②。又如黄佐的《南雍志》、世宗朱厚熜的《御制正孔子祀典说》等，不再一一述及。

第三类是地方性史料。明代国家祭祀制度除了具有礼乐文化的意义，作为国家行为亦具有相应的社会治理功能，故本书既包括探讨明代地方祀典的内容，也包括国家祀典与民间信仰之间的互动。这部分章节在资料的搜集上需要向地方性资料倾斜，如各类地方志，包含全国性的通志，地方通志（官修或私修），各府、州、县志，以及一些专题志书。除此以外，还包括一些地方碑刻等，需结合具体问题酌情采用。

第四类史料是私人著述。虽然国家祀典在明代典制史书或正史中记载最为详细，但仍不能忽略私人著述中一些有价值的内容。以王圻与王思义共同编撰的《三才图会》为例，该书是一本融合图像与文字表述为一体的百科全

---

① （明）申时行等修：（万历）《明会典・重修凡例》，北京：中华书局，1989年，第7页。

② （明）李之藻撰：《泮宫礼乐疏・提要》，载《景印文渊阁四库全书》史部，第651册，台北：台湾商务印书馆，1986年，第1页。

书式的私人撰述，在“宫室”“器用”“仪制”等多章中有关于祭祀仪式、祭祀器物、服装、建筑、陈设等内容可资借鉴，图文并茂，相互印证，颇具史料价值。当然也应该注意到，这些材料取材较为广泛，有很大一部分来源于官修史书，故需参酌对比使用。

第五类是域外史料。本书第六章从域外视角审视明代国家祭祀制度及其传播，故涉及较多域外史料，如反映朝鲜王朝国家祭礼的《朝鲜王朝实录》《经国大典》等，可与明代国家祭礼形成比较。探讨明末清初耶稣会士对中国祭祀礼仪的态度，以及明末清初天主教传教士对中国道教信仰的认知时，还需要查找大量西方有关明清时期中西交流的中外文史料。

第一章　明代国家祭祀体系衍变概述（一）
——从洪武建置到成弘时期的变动

第一节　洪武礼仪建置与国家祭祀体系的确立

明朝礼制在明太祖洪武时期奠定基本形态。清人在回顾和评价明朝礼制建设时称："明太祖初定天下，他务未遑，首开礼、乐二局，广征耆儒，分曹究讨。洪武元年命中书省暨翰林院、太常司，定拟祀典。乃历叙沿革之由，酌定郊社宗庙议以进。礼官及诸儒臣又编集郊庙山川等仪，乃古帝王祭祀感格可垂鉴戒者，名曰《存心录》。二年诏诸儒臣修礼书。明年告成，赐名《大明集礼》。其书准五礼而益以冠服、车辂、仪仗、卤簿、字学、音乐，凡升降仪节，制度名数，纤悉毕具。又屡敕议礼臣李善长、傅瓛、宋濂、詹同、陶安、刘基、魏观、崔亮、牛谅、陶凯、朱升、乐韶凤、李原名等，编辑成集。且诏郡县举高洁博雅之士徐一夔、梁寅、周子谅、胡行简、刘宗弼、董彝、蔡深、滕公琰至京，同修礼书。在位三十余年，所著书可考见者，曰《孝慈录》，曰《洪武礼制》，曰《礼仪定式》，曰《诸司职掌》，曰《稽古定制》，曰《国朝制作》，曰《大礼要议》，曰《皇朝礼制》，曰《大明礼制》，曰《洪武礼法》，曰《礼制集要》，曰《礼制节文》，曰《太常集礼》，曰《礼书》。若夫厘正祀典，凡天皇、太乙、六天、五帝之类，皆为革除，而诸神封号，悉改从本称，一洗矫诬陋习，其度越汉、唐远矣。又诏定国恤，父母并斩衰，长子降为期年，正服旁服以递而杀，斟酌古今，盖得其中。"[①]这段对洪武时期礼制建设的描述主要包括三个方面的内容：一是洪武

① 《明史》卷47《礼志一》，北京：中华书局，1974年，第1223—1224页。

三年（1370 年）以前为礼仪初定期，集中表现为建立礼制机构，编制礼仪典制；二是朱元璋在位三十年间所著比较重要的礼仪书目；三是与前代相比，有几种重要的礼制改革内容。清人基于此评价洪武礼制建设“斟酌古今，盖得其中”。然而此段描述仍然过于简略，下面，笔者将结合明初礼制建设的大背景，对洪武时期国家祭祀体系的确立过程进行分阶段讨论，以明确其详细衍变过程。

一、朱元璋称帝前的祭祀活动

元朝末年，各地起义军迭起，朱元璋于至正十二年（1352 年）投于濠州郭子兴部，参加反元斗争。朱元璋在称吴王及最终建立大明王朝之前的数年战争中，对礼仪活动一直都很重视，但此时的礼仪活动内容主要是临时性的、与军事和民事相关的祭祀。

第一类是在与元朝军队及其他反元势力作战中，为祈祷战争胜利，在出征作战前祭告神灵。如至正二十三年五月，祭百神于覆舟山下；至正二十三年十二月，阅武鸡笼山，并借此机会与部下讨论军事[①]；至正二十六年八月，因讨伐张士诚而告祭大江之神。

第二类是因纪念战争中死去的战士而举行的祭祀活动。如至正二十二年二月，为胡大海做祭文，命有司塑像配享晋卞壶庙；为耿再成立庙以祀，后复以衣冠改葬于金陵聚宝山。[②]同年三月癸亥，命祭知府叶琛，“赠大中大夫轻车都尉，追封南阳郡侯，复其家，塑像于院判耿再成之祠，令有司岁祀之。后陈友谅灭，同思诚（都事万思诚）配享洪都功臣庙”[③]。此后又立庙城中，祀诸功臣以（赵）德胜为首；封千户张子明为忠节侯，配享洪都功臣庙。[④]至正二十四年夏四月丙申日，命建忠臣祠于鄱阳湖康郎山，主要将与陈友谅作战于鄱阳湖的忠臣烈士三十五人列进，封赠勋爵有差，并在忠臣祠中设像，令有司岁时祭之；乙巳日，命建忠臣祠于江西南昌府，设像祭祀赵

① 《明太祖实录》卷 13，“癸卯八月壬戌”“癸卯十二月戊午”条，第 169、173 页。
② 《明太祖实录》卷 10，“壬寅二月癸未”“壬寅二月丁亥”条，第 131、133 页。
③ 《明太祖实录》卷 11，“壬寅三月癸亥”条，第 139 页。
④ 《明太祖实录》卷 12，“癸卯六月辛亥”“癸卯六月壬戌”条，第 156 页。

德胜等十四人。[①] 九月辛巳，命中书省绘塑功臣像于卞壸及蒋子文庙，以时遣官致祭；甲申，于长兴州立刘成庙，祀与张士诚作战之长兴州守将刘成。[②] 对于祭祀忠臣义士，朱元璋曾敕礼官称："自古忠臣义士，舍生取义，身殁而名存，有以垂训于天下后世。若元右丞余阙守安庆，屹然当南北之冲，援绝力穷，举家皆死，节义凛然。又如江州总管李黼，身守孤城，力抗强敌，临难死义，与阙同。辙自昔忠臣义士必见褒崇于后代，盖以励风教也，宜令有司建祠肖像，岁时祀之。"[③] 通过建立忠臣义士祠堂，设立肖像，岁时祭祀，褒崇于后代，以励风教。

第三类是在派出军队作战前祭祀相应的岳镇海渎诸神。如吴元年（1367年）冬十月，命中书右丞相信国公徐达、中书平章掌军国重事鄂国公常遇春等由淮入河北取中原，中书平章胡廷瑞、江西行省左丞何文辉由江西取福建，湖广参政戴德随征湖广，平章杨璟、左丞周德兴、参政张彬率武昌、荆州、益阳、常德、潭岳、衡澧等卫军取广西，在这一系列征讨战事之前，朱元璋在出征之日亲祭上下神祇于七里山，并做祝文[④]；十一月己丑，命中书平章廖永忠自海道会师汤和，讨伐遁入海岛的方国珍部，出征之前祭海上诸神[⑤]。另外，派出皇子或朝廷大臣出巡时，也多于所遇郡邑之城隍及山川之神祭祀。

第四类是有关民生的祭祀活动。至正十四年（1354年）甲午秋七月，滁州大旱，滁人杨元杲称，滁西南丰山阳谷柏子潭有龙祠，水旱祷之辄应，并且出现了鱼跃或鼋鼍浮等雨兆。朱元璋听闻后即斋沐往祷，祝曰："天旱如此，吾为民致祷，神食兹土，其可不恤民？吾今与神约，三日必雨，不然神恐不得祠于此也。"祝毕连发三矢而还，史载三日后大雨如注，朱元璋乘雨诣祠谢，当年滁州大熟。[⑥] 这种祭祀行为含有为民祝祷的意味，具有明显的正当性，祝文措辞和语气强烈，甚至带有对神灵警告的意味。同时，这一事实发生在元末农民军混战之际，当年正月，张士诚刚刚建国，号大周，自称

① 《明太祖实录》卷14，"甲辰四月丙申""甲辰四月乙巳"条，第190、192页。
② 《明太祖实录》卷15，"甲辰九月辛巳""甲辰九月甲申"条，第203页。
③ 《明太祖实录》卷26，"吴元年冬十月辛亥"条，第385页。
④ 《明太祖实录》卷26，"吴元年冬十月甲子"条，第398页。
⑤ 《明太祖实录》卷27，"吴元年十一月己丑"条，第413页。
⑥ 《明太祖实录》卷1，"甲午秋七月"条，第14页。

诚王，改元天祐。朱元璋的这一举动显然也暗示着，只有他的行为是合民意，得民心，顺天意之举。至正十六年（1356年），朱元璋前往江淮府，入城第一件事即拜谒孔庙，然后分遣儒士告谕乡邑，劝耕桑、筑城、开堑。[①]

随着农民军在反元和与其他势力的斗争中节节取胜，朱元璋很快称吴王，势力渐强。至正二十六年十二月，“群臣皆上言，一代之兴必有一代之制作，今新城既建，宫阙制度亦宜早定。上以国之所重，莫先庙社，遂定议以明年为吴元年，命有司营建庙社，立宫室”。并亲祀山川之神，祝册：“维神开辟以来，钟毓灵秀，盘礴江东。然而气运凝会之处，人莫能知。予自乙未渡江，丙申驻师金陵，抚安黎庶，于今十有二年。拓土广疆，神人翼赞。兹欲立郊社，建宫宇于旧城之东，钟山之阳，国祚绵长，惟山川气运是从，谨于是日肇庀工事，敢告。”[②]营建新庙社前祭祀山川之神，以山川之气运象征国祚绵长。

吴元年（1367年）以后，祭祀活动渐多，此时已经不仅仅是临时性的祭祀活动，还含有为全面礼仪制度建设做准备的意味。秋七月乙亥，召集先前所选道童俊秀充乐舞生者于戟门，学士朱升及范权领乐舞生入见。朱元璋亲设雅乐测试，并暴露出此时精通礼乐人士十分匮乏的事实。八月甲寅，命协律郎冷谦协乐章声谱，令乐生肄习。[③]同月，圜丘、方丘及社稷坛建成。圜丘在京城东南正阳门外钟山之阳，仿汉制。方丘在太平门外钟山之北。社稷坛在宫城之西南，背北向，社东稷西，用五色坛土覆盖。丙寅，朱元璋亲祀山川，并颁胙于群臣。[④]九月甲戌，太庙成，四祖各为庙，德祖居中，懿祖、仁祖居东第一、第二庙，熙祖居西第一庙，庙在宫城东南，皆南向。[⑤]冬十月戊午，考正四庙雅乐，命协律郎冷谦校定音律及编钟、编磬等器。癸亥，定乐舞之制，乐生用道童如故，舞生以军民俊秀子弟为之。文武各六十四人，文生唐帽紫，大袖袍，执羽籥；武生唐帽绛，大袖袍，执干戚。俱革带，皂靴，不久后改用幞头绯紫袍，靴带仍旧。[⑥]

关于国初的礼制建设问题，朱元璋曾经多次论说。他认为，礼法能教导

① 《明太祖实录》卷4，“丙申九月戊寅”条，第48页。
② 《明太祖实录》卷21，“丙午十二月己未”“丙午十二月甲子”条，第311页。
③ 《明太祖实录》卷24，“吴元年秋七月乙亥”“吴元年八月甲寅”条，第347、357页。
④ 《明太祖实录》卷24，“吴元年八月癸丑”“吴元年八月丙寅”条，第354—357页。
⑤ 《明太祖实录》卷25，“吴元年九月甲戌”条，第361页。
⑥ 《明太祖实录》卷26，“吴元年冬十月戊午”“吴元年冬十月癸亥”条，第393、395页。

人从善，剽悍骄暴并不是人的本性，有了礼法的约束，则“剽悍者可使善柔，骄暴者可使循帖”，这样社会才会有秩序，故敦促当务之急就是要制定礼法。[①]他还在与侍臣宋濂、孔克仁等讨论“汉之治道不能纯乎三代”的原因时指出，其责任不在汉高祖用王霸之杂道，而在于正当制礼作乐之恰当时机的文帝未能及时有所作为，才导致错失了复三代之旧的机会，所以帝王之道贵在于“不违时”，汉文帝是有其时而不为，周世宗是无其时而为之，这都不是他心中所向往的帝王之道。[②]

朱元璋在制礼作乐方面讲究诚敬，不饰虚文，因时而制，不拘泥于古礼。他强调祭祀天地神灵应持诚敬心态，并将之与简单照搬古礼之所行所用区分开来。吴元年（1367年）冬十一月甲午，朱元璋沐浴出观圜丘，向起居注熊鼎等询问：“此与古制合否？”熊鼎回复：“小异也。”朱元璋说：“古人于郊扫地，而祭器用匏陶，以示俭朴。周有明堂，其礼始备。今予创立斯坛，虽不必尽合古制，然一念事天之诚不敢顷刻怠矣。”熊鼎说：“主上创业之初，首严郊丘之祀，既斟酌时宜，以立一代之制，又始终尽其诚敬，此诚前代之所未及。”朱元璋表示赞同，说：“郊祀之礼，非尚虚文，正为天下生灵祈福，予安敢不尽其诚？”[③]

又如车制，周制祀天用玉辂，朱元璋则主张即使是祀天所用车辂，也不一定非要用玉辂，完全可以用木辂来代替：“以玉饰车，考之古礼，亦惟祀天用之。若常乘之车只宜用孔子所谓殷辂，然祀天之际玉辂或未备，木辂亦未为不可。”当时的参政张昶认为“木辂，戎车也。不可以祀天”。朱元璋称：“孔子万世帝王之师，其斟酌四代礼乐，实为万世之法，乘木辂何损于祭祀？况祀事在诚敬，不在仪文也。”[④]在制作太庙祭器时他认为，“今之不可为古，犹古之不能为今。礼顺人情，可以义起，所贵斟酌得宜，必有损益。近世泥古，好用古笾豆之属，以祭其先，生既不用，死而用之，似亦无谓。孔子曰：‘事死如事生，事亡如事存’，其制宗庙器用、服御皆如事生之仪”。于是造银器以金涂之，酒壶盂瓶，每事皆八，朱漆盘碗二百四十，及

---

① 《明太祖实录》卷14，“甲辰三月丁卯”条，第182页。
② 《明太祖实录》卷15，“甲辰五月丙子”条，第195页。
③ 《明太祖实录》卷27，“吴元年十一月甲午”条，第414页。
④ 《明太祖实录》卷20，“丙午夏四月乙卯”条，第275页。

榫椸、枕簟、箧笥、帏幔、浴室皆具。①

经过一系列的准备与铺垫，吴元年（1367年）十二月辛酉，中书左相国李善长率礼官以即位礼仪进，建议告祀天地，即位于南郊，行即位礼。甲子，朱元璋亲御新宫，并以群臣推戴之意祭告上帝皇祇。②次年春正月甲戌，将告祀南郊，戒饬百官执事。③乙亥日，祀天地于南郊，即皇帝位，号大明，建元洪武。丙子诏告天下，追封皇族，制太庙祭器。

二、祭礼制度的初创

洪武元年到三年（1368—1370年）是明初礼制建设的密集期，规格较高的祭祀活动和祭祀制度都是在这个时期初步确定的。一方面，建国初始，需要借助一系列祭祀礼仪展现朱明政权存在的合法性，并向天下民众展示新政权的威严；另一方面，需要对以往古礼进行追溯和考证，建立起明朝自己的祭祀体系和制度规定，行用后世。

洪武元年二月壬寅，中书省臣李善长、傅瓛，翰林学士陶安等进郊社宗庙仪。丁未，诏以太牢祀先师孔子于国学，并遣使诣曲阜致祭。戊申，朱元璋亲祭大社大稷。壬子，陶安考诸礼，奏天子祭祀社稷需受风雨霜露以达天地之气，反对于社稷坛创屋以备风雨，主张遇风雨可于斋宫望祭。同日，定宗庙时享礼。丁巳，命都督同知康茂才率师往济南，跟从大将军徐达北伐，诏中书左丞相李善长致祭江河淮济之神。戊辰，改古天子五冕祭天地等礼，化繁为简，规定祭天地宗庙服衮冕，社稷等祀服通天冠、绛纱袍。三月，先后遣官致祭临濠仁祖陵，以及鲁山淮川之神，以太牢祀三皇，命礼官及诸儒臣编《存心录》，编集郊社、宗庙、山川等仪，以及历代帝王祭祀感应祥异可为鉴戒者，为书以进。祫享太庙，并诏太庙器皿均从旧制，以金涂银改为全用金。秋七月丁酉，因出巡汴梁，改由皇太子摄享太庙。闰七月庚戌，诏定军礼，定皇帝亲征告祭天地庙社仪，与祀天地、时享庙社相同。除此以外，定祃祭仪，祭所过山川仪，凯还告祭庙社仪，遣将出师授节钺礼仪，遣

---

① 《明太祖实录》卷29，“洪武元年春正月丙子”条，第484页。

② 《明太祖实录》卷28，“吴元年十二月甲子”条，第439页。

③ 《明太祖实录》卷29，“洪武元年春正月甲戌”条，第477页。

将告祭庙社仪，祭武成王庙仪，祃祭军牙六纛仪，大将奏凯仪，论功行赏仪，这些军礼中都涉及祭祀仪式。九月丙子，“命中书省下郡县，访求应祀神祇，名山大川、圣帝明王、忠臣烈士，凡有功于国家及惠爱在民者，具实以闻，著于祀典，令有司岁时致祭”①。乙未，命工部制大祀分献陪祭及执事官法服。在祭天配享方面，由于此时南郊尚未齐备，祭天配享不能在此次郊天仪式中实现，朱元璋特诣太庙告祖，称“惟祖神与天通，恐上帝有问，愿以此言敷奏帝前”②，将上帝视为有人格之神灵，而朱元璋的远祖是可与天通之神，借此达到明代现任帝王与天通之目的，以说明建立明王朝是秉承天命，其权力由天赋予。直到洪武二年（1369年）十一月乙巳冬至，祀昊天上帝于圜丘时，始奉仁祖淳皇帝配享。洪武元年十一月丙午，规定“天子亲祀圜丘、方丘、宗庙、社稷；若京师三皇、孔子、风云雷雨、圣帝明王、忠臣烈士、先贤等祀，则遣官致祭；郡县宜立社稷，有司春秋致祭；庶人祭里社土谷之神，及祖父母、父母，并得祀灶，载诸祀典。余不当祀者，并禁止”。对从天子到庶人的主要祭祀内容做了明确的等级划分。同时，朱元璋谕群臣，祭祀“所得之物皆己力所致”，不能以“国家仓廪府库所积”来为私己求福，但如果是为国为民所祈祷的公共行为则被允许③，体现出了国家祭祀活动的公共属性。癸亥，朱元璋欲举行耕籍礼，于是，礼官结合周至明以前祭法中所载耕籍田之规定指出，古礼对籍田祭社还是祭先农有不同的解释，但其意义都在于重农报本，而从《月令》和《周官》开始，均为天子亲耕籍田，但当时祭祀先农并不与天子亲耕籍田同时举行，直到汉朝以籍田之日祀先农，其礼始著。因此建议“耕籍之日，皇帝躬祀先农，礼毕躬耕籍田，以仲春择日行事”④。制从之。十二月乙酉，太常司奏以立秋后辰日祀灵星，立冬后亥日祀司中、司命、司人⑤、司禄，并仿照唐制在城南设坛，

① 《明太祖实录》卷35，“洪武元年九月丙子”条，第632页。

② 《明太祖实录》卷36上，“洪武元年十一月己亥”条，第659页。

③ 《明太祖实录》卷36上，“洪武元年十一月丙午”条，第668—669页：“凡祭享之礼，载牲致帛，交于神明，费出己帑，神必歆之。如庶人陌纸瓣香，皆可格神，不以菲薄而弗享者，何也？所得之物皆己力所致也。若国家仓廪府库所积，乃生民脂膏，以此为尊罍俎馔，充实神庭，徼求福祉，以私于身，神可欺乎？惟为国为民祷祈，如水旱、疾疫、师旅之类可也。”

④ 《明太祖实录》卷36上，“洪武元年十一月癸亥”条，第674页。

⑤ 即“司民”。

从之。丁亥，命筑坛于鸡笼山，致祭故功臣胡大海等，以文臣没于王事者参军李梦庚、郎中王恺、都事孙炎等祔祭。己丑，颁社稷坛制于天下郡邑。庚寅，设立旗纛庙。[①]

洪武二年（1369年）春正月丙申，封京都及天下城隍神。丁酉，于城南门外建群神享祀之所。辛丑，命天下凡祀典神祇，有司依时致祭，不在祀典而常有功德于民，事迹昭著者，虽不致祭，祠宇禁人撤毁。乙巳，命于鸡笼山立功臣庙。丁未，享太庙，以功臣廖永安、俞通海、张德胜、桑世杰、耿再成、胡大海、赵德胜配享。戊申，以太岁、风云雷雨诸天神合为一坛，岳镇海渎及天下山川、城隍诸地祇合为一坛，春秋专祀，惊蛰、秋分日祀太岁诸神，清明、霜降日祀岳渎诸神坛。癸丑，更定太庙春夏秋冬四时之享分别为清明、端午、七月望日、冬至。命祀马祖诸神，并筑坛于后湖。[②]二月庚辰，定以春秋二仲月甲戌庚日遣官祭马祖、先牧、马步、马社之神。甲申，根据礼部尚书崔亮等奏，定圜丘、方丘大祀前期，皇帝亲告太庙，并遣使预告百神。同时拒绝了崔亮提出的大祀由皇帝躬省，中小祀由太常卿礼部官员省牲的建议，规定凡亲祀皆躬省牲。[③]五月辛酉，诏凡时物太常先荐宗庙，然后进御。[④]六月丙寅，功臣庙建成，命论次诸功臣之功，共二十一人[⑤]，命死者塑其像于庙祀之，仍虚生者位。至此，改变了以往功臣单独建庙祭祀的传统，集中于新功臣庙祭祀。丁亥，造太庙金器成，规定宗庙祭器只依常时所用制造，于是造酒壶盂盏，椑榹、枕簟、箧笥、帷幔等，皆根据平时生者所用之物。[⑥]八月辛巳，据礼部尚书崔亮奏定，大祀前七日陪祀官诣中书省受誓戒。甲申，因每岁天地、社稷、岳镇海渎、灵星诸神皆设坛祭祀，遇风

---

① 《明太祖实录》卷37，“洪武元年十二月乙酉”“洪武元年十二月丁亥”“洪武元年十二月己丑”“洪武元年十二月庚寅”条，第745—747页。

② 《明太祖实录》卷38，“洪武二年春正月丙申”“洪武二年春正月丁酉”“洪武二年春正月辛丑”“洪武二年春正月乙巳”“洪武二年春正月丁未”“洪武二年春正月戊申”“洪武二年春正月癸丑”条，第755—775页。

③ 《明太祖实录》卷39，“洪武二年二月庚辰”“洪武二年二月甲申”条，第791、796页。朱元璋对礼部尚书崔亮说：“先贤有言，见其生不忍见其死，闻其声不忍食其肉，此人情之常。今祭祀省牲于神坛甚迩，揆之人心，殊为未安。”崔亮遂考古省牲之仪，远于神坛二百步（第796页）。

④ 《明太祖实录》卷42，“洪武二年五月辛酉”条，第833页。

⑤ 徐达为首，以下依次为常遇春、李文忠、邓愈、汤和、沐英、胡大海、冯国用、赵德胜、耿再成、华高、丁德兴、俞通海、张德胜、吴良、吴祯、曹良臣、康茂才、吴复、茅成、孙兴祖。

⑥ 《明太祖实录》卷43，“洪武二年六月丙寅”“洪武二年六月丁亥”条，第843、848页。

雨则执事之人冠服沾湿，不便行事，且有亵渎神灵之意，遂由礼官考求古礼，依宋制，于圜丘、方丘坛南皆建殿九间，社稷坛北建殿七间，为望祭之所，遇风雨则于此望祭。风雨星辰之神，其气流通，其神无所不在，且祭坛有屋，以栖神灵。灵星诸神一依汉制，于城南为坛屋以祭，八月望日致祭，皆遣官行礼，以为常制。丁亥定制，凡祭器皆用磁，其式皆仿古之簠簋豆登，惟笾以竹。庚寅，据礼部尚书崔亮奏，依周官，五祀止于岁终腊享，通祭于庙门外，群臣则四品以上祀中霤、门、灶三神，五品以下祀门、灶二神，著为令。是月，诏儒臣徐一夔、梁寅、刘于、周子谅、胡行简、刘宗弼、董彝、蔡深、滕公琰、曾鲁同修礼书。[①]九月乙巳，诏以司中、司命、司民、司禄及寿星五神为中祀，每神祭用羊、豕各一，共用牛一，翰林院撰祝文。[②]十一月丁酉，诸臣再请郊祀配典，先前因未举配天之礼，在礼成时本应举行的谢庙礼取消，只在先祭三日诣太庙以配享告。[③]十二月壬午，定安南、高丽等附属国内山川与中国一体致祭。[④]

洪武三年（1370年）春正月甲午，礼部奏定朝日、夕月礼。丁酉，朱元璋欲命礼部太常司详拟圜丘、方丘从祀方案，增十二月将、旗纛神，由于礼部尚书崔亮等的反对作罢。庚子，遣使往安南、高丽、占城祀其国山川。甲辰，命制郊丘祭祀拜褥，席为表，蒲为里；宗庙、社稷、先农、山川之褥用红文绮为表，红木绵布为里。太常司定太庙朔望荐新及献新仪。[⑤]二月甲子，合祀太岁、四季月将、风云雷雨、岳镇海渎、山川、城隍、旗纛诸神。癸酉，命中书省臣行郊祀礼。[⑥]三月壬辰，清明享太庙，陪享增常遇春。[⑦]五

---

① 《明太祖实录》卷44，“洪武二年八月辛巳”“洪武二年八月甲申”“洪武二年八月丁亥”“洪武二年八月庚寅”条，第868、871—873页。

② 《明太祖实录》卷45，“洪武二年九月乙巳”条，第882页。

③ 《明太祖实录》卷47，“洪武二年十一月丁酉”条，第930页。

④ 《明太祖实录》卷47，“洪武二年十二月壬午”条，第938页。于是礼部考其山川，安南之山二十有一，分别为佛迹、彻囤、武宁、仙游、普赖、万劫、杰特、安子、地觐、天养、神投、龙岱、文場、安获、卞、立石、香象、崇、都隆、测、分。其江有六，川泸、富良、大黄、大历、苏历、三带。其水有六，安石渊、石龙门、兹廉、浪泊、越裳宛、九德宛。高丽山有三，鲁阳、嵩、苇。水有四，川礼成、盐难水、浿水、马訾水即鸭绿江。命著祀典，设位以祭。

⑤ 《明太祖实录》卷48，“洪武三年春正月甲午”“洪武三年春正月丁酉”“洪武三年春正月庚子”“洪武三年春正月甲辰”条，第949、953—955页。

⑥ 《明太祖实录》卷49，“洪武三年二月甲子”“洪武三年二月癸酉”条，第963、968页。

⑦ 《明太祖实录》卷50，“洪武三年三月壬辰”条，第976页。

月辛卯，遣使访历代帝王陵寝，具图以闻。丁酉，遣使告祭王国山川以封建诸王。乙巳，建斋宫于圜丘之西，方丘之东。罢寿星、司中、司命、司民、司禄等祀。癸丑，命于圜丘坛下壝内原来从祀大明、夜明、星辰、太岁外增设坛，从祭风云雷雨之神；于方丘坛下壝内原来从祀五岳、四海、五镇、四渎增设坛，从祭天下山川之神，礼如太岁、岳镇。甲寅，从礼部奏，郊祀天地及岳镇海渎等神，用币皆如其数。太庙每室奉安帝后二位神主，当用币二。天用苍，地用黄，日用赤，月用白，皆用本体之色，而五岳五镇四海亦各随其方色，四渎及天下诸水宜用黑色。①六月癸亥，诏定岳镇海渎、城隍诸神号。甲子，定禁淫祠制②，中书省臣等进一步对民间祭祀内容和禁忌做出规定，用以区分民间正当祭祀与僧道斋醮、惑乱左道之间的差异。诏从之。③七月乙未，据礼部尚书崔亮奏，改原来每月朔望祭旗纛为只在当祭之月祭于旗纛庙。甲寅，根据礼官奏请，对遣官祭祀诸天神地祇的时间和具体事宜做出明确规定。④八月癸未，据礼部尚书崔亮奏，将洪武二年（1369年）改宗庙四时之祭用孟月为春用清明、夏用端午、秋用七月望日、冬用冬至，仍改回为四时孟月及岁除五祭，清明等节各备时物荐享。⑤同日，定亲王从享功臣配享仪。九月癸卯，于城南诸神享祭坛正南向增造屋九间，朝

---

① 《明太祖实录》卷52，“洪武三年五月辛卯”“洪武三年五月丁酉”“洪武三年五月乙巳”“洪武三年五月癸丑”“洪武三年五月甲寅”条，第1011、1018、1021、1027页。

② 制曰：“朕思天地造化，能生万物而不言，故命人君代理之。前代不察乎此，听民人祀天地，祈祷无所不至，普天之下，民庶繁多，一日之间，祈天者不知其几，渎礼僭分，莫大于斯。古者天子祭天地，诸侯祭山川，大夫、士庶各有所宜祭。具民间合祭之神，礼部其定议颁降，违者罪之。”《明太祖实录》卷53，“洪武三年六月甲子”条，第1037页。

③ 《明太祖实录》卷53，“洪武三年六月甲子”条，第1037—1038页。奏称：“凡民庶祭先祖，岁除祀灶，乡村春秋祈土谷之神。凡有灾患祷于祖先，若乡属、邑属、郡属之祭，则里社郡县自举之。其僧道建斋设醮，不许章奏上表，投拜青词，亦不许塑画天神地祇，及白莲社、明尊教、白云宗，巫觋扶鸾祷圣、书符咒水诸术，并加禁止。庶几左道不兴，民无惑志。”

④ 《明太祖实录》卷54，“洪武三年秋七月乙未”“洪武三年秋七月甲寅”条，第1061、1068页。礼官奏：“自今遣官祭太岁、风云雷雨、岳镇海渎、山川、城隍诸神。春用惊蛰后三日，秋用秋分后三日，献官及陪祀执事官皆前期斋戒三日。至日清晨，上服皮弁服，御奉天殿降香，中严升御座以待。”（第1068页）

⑤ 《明太祖实录》卷55，“洪武三年八月癸未”条，第1081页。奏称：“古者天子宗庙四时之祭皆用孟月。夫孟月者，四时之首。因时之变，致其孝思，故备三牲黍稷及品物以祭。至于仲季之月不过荐新而已。今太庙祭享已尝用孟月之制，后改春用清明，夏用端午，秋用七月望日，冬用冬至。既与古制不同，况冬至之日，既行郊祀又复庙享，难以兼举。今宜仍用四时孟月及岁除凡五祭，其清明等节各备时物荐享。”

日、夕月、周天星辰俱于此行礼，春秋分祭朝日、夕月，天寿节前三日致祭星辰。[①]此月，修礼书成，赐名《大明集礼》，成为明代礼仪制度大典。十一月大封功臣，并祭战没功臣。甲辰，因郊祀在即，日中累有黑子，告诫执事群臣当谨慎，有刑过丧服及体气疮疡者，勿令与祭。壬子，为了突出事天之敬，将郊祭之牲与群祀之牲区分开来，命礼部改作天地等坛牲房，并加绘饰，中为三间以養郊祀牲，左三间以養后土牲，右三间以養太庙、社稷牲，余屋以養山川、百神之牲。大祀牺牲前一月，皇帝躬视涤養，继命群臣更日往视，岁以为常。[②]十二月甲子，于乾清宫左建奉先殿，除岁时致享太庙外，每日于奉先殿焚香，朔望荐新节序及生辰皆于此祭祀，用常馔，行家人礼。戊辰，始命祭无祀鬼神于京都王国，各府州县及里社皆祭祀之，而天下淫祀，一切摒除，使鬼之无所归附者，不失祭享。命京都筑坛于玄武湖中，天下府州县则皆设坛于城北。甲申，命礼部铸铜人一个，高尺有五寸，手执简书，曰斋戒三日，并于致斋之期置于皇帝前，以示警戒。[③]

三、洪武三年以后祭祀体系的调整

洪武三年（1370年），以《大明集礼》成书为标志，完成了对郊社宗庙等重要祭礼及祭祀等级的基本规划。洪武三年以后，是对祭祀体系相对集中的调整时期。

洪武四年春正月戊子，定皇帝亲视圜丘、方丘、宗庙及朝日、夕月服衮冕，祭星辰、社稷、太岁、风云雷雨、岳镇海渎、山川、先农皆用皮弁服，群臣陪祭各服本品梁冠祭服。庚寅，于临濠建圜丘、方丘、日月、社稷、山川坛及太庙。丙申，命中书省定王国宗庙及社稷坛壝之制。[④]洪武四年二月戊午，根据光禄寺建议，专奉郊庙御用酒由尚酝局专门酿造，以区别于其他

① 《明太祖实录》卷56，“洪武三年九月癸卯”条，第1092页。

② 《明太祖实录》卷58，“洪武三年十一月戊戌”“洪武三年十一月甲辰”“洪武三年十一月壬子”条，第1141—1142、1144页。

③ 《明太祖实录》卷59，“洪武三年十二月甲子”“洪武三年十二月戊辰”“洪武三年十二月甲申”条，第1151—1152、1155—1156、1165页。

④ 《明太祖实录》卷60，“洪武四年春正月戊子”“洪武四年春正月庚寅”“洪武四年春正月丙申”条，第1170、1174页。

内酒坊。乙丑，诏太常司凡祭配享之位不用祝文，不别奏乐。[①]三月丙戌，诏改筑圜丘、方丘坛。庚子，定制合祀帝王三十五人，每岁仲春、仲秋朔日祭祀于陵寝。[②]四月辛亥，定太庙合祭功臣配享，规定合祭时，于太庙内设黄布幄，殿设两庑，中设祖考神位，亲王及功臣列于两庑，每行礼既奠献祖考，则遣大臣各分献两庑。[③]六月戊申，朱元璋对前代乐章率用腴词十分不满，遂命礼部尚书陶凯等更制其词，词成后，命协音律者歌之，并谓侍臣曰："礼以道敬，乐以宣和，不敬不和，何以为治？元时古乐俱废，惟淫词艳曲，更唱迭和，又使胡虏之声与正音相杂，甚者以古先帝王祀典神祇饰为舞队，谐戏殿廷，殊非所以道中和，崇治体也。今所制乐章颇协音律，有和平广大之意，自今一切流俗喧哓淫亵之乐，悉屏去之。"[④]九月乙亥，定亲祭天地、宗庙斋五日，祀日月、星辰、社稷、山川、风云雷雨斋三日，降香斋一日，著为令。甲辰，定拟武官四品，文官五品以上并陪祀，其余老疾疮疥及刑余丧过体气者，不许与祭。[⑤]十二月癸未，礼部奏更定释奠孔子祀器礼物。[⑥]洪武五年二月庚子，据礼部奏设坛，每岁于仲春祭司马一神。[⑦]三月庚戌，命各置斋戒牌，诸司各置木牌刻文曰："国有常宪，神有鉴焉。"每遇祭祀则设。[⑧]七月丙子，规定凡遇皇帝亲祀，则皇太子留宫中居守，亲王戎服侍从，皇太子、亲王虽不陪祀，宜一体斋戒，著为令。[⑨]九月己丑，命定拟

---

① 《明太祖实录》卷61，"洪武四年二月戊午""洪武四年二月乙丑"条，第1186页。

② 《明太祖实录》卷62，"洪武四年三月丙戌""洪武四年三月庚子"条，第1195、1201页。分别为河南10人、山西1人、山东2人、北平3人、湖广2人、浙江2人、陕西15人。

③ 《明太祖实录》卷64，"洪武四年夏四月辛亥"条，第1223页。

④ 《明太祖实录》卷66，"洪武四年六月戊申"条，第1245—1246页。

⑤ 《明太祖实录》卷68，"洪武四年九月乙亥""洪武四年九月甲辰"条，第1278、1284页。

⑥ 《明太祖实录》卷70，"洪武四年十二月癸未"条，第1296—1297页。更定后"正位犊一、羊一、豕一，笾豆各十、登一、铏二、簠簋各二、酒尊三、爵三。四配位每位羊一、豕一、酒尊一，余同正位。其从祀十哲东五位共用豕一，分置于各位，帛一、爵一，每位用笾豆各四、簠簋各一、铏一、酒盏一，西五位陈设同。东庑五十三位为十三坛，共用豕一，分置于各坛，帛一、爵一，每坛用笾豆各四，簠簋各一、酒盏四，西庑五十二位亦为十三坛，陈设与东庑同"。礼部请选京民优秀者充乐舞生，朱元璋认为，"乐舞乃学者事，况奠释所以追崇先师，宜择国子生，及凡公卿子弟在学，预教肄之"。

⑦ 《明太祖实录》卷72，"洪武五年二月庚子"条，第1330页。

⑧ 《明太祖实录》卷73，"洪武五年三月庚戌"条，第1348页。

⑨ 《明太祖实录》卷75，"洪武五年秋七月丙子"条，第1389页。

斋郎、乐生、文武舞生冠服之制。①

洪武六年（1373 年）春正月戊申，通祀外夷琉球诸已入朝贡国之山川神。②二月癸酉，规定皇帝亲祭太岁、风云雷雨、岳镇海渎、山川、城隍、旗纛诸神之中五坛礼，余坛命魏、郑、曹、宋、卫五国公，及中山、江夏、江阴三侯分祀。③四月辛巳，对郊庙牺牲做出规定：已在涤者或有伤则出之，死则埋之，其有疾者亦养于别所，待其肥腯以备小祀中祀之用，死者亦埋之。若未及涤而或有疾伤者，归所司听充庖用。癸未，定天下十二省山川皆各省自祭，旧合祭京师及四夷山川悉罢，惟甘肃以新附其山川，仍附祭京师各城隍神，春三月三日，秋九月九日两次致祭。④六月癸卯，命儒臣制释奠先师孔子乐章。己未，诏定每春正月，秋七月享太庙之日遣官祭功臣于鸡笼山庙。⑤八月乙亥，建陪祀官斋房于北郊斋宫之西南，公侯十五间，百官十七间，乐舞生二十三间，省牲用常服。乙酉，建历代帝王庙于京师。庚寅，定郊祀车用朱漆木辂。⑥九月己酉，重建鸡笼山功臣庙成。戊午，铸太和钟，于圜丘斋宫之东北悬之，以备郊祀之用。⑦十一月丙辰，定圜丘燔柴礼。甲申，定祭祀斋戒礼。⑧

---

① 《明太祖实录》卷 76，“洪武五年九月己丑”条，第 1399 页：“斋郎黑介帻，漆布为之，无花样，服红绢窄袖衫，红生绢为里，皂皮四，缝靴，黑角带。文舞生及乐生黑介帻，漆布为之，上加描金蝉服，红绢大袖，袍胸背画缠枝方葵花，红生绢为里，加锦臂韝二，皂皮四，缝靴，黑角带。武舞生武弁，以漆布为之，上加描金蝉服，饰靴带，并同文舞生。”

② 《明太祖实录》卷 78，“洪武六年春正月戊申”条，第 1423 页。

③ 《明太祖实录》卷 79，“洪武六年二月癸酉”条，第 1437 页。

④ 《明太祖实录》卷 81，“洪武六年夏四月辛巳”“洪武六年夏四月癸未”条，第 1460 页。

⑤ 《明太祖实录》卷 83，“洪武六年六月癸卯”“洪武六年六月己未”条，第 1485、1489 页。

⑥ 《明太祖实录》卷 84，“洪武六年八月乙亥”“洪武六年八月乙酉”“洪武六年八月庚寅”条，第 1496、1500、1502 页。帝王庙制略如宗庙，“同堂异室，为正殿五间，以为五室，中一室以居三皇，东一室以居五帝，西一室以居夏禹、商汤、周文王，又东一室以居周武王、汉光武、唐太宗，又西一室以居汉高祖、唐高祖、宋太祖、元世祖”（第 1501 页）。

⑦ 《明太祖实录》卷 85，“洪武六年九月己酉”“洪武六年九月戊午”条，第 1512、1514 页。

⑧ 《明太祖实录》卷 86，“洪武六年十一月丙辰”“洪武六年十一月甲申”条，第 1527、1533 页。斋戒礼仪规定，“凡祭天地正祭前五日，午后沐浴更衣，处外室。次日早，百官于奉天门观誓戒牌。次日告仁祖庙，退处斋宫，致斋三日行事。享宗庙正祭前四日，午后沐浴更衣，处外室。次日为始致斋三日行事。祭社稷、朝日、夕月、周天星晨、太岁、风云雷雨、岳镇海渎、山川等神，正祭前三日，午后沐浴更衣，处外室。次日为始致斋二日行事。凡传至降香遣官代祀历代帝王并孔子等庙，先一日沐浴更衣，处外室。次日遣官。凡祭五祀，户、灶、门、井于四孟月，时享太庙日，遣内官致祭中溜于季夏土旺戊日，遣内官致祭”（第 1533—1534 页）。

洪武七年（1374年）春正月礼部奏，凡大祀皇帝躬省牲，中祀、小祀宜命官省牲。又将皇帝躬祀时，太常司需要举行的一些烦渎程序删除，并著为式。[①]六月乙卯，命书鸡笼山功臣庙附祭功臣姓名于籍，每岁遇祭则制神主，行三献礼，都督府官祭之，堂上各卫指挥祭之两庑，永为定式。[②]七月甲子，议增圜丘、方丘从祀，更定其仪。[③]八月乙巳，命太常卿议祭祀日期，并将各类日期书之于牌，依时以祭，著为式。祭日遣官监察，不敬失仪者问罪。同日，考察禘祭，但因始祖之所自出者未有所考，禘祭之礼未能议行。[④]九月乙丑，定祭祀拜礼仪式。[⑤]

洪武八年春正月辛未，遣官祭功臣于鸡笼山庙，增祀故淮安侯华云龙、平章李思齐等108人。[⑥]二月癸巳，以外夷山川附祭于各省山川之次，各省山川与风云雷雨居中南向，外夷山川神位分东西同坛共祀，将祭时遣官一人往监其祀。乙未，始制陪祀官入坛牙牌，凡天子亲祀则与祭者佩，牙牌形制有二，圆者预祭官佩，方者执事人佩，俱藏内府，遇祭则给，祭毕则纳，无牌者不得入坛。[⑦]三月丙子，命有司立张巡、许远庙于归德州，岁时致祭。[⑧]七月甲申，礼部奏五祀礼，拟以孟春祀司户之神，设坛于皇宫门左，司门主之。孟夏祭司灶之神，设坛于御厨，光禄寺官主之。季夏祀中霤之神，设坛于乾清宫丹墀，内官主之。孟秋祀司门之神，设坛于午门之左，司门主之。孟冬祀司井之神，设坛于井前，光禄寺官主之。四孟月之祭则于有事太庙之日，季夏之祭则于土旺之日，牲用少牢。五祀之礼岁率以为常。[⑨]十一月

---

① 《明太祖实录》卷87，“洪武七年春正月是月”条，第1550页。

② 《明太祖实录》卷90，“洪武七年六月乙卯”条，第1584页。

③ 《明太祖实录》卷91，“洪武七年秋七月甲子”条，第1591页：“圜丘坛第一成设昊天上帝正位，仁祖淳皇帝配位如旧。第二成东设大明位，西设夜明位。内壝之内东西各三坛，星辰二坛分设于东西，星辰之次东则太岁及五岳坛，西则风云雷雨及五镇坛。内壝之外东西各二坛，东四海坛，西四渎坛，天下神祇二坛分设于海渎之次。”

④ 《明太祖实录》卷92，“洪武七年八月乙巳”条，第1615页：“风云雷雨，境内山川、岳镇海渎皆于春秋仲月上旬择日以祭。历代帝王陵寝仲春上旬甲日祭。城隍之神于山川后一日祭。社稷之神春秋二八月上戊日祭。无祀鬼神春于清明日，秋用七月望日，冬用十月一日书。”

⑤ 《明太祖实录》卷93，“洪武七年九月乙丑”条，第1619页：“节为十二拜，始迎神四拜，至饮福受胙复四拜，又至送神四拜而毕，著为定仪。”

⑥ 《明太祖实录》卷96，“洪武八年春正月辛未”条，第1650页。

⑦ 《明太祖实录》卷97，“洪武八年二月癸巳”“洪武八年二月乙未”条，第1657—1658页。

⑧ 《明太祖实录》卷98，“洪武八年三月丙子”条，第1674页。

⑨ 《明太祖实录》卷100，“洪武八年秋七月甲申”条，第1701页。

乙丑，诏翰林院臣考定大祀登坛脱舄礼。[①]

洪武九年（1376年）春正月乙丑，命翰林学士宋濂、王府长史朱佑等定议王国用礼乐。庚午，太岁、风云雷雨、岳镇海渎、钟山、京畿山川、月将、京都城隍诸神坛壝殿建成。壬午，定王国祭祀之制，规定王国宫城外左立宗庙，右立社稷，社稷之西立风云雷雨、山川神坛，坛西立旗纛庙。宗庙许立五庙，二昭二穆，与始祖之庙为五，以始封之王为始祖。社稷坛别建望殿，以虞风雨。山川坛建二殿，一以栖神，一以望拜，社主用钟山石。五祀则依时遣官择日致祭，仍命诸王国于外城东南立先农坛，以仲春之月择日致祭躬耕籍田。[②]九月戊辰，命凡在外百司祭祀百神，宜以品级尊卑为序，以都指挥使为初献，布政使为亚献，按察使为终献，都指挥使缺则以布政使为初献，其余陪祭官亦宜序以品级，有越次者以违制罪。[③]闰九月甲辰，诏诸王国山川、社稷坛俱建于端礼门外西南。[④]十一月丙戌，定大祀天地宗庙饮福受胙，行四拜礼，日月星辰、社稷一切中祀饮福受胙，行再拜礼，著为式。[⑤]洪武十年六月，因朱元璋即位以来未能亲往祭祀岳镇海渎，遂于此月命大臣十八人分祀岳镇海渎。[⑥]八月庚戌，朱元璋认为，圜丘在钟山之阳，方丘在钟山之阴，分祭天地，揆之人情，有所未安，于是诏改建圜丘于南郊，欲举合祀之典。并命即圜丘旧址为坛，以屋覆之，名曰“大祀殿”。[⑦]冬十月丙午，新建社稷坛成，升社稷为上祀，具冕服以祭，奉仁祖淳皇帝配享。[⑧]十一月丁亥冬至，首次合祀天地于奉天殿。

洪武十一年六月，规定在京大祀、中祀俱用币，在外王国及府州县祀典神祇亦如之，其余小祀只用牲醴。壬戌，因京都大社、大稷同坛合祭，王国各府州县亦改为合坛祭祀，神主皆依京制，用石主埋于坛南，木主二，祭则

---

① 《明太祖实录》卷102，“洪武八年十一月乙丑”条，第1720页。

② 《明太祖实录》卷103，“洪武九年春正月乙丑”“洪武九年春正月庚午”“洪武九年春正月壬午”条，第1733、1735、1737页。

③ 《明太祖实录》卷108，“洪武九年九月戊辰”条，第1805页。

④ 《明太祖实录》卷109，“洪武九年闰九月甲辰”条，第1811页。

⑤ 《明太祖实录》卷110，“洪武九年十一月丙戌”条，第1827页。

⑥ 《明太祖实录》卷113，“洪武十年六月是月”条，第1867页。

⑦ 《明太祖实录》卷114，“洪武十年八月庚戌”条，第1873页。

⑧ 《明太祖实录》卷115，“洪武十年冬十月丙午”条，第1884页。

设之，祭毕收藏。配位由原来的勾龙配社，后稷配稷，改为大社、大稷奉仁祖淳皇帝配。王国府州县无可配者难设配位，遂议王国社称国社之神，稷称国稷之神，府称府社府稷，州称州社州稷，县称县社县稷，颁制于天下。[①]冬十月辛丑，改太原府城隍神为晋国城隍神。洪武十二年（1379年）二月戊申，建神乐观于郊祀坛西。[②]洪武十三年十一月甲午，诏公侯及诸武臣子弟119人习乐舞，以供祀事。庚子，重定王国社稷、山川坛制。[③]洪武十四年秋七月壬子，命各布政司府州县，凡祭祀社稷、山川等神，以文职长官一员行礼，武官不与。[④]洪武十五年夏四月丙戌，诏天下学校以每岁春秋仲月通祀孔子。[⑤]五月壬戌，国学新成，朱元璋命考证孔子释菜礼仪，并主张孔子为百世帝王之师，应行拜礼。[⑥]同月，颁释奠先师孔子仪注于天下府州县学。十一月戊辰，命都察院以巡按事宜颁各处提刑按察司，“俾各举其职，凡府州县社稷山川坛壝，帝王陵庙，必令修洁，祭祀以时。忠臣烈士未入祀典者，孝子顺孙、义夫节妇未旌表者，必询访具实以闻”[⑦]。洪武十六年十一月壬子，根据礼部的建议，为历代忠臣烈士、遗爱在民、以劳定国、有功于民、以死勤事者李冰、文翁、张咏、卓茂、黄霸、陆逊及子抗、从子凯、李龙、狄仁杰、谢夷甫、李黼、李宗可等立庙，入祀典。[⑧]洪武十七年六月庚午，

---

① 《明太祖实录》卷119，“洪武十一年六月壬戌”条，第1937页。

② 《明太祖实录》卷122，“洪武十二年二月戊申”条，第1975页。

③ 《明太祖实录》卷134，“洪武十三年十一月甲午”“洪武十三年十一月庚子”条，第2127—2128页。“社稷两坛相去三丈五尺，坛方三丈五尺，高三尺五寸，四出陛。一壝，广二十丈，坛在壝内稍南居三分之一，壝墙高五尺。置灵星门，四外垣北门置屋列十二戟，南面神门无屋。社立用石，长三尺五寸，阔一尺五寸。山川坛高四尺，四出陛，方三丈五尺。一壝，广二十丈，坛在壝内稍北居三分之一，壝墙高五尺。置灵星门，四外垣南门置屋列十二戟，北面神门无屋。”（第2128页）

④ 《明太祖实录》卷138，“洪武十四年秋七月壬子”条，第2179页。洪武十五年春正月甲申，“礼部言天下布政使司府州县，凡祭祀社稷、山川命文官主祭，武官不与。岷州等卫军民指挥使司既职兼军民，其社稷、山川之祭则宜从本司主之，制曰‘可’”。参见《明太祖实录》卷141，“洪武十五年春正月甲申”条，第2223页。

⑤ 《明太祖实录》卷144，“洪武十五年夏四月丙戌”条，第2263页。

⑥ 《明太祖实录》卷145，“洪武十五年五月壬戌”条，第2276—2277页：“其仪前期一日有司洒扫，设御幄于大成门外。是日旦，上至御幄，礼官入奏，请具皮弁服。次请行礼，导引官导上出御幄就御位，百官各就位，导引官导上诣盥洗位，搢圭盥帨，出圭，诣酒尊所酌酒，诣先师再拜，百官皆再拜，搢圭执事官跪进爵，上献爵，授执事官献于神位前，出圭，又再拜，百官皆再拜。四配十哲两庑分献如常仪。”

⑦ 《明太祖实录》卷150，“洪武十五年十一月戊辰”条，第2363页。

⑧ 《明太祖实录》卷158，“洪武十六年十一月壬子”条，第2441—2444页。

朱元璋御奉天门谕群臣，阐述勿视礼乐为虚文。辛巳，命礼部制大成乐器颁于天下儒学。[①]九月丁巳，命各王府乐舞生俱于所在儒学生员内选用，仍命神乐观选乐舞生五人往教习之。[②]洪武十八年（1385年）春正月癸未，命礼部定在外官员到任仪注，规定了在外官员到任所应祭祀之神，以及祭祀仪式。辛卯，礼部奏定王国祭祀社稷、山川等仪。[③]洪武十八年八月乙未，诏邠州姜嫄、公刘二庙入祀典。[④]

洪武二十年秋七月丁酉，罢武成王庙，去王号，只令太公从祀帝王庙。[⑤]冬十月，历代忠臣庙建成于鸡鸣山阳，命应天府每岁以四孟月及岁除致祭，岁以为常。[⑥]洪武二十一年二月甲寅，诏以历代名臣从祀帝王庙。[⑦]三月乙酉，增修南郊坛壝，历代帝王及太岁、风云雷雨、岳镇海渎、山川、月将、城隍诸神并停春祭，每岁八月中旬择日祭，日月星辰既已从祀，则朝日、夕月、禜星之祭悉罢。同时，礼部更定郊庙、社稷、山川、历代帝王、先师孔子、先农、旗纛诸祀礼仪，著为常式。[⑧]洪武二十二年五月辛未，改建历代帝王庙成，遣官致祭，以奉安神主，每岁止以仲秋月遣官致祭。[⑨]洪武二十三年二月庚子，命礼部、翰林院考定王国合祀山川诸神，礼部按照要求对王国有岳镇海渎者具图以进。[⑩]冬十月己巳，诏公侯府第俱立坛祭祀本处山川，并颁以御制祭文及神坛图式。[⑪]洪武二十五年六月戊辰定议，国有丧则

---

① 《明太祖实录》卷162，“洪武十七年六月庚午”“洪武十七年六月辛巳”条，第2516、2518页。

② 《明太祖实录》卷165，“洪武十七年九月丁巳”条，第2544页。

③ 《明太祖实录》卷170，“洪武十八年春正月癸未”“洪武十八年春正月辛卯”条，第2586、2589页。

④ 《明太祖实录》卷174，“洪武十八年八月乙未”条，第2651页。

⑤ 《明太祖实录》卷183，“洪武二十年秋七月丁酉”条，第2759页。

⑥ 《明太祖实录》卷186，“洪武二十年冬十月戊申”条，第2785页。建文四年（1402年），规定开国功臣既配享太庙，则于太庙祭祀后，别遣官于鸡鸣山功臣庙祭祀，著为令。参见《明太宗实录》卷13，“洪武三十五年冬十月丙辰”条，第231页。

⑦ 《明太祖实录》卷188，“洪武二十一年二月甲寅”条，第2820页。定以风后、力牧、皋陶、夔、龙、伯夷、伯益、伊尹、傅说、周公旦、召公奭、太公望、召虎、方叔、张良、萧何、曹参、陈平、周勃、邓禹、冯异、诸葛亮、房玄龄、杜如晦、李靖、李晟、郭子仪、曹彬、潘美、韩世忠、岳飞、张浚、木华黎、博尔忽、博尔术、赤老温、伯颜共37人从祀历代帝王庙。

⑧ 《明太祖实录》卷189，“洪武二十一年三月乙酉”条，第2836页。

⑨ 《明太祖实录》卷196，“洪武二十二年五月辛未”条，第2945页。

⑩ 《明太祖实录》卷200，“洪武二十三年二月庚子”条，第2994页。

⑪ 《明太祖实录》卷205，“洪武二十三年冬十月己巳”条，第3062页。

太庙时享用乐备而不作。[1]洪武二十六年（1393年）春正月戊辰，命以大成乐器颁给天下府学。[2]洪武二十七年春正月，建汉寿亭侯关羽庙于鸡鸣山阳，与历代帝王及功臣、城隍诸庙并列，通称十庙。[3]洪武二十八年十一月，《礼制集要》成书刊行。[4]洪武二十九年三月壬申，孔庙从祀罢汉扬雄，增董仲舒。[5]秋七月丙子，诏在外未入流官陪祭俱用祭服，与九品官同。[6]

第二节　两京制下的祭祀体系与仁宣时期的变动

一、中都营建与祭祀

洪武元年八月，朱元璋发布诏令，以金陵为南京，以大梁为北京，这是明代两京制度的最早形式。诏书称："朕惟建邦基以成大业，兴王之根本为先，居中夏而治四方，立国之规模最重……朕观中原土壤，四方朝贡，道里适均，父老之言，乃合朕志。然立国之规模固重，而兴王之根本不轻。其以金陵为南京，大梁为北京。朕于春秋往来巡守，播告尔民，使知朕意。"[7]关于都城的选址，朱元璋曾多次征求群臣意见，当时臣僚"或言关中险固，金城天府之国；或言洛阳天地之中，四方朝贡，道里适均；汴梁亦宋之旧京；又或言北平，元之宫室完备，就之可省民力"，朱元璋则认为，无论是长安、洛阳、汴京还是北平，都需要劳民营建，而南京是"长江天堑，龙蟠虎踞，江南形胜之地"，足可立国，临濠"则前江后淮，以险可恃，以水可漕"，遂于洪武二年九月诏临濠为中都，命有司建置城池宫阙，如京师之制[8]，并以傍近州县通水路漕运的18个县隶属中都。

中都营建过程中涉及祭祀活动的举措被提上日程，洪武四年春正月庚

---

① 《明太祖实录》卷218，"洪武二十五年六月戊辰"条，第3210页。
② 《明太祖实录》卷224，"洪武二十六年春正月戊辰"条，第3277页。
③ 《明太祖实录》卷231，"洪武二十七年春正月是月"条，第3377页。
④ 《明太祖实录》卷243，"洪武二十八年十一月乙亥"条，第3529页。
⑤ 《明太祖实录》卷245，"洪武二十九年三月壬申"条，第3555页。
⑥ 《明太祖实录》卷246，"洪武二十九年秋七月丙子"条，第3575页。
⑦ 《明太祖实录》卷34，"洪武元年八月己巳"条，第599页。
⑧ 《明太祖实录》卷45，"洪武二年九月癸卯"条，第881页。

寅，于临濠建圜丘、方丘、日月、社稷、山川坛及太庙。同年五月丙寅，立大社坛于中都，取五方之土筑之：分别由直隶、应天等府并河南省进黄土，浙江、福建、广东、广西进赤土，江西、湖广、陕西进白土，山东进青土，北平进黑土。① 洪武六年二月丁丑，礼部奏制中都城隍神主，主用丹漆，涂以金字，旁饰以龙文，如京都城隍之制。此时朱元璋稍有迁都中都之意，遂命当合祭城隍神时以所都为上，若他日迁中都，则先中都之主。②次月制中都城隍神主成，遣兵部尚书乐韶凤奉香币前往奉安之。洪武六年（1373年）六月辛巳，中都皇城建成。

中都临濠虽为朱元璋发迹之地，但由于交通闭塞、资源匮乏，且营建需要耗费大量人力物力，并不是建立都城的恰当之地，因此，营建中都的计划并未按照预期全面展开。不久，洪武八年四月，朱元璋驻中都，祭告天地于圜丘，并在祭文中指出，“建立都城，土木之役，实劳民力”③。数日后，自中都还京，以劳费即告作罢。

随着营建中都工程作罢，于其地所展开的祭祀活动及建筑工程也一并停止。而作为明初两京制之北京的大梁，也没有实质展开营建工程。洪武十一年去除北京称号，正式定南京为京师。关于迁都，朱元璋还于洪武二十四年派遣太子朱标巡视陕西，但随着次年皇太子去世，此事不了了之。洪武二十五年，朱元璋在“祭光禄灶神文”中说：“朕经营天下数十年，事事按古有绪，维宫城前昂中洼，形势不称，本欲迁都。今朕年老，精力已倦，又天下新定，不欲劳民，且废兴有数，只得听天。”④ 遂将迁都事宜搁置。

二、两京制下祭祀中心的转移

“靖难之役”以后，朱棣夺取皇位，永乐元年（1403 年）正月，大祀天地于南郊，当时礼部尚书李至刚等言：“自昔帝王或起布衣平定天下，或由外藩入承大统，而于肇迹之地，皆有升崇。切见北平布政司实皇上承运兴之

---

① 《明太祖实录》卷65，“洪武四年五月丙寅”条，第1229—1230页。

② 《明太祖实录》卷79，“洪武六年二月丁丑”条，第1439页。

③ 《明太祖实录》卷99，“洪武八年夏四月甲辰”条，第1682页。

④ （清）顾炎武撰：《天下郡国利病书·江宁府·南京》，黄珅等校点，上海：上海古籍出版社，2012年，第831页。

地，宜遵太祖高皇帝中都之制，立为京都。”[①]此说虽以中都之制为参照，实则含有将明帝都及整个政治中心北移之意，这则上疏甚合朱棣意，制曰“可”，遂定北平为北京。[②]关于朱棣迁都及明朝建两京之用意，章潢曾指出，“自古帝王平定天下，必建都会以为四方之极，而据形胜择便利，正所以为久安长治计也。是故武王得天下，都于丰镐；成王继其志，即有宅洛之举；亦犹我太祖建都于吴，而成祖继之又建都于燕也。成周之后，汉唐宋皆并建两京，然汉唐皆以长安为西京，洛阳为东京；宋以汴为东京，洛为西京，其地皆接壤，相去不甚远也。我朝则以南北为称，盖跨江南北，而各为一大都会也。高皇帝定鼎金陵，天下万世之大利也；文皇帝迁都金台，天下万世之大势也。盖天下财赋出于东南，而金陵为其会；戎马盛于西北，而金台为其枢，并建两京，所以宅中图治，足食足兵，据形势之要而为四方之极者也。用东南之财赋，统西北之戎马，无敌于天下矣”[③]。这一说法指出了太祖定都南京着眼于东南之财赋，成祖迁都北京着眼于西北之戎马的现实考虑。

同年五月，朱棣提出，北京原来是其为燕王时的封国，因此依照制度，有国社和国稷。改为北京后，社稷之礼尚未有定制，遂令礼部、太常会议，礼部与太常寺官员讨论后认为，“朝廷王国及府州县社稷俱有定制，考之古典，别无两京并立太社太稷之礼，今北京旧有国社国稷，虽难改为太社太稷，然亦卒难革去。宜设官看守，如遇皇上巡狩之日，于内设太社、太稷之位以祭，仍于顺天府别建府社、府稷，令北京行部官以时祭祀”。并命依在京山川坛祠祭署例，设立北京社稷坛祠祭署。[④]可见，此时北京尚未正式成

---

① 《明太宗实录》卷16，“永乐元年春正月辛卯”条，第294页。

② 关于明代两京制及永乐时期迁都北京的研究可参见以下学者的相关成果：吴晗：《明代靖难之役与国都北迁》，《清华大学学报》1935年第4期；Farmer E L. *Early Ming Government: The Evolution of Dual Capitals*. Cambridge: Harvard University Press, 1976；朱子彦：《论永乐帝迁都北京》，《上海大学学报（社科版）》1989年第1期；万依：《论朱棣营建北京宫殿、迁都的主要动机及后果》，《故宫博物院院刊》1990年第3期；万明：《明代两京制度的形成及其确立》，《中国史研究》1993年第1期；赵克生：《试论明朝两京祭礼的归并》，《南京社会科学》2004年第4期；刘中平：《明代两京制度下的南京》，《社会科学辑刊》2005年第3期；高寿仙：《明代北京营建事宜述略》，《历史档案》2006年第4期；朱晓艳：《明代两京制研究》，山东师范大学硕士学位论文，2011年；王慧明：《明留都南京宫廷典制研究》，东北师范大学硕士学位论文，2013年。

③ （明）章潢撰：《图书编》卷35，载《景印文渊阁四库全书》子部，第969册，第700页。

④ 《明太宗实录》卷20上，“永乐元年五月壬午”条，第358—359页。

为京师，代表国家含义的社稷祭祀亦未能按照太社、太稷之礼进行，而保留原有的燕王时期的国社、国稷，并设立北京社稷坛祠祭署管辖。永乐三年（1405 年）二月，令于北京别建国社稷、山川等坛，由留守的赵王致祭。这是六部大臣与翰林院儒臣考察古礼做出的变通，改亲王留守不祭社稷山川的做法，根据“礼有可以义起”的原则做出的权宜之举，在祭祀层面上变相肯定和提高了北京的独特地位。

确定北平为北京以后，朱棣开始了一系列营建北京的举动，既包含城市布局、宫室建设，也包括制度上的准备。从永乐元年直到十九年正式定都北京，伴随着对北京的营建，朱棣还不时巡狩北京，令皇太子留守南京，实际上是慢慢将统治中心向北京转移，为最终定都北京做好准备。永乐五年六月，修治北京祀典神祇坛宇，制作祭器和乐器。永乐七年二月，朱棣巡狩北京，礼部议奏皇太子留守事宜，在祭祀制度上规定，“凡遇享太庙，于社稷、风云雷雨、山川之神，预期敕皇太子摄祭，其祀典神祇，太常寺预期于行在所奏请，遣官行礼”[①]。朱棣在前往北京沿途驻跸之所时也经常举行祭告活动，如驻跸滁州遣官祭司马丰山柏子龙潭、滁阳王大山池河之神，驻跸徐州亲祀徐王坟，并遣官祭少昊帝尧、先师孔子及颜子、孟子、峄山等神，驻跸东平州望祭泰山，驻跸景州望祭恒山及北京山川，驻跸河间府遣官祭汉昭烈帝河间献王。至北京，于奉天殿丹陛设坛告天地，遣官祭北京山川、城隍诸神，修大祀坛、孝陵并懿文陵、山川坛神厨库及祭品，修太庙、社稷及历代帝王等庙祭器。而留守南京的祭祀活动则依例敕皇太子摄祭。在重大祭祀活动中，如大祀天地，朱棣还特命使臣赍书谕皇太子加以警示。永乐七年所定皇太子留守事宜，成为此后朱棣多次巡狩北京时所参照实行的规定，每当皇帝出巡，南京祭祀活动便主要由皇太子亲行，或指定相关人员代祭，“自是遇巡幸，皆命代祭”[②]。此一时期，虽然首都尚未由南京完全转移至北京，但实际上明朝的诸多重大国事活动都在北京举行，南京的地位逐渐下降，由皇太子或其他官员代行的南京祭祀活动，与洪武时期比较而言，地位亦大为降低，北京的祭祀地位慢慢得到提升。

永乐八年，朱棣第一次北征，皇长孙留守北京，并命户部尚书夏原吉等

① 《明太宗实录》卷88，“永乐七年二月丙子”条，第 1165 页。
② 《明太宗实录》卷100，“永乐八年春正月己卯”条，第 1304 页。

议留守北京事宜。[①]南京太庙祭祀由皇太子代行礼。七月十七日皇太子抵北京，命其代告天地、宗庙、社稷。十月朱棣将回京，命皇太子先期奏告天地、太庙、社稷。此月，朱棣听闻周王朱橚于国中作殿奉祀太祖高皇帝，遂赐之书曰："《礼》'支子不祭'，王国庙祀则肇于始封之王，若太祖高皇帝之祀，朝廷自有宗庙，王今祀于国中，过矣。孔子曰：'祭之以礼'。若不得为而为之，不可为孝。王其审礼而行，毋贻物议。"[②]这是根据祭礼"支子不祭"的原则，指出王国庙祀只能祭祀始封之王，而太祖之祭则应由朝廷宗庙祭祀，王国不可越礼而祭，混乱祭法。

永乐十三年（1415 年）二月立北京马神祠，设马祖等神及司马之神五位，每位用羊、豕、帛各一，仪制准南京。这次在北京建立的马神祠与南京相比，更多依据古礼，所祀神位由南京时的仅祀司马之神，扩大为祭祀司马、马祖、先牧、马社、马步五位，较南京祭祀规格有所提升。[③]

经过数次巡守北京的铺垫，营建北京进一步提上日程。永乐十四年，群臣覆议营建之事。永乐十五年五月，永乐帝车驾至北京，于奉天殿设坛告天地，遣官祭北京山川、城隍诸神，御奉天殿受朝贺。永乐十八年九月，北京宫殿将成，朱棣欲于次年正月初一日，于新殿接受朝贺，遂遣官召皇太子前往北京，南京太庙遣驸马都尉沐昕代行礼，并命行在礼部始以北京为师，不称"行在"，各衙门印有"行在"字者，悉送印绶监，南京衙门则皆加"南京"二字，别铸印，遣人赍给。[④]史载："北京凡庙社郊祀坛场，宫殿门阙规制，悉如南京，而高敞壮丽过之。"[⑤]永乐十九年春正月，北京郊社、宗庙及宫殿成。朱棣躬诣太庙，奉安五庙太皇太后神主；命皇太子诣天地坛，奉安昊天上帝、厚土皇地祇神主；皇太孙诣社稷坛，奉安太社、太稷神主；黔国公沐晟诣山川坛，奉安山川诸神主。礼毕，御奉天殿受朝贺，大宴文武群臣及四夷朝使。[⑥]至此，明朝正式定北京为京师，祭祀中心亦由南京转移至北京。

---

① 《明太宗实录》卷101，"永乐八年二月庚子"条，第1311页。
② 《明太宗实录》卷109，"永乐八年冬十月乙卯"条，第1407页。
③ 《明太宗实录》卷161，"永乐十三年春二月甲申"条，第1825页。
④ 《明太宗实录》卷229，"永乐十八年九月己巳""永乐十八年九月丁亥"条，第2225、2227页。
⑤ 《明太宗实录》卷232，"永乐十八年十二月癸亥"条，第2244页。
⑥ 《明太宗实录》卷233，"永乐十九年春正月甲子"条，第2247页。

仁宗、宣宗时期曾有复都南京之意。洪熙元年（1425 年）三月，命诸司在北京者悉加“行在”二字，甚至已经开始下令修葺南京皇城。但正当准备迁回南京之时，仁宗突然去世，复都事宜搁置。而宣宗本身并无迁都的强烈愿望，且在位时间较短，所以实际上，复都南京之举并未真正付诸实现，北京虽然名义上为“行在”，事实上仍发挥京师的作用。

仁宣时期在祭祀制度上尚有一些小修小补。如洪熙元年三月，命礼部增以张玉、朱能、金卿、王真、姚广孝配享太庙。[①]十二月，造两京祭天地、社稷及配位苍璧、黄琮、仓玉，送太常寺供用。[②]除此以外，仁宗、宣宗还多次对祭祀牺牲及采买问题做出相应规定。洪熙元年四月，行在太常寺卿杨溥奏请，牺牲所畜羊请给钞遣官于出产之处市买。仁宗指出，“能爱人而后可以事神”，近年有司采买牺牲大体按照洪武时的价格购买于市，但此时民间诸物比照洪武时“率增数十倍”，而购买祀神之物“独化旧直，民怨于下”，因此不能体现事神之敬意，规定“自今供祀牺牲，悉准在京时直给钞往市，如于所产之处时直不足，则就所在有司不系赃罚钞内补给，畿内从巡按御史，在外从按察司官监市，毋致扰民”。[③]同年闰七月癸卯，行在太常寺奏，次年春，郊祀及各坛祭祀牺牲，请如例遣官赍钞往保定及山西诸郡收买。宣宗谕曰：“此奉天地神祇，宜戒所遣官必加敬慎，所祀牺牲必加依时直，毋一毫损民。苟有怨咨，神不顾享。旧制，凡买祭物，直隶移文巡按御史，在外移文按察司官严督，使无渎慢。尔等其勿违旧制，庶几称朕敬天地祖宗之意。”[④]九月，巡按浙江监察御史戴诚奏太常寺赞礼郎吕得真往湖州府买羊供祀，妄生嫌恶，索逼私贿，御史治其罪。同月，行在太常寺奏，岁暮、孟春当享太庙之时，牺牲所豢豕皆是一些抽分选来的瘠小不堪者，宣宗准给价预于顺天府收买馈饲，并告诫不能以低价抑买。[⑤]

为了表示国家重视祭祀，尤其是重郊祀之意，明制，郊坛户可以免除其他杂役，以保证其专司守坛。宣德元年（1426 年），令行在礼部再次申明郊

---

① 《明仁宗实录》卷 8 下，“洪熙元年三月丁酉”条，第 268 页。

② 《明宣宗实录》卷 12，“洪熙元年十二月壬午”条，第 328 页。

③ 《明仁宗实录》卷 9 下，“洪熙元年四月己未”条，第 294—295 页。

④ 《明宣宗实录》卷 5，“洪熙元年闰七月癸卯”条，第 131 页。

⑤ 《明宣宗实录》卷 9，“洪熙元年九月乙巳”“洪熙元年九月丁未”条，第 227、229 页。

坛户免杂役之令。[①] 宣德三年（1428 年）春正月辛丑，因四川夔州府万县儒学训导李铎言各处从祀先贤名位多有差讹，次序混乱，宣宗令礼部尚书胡濙加以考证。[②] 三月，令有司于农隙之时对载于祀典的各处庙宇坛壝及祭器损坏者进行修理，以便依期举行祀礼。[③] 四月，根据总兵官都督谭广奏请，于宣府边卫之所比照郡县立坛致祭。[④]

关于王国祭祀的调整主要包括宣德四年三月规定，宁王府每年祭祀社稷、山川所需乐舞生，从原来的府县学生员改为附近道观选道童充用，如选不及数，则于本府军士余丁内选端谨者充任，各王府皆准此例。[⑤] 五月己未，礼部以郑王、襄王、荆王、淮王、梁王之国，条具合行事宜："一、缘途应祀神祇，豫遣行人令有司具祭物，至期启王遣官祭之。一、王之国告祀社稷、山川等神，所司为具祭，其后祭祀则王国自具。一、诸国教祭祀乐舞者，例于北京神乐观选乐舞生五人，所用乐舞生选本处道士道童，不足则选军余充之。烧香道士亦于本处宫观有度牒道士中选用。礼生、斋郎、铺排、厨役、屠人于本处及附近有司取用……一、诸国应用乐工二十七户，今随侍去者不足，则于所司乐户内选精通乐艺之人充之。一、国社、国稷、山川等坛改所在有司坛场为之。一、经过南京孝陵祭祀，翰林院为撰文，香帛于内府关支，牲醴品物及在京应祀神祇酒果皆太常寺供备。"[⑥]

宣德时期直到正统六年（1441 年）北京正式成为京师以前，有关孔庙从祀的变动如下：宣德十年夏四月壬戌，以元学士吴澄从祀孔庙，礼部、两京国子监及天下府州县儒学一体从祀，永为定制。[⑦] 正统元年夏四月庚子，根据忠州儒学训导宋广言奏，将各处儒学从祀先贤名爵位次校勘明白，刊成图本，颁行于天下学校。[⑧] 正统二年六月乙亥，以宋儒胡安国、蔡沉（又名蔡沈，今从《明实录》中写法，用"沉"。余同）、真德秀从祀孔庙。[⑨] 正统三

---

① 《明宣宗实录》卷15，"宣德元年三月乙巳"条，第 405 页。
② 《明宣宗实录》卷35，"宣德三年春正月辛丑"条，第 883 页。
③ 《明宣宗实录》卷40，"宣德三年三月癸巳"条，第 973 页。
④ 《明宣宗实录》卷41，"宣德三年夏四月丁丑"条，第 1081 页。
⑤ 《明宣宗实录》卷52，"宣德四年三月庚午"条，第 1256 页。
⑥ 《明宣宗实录》卷54，"宣德四年五月己未"条，第 1294—1295 页。
⑦ 《明英宗实录》卷4，"宣德十年夏四月壬戌"条，第 89—91 页。
⑧ 《明英宗实录》卷16，"正统元年夏四月庚子"条，第 305 页。
⑨ 《明英宗实录》卷31，"正统二年六月乙亥"条，第 617 页。

年三月庚戌，因许多地方存在将孔子与释老并祀的情况，遂禁革天下祀孔子于释老宫。癸丑，根据教授裴侃所言，“天下文庙惟论传道以列位次，阙里家庙宜正父子以叙彝伦”，遂命行在礼部于阙里建启圣祠，以解决子配享殿庭，而父从祀廊庑的尴尬，同时议曾子、子思之父子皙、伯鱼之封号。①

宣德和英宗早期，一方面加紧对北京的营建；另一方面，南京祭祀尚给予保留，但地位大为降低。宣德五年（1430 年）营建北京时，鉴于礼部掌天地、宗庙、社稷及四方万国朝觐重要典礼，故成为五府六部中最先建立者，位置于北京大明门东，地位规制皆如南京，且更加弘壮。正统元年九月乙巳，于应天府建社稷坛，春秋祈报，令守臣行事。未迁都北京以前，应天府以京郡不置坛。迁都北京后，京师已有太社、太稷，故于应天建社稷坛，只行春秋祈报礼。②正统元年冬十月戊子，太常寺卿徐初奏，南京天地、山川坛，斋宫，神乐观，忠烈、武顺、昭灵、嘉祐王等十五庙，太常寺香帛库、神厨、祭器、祭服、乐舞生袍服均年久损坏，要求加以修补。但是英宗仅命南京守备襄城伯李隆，少保黄福同太常寺择其急用者修补，其他可缓者则止。③正统四年（1439 年）三月己未，光禄寺奏南京内府奉先殿以及诸王、公主坟园岁时祭祀所需用度不足，安王宫眷日逐供亿见贮牲牢不敷，请移文附近州县营办。对此，英宗并未允许取于附近州县民众，而是令南京守备官于内府给直平买，并将安王宫眷日用以十分为率，减其三分。这反映出南京成为留都以后，无论是祭祀场所、物品，还是人员用度，都不能与北京同日而语。④

南京作为留都，政治地位明显降低，皇帝不得不下诏对南京守备及各衙门再三叮嘱，以示重视。正统五年十二月庚寅，英宗敕南京守备及五府六部等衙门官：“朕以南京，祖宗根本重地，郊庙、社稷、陵寝及百神祠坛皆在焉，宫殿禁阙之严，城池兵卫之固，百官庶民之富，天下四方所共瞻仰，所系甚大。朝廷简拔尔等守备及任内外官员，分理庶务，宜体朕心，共图康

---

① 《明英宗实录》卷 40，“正统三年三月庚戌”“正统三年三月癸丑”条，第 786、788 页。

② 《明英宗实录》卷 22，“正统元年九月乙巳”条，第 435 页。

③ 《明英宗实录》卷 23，“正统元年冬十月戊子”条，第 469—470 页。

④ 《明英宗实录》卷 53，“正统四年三月己未”条，第 1019—1020 页。

济。”[①]但随着祭祀中心的转移，留都南京的祭祀活动只能是象征性地保留，已经不能在国家礼制生活中占据中心地位。直到正统六年（1441年）九月，北京奉天、华盖、谨身三殿，乾清、坤宁二宫修成，皇城修建全部竣工。十一月，于奉天殿颁布诏书，北京诸衙门印去“行在”二字，两京文武衙门印增“南京”二字。北京正式成为京师，之后历代皇帝再无迁都之说，以北京为中心的祭祀体系建立起来。留都南京则在保留原有祭祀坛壝殿宇的基础上，仅保留春秋祈报之类的常规祭祀活动，地位进一步降低，祭祀中心彻底完成了由南京向北京的转移。

第三节　正统至正德时期的祭祀活动

正统六年，北京去“行在”正式成为京师后，祭祀中心的地位得以确立，而南京尚保留一部分祭祀活动。接下来就在两京差异的视角下，梳理从正统七年到正德末年两京祭祀发生的变化。

一、成化以前两京差异下的祭祀活动

两京制确立以后，正统到天顺时期，京师及地方祭祀活动的变化主要体现为一些具体的细节，或是临时性的变动，包括祭仪与祭器的变化、王国祭祀制度的变动、祭祀场所及庙坛的修建、庙学祭祀等内容。

祭仪与祭器的变化。正统七年正月，规定看牲、省牲及遣祭旗纛等神，凡遇“圣驾”升殿，俱于殿中复命。[②]正统十四年三月，英宗车驾诣天寿山躬修祀事，礼部尚书胡濙等奏，历年进香数量不断增加，此后扈驾公侯、驸马、伯、文官五品以上，武官三品以上，以及近侍、风宪官，每一衙门进香应由原来的三炷改为一炷，以免亵渎。诸司属官及军民人等前来进香者不行阻止，但赏例宜损于前，每人赐钞三锭，著为例。[③]景泰七年（1456年）十

① 《明英宗实录》卷74，“正统五年十二月庚寅”条，第1442页。
② 《明英宗实录》卷88，“正统七年春正月丙戌”条，第1773页。
③ 《明英宗实录》卷176，“正统十四年三月丁酉”条，第3397页。

一月，因天地坛斋宫什器遭到盗窃，太常寺官自劾典守不严，御史阎鼎描述了当时祭祀坛所内的混乱情况，“其乐舞生卖酒市内，宛成贾区，往来驴马喧杂，无复禁忌，是致狎邪窥探于平日，乃能从容为盗于一时”，主张严惩。于是，罢奉祀杨礼谦等官，并令礼部条约榜示。① 天顺元年（1457 年）正月庚寅，掌太常寺事礼部尚书蒋守约奏请，改景泰时大祀天地、社稷用玉为用瓷爵，未准，仍以玉祀，显示敬神之意。②

王国祭祀制度的变动。正统七年（1442 年）九月庚午，宁夏庆王奏该府春秋二祭，以军余武夫充乐舞生，“琴瑟损篪之不辨，干羽舞蹈之莫知”，请求于附近宫观道士、道童内选充，遇祭期则预送奉祠所演习。但事下礼部议后认为，庆府距离各州县较远，人员往来不便，遂令于宁夏等卫所设儒学内诸军生选用，祭毕复学肄业。③ 景泰二年九月，代王询问，亡殁嫔妤及郡主是否可以入祀宗庙。礼部等议后认为这两种情况当分而视之，嫔妤之子既封郡王，自立小宗，奉祀嫔妤，当祔其庙；郡主已配仪宾，仪宾自立本姓家庙，郡主当祔其庙，俱难入祀宗庙。从之。④ 景泰二年十二月，代王奏该府春秋祭祀山川、社稷等神所用祭品照例应大同府所属州县买办，后因蔚州知州耿信奏准，令由该府斋郎人等买办。正统十四年，由于边疆“虏寇”的威胁，供祀人等纷纷逃窜，经三年后，祀事久缺，乞照永乐事例，令有司置办供祀。从之。⑤ 天顺元年八月，岷王奏该府额设乐舞生一百二十人，但事实仅有六十人，每遇祭祀或有事故缺人供事，请求将附近府州县宫观道士、道童及各学考退生员选补以足其数，从之。⑥ 天顺六年秋七月甲辰，礼部奏伊府长史司左长史金润等言，当年八月初六日应祭社稷、山川等神，而洛阳王等俱居伊王丧，为免以私丧废公祀，请允许洛阳王仍主祭社稷山川。从之。⑦

---

① 《明英宗实录》卷 272，“景泰七年十一月乙未”条，第 5760—5761 页。

② 《明英宗实录》卷 274，“天顺元年正月庚寅”条，第 5818 页。天顺元年正月丁亥，礼部等衙门议奏，英宗复位改元以后，景泰帝肃孝皇后神主不应再祔于宗庙，接受四时祭享，遂迁别室，以正名分。参见同卷“天顺元年正月丁亥”条，第 5805 页。

③ 《明英宗实录》卷 96，“正统七年九月庚午”条，第 1929 页。

④ 《明英宗实录》卷 208，“景泰二年九月壬寅”条，第 4469 页。

⑤ 《明英宗实录》卷 211，“景泰二年十二月庚寅”条，第 4552 页。

⑥ 《明英宗实录》卷 281，“天顺元年八月己亥”条，第 6034 页。

⑦ 《明英宗实录》卷 342，“天顺六年秋七月甲辰”条，第 6937 页。

祭祀场所及庙坛的修建。正统七年（1442年）十一月，建武成王庙于后军都督府祀之。[①]正统九年闰七月，敕谕礼部、工部，联合两直隶各府及布政司，将天下岳镇海渎及府州县社稷、山川、文庙、城隍及祀典神祇坛庙年久失修者，设法备料修葺，工程较大者，酌量事宜以闻。修葺完成后，择人敬谨看守，并令风宪官巡视，对废坏不修及因循理害民者，俱罪不宥。[②]正统十年四月，因社稷、山川二坛逼近民居，秽污渎慢，更徙他地。[③]正统十二年八月，重建京城东岳庙，御制碑文；十一月，重建城隍庙，御制碑文。[④]景泰元年闰正月，立岳飞庙，春秋祭祀，表彰忠义。[⑤]天顺二年（1458年）十二月，英宗重申，按照祖训，祭祀山川坛不得以勋臣代祀，并命工部仿效天地坛建斋宫，减杀其制。[⑥]

庙学祭祀。正统八年九月，塑宋儒胡安国、蔡沉、真德秀像于孔子庙庑。正统九年二月，新建太学成，英宗欲拜谒先师孔子，劝励师生，命礼部择日具礼仪以闻[⑦]；次月，亲幸国子监，御制重建太学碑。十三年二月，命礼部定议福建延平府将乐县宋儒龟山杨时从祀之事；五月，命各府州县儒学孔子像在故元时塑有左衽服者，悉改为右衽。景泰三年（1452年）九月，令工部营造大成殿时，比照原来加广庙宇，以容纳乐舞礼仪，避免其混于露台，失之庄重。[⑧]景泰七年九月，从福建按察司佥事吕昌奏，朱文公祠中，左右分列文肃公黄幹、文简公刘爚、文正公蔡沉、文忠公真德秀。春秋祭祀朱子之日，增猪、羊各一，析为四，分其羹酒菜果，并如朱子之仪，以合祀四子于一堂之内。[⑨]天顺三年三月，恢复景泰五年革罢的宁夏等卫学春秋二丁祭过程中公用田粮支办祭物等项。[⑩]

---

① 《明英宗实录》卷98，“正统七年十一月戊午”条，第1963页。

② 《明英宗实录》卷119，“正统九年闰七月甲申”条，第2400页。

③ 《明英宗实录》卷128，“正统十年夏四月丁卯”条，第2561页。

④ 《明英宗实录》卷157，“正统十二年八月甲申”条，第3062页；《明英宗实录》卷160，“正统十二年十一月壬辰”条，第3108页。

⑤ 《明英宗实录》卷188，“景泰元年闰正月丁未”条，第3813页。

⑥ 《明英宗实录》卷298，“天顺二年十二月戊寅”条，第6342页。

⑦ 《明英宗实录》卷113，“正统九年二月乙未”条，第2276页。

⑧ 《明英宗实录》卷220，“景泰三年九月壬寅”条，第4759页。

⑨ 《明英宗实录》卷270，“景泰七年九月庚寅”条，第5731页。

⑩ 《明英宗实录》卷301，“天顺三年三月癸未”条，第6381页。

留都南京的祭祀活动则极为有限，主要表现在对祭祀场所和祭器的修缮和管理方面。现将正统六年（1441 年）至成化前南京祭祀坛庙、祭器的修缮情况列表于下（表 1-1）。

表 1-1　正统六年至成化前南京祭祀坛庙、祭器修缮情况表

时间（定都北京后）	内容	文献出处
正统十年春正月	南京工部奏，修天地、山川坛、城隍等十庙	《明英宗实录》卷 125，“正统十年春正月辛巳”条，第2494页
正统十一年冬十月	修葺南京太庙、社稷坛	《明英宗实录》卷 146，“正统十一年冬十月壬戌”条，第2882页
正统十二年闰四月	修南京太庙并社稷坛祭器，从南京太常寺言	《明英宗实录》卷 153，“正统十二年闰四月己巳”条，第2994页
正统十二年五月	命南京工部修历代帝王、本朝功臣、真武、普济、祠山、五显、嘉祐，及汉寿亭侯、晋卞忠贞公、南唐刘忠肃王、宋曹武惠王、元卫国忠肃公、都城隍十三庙，俱于内库支给物料	《明英宗实录》卷 154，“正统十二年五月己酉”条，第3015页
正统十二年九月	守备南京太监刘宁奏，六月间，南京大风雷雨，山川坛火，殿庑、乐器、祭器皆焚毁，乞集材修造，从之	《明英宗实录》卷 158，“正统十二年九月戊戌”条，第3074页
正统十四年十二月	命修南京天地坛殿宇及山川坛具服殿等处，共三百六十九间	《明英宗实录》卷 186，“正统十四年十二月戊申”条，第3713页
景泰元年夏四月	命修南京天地、社稷坛大祀殿及亭厨斋库	《明英宗实录》卷 191，“景泰元年夏四月庚寅”条，第3961页
景泰四年冬十月	以南京太庙并社稷坛殿宇柱栱多蛀坏，命内官监及南京工部修理之	《明英宗实录》卷 234，“景泰四年冬十月庚寅”条，第 5104—5105页
景泰五年三月	南京诸守备臣奉敕修理太庙并社稷坛	《明英宗实录》卷239，“景泰五年三月己巳”条，第5217—5218页
景泰七年六月	礼部言南京神乐观奏供祀乐舞缺人，先选南京道录司无过疾道士三十八人补数供祀，宜就令收乐舞生，从之	《明英宗实录》卷 267，“景泰七年六月辛丑”条，第5665页
天顺元年三月	南京工部已备料积工，将建山川坛	《明英宗实录》卷 276，“天顺元年三月乙丑”条，第5867页
天顺三年八月	遣南京守备魏国公徐承宗祭后土之神，南京工部尚书王永寿祭司工之神，以南京山川坛殿宇被灾，命工盖造完毕也	《明英宗实录》卷 306，“天顺三年八月乙卯”条，第6445页
天顺三年十一月	命修南京功臣庙	《明英宗实录》卷 309，“天顺三年十一月丁未”条，第6504页
天顺七年十一月	命修南京历代帝王、真武、汉寿亭侯庙及鸡鸣寺、普济禅师坛宇	《明英宗实录》卷 359，“天顺七年十一月丁巳”条，第7139页

二、成化至正德时期的调整

成化时期的祀典变化突出表现在对孔庙及其从祀的讨论，以及地方祀典的变化两个方面。

成化元年（1465 年）春正月，国子监助教李绅议孔子配享与从祀，认为以颜渊、曾参、孔伋配享堂上，其父颜路、曾点、孔鲤列于庑下，有乖人伦[①]，应令从祀在阙里的颜路、曾点、孔鲤配孔子父启圣王庙，在两京及诸郡邑者，别置一室于大成殿侧以祀之。而“如公伯寮之诉子路，荀况之论性恶，马融之陷忠良，杜预之议短丧，王弼之尚庄老，大本巳（已）失，理宜黜之。元之大儒若容城刘因、金华许谦，史传具载，其学识精纯正大，足以继圣贤之绝学，宜在从祀之列”。宪宗虽令该衙门议行，但事实上李绅的建议未得实行。[②]同年九月，命福建延平府立祠祀宋儒杨时，以罗从彦、李侗配享。当时，萧山县民奏以杨时从祀孔子，事下礼部、翰林院议，大学士李贤、学士刘定之等议后认为，从祀各有深意，如果增祀杨时，则又有许多人会要求加入从祀行列。况且从祀孔庙人员是宋元以来即议定的，不可擅增。遂在杨时故郡令有司建立祠庙，春秋择日致祭。这样，虽然未通祀天下，但得专祀其乡，相比之诸儒也能体现出差异。[③]十二月，命直隶容城县立祠祀元儒刘因。成化三年二月，浙江按察司佥事辛访请将宋儒何基等赐以封爵从祀，事下礼部议后认为，只宜在浙江金华府建立祠庙，每岁春秋备仪，遣本府官致祭。[④]

成化三年六月，兵部左侍郎兼翰林院学士商辂上疏，建议为孔子“大成至圣文宣王”加封号，于大成之上加封“道配天地”四字，并请为增入从祀的宋胡安国、蔡沉、真德秀加封爵，宪宗命所司看详覆奏。[⑤]随后，太常寺少卿兼翰林院侍读学士刘定之请增江西陈浩从祀，以表彰其做《礼记集说》。礼部尚书兼翰林院学士陈文等议后认为，陈浩出处行实一时难于考

---

① 这个问题元初和明初的理学家熊禾、宋濂都曾指出，当时的反对者认为，庙祀主崇道，家庙叙伦理，两者并不相悖。

② 《明宪宗实录》卷13，“成化元年春正月己巳”条，第284—285页。

③ 《明宪宗实录》卷21，“成化元年九月戊辰”条，第422页。

④ 《明宪宗实录》卷39，“成化三年二月丁巳”条，第792—794页。

⑤ 《明宪宗实录》卷43，“成化三年六月戊申”条，第880页。

究，遂乞敕江西考其谱志，审其子孙，询诸故老，详具其行以上，其实是没有准许其从祀。[①]成化四年（1468年）五月，兵部尚书兼文渊阁大学士彭时等引广东博罗县儒学训导游宣等奏，乞将先贤熊禾从祀，彭时、柯潜等议后认为，熊禾不宜从祀孔庙，只在旧有先贤祠增入致祭，如先贤祠无，则别立祠堂致祭。[②]

成化十二年秋七月，国子监祭酒周洪谟等上疏建议全面提高孔子祭祀规格。具体包括加封孔子帝号，如不加封，以“大成至圣”四字易为“圣神广运”之类。配合孔子冕十二旒，衣十二章的冠冕章服之制，增加笾豆、佾舞数量，即增十笾豆为十二笾豆，增六佾之舞为八佾之舞。事下礼部，礼部尚书邹幹等覆奏，孔子封号应遵循太祖之制不加封号，或改称“圣神广运”。国初孔子祭祀只用木主，不用塑像，但对已存在的前元塑像，不忍撤毁，不宜增加笾豆舞佾之数，并指出谥号、器数多少不足表达重轻，封号、笾豆、佾舞遂仍旧。[③]九月，周洪谟再次上疏陈言，乞敕廷臣计议增孔庙祭祀笾豆乐舞冕服事。宪宗认为，“尊崇孔子乃朝廷盛典，宜从所言，其笾豆、佾舞俱如数增用，仍通行天下，悉遵此制”[④]。

地方庙祀的变动主要包括成化元年五月，河南修比干庙，命有司春秋致祭；四年三月，祭宋丞相李纲于邵武府学，并命有司春秋致祭；五年五月，于云南恢复元臣赛典赤庙祀；九年九月，重建永平府伯夷、叔齐庙，赐庙额，有司以时致祭；十年八月，命直隶博野县立祠祀宋儒程颢、程颐；十一年于广东境内建祠祀宋臣太傅张世杰、丞相陆秀夫，并加封谥，特赐庙额，著在祀典，命有司岁时致祭；十二年九月，命杭州府祭唐臣褚遂良，并入祀典，有司每岁春秋致祭；十七年冬十月，命礼部考察宋儒胡瑗功行，或升从祀，或建专祠祭于本土；十八年命山东临清县每岁春秋祭故平江侯陈豫；二十年夏四月，命江西贵溪县重建宋儒陆象山书院，每岁致祭；二十一年十一月，为山东先任总兵官都督卫青、永康侯徐安立祠以祀，赐祠额，每岁一祀。

成化时期还对“紊乱祀典者”进行了清理。天顺八年（1464年），宪宗

---

① 《明宪宗实录》卷43，“成化三年六月乙卯”条，第891页。
② 《明宪宗实录》卷54，“成化四年五月戊子”条，第1107—1109页。
③ 《明宪宗实录》卷155，“成化十二年秋七月癸亥”条，第2834—2838页。
④ 《明宪宗实录》卷157，“成化十二年九月辛亥”条，第2870—2872页。

即位初，礼科都给事中张宁等建议敕礼部，凡遇斋醮事宜，不许百官于寺观炷香行礼，得旨“今后僧道斋醮，不许百官行香”。同年，国子监助教刘翔奏请为配天时享郊庙别作乐章，礼部会内阁并群臣集议认为，郊庙乐章为太祖高皇帝时所做，可万世通行，不需要改动，只需将太祖乐章中特定的词句如“助我眇躬，开基建功”“承前人之德，化家为国”等稍作调整即可。[①]成化元年（1465年）二月，巡抚湖广左佥都御史王俭上言“禁革淫祀……乞敕翰林院儒臣博采‘三礼’及诸经传，自天子至于庶人，当祀之神，纂集成书，刊示四方。凡天下鬼神，不系礼典所载及当代祀典者，并宜撤其庙宇，毁其像设。仍乞禁革塑绘人匠，敢有违者，并付法司论罪”。疏奏下所司议。[②]

成化九年，南京太常寺少卿刘宣针对南京祀典紊乱情况的上疏也值得特别注意。他指出，南京祀典自从迁都北京以后，礼制多蹈旧袭，讹而未备，遂条陈十二事：一是太庙各帝后冠服宝座有全有缺，如太祖以上五庙帝后冠服宝座皆全，太宗有冠服无宝座，文皇后冠服宝座俱全，仁宗、宣宗只有宝座无冠服，昭皇后、章皇后及英宗冠服宝座俱未备。遂请先成宝座，然后列圣遗衣奉安。二是专命驸马都尉赵辉祭孝陵，专命国子监祭酒主祭先师孔子，或代以礼部堂上官。如临期有故，不及奏请，欲更他官代替，可于五府六部大臣内各增一员代行。三是仿照北京每岁郊祀太岁等神均祔祭都城隍，以及五月十一日太常寺官专祭都城隍庙的例子，行南京都城隍二祭。四是古祭以小犊为太牢，而南京内外诸司经常以牛小答责养牲者，殊乖礼制。五是命御史稽查诸司祭孝陵怠惰者。六是军民多于郊堧地纵畜牧，请敕守臣重加禁革。七是更造小型船只以运达每年所例荐新物品。八是每年祀黄蜡例取内帑，劳弊滋多，宜于附近州县办纳为便。九是每年各处所收供祀牲应暂处牺牲所，以俟验收。十是重新绘制功臣庙壁画及功臣事迹。十一是减少对太常寺厨役的杂役，优免如例。十二是给予神乐观乐舞生度牒，以补充缺数。事下礼部会议，“诏祖宗已尊祀于京师，南京太庙宝座未备者增之，冠服不必再设。功臣画壁仍旧，都城隍太常寺其以八月中旬岁祭，余俱允行”。[③]刘宣的这则上疏是自正式定都北京后，又一次对南京祀典的大规模整顿，相比于

① 《明宪宗实录》卷10，“天顺八年冬十月壬辰”“天顺八年冬十月戊戌”条，第217、221—222页。
② 《明宪宗实录》卷14，“成化元年二月己卯”条，第307—308页。
③ 《明宪宗实录》卷120，“成化九年九月丁巳”条，第2328—2331页。

正统时期对南京祭祀坛庙的多次修缮，这次调整涉及宗庙帝后宝座冠服、主祭官员、祭祀时间、祭品祭器、祭祀人员的待遇等诸多问题。从结果来看，除了功臣庙画壁仍旧，太庙不再设冠服以外，其余基本上都得到了宪宗的重视和支持。

成化十一年（1475 年）春正月，国子监祭酒周洪谟对庶民祠堂之制、府州县学孔庙祭祀礼乐，以及民间所用历书均提出整顿建议："祠堂之制悉本《家礼》，高曾祖考四代设主，俱自西而东。考之神道向右，古无其说。惟我太祖高皇帝太庙之制，允合先王左昭右穆之义，宜令一品至九品止立一庙，但以高卑广狭为杀，神主则高祖居左、曾祖居右，祖居次左、考居次右，于礼为当……天下府州县学祭先师孔子多有礼无乐，宜令礼部以乐歌之词、佾舞之数行下有司，置造乐器，俾士子以时习肄……钦天监所藏选择历书系洪武年间撰定颁行，今民间不见此书，宜遵旧制刊布天下。"事下所司议覆，祠堂之制命翰林院参酌更易，具奏处置；学校祭祀先师乐舞，令俟丰稔之时补造乐器；钦天监印造历书，遇阴阳学官赴监听考者，人给一本，官民遵用。①

成化十二年，户部尚书兼翰林院学士商辂等认为，宪宗建玉皇祠，祭服、祭器、乐舞等均仿照郊祀礼，并新编乐章由内臣习之，甚至于道家所言神降之日举行祀礼，于礼未合。主张"将所建神祠停罢，神像送宫观侍奉，祭服、祭器、乐舞之具送太常寺收贮。凡内廷一应斋醮，悉宜停止，勿为亵渎"。疏入，命拆其祠，祭器等件送库收贮。②二十一年，据都察院右都御史朱英等言，规定赍香帛赏赉等事，以及岳镇山川等祭祀，不必再差遣内官前往。③

最后，关于祭品、祭器事项的调整。成化二年，规定光禄寺每岁鸡、鹅、羊、豕之类岁费以正统时为准，即不过三四万。④十二年，令工部仿照正统天顺间祭器和日用器皿数量，每年造一万祭器，新故兼用，防止光禄寺屡次以数量缺少为由奏请新造。⑤二十一年，"教坊司乐工奏中和韶乐者多不

① 《明宪宗实录》卷137，"成化十一年春正月丙子"条，第 2576—2577 页。
② 《明宪宗实录》卷156，"成化十二年八月乙酉"条，第 2849—2850 页。
③ 《明宪宗实录》卷260，"成化二十一年春正月己丑"条，第 4399 页。
④ 《明宪宗实录》卷34，"成化二年九月乙未"条，第 686 页。
⑤ 《明宪宗实录》卷150，"成化十二年二月己亥"条，第 2749—2750 页。

谐协，而善弹瑟及笙篌击钟磬者殊少，恐因循失传，渐致大乐不备”。礼部认为，“宜令乐官选其中子弟于本司演习……共选三百三十六人，如此庶大乐不致废弛”。制可。[①]二十二年夏四月，改灵济宫、金玉二阙真君祭祀用素羞之旧例，遇万寿节用太牢致祭，正旦、冬至及真君生辰仍旧用素羞。[②]

孝宗即位以后，对成化时期的诸多为政举措进行纠正，对祭祀制度内容的更定也比较多，尤其是在弘治元年（1488年）前后表现最为突出，内容主要以宗庙祭祀和厘正祀典之乖谬为中心。

成化二十三年（1487年）十月，孝宗在册封张皇后及上皇太后、太皇太后尊号诏书中，令修理天下祀典神祇奉祀坛庙。[③]次月，吏部听选监生杨玺就宗庙及孔庙祭祀事宜上疏，认为国初所建同殿异位的宗庙制度，使祖宗之神同于一殿坐享，于礼未安，乞命礼部博求礼制，仿殷周营建单独庙享之所，以奉岁享。孔庙四配从祀中，子侄列于正殿，父叔反在两庑，尊卑失序，乞于大成殿后别建一堂，以孔子父叔梁纥居中，旁列颜路、曾晰、孔鲤、孔弗祀之，封号如其子爵。[④]不久，听选监生许鉴上疏陈事，也对孔子庙廷孔伋、曾参坐于孔鲤、曾点之上的状况请行议改，加“圣父”叔梁纥谥号，别于大成殿后立殿祀享。[⑤]弘治初年，对宗庙和孔庙祀典提出的更定请求并没有得到孝宗重视，这些言论也没有形成改动的舆论氛围，此时真正亟须考证古礼以规范典制的是有关太庙升祔和祧迁的问题。

孝宗即位，宪宗需要升祔太庙，此时九庙已备，如何进行祧迁，亟待礼部提出方案。成化二十三年十一月丁未，孝宗敕礼部：“朕惟古者，天子九庙，而祖功宗德，百世不祧，其他则以次祧迁，有常制焉。恭惟太祖高皇帝混一区宇，肇正纲常，追祀德、懿、熙、仁四祖，同殿异位，情文具称，列圣相承，昭穆有序。至于皇祖考英宗睿皇帝，九庙已备，兹者皇考继天凝道诚明仁敬崇文肃武宏德圣孝纯皇帝，山陵将毕，升祔有期，当定祧迁之制。矧惟皇妣孝穆慈慧恭恪庄僖崇天承圣皇太后祔葬，毕日宜有奉享神主之礼。

① 《明宪宗实录》卷268，“成化二十一年秋七月庚午”条，第4536页。
② 《明宪宗实录》卷277，“成化二十二年夏四月丁亥”条，第4669页。
③ 《明孝宗实录》卷4，“成化二十三年十月丙子”条，第70页。
④ 《明孝宗实录》卷6，“成化二十三年十一月庚子”条，第100—101页。
⑤ 《明孝宗实录》卷7，“成化二十三年十一月乙卯”条，第121页。

尔礼部其会文武大臣并詹事府、国子监、翰林院堂上、左右春坊，及科道掌印官，详稽古制，斟酌情文，议处以闻，务遵典礼，足垂万世，用成朕尊祖敬亲之大孝。钦哉故谕。”[①]根据孝宗的敕书，礼部尚书周洪谟会五府各部都察院、翰林院等衙门议祧迁之制，及孝穆慈慧皇太后奉享之礼。会议认为，按照周制传统，太祖时期以德祖为始祖，懿祖以下依次祧迁，而太祖、太宗万世不祧，因此宪宗神主升祔太庙，懿祖皇帝神主当奉祧，并于太庙寝殿后仿古夹室之意，别建一殿九室，以事奉藏。岁暮合祧庙与未祧之主于太祖之庙，即将懿祖神主仍居旧位，行袷祭礼。在太庙后殿未建成之时，暂将懿祖皇帝神主奉安于德祖皇帝室内，取古所谓“毁庙之主藏乎太祖”之义。至于孝宗生母孝穆慈慧皇太后祔葬茂陵后，神主宜于奉先殿傍近宫室改为别庙，以礼安奉，岁时祭享，悉如太庙奉先殿之仪。孝宗对此十分赞同，但因奉先殿傍近无宫室，礼部认为可以折中为在宪宗纯皇帝神主几筵殿之右别设幄殿一所，同殿异位，以事奉享。从之。[②]成化二十三年（1487 年）十二月丁卯，遂按所议行祭告太庙礼，奉安孝穆慈慧皇太后神主之殿曰“奉慈殿”。弘治元年（1488 年）十月戊申，始行岁暮祫祭毁庙之主礼，遣官预行祭告及改撰祝文，令太常寺至期陈设懿祖皇帝御座于太庙正殿左熙祖皇帝上，衣冠等物同时陈设，祭毕仍旧安奉，著为常典。[③]

宗庙祧迁之制是弘治初年祀典调整的重点，除此之外还包括对岳镇济渎、耕籍田、视学仪，以及孔庙从祀的讨论和改动。弘治元年正月，都察院左都御史马文升等言，岳镇济渎等祠庙皆有前太监陈喜及奸人邓常恩所造石函及致祭祝文，令毁，从之。[④]二月癸卯，户部尚书李敏建议，礼部在耕籍仪注内增上、中、下农夫各十人，服常服，执农器，引见行礼，然后令其终亩，完毕后赐食赐布，以使皇帝亲见稼穑之艰。丁未，祭先农神，孝宗躬耕籍田，命诸大臣行五推、九推礼，并赐农夫三十人每人布一匹。[⑤]同月，吏部尚书王恕认为，皇帝视学释奠仪注中，分献官始终不拜，非礼，释奠当用

① 《明孝宗实录》卷6，“成化二十三年十一月丁未”条，第106—107页。

② 《明孝宗实录》卷7，“成化二十三年十一月壬戌”条，第143—147页。弘治五年五月，祭告太庙礼毕，奉安懿祖皇帝皇后神主于祧殿如仪。

③ 《明孝宗实录》卷19，“弘治元年十月戊申”条，第450—451页。

④ 《明孝宗实录》卷9，“弘治元年正月乙丑”条，第200页。

⑤ 《明孝宗实录》卷11，“弘治元年二月癸卯”“弘治元年二月丁未”条，第246、249页。

币爵，亦三献。结果分献官拜礼准行，其余循旧制。[①]三月，王恕再次就此事上疏，礼部及詹事府、国子监、翰林院、春坊等会议后认为，明代前朝皇帝视学礼仪一奠四拜，体现出尊师重道之意，但到成化元年，始加牲用乐，虽极尊崇之礼，然既非释奠之正，又非释奠之全。主张于视学之前致斋一日，至期加币一匹，乐设而不作，其余仍旧。孝宗认为："尊先师以当礼，既成化初年有所举，惟孔子前加币，用太牢，改分献为分奠，其余仪物俱从永乐年例行。"[②]八月，礼科给事中张九功对文庙从祀提出建议，认为荀况、马融、王弼、扬雄俱得罪名教，宜黜；明朝薛瑄笃志好学，于道有见，宜进。詹事府少詹事兼翰林院侍讲学士程敏政亦言："马融、刘向、贾逵、王弼、何休、戴圣、王肃、杜预八人，虽有训诂，其行不足称，宜褫爵罢祀。郑众、卢植、郑玄、服虔、范甯五人，虽若无过，而所著未能发明圣学，止宜各祀于其乡。申枨、申党其实一人，位号宜存其一。公伯寮、秦冉、颜何、蘧瑗、林放五人家语不载，亦宜罢祀。如以瑗、放为不可无祀，则祀瑗于卫，祀放于鲁，或各附祭于乡贤祠。又后苍有功于礼记，宜与王通、胡瑗二人俱加爵从祀。又颜子、曾子、子思配享在庙，而其父颜无繇、曾点、孔鲤列坐庑下，于义未安。请令各处庙学如乡贤祠之制，别立一祠，中祀启圣王叔梁纥。"对此，礼部尚书周洪谟等认为，扬雄在洪武中已罢从祀；薛瑄、后苍、胡瑗不足以跻之从祀；启圣王及泗水侯早已各为庙以祀于阙里，如欲通祀于天下遂升孟子程朱之父以配之，则于礼太过。此次议论孔庙从祀，礼科给事中张九功、詹事府少詹事兼翰林院侍讲学士程敏政，以及礼部尚书周洪谟等诸多人都参与其中，所论不可谓不细，但孔庙从祀人员自洪武以来少有重大变动，提出重新整理从祀诸儒的官员也才刚刚开始崭露头角，孝宗在这个问题上倾向于遵守旧制，不做重大调整，使得这次提议最终并没有得以施行。[③]

弘治元年（1488 年）关于厘正祀典中有悖于儒家精神之内容的讨论也十分引人注目。弘治元年四月，礼科给事中张九功上疏请求对祀典常祭之外的

---

① 《明孝宗实录》卷 11，"弘治元年二月庚申"条，第 260 页。
② 《明孝宗实录》卷 12，"弘治元年三月戊辰"条，第 269—272 页。
③ 《明孝宗实录》卷 17，"弘治元年八月癸卯"条，第 413—415 页。

佛教神、道教神进行全面清理，如释迦牟尼、文佛、三清[①]、三境、九天应元雷声普化天尊之祭，金玉关真君元君神父神母之祭，诸宫观水官星君诸天诸帝之祭。对于张九功的提议，礼部尚书周洪谟以及侍郎倪岳给予积极回应，在考察了所祭神祇祭于何时何地，因何而祭等原因后，提出了全面厘正祭祀体系的方案。基本原则是，以洪武时期祭祀规则为准，厘正“异端乱正”之术。对敬天事地、祭祀山川百神以外的斋醮祷祀行为通行罢免；宫观祠庙非有功德于民且不合祀典者皆令革去；因累朝崇建而难以废弃的厘正名号，减杀礼仪。孝宗对此虽未全面采纳，但也在很大程度上接受了以上官员提出的厘正请求。[②]同年十二月，监察御史司马垔甚至上疏请求将天下寺观尽行拆毁，这种极端的做法显示出弘治初年这场祀典厘正规模之大、程度之深，但这种不分缘由尽行毁撤的行为无法得到孝宗认可。礼部也认为，“两京朝天宫、大报恩寺、大兴隆寺及三茅山、大岳太和山、龙虎山各宫观俱系朝廷敕建，神乐观、僧道录司及各僧纲道纪等司又系洪武中设立，其僧道官并僧道乐舞生亦有额数，今欲一切厘正，事体重大，乞下廷臣会议”。孝宗曰：“既系祖宗旧制，不必会议。”[③]

弘治元年（1488 年）以后，不断有官员对祭祀体系的诸多方面提出调整主张，所涉内容繁杂，但总体来看只有少部分付诸实行。有关孔庙祭祀的建议有，弘治二年四月，山东兖州府知府赵兰陈事：请定天下郡县孔庙礼乐，以区别于国子监孔庙祭祀；于大成殿后寝室别祀叔梁纥；复周公文宪王谥号；赐曾氏子孙祭田，并选贤良户为庙主岁时祭祀等。命所司知之。[④]四年正月，南京国子监祭酒谢铎请孔庙从祀升杨时，黜吴澄，未得准行。[⑤]直到弘治八年七月，内阁大学士徐溥等会学士程敏政等议，追封宋儒杨时为将乐

① 弘治八年十二月，内阁大学士徐溥等对于司礼监传示圣谕递出祭三清乐章，令辞臣改补进呈事宜，指出三清乃道家邪妄之说，不同于祀天，并阐明祀天与道教三清祭祀的差异，拒绝改补进呈，孝宗嘉纳。参见《明孝宗实录》卷107，“弘治八年十二月甲寅”条，第1950—1953页。

② 《明孝宗实录》卷13，“弘治元年四月庚戌”条，第304—315页。马文升在弘治末年还提出了许多厘正祀典的主张，如弘治十五年六月言“重郊牲以副圣敬，访名儒以正雅乐，革因循以正祀典”事。详见《明孝宗实录》卷188，“弘治十五年六月丁未”条，第3478页。

③ 《明孝宗实录》卷21，“弘治元年十二月丁酉”条，第488页。

④ 《明孝宗实录》卷25，“弘治二年四月甲寅”条，第574页。

⑤ 《明孝宗实录》卷47，“弘治四年正月辛丑”条，第953页。

伯，从祀孔庙，位列温国公司马光次。著为令。[①]弘治五年（1492年）四月，南京通政使司左通政郑纪言三事：一为改太庙三献礼为九献，分别由皇帝，长成皇太子或未之国亲王，贵戚大臣或内阁儒臣行礼，每次连进三爵；二为加孔子帝王号，以配合成化时期对其章服、乐舞、笾豆数目的增加；三为将国子监文庙戟门旁北向屋原来安置的宋元以来从祀诸儒移置于两庑之末，东西相向，并补颜路、曾晰、孔鲤牌位，通行天下，以解决子坐于上而父祀于下的尴尬。疏入，下所司知之。[②]弘治九年二月，增文庙乐器人数为七十二人，如天子之制，礼部因请行移所司如数置造，通行天下并南京国子监一体遵行。[③]弘治十三年十月，巡抚云南都御史李士实奏请于天下文庙后建后殿一所，中祀叔梁纥，配以颜路、曾晰、孔鲤，撤罢两庑旧位，命所司知之。[④]弘治十四年四月，对谢铎所陈叔梁纥立庙及罢吴澄从祀事再请集廷议，结果仍未实行。[⑤]弘治十七年闰四月，翰林院检讨刘瑞请节去"大成文宣"四字，别定尊崇美谥。[⑥]

对地方祀典的补充主要有，弘治三年十月，增直隶安庆府元守臣余阙祠内神主一位，令宗正郎中韩建袝享，岁时一体致祭。敕礼部议河南裕州汉廷尉张释之祠墓牲币、品物及祠额，并令有司每岁春秋致祭。[⑦]弘治五年七月，山东嘉祥县儒学训导娄奎言，该县阙里庙堂唯留子思配享，其余人等悉列两庑。[⑧]弘治六年七月，敕礼部详考北岳庙祀所在地，礼部覆议：汉唐宋以来一直祀北岳恒山于曲阳，不宜改动，并请重修浑源州庙宇，春秋致祭。从之。[⑨]同年十一月，巡抚河南都察院都御史徐恪为宋范仲淹请在河南墓所建祠，春秋致祭，以子纯仁配享，永载祀典。疏上，命所司议行。[⑩]弘治九

① 《明孝宗实录》卷102，"弘治八年七月丁亥"条，第1860页。

② 《明孝宗实录》卷62，"弘治五年四月丁未"条，第1194—1196页。

③ 《明孝宗实录》卷109，"弘治九年二月壬子"条，第1992页。

④ 《明孝宗实录》卷167，"弘治十三年十月癸巳"，第3032页。

⑤ 《明孝宗实录》卷173，"弘治十四年四月壬午"条，第3146页。关于是否从祀吴澄，尚书傅瀚主张仍旧从祀，侍郎焦芳认为其著述有功于儒学，但出处大节有可议者，而从祀孔庙实乃特私其乡人之举，故不宜从祀。

⑥ 《明孝宗实录》卷211，"弘治十七年闰四月壬戌"条，第3928页。

⑦ 《明孝宗实录》卷44，"弘治三年十月辛亥""弘治三年十月辛酉"条，第890、897页。

⑧ 《明孝宗实录》卷65，"弘治五年七月乙酉"条，第1246页。

⑨ 《明孝宗实录》卷78，"弘治六年七月戊午"条，第1506页。

⑩ 《明孝宗实录》卷82，"弘治六年十一月乙卯"条，第1553—1555页。

年（1496年）十二月，据刑科给事中杨廉奏请，为已故礼部左侍郎兼翰林院学士薛瑄于山西平阳府建祠赐额，有司每岁春秋祭祀。[①] 弘治十一年十二月，于苏州胥门立祠，祀故户部尚书夏原吉、工部尚书周忱。[②] 弘治十三年八月，据广东按察司佥事徐纮奏，为宋朝杨太后于新会县大忠祠之上立庙以祀，下所司秩之祀典。[③] 弘治十五年四月，兵科都给事戴铣请为宋儒朱熹在其祖籍地婺源仿照出生地建阳建立祠庙，春秋致祭。[④] 弘治十六年四月，增英宗时忠臣钟同于吉安府庐陵县忠节祠，并准祔祭各处乡贤祠。[⑤] 弘治十七年五月，据尚宝司历事监生魏浚奏请，令春秋致祭宋儒刘子翚。[⑥]

祭品、祭乐、祭服及祭祀人员的调整。弘治三年十一月，户部议覆兵部尚书马文升所言，牺牲所畜养大祀猪多不肥腯，宜从户部岁支官银千两，收买纯色大样送养，税课司不必抽分本色，依时估折银以补太仓所借银数。从之。[⑦] 弘治四年四月，顺天府移文户部称，依据此前兵部尚书马文升的建议，大祀猪预支官银收买，每猪银五分，加添税银，恐阻商贩。户部具奏会议认为，本色折色各宜增损，以每猪折银二分为则，抽分在官，以备支用。从之。[⑧] 弘治八年四月，据太常寺请，令御用监制造祀天中和乐，其余祭服、乐器令工部造办如式。[⑨] 同年十一月，重申大祀天地看牲分献惟用公、侯、伯，皇亲并驸马带俸者俱不与。[⑩] 弘治十七年闰四月，礼部议，凡遣南京大臣祭告天地、太庙、社稷、山川等坛，如北京事例。百官前期致斋三日，不用摆列金鼓队伍，太常厨役抬送品物，或入大内，由承天等中门而入，或出郊外，由正阳中门而出，所遣大臣俱不可后随，亦不可用龙亭仪仗，祭品止用脯醢酒果，百官亦不陪祭，并无饮福受胙之仪。从之。[⑪]

---

① 《明孝宗实录》卷120，“弘治九年十二月己卯”条，第2151页。
② 《明孝宗实录》卷145，“弘治十一年十二月癸丑”条，第2549页。
③ 《明孝宗实录》卷165，“弘治十三年八月甲午”条，第3004页。
④ 《明孝宗实录》卷186，“弘治十五年四月乙卯”条，第3427页。
⑤ 《明孝宗实录》卷198，“弘治十六年四月壬寅”条，第3657页。
⑥ 《明孝宗实录》卷212，“弘治十七年五月壬辰”条，第3961页。
⑦ 《明孝宗实录》卷45，“弘治三年十一月辛丑”条，第912页。
⑧ 《明孝宗实录》卷50，“弘治四年四月戊午”条，第1002页。
⑨ 《明孝宗实录》卷99，“弘治八年四月戊寅”条，第1826页。
⑩ 《明孝宗实录》卷106，“弘治八年十一月戊申”条，第1947页。
⑪ 《明孝宗实录》卷211，“弘治十七年闰四月戊辰”条，第3934页。

涉及王国祭祀礼仪的建议有，弘治七年（1494 年）八月，礼部进兴王之国礼仪。规定沿途合祭神祇，近者王皆亲祭，远者望祭，并先遣奉祀官洒扫社稷、山川坛及旗纛庙，预备祭物；王将到国前三日致斋，至城外，本处文武官率耆老出城迎接，引王诣社稷、山川坛祭祀；各官及耆老随班陪祭，礼毕送王至宫，升殿行庆贺礼。这一系列祭礼完毕后才行其他典礼。① 弘治十三年十月，礼部以洪武元年（1368 年）所定制颁行各王府，命各王府宗庙乐礼悉遵国初定制。②

正德时期祭祀体系少有变动。武宗常居豹房，且热衷出巡，不理朝政，对待祭祀活动较为消极，反而是朝臣屡次劝谏其早日回銮看牲行郊庙大礼的奏疏十分引人注目。正德初即位，大学士刘健等就对冬至节灵济宫金阙真君、玉阙真君祭祀奉旨遣尚书李东阳行礼一事上疏称，孝宗初年革其帝号，此时应该彻底革除其祭祀礼仪，更不能派遣内阁儒臣前往行礼，这有违儒臣不干预寺观祭告礼的传统。武宗虽未革二真君之祭，但命不必遣内阁重臣，止令太常寺官前往行礼。③ 正德元年（1506 年）春正月，大学士刘健、李东阳、谢迁又上疏称，前一年皇帝看牲及时享太庙，内官内使随从众多，而当年大祀郊坛从者又多数倍，这与前朝较少内臣参与的惯例不符。即将到来的祭大社、耕籍田、幸太学等礼中，社稷、先农坛地方狭窄，文武群臣、守卫执事自有该用人数，国子监先师庙更无力容纳如此众多的内臣，乞敕司礼监察照正统以前旧例，定为名数。武宗嘉纳，称随从内使已有处分。实际上并未完全接纳儒臣建议。④ 可见，儒臣希望武宗初登皇位时能像孝宗初年那样对祀典作一番整顿，但武宗本人并无此意。终正德一朝，对祀典的讨论和改动相较于其他朝而言明显减少。

地方庙祀与孔庙的讨论和增补不多，主要有，正德元年三月，浙江钱塘县建忠节祠，祀宋赠秘阁修撰徐应镳，有司春秋致祭。⑤ 秋七月，兵部郎中何孟春言，孔子称号未极尊崇，应加称帝号；孔庙配享、从祀均有应加封或

① 《明孝宗实录》卷91，“弘治七年八月辛未”条，第 1674—1676 页。
② 《明孝宗实录》卷167，“弘治十三年十月丙午”条，第 3038 页。
③ 《明武宗实录》卷7，“弘治十八年十一月庚寅”条，第 217 页。
④ 《明武宗实录》卷9，“正德元年春正月甲午”条，第 274 页。
⑤ 《明武宗实录》卷11，“正德元年三月丁亥”条，第 349 页。

革除重祀者，如加封悬亶等，疏长不录，章下礼部。[①]正德八年（1513年）三月，立江海神庙于狼山，每岁致祭。[②]正德九年十二月，诏以直隶南和县故唐相广平郡公宋璟入祀典，有司每岁仲春致祭。[③]正德十四年三月，增游酢、罗从彦配享浙江萧山县宋儒杨时德惠祠。[④]

王府祭祀的讨论主要涉及庙制，以及乐舞生、礼生的选择。正德四年八月，礼部议覆济宁州致仕训导张绍奏，各王府乐舞生、礼生务遵原额，乐舞生先在有牒无犯道士，礼生在附近相应人户中选补，不足则各以黜退生员补充，不许逾额祭祀。祭服许用礼服，余日仍初服，不许用儒巾。从之。[⑤]正德八年冬十月，礼部讨论了淮王朱祐棨欲追封其生父入宗庙的问题。淮康王朱祁铨世子朱见濂早逝，无子，遂请以次子清江王朱见淀摄府事。朱见淀死后，其长子朱祐棨袭为淮王。不久，朱见濂被追封淮安王，其妃王氏为王妃，当时制册称安王为祐棨伯父，故其常祭祝号安王称王伯，清江王称王考。江西守臣令辅导官考古礼，勘覆认为，安王伯父之称本诸祭祠，但称清江王为王考于义未协。礼部尚书刘春也认为，朱祐棨欲追封其生父的做法是“欲顾其私亲”，而安王已追封入庙，为三世之穆，现在又欲追封，则一代二穆，于礼不合。从之。[⑥]正德八年的这次有关王府庙制的讨论与不久以后嘉靖大礼议十分相似，但结局迥异。

有关祭品的讨论主要有，正德五年春正月，顺天府府尹李浩奏，天下无祀鬼神每羊、豕各五，后以颁胙添派六十口，大兴、宛平赋重力竭，宜停免。从之。[⑦]正德十五年三月，初太常寺奏，因近有豢豕之禁，无以供祀，请减常例用牛、豕、羊为只用牛、羊。礼部认为，豕为祀典必用之物，仍令广求，无拘大小，以供急用，且乞降旨即弛其禁，只在皇帝车驾所过之处稍有回避。内批仍用豕。[⑧]

---

① 《明武宗实录》卷15，“正德元年秋七月壬午”条，第446—449页。
② 《明武宗实录》卷98，“正德八年三月癸未”条，第2053页。
③ 《明武宗实录》卷119，“正德九年十二月辛丑”条，第2403页。
④ 《明武宗实录》卷172，“正德十四年三月丁未”条，第3327页。
⑤ 《明武宗实录》卷53，“正德四年八月甲戌”条，第1208页。
⑥ 《明武宗实录》卷105，“正德八年冬十月丁酉”条，第2148—2150页。
⑦ 《明武宗实录》卷59，“正德五年春正月甲申”条，第1317页。
⑧ 《明武宗实录》卷184，“正德十五年三月甲午”条，第3541页。

还有一些有关宗庙祭祀的建议均未能施行。正德十年（1515 年）十一月，南京礼部右侍郎杨廉疏言，天子宗庙之礼，合祭以尊其始祖，遍祭以各伸其尊，遍祭、合祭应该繁简适当。当时，岁暮祫祭合食于太庙前殿，德祖正南向，懿祖以下皆东西列，时祭则以德祖正南向位，仁祖以下东西列。而明朝应尊太祖、太宗为百世不祧，以伸其尊，太祖宜于合祭正南向之位。[①] 另外，监察御史徐文华还曾就天子应行七庙而非九庙；祧迁之制应在宣宗时议，而不应在孝宗时议定；禘祫之祭宜早兴革；恢复太祖孟春特享礼；合享必出木主，不能仅以衣冠代替；废亲王配享之制等提出建议，但因主张更改颇多，且涉及太祖定制和孝宗改制，礼臣多不赞同，武宗震怒，徐文华因此得诏狱。后经六科给事中叶相、十三道御史牛天麟等交章相救，才处以夺俸二月的惩罚，后黜为民。

① 《明武宗实录》卷131，“正德十年十一月甲申”条，第 2599—2601 页。

第二章　明代国家祭祀体系衍变概述（二）
——嘉靖礼制改革以后的祭祀体系

第一节　嘉靖时期的祭祀体系改革

一、全面礼制改革的序幕——大礼议

国家祭祀制度的全面改革始于嘉靖初年的大礼议之争。正德十六年（1521年）三月丙寅，明武宗正德皇帝崩于豹房。根据其临终旨意，由慈寿皇太后与内阁辅臣共同议处天下大事。由于武宗无子嗣，因此，据兄终弟及的祖训，确定立武宗的亲弟兴献王的长子、不满15岁的朱厚熜为新帝，并遣官前往安陆迎取其入京嗣皇帝位。此时兴献王已死，朱厚熜的母亲兴献王妃蒋氏尚在，但遗诏仅表示迎取新帝，并未下旨让其母亲共同前往京师，于是朱厚熜刚到京师，便谕阁臣，要求即刻将其母亲蒋氏奉接到京。与此同时，命礼部会官议兴献王主祀及封号以闻。在确定兴献王的称号问题上，朱厚熜与以大学士杨廷和为首的大臣之间产生了严重的冲突，这就是大礼议所争论的焦点。

正德十六年五月戊午，礼部尚书毛澄等会议后认为，应仿汉定陶王、宋濮王故事，称孝宗为皇考，改称兴献王为皇叔父，兴献王妃为皇叔母，祭告时自称侄皇帝。对于这个结果，嘉靖帝十分不满，命再会议以闻。毛澄等依旨复上，以山陵未毕，慈寿皇太后、中宫皇后、宪庙皇妃皆未上尊号为由，主张兴献王祀事可以暂缓，但对兴献王的称号问题仍持原意，并指出这是根据宋儒程颐的说法，还将程颐代彭思永上宋英宗议濮王礼的上疏抄录进览。

嘉靖帝不听，仍命博考前代典礼，会官详议以闻。①

七月，进士张璁上疏称，嘉靖帝嗣登大宝即议追尊“圣考”以正其号，奉迎“圣母”以致其养，是为孝子之至，正所谓礼出于人情。汉哀帝、宋英宗固然是定陶濮王之子，成帝、仁宗皆预立为嗣，养在宫中，其为人后之意十分明显。而武宗皇帝并未储建，嘉靖帝是根据兄终弟及的原则嗣位的，所以遗诏中直称兴献王长子，可见未尝有为人后之意。嘉靖帝是继承了祖宗之统，并非嗣养宫中，继统与继嗣是根本不同的，主张别立兴献王庙于京师。嘉靖帝对张璁的上奏十分满意，称“此论一出，吾父子必终可完也”②，遂亟下所司议闻。

对于廷臣的主张，嘉靖帝决定先从说服朝中颇有威望的大学士杨廷和做起。他立刻在文华殿召见杨廷和，谕之：“至亲莫如父母，卿等宜体朕意。”但是杨廷和并不认同，而是再次提出“天下万世之公议，诚不可以一人之私情废也”，疏入，留中。之后，六科给事中、十三道御史等官纷纷上疏，要求早定大礼，嘉靖帝均以各种理由不予理睬，或命再议。③

八月庚辰，毛澄等再上疏指出在兴献王称号上加“皇”“大”字样，已经体现了对兴献王的尊崇，天下诸王不能比拟，并上其他推尊之说。对此，嘉靖帝仍命会官详议以闻。同日，礼科都给事中邢寰请上武宗皇后及宪庙皇妃徽号，礼部会议仍认为，嘉靖帝与武宗之间名虽兄弟，实犹父子，理应考孝庙而母寿慈皇太后。④

正在此时，兴献王妃蒋氏将至京，嘉靖帝命礼部议奉迎礼仪。尚书毛澄等主张遣文武大臣各一员于通州境外奉迎，并由崇文门入东安门，嘉靖皇帝于东华门迎候，并在次日早于西角门行庆贺礼。对此，嘉靖帝只批准了文武大臣的奉迎礼仪，而蒋氏的入门礼仪则需再议。对于之后提出由正阳左门进，承天端门午门之东王门入宫的提议皆不允。⑤朝臣的建议是以兴献王妃子的身份为蒋氏安排进门仪式，即不由正门。这与嘉靖帝欲以皇太后的身份

① 《明世宗实录》卷2，“正德十六年五月戊午”“正德十六年五月乙亥”条，第80、105页。

② 《明世宗实录》卷4，“正德十六年七月壬子”条，第165页。

③ 《明世宗实录》卷4，“正德十六年七月甲子”“正德十六年七月庚午”条，第181—182、191页。

④ 《明世宗实录》卷5，“正德十六年八月庚辰”条，第211—212页。

⑤ 《明世宗实录》卷5，“正德十六年八月辛卯”“正德十六年八月壬午”条，第220、227页。

待母亲，即由正门而入背道而驰。次月定由正阳门中道入，并以母后驾仪而非王妃凤轿仪仗奉迎。

在大臣不断上疏的催促下，九月，嘉靖帝再命内阁详议大礼称号。杨廷和、蒋冕、毛纪等以多官会议已有定见为由，请复会官详议。嘉靖帝再次陈说自己与兴献王的父子情深，希望杨廷和等委曲折中，以申孝情。但杨廷和等显然对这个不满15岁的新皇帝没有给予足够的重视，而是搬出众议，变相回绝。丁丑，礼部尚书毛澄集廷臣议，仍持前议，嘉靖令博采舆论，参酌具奏。①十月，毛澄等再言前议，嘉靖帝不允，并于当月迎接蒋氏至京，由大明中门入，嘉靖帝候迎午门内，入见奉先殿、奉慈殿。以皇太后礼仪迎接蒋氏是嘉靖帝在大礼议中取得的又一次胜利。②

十一月，进士张璁疏进《大礼或问》，针对大臣对自己的质疑，结合历代礼制，详细阐述了自己的观点。其内容涉及如何看待汉宋故事；继统和继嗣的差别，即统乃帝王相传之次，而嗣必父子一体之亲；虽不继武宗嗣，但可继武宗统；以武宗为兄不等同于以孝宗为父；父子大伦之不可改；以益王子崇仁王考兴献王是为强父子之举；嘉靖帝对孝宗、武宗如何行享祀礼；如何称呼孝宗、武宗及兴献王；为兴献王别立庙于京师；如何对待在藩之兴献王墓；兴献王追尊之礼；如何称呼兴献王妃；如何理解“为人后者为之子，不得复顾其私亲”；疏入，下所司知之。③这是张璁从礼义层面对自己主张的一次全面阐述，也是支持嘉靖帝大礼意见的有力说辞。

十二月，大学士杨廷和等因嘉靖帝加兴献后尊号上一“皇”字，上疏称应以慈寿皇太后为母，不应私厚本生父母，并票拟封还御批，仍依原拟上进。如果说之前的上疏劝导还算比较温和，那么此时的封还御批则体现了对皇权的极大挑战。嘉靖帝并未妥协，而是要求勉顺施行。④对此，大学士杨廷和等再次上疏，反对重本生、任私恩而弃大义，并以辞官相请。嘉靖帝一

---

① 《明世宗实录》卷6，“正德十六年九月丙子”“正德十六年九月丁丑”条，第261、264页。

② 在这之前，嘉靖帝刚被从安陆奉迎到京师时，即因由哪个门进入紫禁城与杨廷和等大臣产生了分歧，杨廷和等主张从东安门入皇宫，先居文华殿，但这种做法是按照皇太子的礼仪，而非新皇帝的礼仪而行。结果，朱厚熜从正阳门入皇宫，走大明门、承天门、端门、午门、奉天门，入奉天殿，即按照皇帝的礼仪入宫，可以说这是朱厚熜与朝臣分歧的第一次胜利。

③ 《明世宗实录》卷8，“正德十六年十一月癸酉”条，第300—313页。

④ 《明世宗实录》卷9，“正德十六年十二月己丑”条，第327页。

方面优诏挽留；另一方面仍然坚持己意。不久，吏部等衙门尚书乔宇、孙交、郑宗仁、毛澄、彭泽、俞琳，侍郎罗钦顺、秦金、邹文盛、贾咏、汪俊、李钺、颜熙寿、臧凤、童瑞、陈雍，都御史金献民、刘玉，通政柴义、张瓒、安金，参议陈沾、陈卿、万镗、周伦、张缙，寺丞张璇、刘源清连名具疏，奏称不应加兴献帝皇号。这时候，嘉靖帝搬出了慈寿皇太后，以其已有懿旨，回绝大臣。此时，更大范围的不同等级的官员都加入上疏行列，不仅反对兴献帝称号，还对支持嘉靖皇帝的张璁、霍韬进行弹劾，疏入俱不报。①

上疏支持嘉靖帝的官员除了进士张璁，还有山东济南府历城县巡检房浚，其所论与张璁大致相同，疏下所司知之。②礼部右给事中熊浃上疏认为，"兴献王宜尊以帝称，别立一庙，而徽号加恭仁康定之例，以示不敢上跻于列圣。加上慈寿皇太后及武宗皇后徽号，而母妃则尊为太后，徽号如慈寿之例"。实际上是做折中处理，疏入，下所司知之。③毛澄等的折中意见为称兴献王为兴献帝，母为兴献太后，但不宜各加"皇"字。嘉靖帝又以此是慈寿太后懿旨为由，不必更议。当时，科道官交章论谏不可称兴献王帝。嘉靖帝谕礼部，慈寿皇太后加上尊号为昭圣慈寿皇太后，武宗皇后加上尊号为庄肃皇后，本生母兴献后加上尊号为兴国太后，宪庙贵妃邵氏皇太后加上尊号为寿安皇太后，所司择日具仪以闻。④

嘉靖元年（1522 年）三月，在兴献帝陵寝册文用词上又产生了分歧，嘉靖帝主张自称子，而杨廷和、蒋冕、毛纪、费宏等反对，疏入不报。同年八月，据刑部尚书林俊请，会议兴献帝立后主祀之礼。嘉靖帝以奉祀已有成命，只命议用乐。在众论纷纷未平之际，九月，吏部听选监生何渊上疏，进一步请立世室于太庙东北，奉兴献帝神主，如周祀文王于世室遗意，命所司会议以闻。给事中章乔、周琅皆陈不可。⑤这实际上是在加封兴献王帝号的基础上又进一步，欲给予兴献王庙祀独特的待遇。但一来此时帝号之事尚未

① 《明世宗实录》卷9，"正德十六年十二月己巳"条，第352—354页。
② 《明世宗实录》卷9，"正德十六年十二月戊申"条，第358页。
③ 《明世宗实录》卷10，"嘉靖元年正月己酉"条，第361—362页。
④ 《明世宗实录》卷10，"嘉靖元年正月壬戌""嘉靖元年正月庚午"条，第371、384页。
⑤ 《明世宗实录》卷18，"嘉靖元年九月己巳"条，第555页。

有定论，尽管何渊此提议甚合嘉靖心意，但无法走得更远；二来其本身身份低微，此建议也并没有产生实际效果。十一月，南京礼部尚书杨廉等请求申明大礼，以息群议。

嘉靖二年（1523年）四月，始命兴献帝家庙享祀乐用八佾。这次旨意可谓出其不意，在大臣讨论兴献王家庙用乐时，廷臣集议认为，当与太庙八佾相区别，但疏入留中。十余日后，嘉靖帝突然特旨用八佾。① 对此，礼部左侍郎贾咏疏请嘉靖帝收回成命，世宗未予理会，甚至没有召廷臣再议，而是明确乐舞已定，令设官管理其祭服、祭器，舞生、斋郎，各令所司备之。②

到了嘉靖三年正月，南京刑部主事桂萼上《正大礼疏》，主张结束长久以来的纷争，称孝宗为皇伯考，武宗为皇兄，兴献帝为皇考，别立庙于大内，兴国太后为圣母。并再次提及席书、方献夫之前的上疏。对此，嘉靖帝令文武群臣集前后章奏，详议尊称及合行典礼以闻。③ 礼部尚书汪俊等遵诏，会文武大臣科道官，极辩桂萼等议礼之非。其所持论仍然是继武宗之统嗣，考孝宗，并指出所集前后章奏，只有进士张璁、主事霍韬、给事中熊浃与桂萼议同，两京尚书乔宇、杨濂等，侍郎何孟春、汪伟等，给事中朱鸣阳、陈江等，御史周宣、方凤等，郎中余才、林达等，员外郎夏良胜、郁浩等，主事郑佐、徐浩等，进士侯廷训等共八十余疏二百五十余人皆持反对意见。议上留中，并下旨亟召桂萼、席书、张璁、霍韬，参众论详议至当以闻。④ 乙丑，吏部尚书乔宇等疏论大礼，主张称孝宗皇考，称兴献帝本生考，以示降杀轻重，嘉靖帝仍下其章于所司。⑤ 同年三月丙寅，嘉靖帝敕谕礼部，加称兴献帝为本生皇考恭穆献皇帝，兴国太后为本生母章圣皇太后，令礼部择日遣官祭告天地、宗庙、社稷，并主张于奉先殿侧立一室。对此，礼部尚书汪俊等上疏认为，立庙大内，违背了入奉大宗不得祭小宗的原则，嘉靖帝以立庙原无著议，令止于奉先殿侧别建一室以伸追孝之情。⑥

这样，在考兴献王的基础上，嘉靖帝又进一步要求为兴献王在奉先殿侧

---

① 《明世宗实录》卷25，“嘉靖二年四月乙丑”条，第727—728页。
② 《明世宗实录》卷29，“嘉靖二年七月辛巳”条，第786页。
③ 《明世宗实录》卷35，“嘉靖三年春正月丙戌”条，第884—886页。
④ 《明世宗实录》卷36，“嘉靖三年二月戊申”条，第901—902页。
⑤ 《明世宗实录》卷36，“嘉靖三年二月乙丑”条，第914页。
⑥ 《明世宗实录》卷37，“嘉靖三年三月丙寅”条，第917—920页。

别建一室，实际上是将兴献王作为与其他明代正统帝王一样来看待，希望其得到同样的享祭待遇。对此，翰林院修撰唐皋、编修邹守益等，礼科都给事中张翀等，御史郑本公等具上疏反对。嘉靖帝览奏不悦，姑置不问，张翀及郑本公等各夺俸三月。[①]礼部尚书汪俊等会廷臣上疏，认为将本生父立庙大内，是从来没有的先例，更不能以礼不得立庙而可以建室，礼不得主祭而可以追孝为由建立侧室，而应该在安陆府中特建献皇帝百世不迁之庙，等日后袭封兴王子孙世世奉享，嘉靖帝只需要岁时遣官持节奉祀即可。嘉靖帝仍命照前旨亟议。[②]庚辰，詹事府掌府事吏部尚书兼翰林院学士石瑶等上大礼疏，请赐停止建室之议。[③]丙戌，吏部尚书乔宇等再疏，请罢内殿建室之议。其时，礼科都给事中张翀等，山西道御史任洛等，南京刑部主事张璁、桂萼等均纷纷上疏陈说己意，请定大礼。[④]癸巳，少保兼太子太保户部尚书谨身殿大学士蒋冕甚至上疏乞休，请罢职务政事，表达反对之意。嘉靖帝婉言慰留，但对建室礼仪则称自有处置。[⑤]四月乙未，给事中张嵩、曹怀、张侨、安磐各疏论不可别建一庙于大内。[⑥]壬寅，礼部会文武群臣上建室议，认为自古未有立庙于大内而亲祀者，桂萼、张璁所言统为重、嗣为轻，也属无稽，并请罢建室之议，立庙安陆，将桂萼、张璁付法司论治。嘉靖帝仍强调父母之情重，并命诹日具仪。[⑦]癸丑，嘉靖帝御奉天殿，将慈寿皇太后、兴献帝尊号、兴国太后尊号俱昭告天下，条例推恩事宜。[⑧]至此，在有关兴献帝后尊号的问题上，最终定论。随后，吏部员外郎方献夫上“大礼论”，编修邹守益上疏，分别代表了支持和反对嘉靖帝的两方言论，但大礼已定，嘉靖帝对持反对意见的诸臣均给予了惩罚。

尽管有礼臣的极力反对，嘉靖帝仍于三年五月壬申定奉先殿西室名为观德殿，以奉安献皇帝神主，并命有司具仪以闻。丁丑，敕司礼监太监赖义、

---

① 《明世宗实录》卷37，“嘉靖三年三月己巳”条，第920页。
② 《明世宗实录》卷37，“嘉靖三年三月己卯”条，第924页。
③ 《明世宗实录》卷37，“嘉靖三年三月庚辰”条，第926页。
④ 《明世宗实录》卷37，“嘉靖三年三月丙戌”条，第928页。
⑤ 《明世宗实录》卷37，“嘉靖三年三月癸巳”条，第937页。
⑥ 《明世宗实录》卷38，“嘉靖三年四月乙未”条，第949页。
⑦ 《明世宗实录》卷38，“嘉靖三年四月壬寅”条，第956页。
⑧ 《明世宗实录》卷38，“嘉靖三年四月癸丑”条，第964页。

京山侯崔元礼、左侍郎吴一鹏诣安陆，上恭穆献皇帝册宝，改题神主迎请来京。但吴一鹏等以前代没有自寝园迎主入大内为由，请求改题神主奉安陆庙，观德殿仅做追孝礼仪，别立神位香几，以慰时常孝思。嘉靖帝以有旨，仍促令具仪，不必会议。①

嘉靖帝给予观德殿独特地位，不仅表现在建于大内，之后又按照太庙规制造观德殿祭器，遣太常寺官员与协律郎入内府教习。对此，侍郎朱希周认为，乐舞生有定额，足备宗庙之用，不必于内府更设。汪举覆言，笾豆、乐舞只在太庙设，奉先庙及诸陵寝均未尝使用，现在献皇帝既已用乐舞于安陆家庙，又欲设于观德殿内，未免隆殿失均，乞赐寝罢。嘉靖帝却说："奉先殿不用乐舞，以见于太庙故也。朕皇考不得享于庭，止于内殿奉祀，其乐舞之仪必不可阙。"强硬地给予观德殿特恩，甚至超越了内庙规制。②

与此同时，以张璁、桂萼为首，不断上大礼疏，条陈大礼事宜，并要求与礼官当面对质。由于议大礼有功，桂萼、张璁、方献夫等均得迁升，这令诸多礼官极为不满，多次弹劾，并以挂冠乞休相胁。一时间，朝廷上争吵纷扰之声不断，议礼两派不仅从礼义方面对大礼诸事逐条辩驳，各持己见，而且上升为道德说辞，甚至人身攻击。朝臣关于大礼之议已经从原来的就礼论礼，演变成了大规模地对两派议礼目的的质疑及言论攻击。嘉靖帝对于不断以求去相威胁的礼官失去了挽留耐心，多次对他们进行惩处，或斥责，或夺俸，或降级，甚至干脆罢职了事，而对于张璁等则温言挽留。对于礼臣要求更改前述有关封号及庙祀的要求，嘉靖帝也不加理会，直言"敕谕已行，不必再议"，并催促礼部速具仪以闻。③

这场大规模的争论最终演变为震动朝野的左顺门事件，成为议礼两派相互攻击的高潮。嘉靖三年（1524 年）七月戊寅，群臣"相率诣左顺门跪伏，或大呼太祖高皇帝，或呼孝忠皇帝，声彻于内"。当天，嘉靖帝正斋居文华殿，遂遣司礼监官谕令群臣速退，但礼臣固伏不起，并求谕旨。嘉靖帝再遣司礼监官传谕，称恭穆献皇帝神主将至，册文、祝文悉已撰定，要求礼臣暂且退下，群臣仍伏不起。一直到中午，嘉靖帝命录诸臣姓名，并执为首者学

---

① 《明世宗实录》卷39，"嘉靖三年五月壬申""嘉靖三年五月丁丑"条，第989、994页。

② 《明世宗实录》卷40，"嘉靖三年六月辛丑"条，第1008—1010页。

③ 《明世宗实录》卷41，"嘉靖三年七月丁丑"条，第1043页。

士豊熙，给事中张翀，御史余翱，郎中余宽、黄侍显、陶滋、相世芳，寺正母德纯共8人下诏狱。修撰杨慎，检讨王元正乃撼门大哭，一时群臣皆哭，声震阙庭。嘉靖帝大怒，命逮五品以下员外郎马理等134人，悉下诏狱，拷讯四品以上及司务等官，姑令待罪。[①]数日后，礼部右侍郎朱希周借奉安恭穆献皇帝神主及上册宝，诸臣需要一起出郊迎接为由，请求释放前述被下狱诸臣，嘉靖帝不从。[②]癸未，锦衣卫逮捕220余人待罪，嘉靖帝命将豊熙等充戍，其余四品以上于午门前宣谕停俸，五品以下各杖之，当时被廷杖致死者多达16人，左顺门事件最终以此惨烈结局收场。甲申，嘉靖帝率领文武群臣奉迎恭穆献皇帝神主至京师，并奉安于观德殿上，遣镇远侯顾仕隆、武定侯郭勋、遂安伯陈鑣祭告天地、宗庙、社稷。

嘉靖三年（1524年）九月，锦衣卫革职百户随全、光禄寺革职录事钱子勋奏请献皇帝梓宫改葬天寿山，礼部集廷臣会议以为不可。[③]在这件事情上，嘉靖帝没有像对待称号和庙祀那样坚持，其原因也许如廷臣所议，体魄所安，不可轻改，山川灵秀所萃，亦不可轻泄，且迁葬涉及大量兴土动工之事，而太祖高皇帝之陵寝也在南京，并未改迁于天寿山，因此即使不迁葬也不意味着对兴献王降低规格。况且，陵寝是为安放肉体，庙祀是为安置灵魂，相较之下，庙祀更具有象征意义。故最终在迁陵事宜上，嘉靖帝放弃了迁至天寿山的想法。

九月丙寅，称孝宗敬皇帝为皇伯考，昭圣康惠慈圣皇太后为皇伯母，恭穆献皇帝为皇考，章圣皇太后为圣母，命礼官择日祭天地、宗庙、社稷，诏谕天下。礼部与张璁、桂萼、方献夫等会官详议之前有关大礼的留中奏疏，认为嘉靖帝“一遵祖训，允合圣经，追复三代，数千年来未明之典礼，尽洗汉宋悖经违礼之陋习，非圣人其孰能之”。此议一上，嘉靖帝“心允惬”，称号遂定。[④]至此，大礼议有了初步定论。

---

① 《明世宗实录》卷41，“嘉靖三年七月戊寅”条，第1049—1050页。
② 《明世宗实录》卷41，“嘉靖三年七月辛巳”条，第1079页。
③ 《明世宗实录》卷43，“嘉靖三年九月甲子”条，第1110页。
④ 《明世宗实录》卷43，“嘉靖三年九月丙寅”条，第1111—1114页。

二、建世庙——从庙祀之争到大礼终定

大礼初定后，关于庙祀的问题再次被提出。早在嘉靖元年（1522 年）九月，光禄寺署丞何渊便曾提出建立世室之说，但当时即被否决。此时又在四年四月提出以御定殿名，改同文武世室，希图借助更改观德殿名称，行太庙祭祀之实。但是庙祀较之称号问题更为重大，礼部尚书席书等议覆，兴献帝不曾为天子，不可入太庙，且“世室”之名也不可以轻易称呼，只有百世不迁之庙才可称世室，所以当初孝宗议祧迁制度时，才有以太祖拟文世室，太宗拟武世室的说法，比之太祖、太宗，立世室以祀实为不经，何渊所谓以御定殿名改同文武世室实为不可。得旨，礼部会官详议以闻。[①]张璁、桂萼也认为，献皇帝入太庙将造成统绪混乱，与孝宗和武宗之位次关系都将无从谈起，而观德殿已经承担祢庙之责，不可再建献皇帝庙。[②]原来在大礼议过程中支持嘉靖帝的席书、张璁、桂萼等，都在庙祀问题上持反对意见，且态度强烈。

戊午，礼部再次会官集议后仍认为，太祖稽古定制，只有承正统为天子者才可祔太庙，而各支派封诸王者只能各祭本国。献皇帝分封安陆，称藩为臣已有二十余年，庙祀安陆也已三年，之前关于祀兴献帝，无论是主张遣官致祭安陆，还是别立庙于大内，抑或是最终建室于奉先殿，都没有祔太庙这种不经之谈，此说根本无须再论，态度明确坚决。嘉靖帝不允，仍命会官更议以闻。[③]当时，桂萼、张璁、给事中杨言、御史叶忠、礼部尚书席书等纷纷上疏，表示反对。嘉靖帝不听，命大臣详考夏商周典礼见于经书者，再会官议拟以闻。甚至在议庙祀时，遣中官传谕尚书席书，明示必祔庙乃已。[④]

庚午，吏部尚书廖纪复上疏请求定世室之议勿覆议，嘉靖帝不允，仍令博考典礼以闻，并将何渊复上之《太庙祢礼正议》下礼部。礼部会官上疏，重点指出，夏商周典礼经书中均没有立世室祔太庙之先例，但是立庙京师别为祭享则有例可循，于是主张仿照汉宣帝故事，立一祢庙，前殿后寝，门墙

---

① 《明世宗实录》卷 50，“嘉靖四年四月戊申”条，第 1257—1260 页。

② 《明世宗实录》卷 50，“嘉靖四年四月乙卯”条，第 1262—1264 页。

③ 《明世宗实录》卷 50，“嘉靖四年四月戊午”条，第 1265—1268 页。

④ 《明世宗实录》卷 51，“嘉靖四年五月己巳”条，第 1277 页。

廊庑如文华殿，拟制笾豆、牲脂、歌章、乐舞一遵天子之仪，四孟岁暮之期，皇帝及文武百官俱从阙左门进，开一神道，直抵庙所。其与太庙的不同在于，出入不与太庙同门；座位不与太庙相并；祭用次日，使敬心不分于所尊；位置稍远，使乐声不闻于列祖。这次会议的结论迎合了世宗的主张，于是，嘉靖帝曰："既会议别建一庙奉祀皇考，凡四时岁暮，朕率百官执事，躬亲献享，以伸追慕之情。"并命礼工二部会同司礼监、内阁领钦天监官诣太庙左右相度处所，择日兴工，嘉靖帝亲自定名为"世庙"。[①] 细看不难发现，嘉靖帝只是借助这一上疏按照己意立庙，并未完全遵循礼部官员的建议，比如疏中建议此庙要与太庙稍远，但在世宗随后的旨意中，却令于太庙左右选择合适地点建庙，显然是想让之更接近于太庙祭祀，为最终祔太庙做出铺垫。

不仅如此，礼官还发现，嘉靖帝所下诏书中有"献皇服尽与孝庙一同"的说法，查议后认为，天子九庙，亲尽则祧，献皇与孝宗系兄弟，同为一世之后，九庙满，孝宗祧迁之日，其神主可藏于寝殿之后，但献皇帝之神主则无可以迁藏之所，实则是反对其服尽与孝庙相同。对此，嘉靖帝令礼部再会议，以定他日奉祧藏于何所。礼部复疏，可仿照太庙之制，在世庙寝殿置一龛室，以藏神主，不设四时之祭，惟岁暮太庙合祭之日，出主于本庙前殿，举祭如仪。嘉靖帝则以献皇帝只生其一人，故以后子孙世世献享不迁。[②] 次月，命于环碧殿旧址创建祢庙，制如太庙，而高广稍减。[③]

关于礼部所提有关世庙地点及与太庙之区别，何渊很快提出，世庙可与太庙同门直门抵达，这显然更符合嘉靖帝的心意，但遭到监阁诸臣的反对。而原来在此事上持异门之说的礼部尚书席书提出折中的主张，遭到廷臣弹劾。嘉靖帝多次下廷臣会议，久而未决。于是桂萼、张璁上疏称，与太庙同街并非与太庙同门，异庙不必非异路。嘉靖帝最终径自主张，坚持了同街门而入的初意，由庙街门入，拆神宫监北房，取路东行，循沟北入，但仅容扳舆通行，不必宽广，算是勉强做以让步。至此，有关世庙之建设始定。[④] 次

---

① 《明世宗实录》卷51，"嘉靖四年五月庚辰"条，第1288—2291页。

② 《明世宗实录》卷51，"嘉靖四年五月乙酉"条，第1293—1294页。

③ 《明世宗实录》卷52，"嘉靖四年六月辛卯"条，第1299页。

④ 《明世宗实录》卷56，"嘉靖四年十月癸丑"条，第1366—1368页。

年，世庙建成。

世庙建成后，嘉靖帝亲自制乐章，示大学士费宏等，命更定曲名，以有别于太庙。费宏等又议，献皇帝生长太平，初不以武功为尚，因此三献皆当用文德之舞，嘉靖帝遂去武舞生及引舞者六十六人，乐生及文舞生如太庙制。但是很快，太常寺就请添用武舞，礼部会议认为，祭祀乐舞历来文武兼用，如欲跟太庙区别，应该以佾数为降杀，从未听说以文武为偏全，即使以揖让得天下的大禹都是文武兼用，王国宗庙亦未尝去武舞，世庙使八佾之制，却用文去武，实是礼制所失。嘉靖帝最终听从了张璁等的建议，文武兼用。这也使得世庙所用乐舞与太庙的区别更小。[①]

建世庙与内殿观德殿不同，实际上是嘉靖帝欲将之等同于外庙的太庙看待：世庙建立位置离太庙十分接近，且与太庙同出一街门，祭祀时间上紧接于太庙次日，乐舞八佾，凡此种种，都是想将世庙的规格向太庙靠拢，并事实上发挥与太庙相同的功用。世庙建成，奉安恭穆献皇帝神主后，章圣皇太后欲谒见，嘉靖帝遂命张璁等考求典礼，进谒庙仪注。张璁等提到，明初太庙有皇后谒庙礼，内外命妇陪祀，奉先殿建成后，册后礼仪则止于奉先殿谒告，内外命妇陪祀之仪俱废。礼官则认为，明初皇后谒庙尽鉴于大婚册后礼时，永乐以后则止于奉先殿行礼，而张璁提到的谒庙礼也指的是大婚时所行礼，至于奉安神主则是大祭之礼，女性历来不参与。嘉靖帝坚持让礼部上谒世庙礼，实际上是将之作为准太庙对待，将奉安献皇帝神主于世庙等同于奉安神主于太庙。对此，大学士石珤上疏赞同礼官称，祖宗定制，后妃庙祀不过是在奉先殿而已，而非太庙，“何至今日忽有此说哉？……又闻之乾刚坤柔，阴阳定分，各止其所，不相侵越。以陛下刚健中正之资，为天地百神生民之主，致使太后无故辄由正门出入，辙入太庙街门来往，坤行乾事，阴冒阳位”，并请将所有谒庙仪注速赐停止。嘉靖帝坚持己意，斥责石珤“语欠酌量”。乙未，礼部奉谕拟进“圣母谒世庙仪注”。[②]

在新建世庙的同时，嘉靖五年（1526年）七月，世宗又以观德殿在奉慈殿后，规制窄隘为由，欲改建观德殿于奉先殿左，工部、礼部及六科给事

---

① 《明世宗实录》卷66，“嘉靖五年七月壬寅”条，第1526页。

② 《明世宗实录》卷68，“嘉靖五年九月丙戌”“嘉靖五年九月乙未”条，第1544、1555页。关于谒世庙仪注，以及其所体现的准外庙的仪式功能将在第三章详细论述。

中、御史等均提出反对，或指出刚刚营建世庙，不宜再兴工改迁观德殿，或认为其地点在奉先殿左，与奉慈殿相对，于礼未安，甚至连工部提出的折中建议——由监阁礼工诸臣诣殿左相度方位而建，嘉靖帝都未允准。最后晓谕辅臣费宏，表示一定要改迁之意，下旨别建观德殿于奉先殿左，工部亟兴工修盖。[①]这一举措是在建立世庙之后的又一提升兴献帝地位的做法，一来，改建于奉先殿左，与奉慈殿左右相对，实际上是将观德殿的内庙地位提高到与奉先、奉慈殿等同的地位，但不同于奉先、奉慈殿多位神主共享一殿，而是单独享一殿，又显示出其独特的尊崇地位。二来，其与奉先、奉慈殿之位置关系，和世庙与太庙之关系相对应，实际上也进一步对其内庙地位进行规划，并巩固和提示世庙与太庙等同地位的信息。次年三月，移建观德殿于奉先殿之左完工，改称崇先殿，其命名可见是在效仿奉先殿之意。

颇值得玩味的是，刚刚改迁观德殿后不久，杨一清即上疏称："窃闻每日鸡鸣而起，行礼于奉先、奉慈、崇先三殿之前，出入门枨，上下阶级，已不胜其劳，旋即视朝听讲，退而亲阅章奏，一日万几……切惟三殿之建本以义起，非庙也，即如为庙，亦惟清静……未闻有每日瞻拜之礼……今太庙、世庙已备四时之祭，三殿岂得复为繁缛之礼乎？臣等谨参酌礼仪，自今第宜每日令内侍焚香，朔望及四时节候圣躬亲往各殿，行一拜三叩头礼……至于忌辰，古礼迁主，祭每止于其所当忌，而不他及。如有事我皇祖考，但宜及皇祖妣，有事皇祖妣则不宜及皇祖考。"嘉靖帝览奏疏后十分高兴，大加赞赏，并称，"人之精神有限，纵虽强力之人，其能胜乎？我太宗时始建奉先殿，当时止五庙神位，日虽拜之，止五拜。今九庙神位，奉慈三室，崇先亲庙，穿绕往来，登降阶级，所行十三拜礼。凡遇节令、祭告、忌辰，计三十四拜。朕素禀清弱，拜毕，言语促喘，前年病起益甚，不能如仪。卿所议察礼精当，朕采纳施行"。[②]可见，观德殿一得改迁，其尊崇献皇帝的目的已经达到，所谓方便祭拜以尽孝思，不过是个借口。

嘉靖六年（1527年）八月，张璁、桂萼等纂修《大礼全书》初稿成，嘉靖帝预览后提出建议，并更名《明伦大典》。次年六月，敕定议礼诸臣之罪，加祖母寿安皇太后尊号，追加恭穆献皇帝尊谥，加章圣皇太后徽号。嘉

① 《明世宗实录》卷66，"嘉靖五年七月庚子"条，第1522页。

② 《明世宗实录》卷83，"嘉靖六年十二月壬申"条，第1886—1889页。

靖七年（1528年）七月，上孝惠太皇太后尊号、皇考献皇帝尊谥、圣母章圣皇太后徽号礼成后，嘉靖帝御奉天殿，文武百官上表称贺，遣使颁诏天下，将即位以来大礼之争前后始末及最终结论昭告天下。至此，大礼终定。[①]

三、以郊、庙为中心的祀典改制

大礼终定后，嘉靖八年开始，世宗又启动了以郊祀和庙享为中心的一系列国家祭祀典制的改革，成为自洪武定制以来最大规模的祭礼改制。

嘉靖时期祭礼改制的先声是此时创建的亲蚕礼。明朝嘉靖以前，不置亲蚕礼。嘉靖二年二月，兵科给事中夏言等陈四事，其一为请改大兴县庄田为各宫亲蚕厂公桑园，并敕礼部具皇后亲蚕仪以进。户部覆议称皇城之内地多空闲，乞敕司礼监查处植桑以供蚕事，但当时均未允行。[②]嘉靖九年正月，吏科都给事中夏言再次奏请举行先蚕礼，礼官奉敕会议，嘉靖帝指出，“耕桑，王者重事也。古者天子亲耕，王后亲蚕，以劝天下，朕在宫中每有称慕。自今岁始，朕躬祀先农，于本日祭社稷毕，即往先农坛行礼。皇后亲蚕礼仪，便会官考求古制，具仪以闻”。在嘉靖帝的授意下，大学士张璁等请于安定门外择建先蚕坛，其制一准先农坛，坛旁设采桑坛，蚕室别殿采桑。别殿较南郊斋宫数量稍减，斋宫旁起蚕室二十七间，为浴蚕之所。仿籍田之制，皇后采桑两条之后，三公夫人采五条，列侯九卿夫人采九条，择民间妇女数十人受桑浴蚕于内，以终其事。诏如议行。[③]

数日后，詹事府詹事霍韬称，皇后出郊行亲蚕礼多有不便，不仅难以越宿，且宫嫔命妇未得亲见蚕事，有文无实，势难久行，乞择近地行事。嘉靖帝不认同更改亲蚕之所，但相关讨论仍在持续。户部认为，安定门外近西之地虽宽平可用，但水源不通，无浴蚕之所，应考虑礼部主张的使用皇城内南城西苑中太液琼岛之水。[④]戊申，嘉靖复谕礼部对亲蚕礼上疏陈意，礼部尚书李时等认为，亲蚕礼确实必须要举行，但出行路途遥远不便也是事实，于

① 《明世宗实录》卷90，“嘉靖七年七月丁亥”条，第2064页。
② 《明世宗实录》卷23，“嘉靖二年二月乙亥”条，第651页。
③ 《明世宗实录》卷109，“嘉靖九年正月丙午”条，第2562页。
④ 《明世宗实录》卷109，“嘉靖九年正月丙午”条，第2564页。

是条陈四事："一增治茧之礼。夫采桑而不治茧，非礼之全也。及茧成之后，令内臣自北郊捧之献于宫中，仍于宫中隙地，量立蚕茧织室，行三盆之礼，以终蚕事；二定坛壝之向。先蚕、采桑二坛，悉仿先农、籍田之制，先蚕坛北向，采桑坛东向，如唐开元之制；三定采桑之器。按唐制，皇后既至，尚功奉金钩，夫亲蚕所以识女工之艰难也，金钩则侈矣，宜令造办筐钩，止照民间器用，毋过为雕饰，以失亲蚕之意；四择掌坛之官。中宫出郊，其一应礼仪祭礼必令内臣掌之，以肃宫闱之禁，乞于司礼监择谨厚老成者管理。"奏入，嘉靖帝嘉纳，并称："皇后有事先蚕，宜于玄武门出，以从简便，仪卫令内使陈列兵卫官军一万员名，五千于坛所围宿，五千护列于道。仍择西苑隙地造织室，以终蚕事坛之制。准之先农，而杀其制十之一，数用偶数。不必建斋宫，止建具服殿。蚕室茧馆，俱如古制诸礼仪。司礼监奏请以行。"①

根据以上讨论，嘉靖九年（1530年）二月，工部上先蚕坛图式，嘉靖帝亲定先蚕坛、采桑坛之制。不久，钦天监称当年不利大兴土工，遂止先蚕、采桑二坛，并具服殿及诸蚕室数十楹，余皆罢。庚辰，诏于新筑坛殿置桑园，令所司于蚕室余地亟植桑柘，以备取用。辛巳，令礼部议先蚕乐舞及冠服，礼部以唐《开元仪注》为参考，建议止用乐歌，减去乐舞，少杀先农之礼。嘉靖帝也认为："舞者备文武之义，非妇人女子之事，宜罢之，止用乐。"再令酌议冠服之制以闻。礼部以北郊阴方，色尚黑，同色相感，建议乐女生冠服用黑绉纱描金蝉冠，黑丝缨黑素罗销金葵花胸背大袖女袍，黑生绢衬衫，锦领，涂金束带，白袜黑鞋。这样，冠服制度与先农乐生相似，与北郊意义亦不相背。从之。②礼部又请授采桑图，使亲蚕命妇如式演习。丁巳，皇后行亲蚕礼于北郊，祭先蚕氏。③

蚕事告成后，礼部请行治茧礼，令于蚕妇中选能缫丝及能织者各十人，钦天监预定缫丝吉日。先期，蚕宫令送织妇入织堂，应用缫丝及织造器具由工部造用。至期，皇后出宫，警跸侍从如常仪，至织堂命内命妇一人行三盆

① 《明世宗实录》卷109，"嘉靖九年正月戊申"条，第2567—2568页。

② 《明世宗实录》卷110，"嘉靖九年二月癸亥""嘉靖九年二月庚辰""嘉靖九年二月辛巳"条，第2585、2606—2607页。

③ 《明世宗实录》卷111，"嘉靖九年三月丙申""嘉靖九年三月丁巳"条，第2623、2641页。

手礼，礼毕，遂布于织妇，以终其事，其所缫完蚕丝令织妇于织堂量织堪用。绢币完日，蚕宫令径送尚衣、织染等监局具奏，制造祭服。诏如议，仍命查犒赏蚕妇例以闻。①

嘉靖十年（1531 年）二月，礼部尚书李时以去年皇后已经行亲蚕盛典，且先蚕坛殿尚未完工，请浴蚕等事仍于织堂照例举行，俟工完之日另议。嘉靖帝担心部臣因去年皇后出郊偶有风霾，欲罢行，仍令速议以闻。李时等遂上代祭之言，指出不必岁岁出郊。但嘉靖帝以皇后亲蚕已告于祖考，岁为定例，令如旧行。②次月，世宗谕大学士张璁，令其与尚书李时议移先蚕礼于西苑，并欲于旧仁寿宫前建土谷坛，宫后为蚕坛，以时省观。同时令移文工部拆北郊蚕坛，出御制西苑视谷祇先蚕坛位。至此，先蚕祭祀从最初的北郊祭祀转变为于内苑祭祀。嘉靖十年四月，皇后行亲蚕礼于西苑。十一年三月，皇后亲蚕于内苑。到了嘉靖十五年四月，皇后不亲祀先蚕，而是遣女官祭先蚕之神，这进一步显示出先蚕祭祀的衰落。嘉靖十六年二月，诏罢亲蚕礼，养蚕什物仍进用。③嘉靖时期开创的这一典礼并未实行多久，最终被废除。

继先蚕祭礼后，嘉靖皇帝开始围绕南北郊天地分祀进行改革。嘉靖八年十二月，世宗谕礼部，称近来郊祀告祖止就内殿行礼，不当，次年春大祀天地告祖配天应于太庙行礼，强调要对郊祀告祖庙给予重视。④

嘉靖九年二月，世宗向大学士张璁质疑郊天礼，认为大祀殿是屋下之祭，上帝皇地祇合祭一处，均非祭天应有之礼，又问："大报天而主日配以月，今大明坛当与夜明坛异，可也？且日月照临，其功甚大，今太岁等神岁二祭，而日月星辰只一从祭焉，朕疑之。"张璁考证古礼，阐述了天地祭礼的演变："古者冬至祀天于南郊之圜丘，夏至祭地于北郊之方泽，至敬不

① 《明世宗实录》卷112，"嘉靖九年四月丁亥"条，第 2678 页。

② 《明世宗实录》卷122，"嘉靖十年二月戊午"条，第 2913 页。

③ 《明世宗实录》卷197，"嘉靖十六年二月己巳"条，第 4160 页。嘉靖十六年以后，每年仍然有礼官不断提出皇后亲蚕礼，每次均罢祀，并遣女官祀先蚕。到嘉靖四十一年，"诏罢亲耕亲蚕礼，所司勿复奏。时耕蚕礼久不亲行，然每岁礼官犹以故事请"。同时，嘉靖皇帝谕辅臣称："耕蚕二礼，昔自朕作即亲耕，亦虚渎耳。必有实焉为是，遂俱罢之。"参见《明世宗实录》卷506，"嘉靖四十一年二月辛酉"条，第 8344—8345 页。

④ 《明世宗实录》卷108，"嘉靖八年十二月辛巳"条，第 2552 页。

坛，扫地行事，其礼至简。至周公制礼，冬至郊天配以祖，季秋祀帝明堂配以考。至汉成帝时，王莽謟事元，后傅会‘昊天有成命’之诗，合祭天地，同牢而食，殊为渎亵，自此天地遂合祭。至宋神宗始议分祀。迄宋终元，屡分屡合。国初太祖皇帝建圜丘钟山之阳，以冬至祀天，建方丘钟山之阴，以夏至祀地，俱配以仁祖。洪武十年，始定合祀之礼，即圜丘旧址为坛，以屋覆之，曰‘大祀殿’，后列圣相承，皆以太祖、太宗并配。说者谓上为屋，即周之明堂，下为坛，即周之圜丘，是亦孔子从周之意。至于日月之祀，国初稽古者正祭之礼，筑坛于国城东西，用春秋分朝日、夕月，且以星辰从祀月坛，且载旧典。今日月岁止郊坛从祭，而春秋分朝日、夕月不复举行，盖缺典也。”①此时，嘉靖帝已决心定四郊之制，遂卜于奉先殿太祖前问吉，结果不吉，乃又相继问大学士翟銮和礼部尚书李时。李时主张可以暂缓，稍后再议。嘉靖帝意犹不已，仍卜之太祖，复不吉，议且寝。

正在此时，给事中夏言请举亲蚕礼，嘉靖帝大喜，以为古者天子亲耕南郊，皇后亲蚕北郊，恰与所议郊祀相表里，因以夏言奏示张璁，并令其陈郊议。夏言疏称：“国家合祀天地于南郊，又为‘大祀殿’而屋之，太祖、太宗之并配，诸坛之后祀举行，不于长至之日而于孟春，俱不应古典。宜令群臣博考《诗》《书》《礼经》所载郊祀尊祖配天之文，及汉宋诸儒匡衡、刘安世、朱熹等之定论，以及太祖高皇帝国初分祀之旧制，陛下称制而裁定之，此中兴之大业也。”礼科给事中王汝梅等对夏言的上疏给予抨击。嘉靖帝则切责王汝梅等，并敕谕礼部开列郊祀事宜，即日刊刻，分布文武衙门大小官员，限十日内各以所见具疏上闻。礼部以皇帝名义开列郊祀事宜，要点包括恢复国初南北郊分祀；分祀典礼重大，大小官员应如实上陈己意，不许附和；王汝梅所言甚为乖谬，并驳斥一二；以人子事父母和夫妇同牢之义类比天地合祀，亵慢神祇，渎事祭祀，决不可用；朱子主张天地不合祭，斯言正大，足可万世为法；祭社与祭地不同，自天子以下皆可以随所在而祭社，祭地则专门与祭天相对；皇地祇不可从祭圜丘；反对改天地分祀者各有顾忌，没有吐露直言，所有大小官员需要依限具奏，不许隐没，三品以上并六科、十三道、翰林院、左右春坊、勋戚、武臣自疏，其余俱依衙门为限，连名具

① 《明世宗实录》卷110，“嘉靖九年二月癸酉”条，第2593—2595页。

疏，部里集议以闻。[①]

嘉靖九年（1530 年）三月，大学士张璁进《郊祀考议》一册。嘉靖帝下其疏于礼部，令取《存心录》等祭祀礼仪书，照前旨会议以闻。当时，詹事霍韬深非郊议，奏言祖制不宜轻议，且言经传无南北郊分祀天地之说，唯见于周礼，王莽时期礼制不足凭据。嘉靖帝阅此疏不悦，责其谬议。于是，夏言复奏反对霍韬，其一，考证历代礼书所言之郊祀礼，指出天地分祀之制由来已久，当以周礼为定。其二，指出祭社并非祭地，因此与天地分祀并不矛盾。其三，古今天地分合祭祀均存在，没有哪一个为非礼，只是合祭考虑了简便节约的因素。其四，合祭为太祖定制，而分祭为太祖初制，都是太祖之制，从其礼之是者而已。且礼乐之制，百年而后兴，揆理度势，有不得不然者，不必拘泥于祖宗，一成不变；请定霍韬等以议礼为名紊乱朝政之罪。其五，详圜丘、方丘、朝日、夕月诸神坛壝之规制，指出太祖、太宗并配，父子同列，稽之经旨，未能无疑。疏入，嘉靖帝嘉其发明古典，并下礼部，令据古折中群议以闻。[②]很快，霍韬下都察院狱。

辛丑，礼部集上群臣所议郊礼分成四类：主分祀者都御史汪鋐等 82 人，主分祀而以慎重成宪及时未可为言者大学士张璁等 84 人，主分祀而以山川坛为方丘者尚书李瓒等 26 人，主合祭者尚书方献夫等 206 人。从人数对比上可见，大致前三类均倾向于分祀，加起来共计 192 人，与主合祭者大体相当。而无论主分还是主合，都力求权衡古礼和祖制，并不以哪一个为非。礼部认为从合祭诸臣之议，遵行旧典，最为简易，但仍强调恐未尽皇帝敬天崇礼之意；而从分祀诸臣之义，虽于古礼有合，但坛壝一建，工役浩繁，劳费不赀，又恐皇上爱民节财之心有未安。虽然礼部在此时表现出逶迤两可的态度，但仍提出，昊天上帝当屋祭于大祀殿，配以二祖，皇地祇则营坛壝以祭，并以山川坛改之。即调和分合之祭的矛盾，做出折中选择。至于朝日、夕月建东西坛专祭之礼则为阙典。除此以外，礼部奏疏中还提到，尚书李承勋议山川岳渎失次的问题，指出保留天神、地祇分类从祀，但依方位，委属紊乱，宜悉加厘正。太岁、月将不当轻撤。

对于礼部的意见，嘉靖帝复降敕谕，认为礼部会议郊祀礼制未见定议，

---

① 《明世宗实录》卷 110，“嘉靖九年二月癸酉”条，第 2596—2600 页。

② 《明世宗实录》卷 111，“嘉靖九年三月丙申”条，第 2616—2622 页。

谕之仍刊布原议，各官再会议明白，开陈以奏。这次刊布的内容，大致上延续了之前的意思，并增加了祀天与祀帝的区别。大学士张璁、翟銮上疏，在太祖、太宗配享问题上仍持前议，并将仁宗奉二祖配祭天地敕谕并告文录呈嘉靖帝。世宗仍命礼官会议。此时礼部已经看到嘉靖帝坚持天地分祀之制不可阻止，遂表示同意正月祈谷，十一月郊祀报本，建圜丘、方泽于南北二郊，朝日、夕月二坛于朝阳阜成门外的旨意，但对二祖分配则仍认为义有未合。之后，嘉靖帝数次令内阁张璁、翟銮等陈述意见，二人连篇上奏，均持前议，坚持二祖并配，未做退让。最后嘉靖帝表示，天只一个天，祖亦只一个祖，当只以太祖配，而不当二圣并配，既然大臣意见不同，可暂时搁置。此时，给事中夏言复疏请嘉靖尽早“断自圣衷”①，嘉靖帝马上令礼部速会同原议官申议以闻。②

嘉靖九年（1530年）四月戊辰，礼部上群臣郊祀配典申议，仍建议奉二祖并配。在坚持二祖并配的礼臣当中，以张璁为首，地位也最高，亦是嘉靖帝所倚重的议礼大臣，所以嘉靖帝屡次晓谕张璁，认为说服张璁，礼部其他官员就可以认同了。但张璁反复上疏均持一意，嘉靖帝大怒，责备其“沽忠卖直”，坚持奉皇祖高皇帝独配，一应事宜俱从俭，详拟以闻。③六月，“礼部以四郊规制已定，请令翰林院将《存心录》所载乐章、祝文量加润色，并撰祈谷乐章、祝文，及命太常寺选补乐舞生如数教习。又国家设协律郎，欲其按律定声，审音定舞，百余年来郊庙乐舞率仍旧习，按谱相传，其职易称。兹遇圣明建极，制作维新，宜将该寺协律郎先行考选，务得精通音律者，以典厥事。或选之神乐观诸人，及令吏部科道官，博访在京职役，有如宋胡瑗、李照者，具名闻奏，因其官品高下，授以太常职事，以成一代盛制”。诏可。④十月，嘉靖帝命将更定郊制纂辑成书，谕大学士张璁与礼部尚书李时议定体例，书分三册。首卷载神位、礼器、坛制、祝词、乐舞仪注之类，中卷至终卷备书敕谕诏令：大小官员会章自疏告成并各王之奏始末。名

① 夏言在此次郊礼改革的讨论中深得嘉靖皇帝心意，而他本人也很快得到皇帝的赏识和提拔。嘉靖九年六月，加夏言四品服俸，时遇孟秋时享太庙、世庙，特准其陪祀。

② 《明世宗实录》卷111，“嘉靖九年三月辛丑”条，第2626—2634页。

③ 《明世宗实录》卷112，“嘉靖九年四月戊辰”条，第2653页。

④ 《明世宗实录》卷114，“嘉靖九年六月甲子”条，第2699—2700页。

曰《祀仪成典》。[①]十一月，世宗谕礼部，称南郊之东坛名天坛，北郊之坛名地坛，东郊之坛名朝日坛，西郊之坛名夕月坛，南郊之西坛名神祇坛，著载《会典》，勿得混称。[②]并预定大祀分献官，以备习仪。用大学士张璁于大明坛，武定侯郭勋于夜明坛，尚书李时于星辰坛，侍读学士夏言于风云雷雨坛。

在确定京师天地坛分祀的基础上，嘉靖十年（1531 年）九月，诏罢南京郊祀。当时，南京太常卿黄芳等以修葺南京郊社诸坛言，天地、社稷、山川既统祀京师，其在南京者即可弗举，疏下礼部覆如其议。世宗对此也表示赞同，认为天地合祀已为非，并遵复太祖初制，南京永不必行。[③]十月，礼部上郊庙粢盛支给之数，指出南郊因有皇帝亲耕籍礼，而较之西苑由农官督理为重，则二仓之储宜分属兼支，以供郊庙祭祀。请以籍田所出藏之南郊圆廪神仓，若圜丘、祈谷、先农、神祇坛、长陵等陵、历代帝王及百神之祀皆从之取给；西苑所出藏之恒裕仓，若方泽、朝日夕月、太庙、世庙、太社稷、帝社稷、禘祫、先蚕及先师孔子祀皆从取给。从之。[④]

郊祀改革完成后，嘉靖帝亲祀逐渐减少。嘉靖十二年十一月，将大祀圜丘，世宗偶有小疾，礼部请遣官代献，遂遣武定侯郭勋暂代，“南郊遣代自此始”[⑤]。“南郊遣代”显示出嘉靖皇帝对郊天礼仪改革的热衷并非纯然出自对郊天礼的重视。一旦改革完成，遣官代行，在所难免。[⑥]嘉靖十三年二月，诏更圜丘名为天坛，方泽名为地坛。礼部尚书夏言称：“圜丘、方泽本法象定名，未可遽易箒称。圜丘坛省牲则于名义未协，今后冬至大报、启蛰

① 《明世宗实录》卷118，“嘉靖九年十月辛未”条，第2801—2802页。

② 《明世宗实录》卷119，“嘉靖九年十一月丙申”条，第2833页。

③ 《明世宗实录》卷130，“嘉靖十年九月丙辰”条，第3086页。

④ 《明世宗实录》卷131，“嘉靖十年十月丁酉”条，第3120—3121页。

⑤ 《明世宗实录》卷156，“嘉靖十二年十一月壬戌”条，第3522页。除了皇帝不亲祀以外，陪祀官员的缺席也可见祭祀礼仪逐渐衰落之趋势。嘉靖十三年二月，遣礼部尚书夏言祭先农神。当日，陪祀官不到者众多，公侯伯止成国公朱凤一人而已，夏言因此而劾奏之。参见《明世宗实录》卷160，“嘉靖十三年闰二月丁未”条，第3574页。而对庙享代祀的行为也有大臣提出批评，嘉靖十三年四月，时享太庙、世庙，命武定侯郭勋代。户科给事中张选批评称，孟夏祫享或更不躬亲，迹涉怠玩。世宗大怒，称时享遣官为一时权宜，皆非无故。参见《明世宗实录》卷162，“嘉靖十三年四月丁酉”条，第3595页。在宗庙重建之后，世宗为了表示对祭祀活动的重视，于嘉靖十四年行亲耕之礼。参见《明世宗实录》卷172，“嘉靖十四年二月戊戌”条，第3735页。

⑥ 嘉靖十一年四月，礼部尚书夏言请朝日、夕月岁遣文武大臣行礼，圣驾不必亲祀。有诏朝日间岁一亲祀，以甲丙戊庚壬年；夕月并神祇坛每三岁一亲祀，以丑辰未戌年，著为令。《明世宗实录》卷137，“嘉靖十一年四月壬寅”条，第3230—3231页。

祈谷祀天，夏至祭地祝文宜仍称圜丘、方泽，其省牲及一应公务有事坛所称天坛、地坛。”从之。①

南郊祭祀的对象是天，故在南郊圜丘坛举行的除郊天礼外，还有祈谷和雩祭礼。嘉靖十年（1531 年）正月，于大祀殿行祈谷礼，奉太祖高皇帝、太宗文皇帝配。②十月，因祈谷改于圜丘坛行礼，故命工部修造圜丘坛祭器，罢祈谷坛诸建造。③十一年正月，惊蛰节始行祈谷礼于圜丘，遣武定侯郭勋代行礼。改大祀殿祈谷奉二祖配为大报并祈谷俱奉太祖配。不久，嘉靖帝亲制祈谷祝文并仪注，改用惊蛰日行礼于圜丘，奉高皇帝配，仪视大报少杀，著为定典。之后，世宗遂以疾不能躬事为由，命郭勋代祀，遣代行祈谷礼自此始。④

雩祭目的是祈雨，除了在旱情期间行雩祭礼外，还将之作为与岁首大报、孟春祈谷与季秋明堂相并列的固定祭天礼。世宗先是在幸南城时召辅臣李时、翟銮、尚书汪鋐、夏言至重华殿，要求诸臣考察圜丘之旁是否有合适的场所建雩坛。李时等遂相圜丘东南泰元门外大坛墙内地可建雩坛的尺寸，绘图呈上。嘉靖十年十月，世宗在此基础上规定雩坛坛座圆广五尺，高比神坛增五寸，待次年春天二月上旬择日兴工。⑤遂诏建雩坛，悉依郊坛之制。嘉靖十一年三月，礼部尚书夏言奏称，雩坛在泰元门外，道里回远，车驾经由无驻跸之所，祭时请设幕次为便。雩坛既祀上帝，礼当升烟，俗为祈水，不宜用火，乃为坎瘗。诏从其请，并名其坛门为“崇雩门”。⑥嘉靖十二年五月，夏言再次上疏确定雩祀乐舞之制，指出应该参酌古礼，命乐正习盛乐舞皇舞，并上具体仪式。疏上，得旨行礼用仲夏之吉，钦天监先期择日以请，余俱如拟。⑦

---

① 《明世宗实录》卷 159，“嘉靖十三年二月己卯”条，第 3567 页。

② 《明世宗实录》卷 121，“嘉靖十年正月辛卯”条，第 2880 页。

③ 《明世宗实录》卷 131，“嘉靖十年十月辛巳”条，第 3103 页。

④ 《明世宗实录》卷 134，“嘉靖十一年正月辛未”条，第 3175—3176 页。嘉靖十五年九月，嘉靖帝再次亲定大报仪注，著为令。参见《明世宗实录》卷 191，“嘉靖十五年九月戊辰”条，第 4035 页。

⑤ 《明世宗实录》卷 131，“嘉靖十年十月庚寅”条，第 3111—3112 页。

⑥ 《明世宗实录》卷 136，“嘉靖十一年三月丙子”条，第 3217 页。

⑦ 《明世宗实录》卷 150，“嘉靖十二年五月丙辰”条，第 3438—3441 页。嘉靖十七年，礼部言，古者龙见而雩，与启蛰而郊之意同，宜用盛乐，得旨报罢。《明世宗实录》卷 211，“嘉靖十七年四月癸亥”条，第 4357 页。

在郊祀改制的带动下，嘉靖时期还对社稷配享、太岁等神祇坛、帝社稷、帝王庙祭祀进行了改革。嘉靖九年（1530年）正月，命集廷臣议太社稷以太祖、太宗配享事。嘉靖帝认为，天地至尊，次则宗庙，又次则社稷，既然以祖配天，再奉祖配社则为失序。大学士张璁、翟銮等言，历代祀典并没有祖宗配社稷礼，且太祖初无配位之礼，后因礼官请，遂沿袭下来，因此上疏请更正。于是更社稷坛配位礼，以后土勾龙氏、后稷氏分配社稷坛。[①]次月，定社稷配位奠献用磁爵，制帛，奉安二祖神牌于太庙寝室，玉圭、玉爵贮太庙神库。嘉靖十年二月，先是，世宗命礼部考古太岁坛制以闻，礼部考察后称，太岁神自唐宋以来，祀典不载。元朝时祭于太史院，亦非常祭之典。明朝始有坛宇定祀之制。太岁为天神，故应设坛露祭，但因坛祭制无考，"宜照社稷坛规制筑造，高广尺寸少焉减杀。俟四郊工役少完，即建太岁等神并云雨风雷、岳镇海渎三坛神祇于坛内，俱照社稷坛规制，惟太岁坛差小，庶隆杀适宜"。诏可。[②]三月，定西苑土谷坛名曰"帝社""帝稷"，以区别太社太稷。并考笾豆、乐舞之仪，定笾豆用八，牲用犊羊豕。[③]十月，帝社稷坛工成。嘉靖十年二月，右春坊右中允廖道南奏请，撤灵济宫徐知证、知谔二神，改设历代帝王神位事，礼部覆议认为应择地别建。得旨，销毁淫像，工部相地卜日兴工建帝王庙。工部会官相地建议于阜城门内保安寺故址建庙，奏入报可。五月，礼部拟上帝王庙祭器、乐器、供器及帏幕等物色，略如太庙式，诏可。[④]同年九月，帝王庙建成。翰林院修撰姚涞请黜元世祖以正祀典，疏下礼部覆议，认为元世祖是元朝九世中最贤明的君主，足以列入帝王祀典，且所谓"夷狄而进于中国则中国之"，且自太祖以来，已经载于祀典，不宜罢祀。从部议。[⑤]

嘉靖时期祭礼改革的另一个中心是宗庙祭祀。嘉靖初年议大礼期间对宗庙祭祀制度的讨论主要围绕睿宗祔庙一事。此后，朝臣一直对太庙祭祀、配享，以及内庙奉祀制度十分关注。嘉靖八年二月，礼部尚书方献夫等言，悼

① 《明世宗实录》卷109，"嘉靖九年正月庚申"条，第2579—2580页。
② 《明世宗实录》卷122，"嘉靖十年二月癸未"条，第2934—2935页。
③ 《明世宗实录》卷123，"嘉靖十年三月乙未"条，第2955页。
④ 《明世宗实录》卷125，"嘉靖十年五月戊子"条，第2990—2991页。
⑤ 《明世宗实录》卷130，"嘉靖十年九月癸丑"条，第3084—3085页。

灵皇后正位中正，礼宜祔享太庙，但太庙九庙之制已备，孝惠太皇太后为献皇帝生母，则悼灵皇后当祔于奉慈殿孝惠太皇太后之侧，条上合行礼仪，诏如拟。[①] 九年八月，因姚广孝为释氏之徒，撤其配享太庙，移祀大隆兴寺内，每岁春秋遣太常寺官致祭。[②]

嘉靖十年（1531年）正月，结合之前与张璁等关于禘祫之义的讨论，世宗要求将岁暮及四孟时祫祭与大祫礼加以区别。很快，张璁先是对祭祀始祖的大禘礼进行了解释，主张如丘濬议，正高皇帝为始祖，而以德祖为所自出之帝，岁一禘祀，世宗亲为大禘图。世宗敕谕礼部，以圣祖居始祖位，每岁孟春行时享礼，自太宗下，并各居一幄，同日行礼，夏秋冬三季仍于太祖室相向行时祫礼，季冬中旬行大祫礼则以德祖居尊，懿熙仁三祖合享于太庙，亲王功臣配食两庑，归之奉先殿行礼。世庙行四时之享，岁暮之祭亦归崇先殿行礼，世庙享祭再次向历代明朝祖宗靠近。但礼部认为，孟春行特享礼应以太祖尊，季冬太祫礼则合祀祧庙之主，移亲王功臣配食于两庑，以别尊卑。且每祭俱令太常寺官捧主安于前殿，衣冠仍设。世宗认为在告庙仪式中当不仅告太祖，亦当告德祖等祧庙神主。礼官最终覆议赞同，并指出大祫、特享、时享礼文繁郁，有妨诚敬，宜于大祫时于德祖前，时享、特享时于太祖前三献必亲，其他列圣止亲行初献，亚献、终献令捧主大臣主持。制曰“可”。甲午，世宗以庙祀更定，告于太庙、世庙并祧庙三主，当日迁德祖神主于祧庙，奉安太祖神主于寝殿正中。丁酉，世宗诣太庙行特享礼。[③]

不久，夏言撰《禘义》详解禘祫之意，即禘以祭所自出之帝。疏下礼部会议，中允廖道南议请以《太祖实录》为据，禘颛顼。礼部集内阁、九卿、詹事府、翰林院、国子监议，认为不当禘颛顼，而应禘德祖。嘉靖帝认为不妥，后经再次集议，诸臣咸奉诏请设虚位以禘，奉太祖配，三岁一行大祫。[④] 三月，世宗敕谕礼部行大禘之礼于孟夏，祀始自出之祖于太庙，奉太祖配，每逢辛丙之年一举，著为成范，并命礼部具仪，择吉以闻。壬子诏太庙夏秋

---

① 《明世宗实录》卷98，“嘉靖八年二月壬申”条，第2293—2295页。

② 《明世宗实录》卷116，“嘉靖九年八月甲申”条，第2759页。

③ 《明世宗实录》卷121，“嘉靖十年正月壬辰”“嘉靖十年正月甲午”“嘉靖十年正月丁酉”条，第2880、2894页。

④ 《明世宗实录》卷122，“嘉靖十年二月癸酉”条，第2922—2923页。

冬三祫，两庑配享如孟春仪，著为令。[①]

嘉靖十年（1531年）九月，世宗于文华殿东室面谕大学士李时、翟銮，尚书汪鋐、夏言：“天地百礼祀典俱已厘正，宗庙之制尚未尽善，夫父子兄弟同处一堂，在礼非宜。我太祖初立四亲庙，后因合祭天地，始定同堂之制，今当复之。”李时等对曰：“皇上曾言祀典当正，庙祀难更，且古人庙制卑小，今太庙规模宏伟，一旦改作，恐事体重大，未可轻易。”夏言曰：“各立一庙虽古礼，但一日遍祭九庙，恐圣躬太劳。”世宗曰：“今且言庙制，未论行礼，朕拟日祭一庙，不则遣官亦可。”夏言曰：“古礼恐难复，且庙皆东向。”世宗曰：“尽如古礼固难，但大体却须依据，异庙乃各全其尊，此当依者。朕欲不动大殿，只用两庑为之。”翟銮曰：“两庑南北短，岂能容都宫寝庙？”世宗曰：“不必如此，只存其义可也。”李时曰：“不动大殿，则寝殿亦不必动。”世宗曰：“三殿俱不动，朕思皇考南面专享……两傍隙地无几，宗庙重事，始谋宜须是量度地势广狭，方可拟议……卿为礼官，其即具奏行。”[②]此番对话显示出世宗皇帝欲更改同堂祭祀之宗庙制度为都宫寝庙制，但礼官提出古礼礼义，以及实际操作中可能遇到的问题，均表示不赞同。

嘉靖十年十一月，廖道南上疏，称太祖与诸祖共列一堂，于礼未安。建议将太庙定为万世不迁之庙，于两庑之地将太宗以下各建特庙。有都宫以统庙，不必各为门；垣有夹室以藏主，不必更为寝庙。太祖由皇帝亲躬，余遣亲臣代献，如古诸侯助祭之礼。这一上疏可谓正中嘉靖帝心意，遂命辅部大臣会官详议宗庙祀典仪制以闻。[③]十一年三月，嘉靖帝谕礼部会官考察昭穆世数庙次以闻。[④]大学士张璁等也认为，太祖神主可由皇上躬自安设，群庙帝后神主令内外捧主诸臣一体安设。世宗从其请，诏捧帝主大臣以太常官辅佐，捧后主内臣以神宫监内侍辅佐，著为令。四月，张璁等及府部大臣奉旨对庙制建言，称除了奉太祖为始祖，正南向之位外，还应当为功业与太祖相当的太宗别立一庙于太庙之东，百世不迁，不在三昭三穆之数。其昭穆六庙，以东西地狭，难设寝殿，每庙只容正殿五间，后半为藏主之所。疏上，

---

① 《明世宗实录》卷123，“嘉靖十年三月丙戌”“嘉靖十年三月壬子”条，第2939、2972页。

② 《明世宗实录》卷130，“嘉靖十年九月己卯”条，第3098—3099页。

③ 《明世宗实录》卷132，“嘉靖十年十一月丙辰”条，第3125—3126页。

④ 《明世宗实录》卷136，“嘉靖十一年三月庚午”条，第3212—3213页。

有诏报罢。[①]

嘉靖帝改建太庙都宫之制的想法尚在讨论中，恰在此时，南京太庙发生火灾，为其改制提供了契机。嘉靖十三年（1534年）六月，南京太庙火灾，前后及东西庑神厨库俱毁。嘉靖帝在京师易服，亲诣太庙祭告，并专门命大臣一员前往南京祭告，并遣官祭告天地、社稷、宗庙神祇、城隍之神，天下宗室、在廷大小臣工一体修省，并下宽大之诏。[②]八月，诏礼部等集议南京建庙事宜。嘉靖帝倾向于不在南京重新建庙，遂将大臣所持反对意见令诸臣集议，礼部尚书夏言会同大学士张璁、李时、候郭勋等上言认为，南京太庙可以不再建，南京原有奉先殿朝夕香火合并供奉如常，太庙则可仿古坛墠遗意，高筑墙垣，谨司启闭，以致尊严之意。嘉靖帝对此十分赞同，得旨："南京香火并进膳之仪，礼部查议以闻。其原庙址如议筑垣，时加巡守，并各廨宇，永不得修整，著为令。其在京庙制，速处物料，择日兴工，其承天家庙勿称庙，可仿奉先殿议曰隆庆殿，用别轻重之意，悉下所司知之。"刊示天下。[③]

嘉靖十三年九月，借助南京太庙火灾之机，礼部尚书夏言上疏支持世宗改建太庙之举。嘉靖帝十分高兴，遂诏所司亟饰材用，候春和兴工，兴建九庙。经丈量模拟，于太庙南左为三昭庙，兴文祖世室而四，右为三穆庙，群庙各深十六丈有奇，广十一丈有奇。世室寝殿视群庙稍崇，纵横深广，与群庙等列庙总门，与太庙戟门相并列，庙后垣与太庙祧庙后墙相并。但嘉靖帝对此并不满意，令诸臣再议，于是夏言等请增拓世室前殿，视群庙崇四尺有奇，深阔半之，寝殿视群庙崇二尺有奇，阔深如之，规制闳巨。嘉靖帝这才满意，并令所司预具物料，以备来春仲月动工。[④]

嘉靖十四年正月，世宗召张璁、李时、夏言至文华殿西室，讨论各庙称号。关于世庙谕三臣曰："皇考世庙以迫近河水，久议移改。今当同七庙之吉兴工，但今七庙已统于太庙，又限以地势规制颇杀。今拟世庙重建于太庙左方，实与太庙切近，亦须少杀旧规，于列祖之庙，不至相逾，庶免丰祢之

---

① 《明世宗实录》卷137，"嘉靖十一年四月甲申"条，第3223—3224页。
② 《明世宗实录》卷164，"嘉靖十三年六月甲子"条，第3632页。
③ 《明世宗实录》卷166，"嘉靖十三年八月丁未"条，第3649—3650页。
④ 《明世宗实录》卷167，"嘉靖十三年九月辛未"条，第3659—3660页。

嫌，可于二月四日礼部会官相度来闻。”[①]至此，嘉靖帝将世庙的地位再一次提升到与太庙极为相近的程度，为睿宗最终升祔太庙做出铺垫。同年二月，世宗亲祭帝社稷，始分建九庙，改建世庙。

在改建太庙和世庙期间，时享太庙、世庙，俱暂于奉先、崇先殿行礼。但奉先殿较太庙狭小，如祫祭常仪，太祖南向居中，太宗以下俱东西坐，则难于安设。礼部请照孟春特享礼，奉八庙神座俱列南向，俎豆以次前陈，衣冠分设左右，列乐舞于丹陛东西，其亲王神位及功臣暂用纸牌，序列于东西两庑，陪祀官并视帝社稷例。临期，太常寺疏文武大臣名奏请，并于奉先殿门外，崇先殿于丹墀，各恭陪行礼。又请于太常寺奉祭之日，命中官会诸执事官诣内殿，预先陈设演习，至期将事。世宗皆从之。[②]

嘉靖十四年（1535年）四月，因太庙改建九庙之制，礼部请重定宗庙雅乐，制可。[③]五月，又增设七庙乐官、乐舞生，太宗庙陈设司乐一员，举麾协律郎一员，司香、司乐一员，读祝赞礼郎一员，赞礼郎一员，对引赞礼郎一员，乐生七十二人，文武舞生各六十六人，烧香六人，执事七人。各庙并同。[④]到嘉靖十五年十月，更定世庙名为献皇帝庙。十一月，太宗庙、昭穆群庙、献皇帝庙工成。十二月，太庙及七庙改建完成后，先后奉安德、懿、熙、仁四祖神主于祧庙，太祖神主于太庙，百官陪祭如仪。奉安太宗神主于太宗庙，列圣神主于昭穆群庙，命九卿正官及武爵重臣俱诣太宗庙陪祀，文官三品以下，武官四品以下者分诣群庙行礼。奉安献皇帝神主于献皇帝庙，百官陪祀如常仪。[⑤]

至此，嘉靖帝以初定庙制上两宫徽号，颁诏天下，将太庙改制前后事宜做一定论，诏曰：“朕惟王者之政，莫不以祀兴为先，故谓国之大事，在祀与戎，而祀尤重焉。夫郊所以事天，庙所以事先，其道一而已矣，未有不相关者也。朕以冲愚宗末仰叨上帝下简，俾嗣天位，君临四方。思典礼之重大者，祀为首焉。每念于兹，切兴长慨。奈何经传亦多杂乱，圣贤不获接绪，

① 《明世宗实录》卷171，“嘉靖十四年正月壬午”条，第3725页。
② 《明世宗实录》卷174，“嘉靖十四年四月辛卯”条，第3775页。
③ 《明世宗实录》卷174，“嘉靖十四年四月甲辰”条，第3783页。
④ 《明世宗实录》卷175，“嘉靖十四年五月癸亥”条，第3790页。
⑤ 《明世宗实录》卷194，“嘉靖十五年十二月辛卯”“嘉靖十五年十二月壬辰”“嘉靖十五年十二月癸巳”条，第4092、4095—4096页。

圣经残破莫修。是以郊祀袭合祭于屋下之文，庙祭沿异室同堂之制，亵渎之甚，谓比同牢。功德不别，太祖莫尊。朕乃不暇他顾，祗闻于皇天，默卜于皇祖，亲莳忠贤，与之同力，首建圜丘、方泽以事天地，明阴阳之位而不可混亵。续创昭（穆）群庙以祀祖宗，彰太祖为当专尊之主，复作太宗庙于群庙之外，表祖功宗德之不迁，以飨百世之祀。更皇考庙曰‘献皇帝庙’，别择吉区以避渠道。大工悉成，遂定五岁大举禘祭之礼于太庙以祀皇初祖，而奉太祖配焉。每特享祖宗，以立春于本庙，夏秋冬皆合飨于太庙，循时祫之典。季冬仍修大祫礼于太庙，皇考正修四时之祀，以避丰祢之嫌。奉安既成，捋覃恤典，由是先致孝于慈闱，庶仲诚于璇阙，黎上两宫徽号曰‘昭圣恭安康惠慈寿皇太后’，‘章圣慈仁康静贞寿皇太后’。”①

最后，关于孔庙祭祀的改革是这一时期的又一重点。早在嘉靖九年（1530年）二月，世宗即诏定百官谒文庙礼，规定凡春秋二丁，不与陪祀者，皆以常服序列陪祀官之后，同时行礼。②同年十一月，张璁上疏请改定孔子祀典。主张于大成殿后另立一堂，祀孔子之父叔梁纥，而以颜路、曾晰、孔鲤配享，纂入祀典。嘉靖帝认为，其笾豆十二，牲用犊全，用祀天仪，亦非正礼，其谥号、章服悉宜改正，遂命张璁加以考证。张璁奏：“孔子祀典，自唐宋以来溷乱，至今未有能正之者。今宜称先圣先师而不称王，祀宇宜称庙而不称殿，祀宜用木主，其塑像宜毁撤，笾豆用十，乐用六佾。叔梁纥宜别庙以祀，以三氏配。公侯伯之号宜削，只称先贤先儒。其从祀申党、公伯寮、秦冉、颜何、荀况、戴圣、刘向、贾逵、马融、何休、王肃、杜预、吴澄宜罢祀，林放、蘧援、卢植、郑玄、服虔、范甯宜各祀于其乡，后苍、王通、欧阳修、胡瑗、蔡元定宜增入。”礼部会翰林诸臣议后，编修徐阶疏陈不可，嘉靖帝怒谪徐阶福建延平府推官，并御制《正孔子祀典说》示礼部云：“朕惟孔子之道，王者之道也；德，王者之德也；功，王者之功也；事，王者之事也；特其位非王者之位焉。昨辅臣张璁再疏，请正其称号、章服等事，已命礼官集翰林诸臣议正外，惟称号与章服二事所关者重，亦关于朕者，不得不为言之。”随后历数历代孔子祭祀之规格变迁，指出其称号和章服一步步提升，与孔子之身份不符，全面赞成张璁的建议，俱令礼

① 《明世宗实录》卷195，“嘉靖十五年闰十二月癸亥”条，第4124—4126页。

② 《明世宗实录》卷110，“嘉靖九年二月壬申”条，第2593页。

部送史馆。张璁复为《正孔庙祀典或问》奏，嘉靖帝嘉其论议详正，并下礼部，令速集议以闻。[①]乙未，翰林院侍读学士兼吏科都给中夏言上奏，请暂缓改孔子祀典，十三道御史黎贯、礼科都给事中王汝梅等均上疏称不应去除孔子王号，指出历代对孔子祭祀之封号有加，而太祖朱元璋时，厘正天下岳镇海渎封号，唯独未及孔子，也是有深意的。世宗对黎贯等大加诘责，并令法司会官逮问以闻。都御史汪鋐上疏，指称黎贯等挟众以陵人，妄议祀典，应褫职为民。[②]

辛丑，礼部会同内阁、詹事府、翰林院议上更正孔子祀典，内容如下。

谥号：令两京国子监及天下学校孔子神位称至圣先师孔子，其王号及大成文宣之称一切不用，庙宇亦止称庙，不宜称殿。其四配称复圣颜子、宗圣曾子、述圣子思、亚圣孟子。十哲以下凡及门弟子皆称先贤某子，左丘明以下皆称先儒某子，凡一切公侯伯不宜复称，以混成周一代封爵之制。

章服：遵太祖首定南京国子监规制，制木以为神主，仍拟定大小尺寸，著为定式。其塑像国子监责令祭酒等官，学校责令提学等官，即令屏撤，勿得存留，使先师先贤之神不复依土木，以别释氏之教。

乐舞、笾豆：每遇春秋祭祀，遵照国初旧制，用十笾十豆。天下府州县八笾八豆，其乐舞止用六佾，以别郊庙之祭。

配享：命两京国子监及天下学校别立一祠，中祀叔梁纥，题称启圣公孔氏神位，以无繇、曾点、孔鲤、孟孙氏配，俱称先贤某氏。

从祀：申党即申枨，位号宜一。公伯寮、秦冉、颜何、荀况、戴圣、刘向、贾逵、马融、何休、王肃、杜预、吴澄宜罢祀，林放、蘧瑗、卢植、郑玄、服虔、范甯宜各祀于其乡，后苍、王通、欧阳修、胡瑗宜增入从祀。

疏入得旨，俱准议行："其塑像之渎有同释氏夷教，所宜亟行屏除，不许奸邪之徒假称不忍，以加正八之罪。依拟国子监责令祭酒等官，学校责令提学等官通行改正，以称朕尊师重道之意。"[③]嘉靖九年（1530年）十二月，易先师孔子神位用木，奉安于文庙，遣国子监祭酒许诰行祭告礼。

除了对孔庙祭祀规制进行调整以外，世宗还于嘉靖九年十二月始祀先圣

① 《明世宗实录》卷119，"嘉靖九年十一月癸巳"条，第2823—2826页。
② 《明世宗实录》卷119，"嘉靖九年十一月乙未"条，第2827—2832页。
③ 《明世宗实录》卷119，"嘉靖九年十一月辛丑"条，第2839—2840页。

先师伏羲、神农、黄帝、尧、舜、禹、汤、文武、周公、孔子于文华殿东室。东室初有释像，世宗以其不经撤去，改祀先圣先师、伏羲等九龛南向，周孔二龛东西向，并亲自做祭文，行奉安神位礼，令辅臣张璁及讲官徐缙等入拜。[①]嘉靖十五年（1536年）四月，于新建京师武学内建尊崇庙享，以太公吕望为宗，仿唐制，立武成王庙，以汉唐以来名将如孙武、吴起、司马穰苴、尉缭子、黄石公、张良、韩信、李广、赵充国、诸葛亮、邓禹、冯异、关羽、张飞、李靖、李勣、郭子仪、曹彬、韩世忠、岳飞、徐达、常遇春、张玉、汤和配享，每岁春秋致祭。世宗从之，并令兵、工二部拟议图说以闻。[②]

四、嘉靖后期的祭礼活动

在将世庙改为献皇帝庙，并附列太庙都宫九庙系统后，世宗又启动了对献皇帝称宗配享的明堂之制，使得献皇帝具有了仅次于太祖、成祖配享的独特地位。嘉靖十七年，对于之前有致仕扬州府通判同知豊方请复古礼建明堂，加尊献皇帝庙号，称宗以配上帝事，礼部会议认为不宜称宗，世宗命再议。户部左侍郎唐胄上疏，结合《孝经》关于“郊祀后稷以配天，宗祀文王于明堂以配上帝”之说，以及嘉靖初年席书、张璁、桂萼等关于此的议论指出，不当称献皇帝为宗，并配明堂，但明堂之制尚可保留。世宗大怒，将其下锦衣卫拷讯。礼部于是再会廷臣议配帝之礼，并作出让步，认同高皇帝配圜丘，献皇帝配秋享，同时建议于孟春祈谷行于大祀殿，奉文皇帝配。世宗下旨再令集文武大臣于东阁，议称宗之礼。随后，世宗做《明堂或问》以示辅臣，将他与朝臣关于此的奏对一一列出。严嵩等妥协，称宜奉献皇帝祔于孝宗庙，太宗进尊称为祖。世宗以孝宗庙无法容奉二主为由，令再详议以闻。严嵩等覆言，建新宫恐地势难于展拓，可于特庙安放献皇帝神主，遇祫享太庙，设神座与孝宗同居昭位。世宗亲视孝宗庙，亦以为然，乃悉如所拟。[③]同年九月，上文皇帝庙号为成祖，献皇帝庙号为睿宗，同日异时行

① 《明世宗实录》卷120，“嘉靖九年十二月丁丑”条，第2868页。
② 《明世宗实录》卷186，“嘉靖十五年四月甲午”条，第3932—3933页。
③ 《明世宗实录》卷213，“嘉靖十七年六月丙辰”条，第4373—4387页。

礼。预告郊庙，举大享明堂之祀于奉天殿，奉睿宗献皇帝配上帝。[①]丁亥，命举大享礼于玄极殿。辛卯，大享上帝于玄极宝殿，奉睿宗献皇帝配，礼成，诏示天下。[②]可见，于何处举行大享礼尚在其次，重要的是将献皇帝提高到与太祖、成祖一样的配享地位，以显示其特殊性，为最终进入太庙做准备。[③]

三年后，太庙再次遭受火灾，为献皇帝最终入庙提供了绝佳契机。嘉靖二十年（1541 年）四月辛酉夜，太庙火灾，成庙、仁庙二主毁，仁成庙及太庙群庙俱烬。世宗马上祈祷修省，并暂罢大禘礼，暂停大享殿工程。[④]次月，命礼部会官议重建太庙事宜。礼部尚书严嵩等会廷臣议后认为，太庙被火，理当立即重建，不能仅仅修复了事，其为难之处一不在财力，二不在规制，主要是修造太庙所用木材难于获得，因此就如何采购及运输木材一事，详细奏明方案，得到世宗的认可。[⑤]

嘉靖二十二年十一月，敕谕礼工二部，称在重新修建宗庙之时，应当有所厘正，以图鼎新。尤其睿宗庙于都宫之外，很不合适。礼官等会议认为，将其奉处于孝宗同庙，虽有兄弟同世之义，然题扁各殊，终未为妥，应当借建立新庙的机会恢复前为太庙，后为寝室，又后为祧室的同堂异室旧制。时祫祭享奉太祖高皇帝正位南向，奉迎成祖及群庙、睿宗献皇帝神主，俱同堂而序，享献完毕则奉列圣主各归于寝。礼工二部如敕奉行。[⑥]

嘉靖二十三年四月，礼部会廷臣集议太庙建同堂异室之制，礼部尚书张璧等集议奏称，七庙之制当遵昭穆之序，宜仍奉成祖为世室，不当奉居昭列。其次奉仁宗为一穆，宣宗为一昭，英宗为二穆，宪宗为二昭，孝宗、睿宗为三穆，武宗为三昭。孝宗、睿宗各为一庙，并立于三穆之位，他日以次

---

① 《明世宗实录》卷216，“嘉靖十七年九月辛未”条，第 4409 页。

② 《明世宗实录》卷216，“嘉靖十七年九月丁亥”“嘉靖十七年九月辛卯”条，第 4430—4431 页。嘉靖二十年正月，礼部以玄极宝殿祈谷，请令朝觐官陪祀。诏俟郊殿成后，听朝觐官陪祈谷，著为令。《明世宗实录》卷245，“嘉靖二十年正月辛亥”条，第 4927 页。

③ 嘉靖二十一年四月，世宗敕谕礼部称，季秋大享于明堂，是周礼中与郊祀并列的重典。几年来因享地未定，特举祭于玄极宝殿。南郊旧殿原为大祀之所，已令有司悉撤，另建殿曰“泰享”。参见《明世宗实录》卷260，“嘉靖二十一年四月丙辰”条，第 5187—5188 页。

④ 《明世宗实录》卷248，“嘉靖二十年四月辛酉”“嘉靖二十年四月甲子”“嘉靖二十年四月丙寅”条，第 4973、4977—4978 页。

⑤ 《明世宗实录》卷249，“嘉靖二十年五月戊子”条，第 5001—5003 页。

⑥ 《明世宗实录》卷280，“嘉靖二十二年十一月壬戌”条，第 5456—5457 页。

递迁，则惟奉迁孝宗之主，而睿宗可常尊安其庙矣。疏入，世宗命待旨行议，久未定。[①]江汝璧上疏称，“成祖首正世室，而奉皇考入庙，则见存旧庙宜迁于穆庙之首，以当将来世室，与成祖庙貌东西对峙，太祖岿乎其中，祧庙奠乎其后，三昭三穆，列乎其前，成庙、睿庙翼乎其左右，而于朱熹庙议之图正相合”。右赞善郭希颜称，周以来，五庙、六庙、七庙皆有制。现在应当遵从太祖初四亲庙之制，即立太庙居中，世室居左而虚右，立四亲庙以次左右，立祧庙居后。太庙则祀高皇帝，所以贵受命之始。世室祀文皇帝，所以报有功示不迁。四亲庙祀皇高祖、皇曾祖、皇祖考、皇考，以示四亲相承不敢忘所由生。二宗不在四亲，则侄不祀伯，弟不祀兄。孝宗宜庙于成祖之右，武宗宜别庙于昔日所祀之宫，或祀或祧，以待他日。疏下礼部议认为，江汝璧与郭希颜均属妄议。世宗明确表示，庙复同堂异世之制，早已确定，下旨会议不过观验人心，并督促早成工完，太庙复建之议始定。[②]

世宗不仅最终完成了睿宗入太庙的一系列设想，还开了皇后先于皇帝入太庙的先例，为最终按照己意祧迁太庙神主做了预设。嘉靖二十八年（1549 年）十一月，孝烈皇后将行大祥礼，应祔庙。对此，之前礼部题请奉安神主于奉先殿东室，而辅臣严嵩请暂设位于太庙东睿皇后之次，后寝安主，则设幄于宪庙皇祖妣之右，以从祔于祖姑之义。世宗均不允，而是谕令遵制奉祧仁宗，祔以新序即世宗位次，提前祧仁宗，将孝烈皇后升入太庙世宗位置，藏主于皇妣之侧，每遇享居本次止设位，不设仪品祝文，并命礼部择日具仪以闻。[③]对于世宗的主张，当时除了严嵩外，尚书徐阶及都给事中杨思忠等也都表示反对，认为这于情于礼皆不合。世宗指斥二人怀二心，并令其议定以闻。徐阶、杨思忠提出变通意见，即准三代庙数递增之例，于太庙及奉先殿各增二室，以其一升祔孝烈皇后，则仁宗可不必祧，而孝烈皇后

---

① 嘉靖二十二年十月，国子监司业江汝璧条陈庙建五议，提出过相似的主张：一为备亲庙。奉献皇帝入居昭庙，以备四亲之礼。二为明昭穆。献皇帝入庙与孝宗同昭。三为崇世室。献皇帝旧庙迁于成祖庙之左，虚以为他日世室。四为拓规制。具太庙东西夹室以藏昭穆祧主，献皇帝入庙则昭穆庙寝皆须量为展阔。五为酌时宜。吉春禘当改为祫。疏下礼部议覆言：江汝璧所条奏皆廷议所陈，无他异见，独建立世室则未至递迁之期，而预建以俟，与古不合。至于改禘为祫则以上祭在太庙，而六庙俱遣官，不若祫享一堂。但因此为世宗钦定成典，无容擅议，遂会议寝报罢。参看《明世宗实录》卷279，“嘉靖二十二年十月庚辰”条，第 5439—5440 页。

② 《明世宗实录》卷285，“嘉靖二十三年四月癸巳”条，第 5522—5526 页。

③ 《明世宗实录》卷354，“嘉靖二十八年十一月辛未”条，第 6375—6378 页。

可速正南面之位，且使世宗无预祧以俟之嫌。世宗再令议出一个统一意见，诸大臣不得不妥协，按照世宗最初的意思来办。嘉靖二十九年（1550年）十月，遂定奉祧仁宗昭皇帝及升祔孝烈皇后礼。世宗对于诸大臣此番关于仁宗及孝烈皇后祧祔事的态度十分不满，所以当值孝烈皇后忌日时，欲罢祭，部臣“愈益惶恐”，上疏称升祔之礼、忌祭之仪典具存，欲具仪开奏。世宗又对此大大抱怨了一番，于是阁臣传谕礼部，部臣不敢覆言，第请如制祧祔，择吉行礼。世宗乃许。①

除了以上围绕太庙规制及祧迁制度的争论以外，嘉靖后期还在太庙配享、帝王庙主祀人员、文华殿祀孔子、三皇祭祀等方面有所讨论和改动。

太庙配享自洪武初定制以来，变动较少。到嘉靖十六年三月，武定侯郭勋请准始祖开国功臣郭英配享于太庙，世宗命礼部开注配享功臣位次以闻。礼部称太庙功臣位次应按照王公侯伯的次序排列，洪武时期的功臣以徐达等为序，永乐功臣以张玉等为序，而庙庑所列以诚意伯刘基列于六王之次，群公之上，似为不伦。遂请在增郭英从祀时，将刘基照封爵定列。得旨，庙中配享与朝廷宴礼相同，位次一以爵序。②

帝王庙祭祀在嘉靖二十四年二月再次发生变动。初礼科右给事中陈棐认为元世祖以夷乱华，不宜庙祀，礼部集廷臣议。世宗称：“元本胡夷，又甚于五季者，帝王庙并墓祭俱黜罢。”此时，陈棐覆言帝王庙已撤胡元之祀，而庙在两京者亦宜撤去，又请改两京庙祀碑文，并毁销元君臣神主。下礼部议，覆俱报可。③

关于文华殿祭祀先师孔子，继嘉靖九年世宗于文华殿亲行圣师礼后，至嘉靖十六年，曾一度移祀于永明后殿行礼。到嘉靖三十二年二月，再次安先圣先师神位于文华殿东室如初，遣官奉安，诏命官如前例，以祭服陪拜。④

嘉靖时期关于礼制方面的创制还体现在三皇庙祭祀。嘉靖二十一年十二月，诏修太医院三皇庙，并厘正祀典。以伏羲、神农、黄帝为正位，以勾芒、祝融、风后、力牧为配位，从祀僦贷季、天师岐伯、伯高、鬼臾区、俞

① 《明世宗实录》卷366，“嘉靖二十九年十月丙戌”条，第6552—6556页。
② 《明世宗实录》卷198，“嘉靖十六年三月癸巳”条，第4167页。
③ 《明世宗实录》卷296，“嘉靖二十四年二月庚子”条，第5652页。
④ 《明世宗实录》卷394，“嘉靖三十二年二月癸亥”条，第6933页。

跗、少俞、少师、桐君、太乙雷公、马师皇十人外，复增伊尹、秦越人，汉淳于意、张机，魏华佗，晋王叔和、皇甫谧、葛洪，隋巢元方，唐孙思邈、韦慈藏、王冰、钱乙，宋朱肱，金刘完素、张元素，元李杲、朱彦修十八人从祀两庑。牲用太牢，器用笾豆、簠簋，以仲春、仲冬上甲日遣大臣行礼，著为令。[①]嘉靖二十二年（1543年）十月，太常寺奏祭三皇于景惠殿，比照历代帝王祭典，前期二日奉先殿奏祭祀，并奏视牲。又因景惠殿前地狭，难举大乐，请比圣济殿先医例，用鼓乐。从之。[②]

五、其他祭礼变动

嘉靖时期还有一些关于祭祀制度的讨论值得关注，这些讨论显示出嘉靖时期不仅在郊祀、庙祀及孔庙祭祀这些重大祭祀典礼方面变动很多，对有关国家祭祀的绝大部分内容都有所关注，故嘉靖时期国家祭礼的改制是全方位、多侧面的，并主要集中于嘉靖朝前中期。

1. 地方庙祀

正德十六年（1521年）四月，立宋丞相陆秀夫祠于镇江府。为都督佥事马云、叶旺立祠辽东，岁时致祭。[③]五月，立宋将岳飞祠于湖广武昌府，有司岁时致祭。[④]七月，祀故太保尚书黄福于昌邑，守臣岁时致祭，载在祀典。[⑤]十一月，直隶南和县有唐臣宋璟祠，命有司每岁春秋致祭。立太公庙于青州城西，命有司春秋致祭。[⑥]嘉靖二年五月，诏修宋臣韩琦、范仲淹祠于延州。建故吏部尚书王恕祠于三原，并命翰林院各拟祠额，有司岁时致祭。[⑦]嘉靖二年七月，赐已故大学士刘珝之祠祀祠额，有司岁时致祭。[⑧]嘉靖

---

① 《明世宗实录》卷269，“嘉靖二十一年十二月丙申”条，第5307页。

② 《明世宗实录》卷279，“嘉靖二十二年十月丙戌”条，第5444页。

③ 《明世宗实录》卷1，“正德十六年四月庚戌”“正德十六年四月辛亥”条，第54、56页。

④ 《明世宗实录》卷2，“正德十六年五月癸丑”条，第66页。

⑤ 《明世宗实录》卷4，“正德十六年七月庚申”条，第177页。

⑥ 《明世宗实录》卷8，“正德十六年十一月甲寅”“正德十六年十一月辛未”条，第290、299页。

⑦ 《明世宗实录》卷27，“嘉靖二年五月壬午”条，第758页。

⑧ 《明世宗实录》卷29，“嘉靖二年七月辛未”条，第782页。

六年（1527 年）六月，诏建河神祠于沛县，时漕河复通，议者以为神助，请复其故宇，春秋致祀，工部为请，从之。[①] 嘉靖十一年十月，诏大名府祀先贤狄仁杰、寇准于名宦祠，刘安世于乡贤祠，府官春秋致祭。[②] 嘉靖十六年三月，诏建故临清州知州夏鼎祠，有司春秋致祭。[③] 嘉靖十八年四月，鉴于庆都县城内有尧母墓，祀典失载，敕下所司，修建祠庙，载入祀典，照古帝王陵寝事例，三年一举，著为定制。[④] 嘉靖二十四年十一月，诏广东守臣为故浙江按察司副使陶成及其子湖广左布政使陶鲁立祠于会城，岁时致祭。[⑤] 嘉靖二十七年十月，诏河南守臣建祠，祀故燕山卫指挥使马义、都督佥事马俊、都指挥佥事马振。[⑥] 关于地方祀典的增加及其原因的分析，详见第五章相关讨论。

2. 孔庙从祀

前文主要讨论了关于孔子祭祀的核心问题，即孔子封号、塑像，四配十哲及启圣祠的改动情况。除此以外，还有关于孔庙从祀人员的讨论。嘉靖二年三月，巡抚延绥都御史姚镆建议以故礼部侍郎薛瑄从祀孔庙，诏下礼部议。[⑦] 此后，不断有关于增祀薛瑄的讨论，到嘉靖十九年三月，礼部集议以请，但世宗以公论未久，以及历代秩祀为太祖钦定，俱照旧，不许妄议。[⑧] 嘉靖六年六月，世宗就之前讨论过的欧阳修从祀孔庙事询问辅臣杨一清，杨一清认为，欧阳修虽有文章勋业，但无辅翼圣经之功，不应轻易从祀，有关欧阳修从祀孔庙的讨论遂停止。[⑨]

3. 宗藩祭祀

正德时期宁王朱宸濠叛乱平定后，关于其祖父庙祀问题在嘉靖年间有所

---

① 《明世宗实录》卷77，“嘉靖六年六月癸亥”条，第 1721 页。
② 《明世宗实录》卷143，“嘉靖十一年十月癸卯”条，第 3346—3347 页。
③ 《明世宗实录》卷198，“嘉靖十六年三月壬寅”条，第 4171 页。
④ 《明世宗实录》卷223，“嘉靖十八年四月戊申”条，第 4628 页。
⑤ 《明世宗实录》卷305，“嘉靖二十四年十一月戊寅”条，第 5769 页。
⑥ 《明世宗实录》卷341，“嘉靖二十七年十月庚申”条，第 6207 页。
⑦ 《明世宗实录》卷24，“嘉靖二年三月戊申”条，第 682 页。
⑧ 《明世宗实录》卷235，“嘉靖十九年三月庚子”条，第 4806 页。
⑨ 《明世宗实录》卷77，“嘉靖六年六月癸亥”条，第 1720—1721 页。

讨论。嘉靖四年（1525年）六月，弋阳王拱樻称其祖献王、惠王乃四服子孙所共祀，但因宁王朱宸濠叛乱而覆祀，乞赐立庙致祭。礼部认为，宸濠之恶不及祖父，祀不宜绝，世宗遂命所司酌定庙祭礼乐。[①]到嘉靖后期，又有关于宁王大宗宗庙毁祀，小宗如何祭祀的讨论。嘉靖三十三年二月，礼部指出，宁王宸濠反诛后，大宗宗庙已毁，但小宗支属犹存，始封之王不可无祭，但到底由哪一个郡王来祭祀，宗室各执一说："在乐安则曰惠王小宗之首；在建安则曰献、惠有服之孙；在弋阳长子多焜则执父管理故事。"礼部认为，毁庙无复建之理，郡王有不可逾之分，私不能断之以义。乐安、弋阳、建安诸府各有家庙，应该令每岁正旦、清明、中元、霜降、冬至等节，各府司差仪宾一员，诣其祖献、惠二王享殿致祭，祭品轮流供办，祝文序列诸王之名。再于每岁立春，用古者祭先祖之义，各府各设位于家庙致祭献王，而以始封郡王配食，祭仪俱从生者制度，不得僭用亲王礼乐。原设斋郎、铺排、屠户、厨役，及添拨校尉诸人尽裁革。每年有司于均徭内加征银一百五十两，三府分领回府，以供祭费。乐工十二户，每府分管四户，以给私祭。遇有迎诏敕、进表笺及冠婚诸大礼，则十二户通行供事。礼生有司临期拨用，事毕即回。得旨允行。[②]

关于亲王祧祔之礼，明初无明文规定。到了嘉靖八年四月，代府管府事泰顺王朱充燿奏请，仿照太庙祧祔礼，降杀亲王祧祔礼制，疏称："臣考懿王当祔庙，而代自始封简王至思王，已盈五庙之数，请定祧庙之制。下礼部议，尚书李时言，亲王祧祔之礼，《会典》未载，臣等窃谓当推太庙祧祔之礼而降杀之。今代府之庙，当以始封简王居中，百世不迁，次戾王、隐王、惠王、思王为五世，今懿王入祔则戾王当以亲尽而祧。但诸侯无祧庙，戾王神主宜祧祔入简王之室，置祾藏之。隐王、惠王、思王以次上迁，而懿王神主并祔于第五庙。每岁暮则出祧主行合祭之礼，庶于礼制隆杀得宜。"诏如议。[③]

① 《明世宗实录》卷52，"嘉靖四年六月甲寅"条，第1312页。
② 《明世宗实录》卷407，"嘉靖三十三年二月壬申"条，第7105—7106页。
③ 《明世宗实录》卷100，"嘉靖八年四月乙亥"条，第2370页。

4. 祭品与祭服

嘉靖八年（1529 年）二月，鹰房内臣因祖庙献新，奏请保留之前放纵几尽的鹰犬，世宗诏令鹰犬悉纵放毋留，太庙荐新时礼物由礼部查议以闻。于是礼部覆言，奉先殿岁荐品味，不过鹿、雁、雉、兔、猪、鹅、鸡、鸭等物，后因畜有鹰犬，或间以奉荐，不得为例，请罢。世宗遂诏，献新品物悉依《会典》事例供办，不得献鹰犬。[①]嘉靖九年九月，南京兵部尚书王廷相等请重新确定运送宗庙荐新物品和船只数量，以防奸贪。礼部主张，荐新品物去除北土所产的枇杷，进贡用船停减五只。[②]工部提出，南京工部每年造运供应器皿所用船只亦宜临时酌减；织造龙衣，并竹器彩漆卓盒铜铁器物，俱如所议减免。嘉靖帝因上疏所言皆在省纾民力，俱依拟行，著为定例。[③]嘉靖十年二月，因方丘、朝日坛所用玉爵户部难以购得，临时用红黄玛瑙、水精等石充用。至此，户部建议于盛产玉器的西域于阗等地购买，并由与其边界相接的陕西地方抚臣厚价访求。诏可。[④]

祭服规制的讨论涉及冕弁、武弁，以及鞋履。嘉靖八年五月，嘉靖帝令规范冕弁之制，冕弁用以祀天地、享祖亲，阙革带则礼服不备。而《会典》载蔽膝用罗上、织火、山龙三章，并大带缘用锦，皆与当时所服不合，命并革带系蔽膝佩绶之式，详明绘图进览。谕令内阁诸臣共同考订衮冕服制，并令择吉更正制造，各王府并内外文武官一体更正。[⑤]同年九月，嘉靖帝令大学士张璁增订《会典》亲征、祃祭武弁服制，规定武弁冠服衣裳韠舄俱如古制，增革带佩绶及圭。[⑥]嘉靖十四年三月，嘉靖帝召李时、夏言议宗庙祭祀时脱履入殿是否合礼，夏言等认为，皇帝可以不必脱舄，陪祀等官俱用洁净新履供事。制可。[⑦]

---

① 《明世宗实录》卷98，“嘉靖八年二月甲戌”条，第 2298 页。
② 用船运送的青梅、石榴、柿子、天鹅、鹚鹄、活雁、鹌鹑俱可省。
③ 《明世宗实录》卷117，“嘉靖九年九月庚子”条，第 2770—2772 页。
④ 《明世宗实录》卷122，“嘉靖十年二月乙亥”条，第 2924 页。
⑤ 《明世宗实录》卷101，“嘉靖八年五月庚子”条，第 2386—2389 页。
⑥ 《明世宗实录》卷105，“嘉靖八年九月丁酉”条，第 2476—2477 页。
⑦ 《明世宗实录》卷173，“嘉靖十四年三月乙酉”条，第 3769—3770 页。

5. 乐舞

关于祭祀雅乐比较大的一次更定是在嘉靖九年（1530 年）九月，当时礼部以厘正郊典当考定雅乐事上疏，致仕甘肃行太仆寺丞张鹗应诏定礼乐，并进所著乐书《大成乐舞图谱》及《古雅心谈》。疏下礼部议覆称，“音律久废，即今太常协律等官，不过循习工尺等字谱，不复知有黄钟等调。臣等近奉诏演习新定郊祀乐章，间举古人遗制为问，茫无以对”。于是，嘉靖帝授张鹗太常寺寺丞，令诣太和殿校定乐舞。张鹗任职后对祭乐多有建言，关于世庙与太庙祭乐，他主张二者同礼，但世庙用林钟，太庙用黄钟，祭乐不同，从音律上讲也是不妥的，应速改正。礼部覆奏赞同。嘉靖曰：“乐音即为更定，勿误庙享之用。”①

在地方儒学文庙乐舞方面，嘉靖二十七年六月，增设湖广承天府儒学文庙乐舞学。隶安陆州春秋祀典有礼器无乐舞，至此，御史贾大亨言州已升府，则庙典亦宜备设，报可。②

6. 祭祀官员的选择

嘉靖时期，太常官员的选择还出现了任用道流的重要转变，一改原来皆出翰林之惯例。嘉靖十年三月，太常寺少卿缺，世宗命增选音吐洪亮、礼仪端谨者以闻。吏部请于京堂五品及年深科道实授郎中内选用，久未有应者。后又缺寺丞，吏部请照例考选，以刑部主事郑允璋等及太常寺典簿金赟仁等名上。得旨即以太常祀祀丞张鹗升少卿，令管教习雅乐金赟仁升少卿，赞礼郎桑友兰、徐可成俱寺丞，轮次读祝奏礼。金赟仁等皆乐舞生，其拔用出自上意，非部所拟。自此，太常官悉用道流。③嘉靖十一年二月，大学士李时等以皇子未降，请世宗自制祝文，遣廷臣奉香帛诣岳镇名山祝祷。世宗以遣使远出，打扰百姓为由，主张分遣道士赍奉香帛幡祝行，令所在守臣竭诚行礼，并令李时等诣地祇坛祈告，卜筮于太庙。礼部尚书夏言等认为，望祀之礼应岳镇海渎山川并行，而辅臣止请祭岳镇，当增加海渎山川、基运、翔

① 《明世宗实录》卷 117，“嘉靖九年九月乙卯”条，第 2785、2787 页。
② 《明世宗实录》卷 337，“嘉靖二十七年六月癸亥”条，第 6162 页。
③ 《明世宗实录》卷 123，“嘉靖十年三月庚戌”条，第 2971—2972 页。

圣、神烈、天寿、纯德诸山，每坛命大臣一人主祭，勋戚文武重臣一体陪祀。诏从其请。遂命武定侯郭勋、大学士李时、翟銮、尚书王琼、汪鋐、夏言诣坛分祀。[①]在陪祀官员的任用上，嘉靖二十二年（1543 年）二月，大学士严嵩代行祭至圣先师孔子礼，陪祀官员人数削减，由原来的在京文臣俱陪祀，改为文官五品以上陪祀，六品以下俱先期一日展谒。[②]

7. 祀典厘正

对于祀典中不符合祭祀规制或是变乱祀典成例的行为，世宗也主张予以纠正。嘉靖九年十月，监察御史熊荣请修天下神庙祀典所载者，世宗曰："应祀神庙令有司修理，但近年以来，奸民阿奉镇巡司府州县等官，不问贤否，暨立祠堂，去思碑亭，并私创庵院淫祠。其令巡按御史逐一查毁，即以所鬻价为修理神庙费，不得更为科扰。"[③]

第二节　隆庆以后国家祭祀活动的式微

一、隆庆时期的短暂调整

隆庆帝在位 6 年，关于国家祭祀制度的调整不多。隆庆元年（1567 年）春正月，礼部遵诏会议郊社诸典礼及葬祔享之制，有关国家祭祀礼仪的讨论主要围绕郊祀、祈谷、大享、社稷及太庙祔享礼展开。

对郊礼的讨论第一是郊祀分祀是否改为合祀。礼臣认为，因分祀之制已久，不宜纷更，宜照例南北二郊于冬夏至日由皇帝亲祭，奉太祖高皇帝配。东郊以甲丙戊庚壬年，西郊以丑辰未戌年由皇帝亲祭，其余每岁遣官代行。太岁仍于岁暮、孟春遣官专祭。天神地祇已从祀南北郊，因此不复举仲秋神祇坛之祀。

---

① 《明世宗实录》卷 135，"嘉靖十一年二月辛卯"条，第 3193—3194 页。
② 《明世宗实录》卷 271，"嘉靖二十二年二月丁丑"条，第 5336 页。
③ 《明世宗实录》卷 118，"嘉靖九年十月癸酉"条，第 2813 页。

第二是嘉靖九年始定的每年孟春上辛日于大祀殿所行之祈谷礼。[①]礼臣认为，祈谷礼与祭先农含义有所重合，均有祈谷遗意，因此二祀并行于仲春，不无烦数。且玄极宝殿为禁严之地，百官陪祀不便，因此主张罢祈谷礼，止于先农坛行事。遇新帝即位则亲祀先农，并行耕籍礼，其余每岁仲春仍遣顺天府官代行。

第三是大享礼。礼臣指出，大享礼为嘉靖首创。举明堂大典，以季秋享上帝，奉睿宗献皇帝配。但每年仅在玄极宝殿遣官行礼，也没有于郊坛亲祭。嘉靖时期举行明堂大享主要是为追崇睿宗，并实现以严父配天之孝，是一时之举。到穆宗时，已经不需要再强调严父配天之说，于周人宗祀文王于明堂之义不协，故可罢大享礼。

第四是社稷礼。国初太社、太稷异坛同壝，以勾龙、后稷配。洪武十年（1377 年）改建同坛同壝，罢勾龙后稷，改配仁祖。洪武三十一年更奉太祖配。永乐中北京坛成，位置如故。洪熙间又奉成祖配。嘉靖九年复以勾龙、后稷配，十年复于西苑隙地垦田树谷，建帝社、帝稷二坛，每岁以仲春秋上戊次日行祈报礼。礼臣认为，天子社以祭五土之祇，稷以祭五谷之神，称为太社、太稷。但帝社稷之名自古皆无，宜罢，照旧奉太社、太稷之祭。

第五是太庙祔享礼及陵寝祭葬制度。礼臣指出，在宗庙祭祀方面，太庙祔享唯一帝一后，后唯原配始得升祔，嘉靖原配皇后孝洁皇后应合葬永陵，祔享太庙。但当孝洁皇后神主回京时，因未有室，暂祔奉慈殿侧，而孝烈皇后虽曾正位中宫，但非原配，却先已祔庙，又奉孝洁皇后同祔，则二后并配，非祖宗旧制。应在升祔世宗于太庙时，请孝洁皇后祔享，移奉孝烈皇后于别所，并于大行皇帝发引前，迁奉孝洁皇后梓宫于永陵，与圣母梓宫同日祔葬。孝烈皇后既已祔葬，当以次列祔。[②]

---

① 明初并无专门祈谷礼，祭祀农业神主要在先农坛，每岁仲春上戊日由皇帝亲祭。永乐后仅于皇帝登极时举行一次，其他时期遣顺天府官代行。嘉靖十年，祈谷礼以启蛰日改行于圜丘，十八年改行于禁内玄极宝殿，遂为定例。同时，每年常规祭祀先农亦不废。嘉靖时期对祈谷礼的改动一是使其常规化；二是为了能使圜丘方丘分祀之制顺利施行，并回应当时礼臣要求撤销大祀殿的呼声，后来祈谷礼行于圜丘及最终改行于禁内就说明了这一点。

② 《明穆宗实录》卷 2，“隆庆元年春正月丙寅”条，第 48—53 页。对于孝烈皇后之神主，礼臣后来指出，列后奉祀（即不仅指原配皇后），或于大内，或之别殿，或于陵寝。内殿之祀近而专，陵寝之祀稍疏而远。孝烈皇后虽非世宗原配，不得祔享太庙，当迁改，但因为是穆宗皇帝的生母，如遽迁于陵寝，则于追崇之孝、瞻戴之情均有未安，遂主张大内别殿之祀，以景云殿奉孝烈皇后专祀。三月更名弘孝殿，迁奉孝烈皇后神主。参见《明穆宗实录》卷 5，“隆庆元年二月甲辰”条，第 124 页。

二月，礼部以孝洁肃皇后神主将祔太庙，议就奉先殿西夹室，改题以俟迁祔。孝烈皇后神主将专祀别殿，宜迁于西夹室，同题以俟奉安。太庙祭祀规定一岁五享，节序忌辰等祭行于奉先殿，若有别殿专祀，则诸祭并行。孝洁肃皇后既祔太庙，则奉先殿宜奉安神主，孝烈皇后既改祀别殿，则奉先殿原设神位亦宜奉迁。[①] 穆宗认为，礼臣此番考订和建议都很妥当，准予施行。这些改动与嘉靖帝以提升睿宗地位，最终达到称宗祔庙的目的不同，而是更多地从礼仪传统、实用性，以及存在的必要性等角度考量，对施行已久且有礼制源流可考者，如天地分祀、社稷坛配享不予改动；对于临时之举如大享礼、祈谷礼，以及缺少礼制传统的帝社稷等则予以废除。事实上这些废除的礼仪在嘉靖时期就已经接近名存实亡，废罢是必然，也没有引发朝臣反对，隆庆帝欣然准行。同月，修大内神霄殿以奉孝恪皇太后专祀。[②] 次月，罢祭金海宣灵弘济之神。[③]

隆庆初年对嘉靖祭礼的修订不仅有这次比较集中的清理。隆庆元年（1567 年）二月，隆庆帝命详议玉芝宫祭祀。[④] 尚书高仪等认为宗庙已经有祭告常礼，或行于太庙，或行于内殿，临时告祭礼也如此，未尝并祭。而玉芝宫无所不祭、无所不告，如此一来，列圣皆一祭一告，而睿宗则两祭两告，这在嘉靖时期为了凸显睿宗的地位也许可行，但在穆宗朝则有远列圣而近先帝之嫌，主张罢除。[⑤] 遂罢玉芝宫四时享祫及节序忌辰，并有事奉吉之祭，止存日供之膳。

隆庆初年还对献皇帝祔太庙一事进行讨论，但最终未做改动。隆庆元年三月甲子，礼科左给事中王治议宗庙礼，认为嘉靖帝追崇献皇入太庙事有不当，与古典未合，章下所司未有下文。[⑥] 所以基本上，隆庆时期对嘉靖朝祭祀体系的更定只是局部较小范围的调整，只涉及某些嘉靖时期临时设置的祭礼，或是一些无关大旨的祭祀活动，变动最重大的郊祀及庙祀礼均

① 《明穆宗实录》卷 5，“隆庆元年二月己酉”条，第 151—154 页。
② 《明穆宗实录》卷 2，“隆庆元年春正月丁卯”条，第 57 页。
③ 《明穆宗实录》卷 4，“隆庆元年二月壬辰”条，第 102 页。
④ 玉芝宫前身为嘉靖帝所建睿宗庙，睿宗升祔太庙后，罢其祀。嘉靖四十四年更名玉芝宫，钦定祀享礼仪，命每日供膳如内殿，四时、岁暮、大小节辰牲帛诸品如庙祀。
⑤ 《明穆宗实录》卷 5，“隆庆元年二月乙巳”条，第 127—129 页。
⑥ 《明穆宗实录》卷 6，“隆庆元年三月甲子”条，第 164 页。

继承下来。

遇有因事可能废礼的情况，即令礼臣考证明白。隆庆元年（1567年）正月，就太社稷礼与世宗升祔礼相冲突时是否可遣官摄事，礼部查议后认为，应由皇帝具服亲祭，祭乐悬而不作，陪祀官各具祭服行礼如常。[①]尽管如此，由于嘉靖帝长期消极祭祀，隆庆初年礼官的祭祀活动还是不规范，常常出现陪祀官不至的现象。[②]皇帝亲祀也常因礼官所请而命代祀，如隆庆二年春分祭大明于朝日坛，即从大学士徐阶等言，以耕耤在迩，同为亲祭，过于劳累，命成国公朱希忠代祭。隆庆二年正月孟春享太庙，命成国公朱希忠代行，礼官请亲祭，竟不允。大学士徐阶等上疏称，“祭祀，国家之大礼。春祭，四时之首禋。在皇上必躬奉祼将而后为孝为敬，在祖宗列圣亦必得皇上之躬亲对越而后来格来歆。故孔子曰‘吾不与祭如不祭’，自非有甚不得已之事，未有可以遣官代行者”。这样，隆庆帝才行亲祭。[③]

隆庆时期的礼制变动集中发生于隆庆初年，除了以上数次集中讨论以外，隆庆元年四月甲辰，定夏至祀方泽以卯时行礼。[④]五月，诏罢宝坻县等处采取鱼鲜，定荐新上供俱令光禄寺备办，毋遣内官，著为令。[⑤]六月，议故礼部侍郎薛瑄、故兵部尚书王守仁从祀孔庙事。[⑥]七月，太常寺卿邹应龙言洪恩灵济宫祭，一岁中至三十余次，殊为烦黩，宜照国朝功臣事例，止以春秋致祭，得旨仍旧行。[⑦]十月，礼部再议薛瑄、陈献章、王守仁崇祀孔子庙庭事。[⑧]隆庆二年二月，诏建故兵部武选司员外郎杨继盛祠于保定府，赐名旌忠，有司春秋致祭。[⑨]隆庆三年七月，根据礼部建议，裁撤太常寺协律郎等官四十八员，存者二十九员。为此，礼部与太常寺在人员选择权限等方

---

① 《明穆宗实录》卷3，“隆庆元年正月庚辰”条，第84页。但当先农耕籍礼与世宗皇帝梓宫出殡相撞时，则移于次年，不以卑废尊。
② 《明穆宗实录》卷7，“隆庆元年四月丙戌”条，第189页。
③ 《明穆宗实录》卷16，“隆庆二年正月戊午”条，第430页。
④ 《明穆宗实录》卷7，“隆庆元年四月甲辰”条，第207页。
⑤ 《明穆宗实录》卷8，“隆庆元年五月庚午”条，第230页。
⑥ 《明穆宗实录》卷9，“隆庆元年六月丁未”条，第261页。
⑦ 《明穆宗实录》卷10，“隆庆元年七月辛未”条，第284页。
⑧ 《明穆宗实录》卷13，“隆庆元年十月丙申”条，第358页。
⑨ 《明穆宗实录》卷17，“隆庆二年二月丁亥”条，第468页。

面争论不休。[①]同年八月，礼部奏行久未举行的大阅礼，并遣官于教场内祭旗纛之神等。[②]隆庆四年（1570年）二月，遣礼部侍郎王希烈祭三皇于景惠殿，王希烈认为，历代帝王庙和文华殿祭祀中都掺杂三皇，是为渎祀，应恢复其医神身份，存其祠宇，裁其渎祀，春秋遣太医院官止祀先医。但隆庆帝不欲改先帝之制，遂报罢。[③]同年八月，诏建河神祠于夏镇、梁山各一，赐名曰“洪济”“昭灵”，命夏镇闸徐州洪主事春秋致祭。[④]隆庆五年九月，诏以故礼部左侍郎薛瑄从祀孔子庙廷，神主序于先儒吕祖谦下。祭酒马自强以从祀告于先师孔子，行释菜礼，仍通行天下学校，一体从祀。[⑤]

二、万历时期祭祀活动的逐步荒疏

神宗初即位，按惯例下诏书进行一系列改革，诏书中关于祀典称：“天下祀典神祇（祇），有司务在诚敬奉祀，坛庙损坏即宜修理，各处帝王坟墓禁民采樵，以昭尊崇之典……诏书到日，各地方有司官查诸臣生长乡邑，或特为建祠，或即附本处名贤忠节祠，岁时以礼致祭。”[⑥]与此同时，穆宗庄皇帝当祔庙，神宗遂敕礼部议当祧庙室，具仪以闻。礼科都给事中陆树德借此上疏议庙祀祧迁之制，主张以奉睿宗于世室替代奉祧宣宗以藏主，神宗以典礼重大，未可轻议，命只照敕谕行[⑦]，即仍按照原来的祧迁升祔原则奉庙享。

万历时期最引人注目的讨论是关于孔庙从祀人员的增加。隆庆六年十二月，礼科都给事中宗弘暹请会议王守仁从祀孔庙。同月，候选训导侯贵上疏言学校事，其中对孔庙从祀多有议论，但未被采纳。[⑧]丙子，兵科左给事中蔡汝贤请祀宋儒罗从彦、李侗于孔庙。万历元年（1573年）正月，陕西道御

---

① 《明穆宗实录》卷35，“隆庆三年七月壬辰”条，第904页。
② 《明穆宗实录》卷36，“隆庆三年八月甲辰”条，第909页。
③ 《明穆宗实录》卷42，“隆庆四年二月甲辰”条，第1034—1035页。
④ 《明穆宗实录》卷48，“隆庆四年八月庚戌”条，第1203页。
⑤ 《明穆宗实录》卷61，“隆庆五年九月戊辰”“隆庆五年九月甲申”条，第1484、1494页。
⑥ 《明神宗实录》卷3，“隆庆六年七月辛亥”条，第117页。
⑦ 《明神宗实录》卷4，“隆庆六年八月甲子”条，第146页。
⑧ 《明神宗实录》卷8，“隆庆六年十二月甲戌”条，第297页。侯贵认为薛瑄与王守仁同为一代名臣，但“学术不无醇疵，词多诋伪学”，时人认为其议论不无差谬。

史李颐请祀故儒胡居仁于孔庙，疏均下礼部议。[①]二月，江西巡抚徐拭疏称王守仁“学窥圣域，勋在王室”，请与薛瑄一体从祀，章下礼部。[②]兵科给事中赵思诚以王守仁党众立异，学术异言叛道为由，认为不当从祀。浙江道监察御史谢廷杰认为，从学术和事功两方面看，王守仁的“良知”之说以及平叛宸濠之乱，都足以使之从祀孔庙。[③]五月，礼部请敕翰林院等衙门官撰进王守仁应否从祀孔庙议。[④]七月，南京福建道御史石槚上疏反对王守仁从祀。[⑤]户科给事中赵参鲁则上疏争祀王守仁。十一月，工部办事进士邹德涵奏王守仁宜祀孔庙。[⑥]万历二年（1574 年）六月，巡按浙江监察御史萧廪题从祀王守仁，下礼部覆。[⑦]直到万历十二年十一月，方准王守仁、陈献章、胡居仁从祀学宫。[⑧]万历二十三年七月，湖广抚按请以宋儒周敦颐、周辅成从祀启圣祠，从之。万历三十二年九月，议南京国子监已故祭酒蔡清从祀圣庙。[⑨]万历三十三年九月，福建巡按方元彦请以宋儒罗从彦、李侗从祀文庙，章下礼部。[⑩]万历四十六年八月，山西提学副使吕纯如请以宋资政殿大学士范仲淹、明朝霍州学正曹端从祀。乞下该部议覆，以补缺遗。[⑪]

相类似的讨论不仅涉及孔庙从祀人员，还包括于其故乡专祠祭祀者。万历元年（1573 年）三月，巡按浙江御史谢廷杰请崇祀礼部故尚书金华章懋，从

---

① 《明神宗实录》卷9，“万历元年正月丙戌”条，第 319 页。

② 《明神宗实录》卷10，“万历元年二月乙丑”条，第 348 页。

③ 《明神宗实录》卷13，“万历元年五月戊戌”条，第 425—426 页。

④ 《明神宗实录》卷13，“万历元年五月庚子”条，第 432 页。

⑤ 《明神宗实录》卷15，“万历元年七月戊子”条，第 458 页。

⑥ 《明神宗实录》卷19，“万历元年十一月甲申”条，第 535 页。

⑦ 《明神宗实录》卷26，“万历二年六月庚午”条，第 659 页。

⑧ 《明神宗实录》卷155，“万历十二年十一月庚寅”条，第 2865 页。朱鸿林《王阳明从祀孔庙的史料问题》（《史学集刊》2008年第6期）认为，《明实录》《万历起居注》《国榷》等史料关于王阳明等从祀时间有多处记载混乱，而万历二年从祀的记载本身是错误的。事见《明神宗实录》卷32，“万历二年十二月甲寅”条载，以新建伯王守仁从祀孔子庙庭，称守仁之学以良知为宗，经文纬武，动有成绩……历来从祀诸贤无有出其右者。又，实录关于胡居仁从祀的记载时间亦有不同，除了万历元年即有关于胡居仁从祀的讨论，以及从祀其于乡里的记载以外，万历十八年二月又载：陕西道御史李颐请从祀胡居仁于孔庙，认为宋儒自周程张朱而下，到明朝薛瑄、胡居仁皆传得其宗，而自薛瑄以下无有右于（胡）居仁也。下礼部覆议，允其从祀。待考。参见《明神宗实录》卷220，“万历十八年二月丁亥”条，第 4122—4124 页。

⑨ 《明神宗实录》卷400，“万历三十二年九月丙辰”条，第 7504 页。

⑩ 《明神宗实录》卷413，“万历三十三年九月甲午”条，第 7748 页。

⑪ 《明神宗实录》卷573，“万历四十六年八月丁卯”条，第 10827 页。

之。[①]七月，诏祀吴与弼、陈献章、胡居仁及元儒吴澄于各乡社。八月，礼科给事中石应岳奏先儒布衣陈真晟宜从祀孔庭，或照吴与弼等专祀于乡，事下礼部覆议，遂建祠原籍祀之。[②]万历二年七月，工科左给事中李熙题，原任南京国子监祭酒蔡清虽祀乡贤，但无特典，乞赐于其乡建祠专祀。鉴于不断有此类上疏，礼部覆请以后礼官务“斟酌典制，慎重详核，毋得混淆，以亵大典”。[③]

如不涉及重要祭祀典礼的变更，则多予准行。如万历二年二月，礼部覆吏科左给事中张楚城题四事，包括修葺神农有虞氏遗庙；亲王祭告行礼应有定仪；亲王故绝国除者，除特恩以外，不得祔享别府；为衡岳高皇帝御制碑文，建碑亭一座，藏历代祭告碑文。[④]万历三年正月，修缮南京奉先殿等享祀供膳之所。[⑤]万历四年三月，太常寺卿刘一儒上疏“复粢盛以崇祀典”；改神祇坛祠祭署印为先农坛祠祭署印；增饩廪以资養赡。均从之。[⑥]万历六年四月，礼部覆荣昌王翊镜奏，重申亲王家庙应止立五庙，依昭穆定序，以次奉迁，不得越礼。[⑦]万历十四年七月，礼部题覆太常寺卿裴应章题祀典当议者四事：亲王从祀功臣配享仍尊国初之制；内殿祭告祭品由光禄寺备办；诸妃祔陵之祭；陵祭品物、祝文等规制。[⑧]万历十五年七月，南京太常寺卿沈玄华题修理南京天地坛、大祀殿后神库。[⑨]万历二十六年四月，加封金山黑龙潭龙王庙号为“护国济民神应龙王庙”，潭名为“神应龙潭”，立碑刻文，表扬纪述。[⑩]

还有一些祀典施行已久，或已有定说，则多不准行。万历九年六月，礼科给事中丁汝谦上言宗庙祔享礼，建议将献皇帝仍专祭于玉芝宫，并与太庙同日亲享，复出宣宗帝后冠服于太庙。万历帝以睿宗祔享为世宗亲定，不

---

① 《明神宗实录》卷11，“万历元年三月乙酉”条，第366页。
② 《明神宗实录》卷16，“万历元年八月辛酉”条，第485页。
③ 《明神宗实录》卷27，“万历二年七月戊子”条，第672页。
④ 《明神宗实录》卷22，“万历二年二月丁巳”条，第583页。
⑤ 《明神宗实录》卷34，“万历三年正月己未”条，第790页。
⑥ 《明神宗实录》卷48，“万历四年三月甲辰”条，第1097页。
⑦ 《明神宗实录》卷74，“万历六年四月壬辰”条，第1606页。
⑧ 《明神宗实录》卷176，“万历十四年七月乙卯”条，第3257—3263页。
⑨ 《明神宗实录》卷188，“万历十五年七月戊申”条，第3528页。
⑩ 《明神宗实录》卷321，“万历二十六年四月乙亥”条，第5973页。

从，并诏降调丁汝谦外任。[①]万历十四年（1586年）十二月，巡抚大同都御史胡来贡请改祀北岳于浑源川，礼部根据《明集礼》和汉唐宋北岳之祭，主张仍祀于定州曲阳县。[②]万历十八年三月，巡按山西御史秦大夔因河东盐池水患，为东西二池，条山、风洞诸神奏请封号，列之祀典。部议以国朝厘正祀典，岳镇海渎俱别无王公封号，改于三祠总门请钦定祠额，赐额为“灵佑”。[③]

万历时期，关于恢复建文帝祀典的讨论也被朝臣多次提出。万历二十九年七月，礼部言，建文皇帝祀典久湮，请于懿文太子庙侧别立一庙，四时致祭，不报。[④]万历三十年七月，通政使沈子木再次提出相同的建议，未允。[⑤]次年九月，南京太常寺少卿刘曰梧上言，请祀建文帝。指称成祖时，持位保禄者不覆议及祔祀、谥号、山陵等礼，使得千古名义沉沦湮郁，为一代缺典。他认为，国家为无主孤魂尚且设坛祭祀，御制祭文，甚至连陈友谅、元顺帝等皆得祭祀，建文皇帝无祀，十分不妥。万历初年曾发明诏：凡死事诸臣，皆得祀于其乡。又允言官议，凡诸臣坟墓苗裔，咸蒙修治恤录。唯独于建文则否，恐后世有遗讥。乞敕下该部，集廷臣会议建文君应否追崇尊谥，增立庙祀，复其年号，封表山陵，用补一代缺典。如以太庙难于议祔，山陵年远难稽，则请别立一庙，岁时享祀如制。不报。[⑥]

大约在万历十年张居正去世、神宗亲政以后，万历皇帝慢慢疏于理政。体现在祭祀大礼上的变化是，从最初的亲力亲为，到后来遣官代祀逐渐增多，以致遭到朝臣连篇累牍上疏劝谏，甚至是批评。

万历三年十一月，郊祀大典举行在即，辅臣张居正等辑《郊礼新旧图考》进呈。书中记载了自周以来天地分祀、合祀之沿革，坛壝陈设规制图，仪注、乐章等内容，并分析了从太祖合祀到世宗分祀的演变，主张更正世宗时分祀的不恰当之举，对郊祀大典给予重视，强调皇帝应亲自行天地祭祀礼

---

① 《明神宗实录》卷113，“万历九年六月癸卯”条，第2155—2156页。

② 《明神宗实录》卷181，“万历十四年十二月丁亥”条，第3387页。万历十五年二月，胡来贡再次奏请改祀北岳于浑源州恒山。得旨，北岳祀典既系国初定制，仍旧行。《明神宗实录》卷183，“万历十五年二月己卯”条，第3423页。

③ 《明神宗实录》卷221，“万历十八年三月丁巳”条，第4131页。

④ 《明神宗实录》卷361，“万历二十九年七月丁巳”条，第6748页。

⑤ 《明神宗实录》卷374，“万历三十年七月癸未”条，第7034页。

⑥ 《明神宗实录》卷475，“万历三十八年九月辛亥”条，第8966—8969页。

仪。[①]甲辰日，万历帝亲诣南郊视陈设，并命辅臣张居正等随侍登坛，详细询问所用祭祀器物等事项。当日，张居正等以万历帝体弱初愈，夜祭风寒，请预设小幄次以待夜二鼓风止，而万历帝则命撤幄露祭，咸中规矩。[②]可见此时万历君臣上下均能对郊祀大典给予重视，神宗也能够自觉亲祀。万历四年（1576年）五月，神宗亲祀地于方泽。六月，神宗欲遣官代祀社稷，张居正认为，宗庙、社稷，为祭之大者，不宜代。神宗以恐劳人为由应对，张居正坚持："皇上敬共宗庙、社稷，臣民岂敢言劳？"神宗遂亲祭。[③]次年正月，神宗亲享太庙，祭先农，行躬耕籍礼。大致来看，在张居正主政期间，万历皇帝尚能够遵守祖制规定，需要亲祀者均能亲自前往。

张居正去世后，这种情况明显发生改变，万历皇帝开始经常性地拒绝亲祀，改为遣官代行。这种做法不断遭到朝臣上疏反对和劝诫，但万历皇帝或辩解，或不予理睬，甚至惩处上疏官员，仍行遣官代祀。万历十二年六月，礼科给事中万象春请慎斋居重祀典，神宗辩称："朕于郊庙社稷祀典，每加严慎，但便殿斋居，护从人众，隆冬盛暑，喧杂难容，故于宫中致斋，诚敬精虔，未尝有间。"并给予万象春夺俸三月的惩处。[④]万历十三年七月，郊坛广利门兽吻震伤，礼科姚德重等借此劝诫神宗亲行祭祀大典。[⑤]十一月，礼科都给事中王三余等言，"王者，父天母地，而为之子，所敬畏者，莫过于天。我祖宗以来，凡遇郊祀，必躬必亲，载在《会典》，传之累朝……今岁似宜亲郊，以答天戒。代摄之举，未可以为常也"。疏入，万历帝以王三余等奏请不早，诘责而宥之，且称："朕敬事上帝郊祀大典，本欲亲行，但新从山陵还，体未耐劳，恐难成礼，且遵前旨。"[⑥]遂遣公徐文璧冬至代祀天于圜丘。[⑦]万历十四年四月，刑科给事中胡时麟题为天谴频仍，坤舆不静，乞

---

① 《明神宗实录》卷44，"万历三年十一月丁酉"条，第985—986页。

② 《明神宗实录》卷44，"万历三年十一月甲辰"条，第992—993页。

③ 《明神宗实录》卷52，"万历四年七月己未"条，第1233页。

④ 《明神宗实录》卷150，"万历十二年六月庚午"条，第2792页。

⑤ 《明神宗实录》卷163，"万历十三年七月戊子"条，第2978页。

⑥ 《明神宗实录》卷168，"万历十三年十一月丁酉"条，第3037页。

⑦ 万历此时以身体劳累为由不亲行祭天礼，与明朝前期对祭祀大礼，尤其是祭天礼仪的注重形成鲜明比对。天顺七年春正月癸卯，大祀天地前，英宗因足疾未愈，行礼艰于拜起，遂召内阁臣李贤问起是否可以令人搀扶。李贤认为，力疾行礼，足见敬天有诚，搀扶不妨碍敬天，遂亲行祭天礼。参见《明英宗实录》卷348，"天顺七年春正月癸卯"条，第7008页。

重祀典、慎时政，以回天意事："鬼神不享非类。夫天子祭天地，诸侯祭山川，不相陵越，所谓类也。今使公侯而代天子之祭，其无乃非类也乎？"[①]十月，礼部祠祭司主事卢洪春指称神宗废宗庙大典，于心何安？神宗大怒，将其廷杖六十，革职为民，永不叙用。[②]

万历二十一年（1593年）七月，礼科都给事中张贞观上疏称，祀典关系甚重，日久遣代非宜。并列举太祖《祖训录》，称其始于"持守"，继以"严祀"，凡祀天地、社稷、宗庙、风云雷雨、山川等神，皆必敬慎自祭，从不遣官代祀。并明文规定只有历代帝王并旗纛、孔子等庙遣官代祀，且前一日皇帝需要沐浴更衣，处斋宫。而万历皇帝初以"圣体"违和，间有遣代，后视遣代为固然，郊社太庙皆然。几日后，张贞观复疏请庙享，强调不能遣代，疏入均不报。[③]万历二十二年二月春分祭大明于朝日坛，恰逢甲午亲祀之年，但最终仍遣侯吴继爵暂代行礼。万历二十三年十二月，云南道御史区大伦上疏称，"天者，百神之主；王者，所从受命。郊之祭也，王者所以致其精之德，以上交于天，享必躬亲，故谓之郊。郊而遣代，则精诚隔塞，天与人不交，而非郊矣……今以臣子而摄天子之祭，于气为非类，于心不相贯矣。王者，祀天之道，唯仪与诚，遣官恭代，仪则具矣，诚于何有？"极力主张南北郊祀、庙享时祭应皇帝亲祀，不应经常遣徐文璧代祀。疏奏，不报。[④]万历二十五年二月，南京刑部右侍郎谢杰上疏条陈十规，其中说到从前太庙四季之祭，神宗无次不亲，现在每祭皆代；从前旱魃为灾，皇帝亲步郊坛，现在圜丘帝享久缺，斋居宸宫，告灾未深修省。疏入不报。[⑤]同年六月，大学士赵志皋言时政疏中也提到，崇敬畏以格天心，躬祭祀以祈神祐。当月，礼部议祭告事宜，神宗又以惊颤服药调摄，命暂遣官代祀。[⑥]万历二十七年四月，礼部侍郎余继登以太庙雷火示警，上疏言修省事，称"天子主天地、宗庙之祀，此礼之至重者。皇上不亲郊庙，积有岁时矣，请圣驾恭诣

① 《明神宗实录》卷173，"万历十四年四月丁丑"条，第3176页。

② 《明神宗实录》卷179，"万历十四年十月丙寅"条，第3333页。

③ 《明神宗实录》卷262，"万历二十一年七月己未""万历二十一年七月庚申"条，第4849—4851页。

④ 《明神宗实录》卷292，"万历二十三年十二月辛丑"条，第5401—5402页。

⑤ 《明神宗实录》卷307，"万历二十五年二月己巳"条，第5734页。

⑥ 《明神宗实录》卷311，"万历二十五年六月壬午"条，第5817页。

太庙祭告，以慰安祖考之灵”。疏入，祭告奉安仍遣官代行。[①]万历二十八年（1600年）十一月，大学士沈一贯题：“方今最急，无如代祀南郊，祭告陵寝。”[②]万历二十九年七月，万历皇帝以偶生热疖，步履艰痛为由，命公徐文璧代祭太庙。[③]万历四十年十二月，礼科给事中范济世上疏称万历皇帝以静摄遣代九庙之灵已二十余年，撰写祝词乐章假之异姓，饮福受祚归于公侯，于事甚悖，乞钦谕太子代行岁暮祫祭礼。[④]眼见皇帝亲祭已无可能，大臣只能疏请太子代行，以免遣官代祭久行。

万历皇帝对祭祀活动的忽视与荒怠间接影响了陪祀朝臣的态度，玩忽职守者屡见不鲜。万历二十四年正月，江西道试御史周家栋题称，宗庙陪祀官中不陪祀、不谢胙者多人，乞敕下部院申饬大小臣工，如遇朝祭常期，恪遵令甲，不得玩愒。部覆如议。[⑤]万历三十一年五月，礼部右侍郎郭正域因有事郊庙，班行寂寥，请旨饬励，并希望冬至大祀神宗可以躬亲对越。但神宗仅表示自己对祭祀神祇十分恭敬，会对陪祀官员严加申斥，应陪不陪者，指名参奏。[⑥]万历三十三年十一月，礼部因万历皇帝亲郊久旷，誓戒不闻，乞命纠仪御史三令五申，使之肃然清静，以称大祀威仪。神宗辩称自己服药静摄不能躬亲，并告诫文武陪祀官员“毋得私宴交游，各宜存心竭诚，恪遵誓戒，以祈昭格。有无故托疾，及多带从人，溷入坛丘近地，喧哗无忌者，纠仪御史即行拿治，不许避怨姑息”[⑦]。万历四十三年二月，遣公朱纯臣代祭社稷，以陪祀官少殊不成礼，谕后郊庙等祭有无故不到者，重加罚治。[⑧]万历四十五年五月，以御史薛贞、纠参张惟贤代祀不敬，礼部所进大报祀册未写时间，命阁臣传谕礼部，以后大祀天以子时，大祭地以卯时，祭大明以卯时，祭夜明以酉时，明注祀册，以便遵守。[⑨]

---

① 《明神宗实录》卷334，“万历二十七年闰四月丙戌”条，第6182页。
② 《明神宗实录》卷353，“万历二十八年十一月壬子”条，第6614页。
③ 《明神宗实录》卷361，“万历二十九年七月丙申”条，第6733页。
④ 《明神宗实录》卷503，“万历四十年十二月丙申”条，第9542页。
⑤ 《明神宗实录》卷293，“万历二十四年正月己丑”条，第5441页。
⑥ 《明神宗实录》卷384，“万历三十一年五月戊辰”条，第7228页。
⑦ 《明神宗实录》卷415，“万历三十三年十一月辛未”条，第7779页。
⑧ 《明神宗实录》卷529，“万历四十三年二月戊寅”条，第9941页。
⑨ 《明神宗实录》卷557，“万历四十五年五月戊子”条，第10514页。

三、泰昌到崇祯时期祭祀活动的停滞

光宗朱常洛即位不及一个月就因红丸案暴毙，诸事均无作为。到天启年间，熹宗朱由校又是一个荒唐皇帝，朝政长期被宦官把持，所以实际上对祭祀制度也没有全面恢复和张扬的举措。

天启帝即位后，延续了关于亲祭和遣官代祭问题的讨论。泰昌元年（1620年）八月[①]，太常寺少卿姚宗文疏请修郊祀礼仪，称神宗深宫静摄，南郊罕御，亲祭之事不行已经二十余年，遣官代行，习为故事，礼乐颓坏，坛壝倾圮。请于亲祀南郊前，先期整理圜丘、斋宫、器皿、修乐、袍服、祭牲，并省视以待南郊亲祀。而北郊、日月、社稷诸坛及九陵之上皆宜节次按时修举，章下工部。[②]这是天启帝即位以来首次提及恢复神宗时期荒废已久的祭祀活动。虽然太常寺卿建议天启帝恢复亲祀圜丘以显示更新之意，但是很快，大学士方从哲以皇帝不胜礼文，且正值严寒为由，请遣官代祀，天启帝马上允准。不仅如此，同月，神宗皇帝神主祔太庙，并奉祧迁，天启帝也遣侯吴汝胤、驸马冉兴让代行，引来刑科给事中董承业等的上疏反对。天启帝非但不听，反而直接令鸿胪传旨，令百官于午门外候册谥行礼，"一时班行相顾错愕，以为初政倦勤之萌，不可不慎之于始"。而得旨：祧祔及郊祀俱查皇祖旧制，已有旨遣代。遂遣泰宁侯陈良弼代祀天于圜丘。[③]直到天启三年（1623年），天启帝才首次亲行郊祀礼，并因此而暂停刑，当时大臣称此举"乃数十年之旷典，皇上登极以来第一重大之礼仪也"，并因此欢欣鼓舞，"大小臣工连日朝贺，皆喜色相告"。[④]

与神宗朝一样，陪祀官员的疏忽情况也很普遍。泰昌元年八月庚午，遣官祭夕月坛，祭祀当日，陪祭者仅寥寥六人，这对于仅次于天地、宗庙、社稷的重要祭祀来说，实在简陋之至。于是，侍班监礼御史张泼等建议对此种

---

① 按，如因循古礼，未逾年不能改元，但万历四十八年八月诏书中，既以次年为泰昌元年，而九月之诏中又以次年为天启元年，于是廷臣议年号者不一。后廷臣集众认为，神宗皇帝宾天在万历四十八年七月，而次岁改年之期即为天启辛酉之始，万历之后天启继之，则泰昌之号便虚而无寄，但神宗之统又是传给光宗的，熹宗也是传自光宗，因此纪年不宜缺失，否则信史难征。遂将万历四十八年七月以前仍称万历，八月初一日光宗登极以后称泰昌。故此处虽纪年标注为泰昌，实为熹宗天启年间事。

② 《明光宗实录》卷7，"泰昌元年八月己巳"条，第180—181页。

③ 《明熹宗实录》卷2，"泰昌元年十月丙辰""泰昌元年十月癸亥"条，第81、92—93页。

④ 《明熹宗实录》卷41，"天启三年十一月戊午"条，第2109—2110页。

怠玩行为加以申饬。天启帝令郊庙大典后陪祀官均要恪恭陪礼，无故不到者，令监礼御史指名参奏。[①] 由于违礼者甚多，此次申饬没有提及具体人名，反映出参与祭祀官员普遍疏忽的情况。

总体来看，天启年间有关祭祀制度的讨论多未允行。泰昌元年（1620年）十二月，山东巡抚王在晋提出恢复孔庙祭祀塑像及封号，未予准行。[②] 天启元年（1621年）二月，太常寺少卿李宗延条陈修明礼乐十款，包括改定文庙乐章；审定祭祀声律以谐节奏，剔除乐舞道流之音；令乐官潜心学习乐书谱法，以备八音；定乐舞位，令混列殿内之武生仍归两阶，以遵古制；谨慎选择香蜡，以防低伪，并敕太常寺验收官员，遇时享先期宫中特发；重封号，汉寿亭侯改封大帝，乞命阁臣撰制颁于太常寺，通行天下；详考大祫礼，以使未沾庙享之建文、景泰二帝享一体黍稷之馨；借光宗发引升庙时议睿宗祧庙；亲属均当祧庙；议本朝孔庙东庑配享。天启帝以事关重大，命该部详议具奏。[③] 同年八月，太常寺卿洪文衡上疏再议祔庙。指出睿宗入太庙实出一时，与非继统君不得入庙的古礼不合，与武宗同列太庙也不合情礼。时正当祧庙，恰可借此时机祧睿宗出太庙，仅于特庙玉芝宫行礼。天启帝命该部会大小九卿科道详议具奏。礼部左侍郎周道登，右侍郎郑以伟上疏表示反对，认为此时以宪宗祧庙是顺事，而议睿宗祧庙则为夺，且太庙有祧室，奉祧者岁暮祫祭可得聚一堂，而特庙则为永隔。天启帝对礼部主张表示赞同，主张不改庙室之制。[④] 天启二年十二月，南京户科给事中欧阳调律为建文帝奏请庙祀，以补缺典，天启帝以事关重大，着礼部会同九卿科道官讨论。[⑤] 天启三年四月，户科给事中罗尚忠上疏，请追复建文年号庙祀，并表彰当年死事诸臣。天启帝认为，诸臣已经皇祖建祠表忠，不必纷纭陈奏，但对建文庙祀则未有明确意见。[⑥] 天启七年二月，礼部题请遣官祭告毉巫闾山，天启帝旨称，毉巫闾作镇北方祀典，委宜修举，着宁远道臣前去祭告行礼，封疆多事，抚臣宜运筹坐镇，不必亲行。[⑦] 天启七年四月，时享太庙牲牢甚至臭恶

---

① 《明光宗实录》卷7，“泰昌元年八月庚午”条，第181—182页。

② 《明熹宗实录》卷4，“泰昌元年十二月丁巳”条，第195—196页。

③ 《明熹宗实录》卷6，“天启元年二月庚戌”条，第286—287页。

④ 《明熹宗实录》卷13，“天启元年八月甲戌”条，第646—652页。

⑤ 《明熹宗实录》卷29，“天启二年十二月庚寅”条，第1484页。

⑥ 《明熹宗实录》卷33，“天启三年四月癸酉”条，第1704页。

⑦ 《明熹宗实录》卷81，“天启七年二月乙卯”条，第3944页。

不堪。[①]由此种种可见，较明初相比，明后期的祭祀活动重要性大为降低。

到了明朝最后一个皇帝崇祯时期，与万历和天启年间皇帝在祭祀活动上的不作为相比，崇祯皇帝尽量展现出亲力亲为的姿态。崇祯二年（1629年）九月，礼部疏请崇祯帝亲祭夕月坛，遂定四年八月举行。崇祯三年正月，礼部请以二月初十日祭朝日坛，帝命东郊亲祀，并著于四年举行。至四年八月，侍郎李孙宸以此祭停旷多年，复具疏以请，并开旧例仪节上闻。[②]崇祯四年四月，崇祯帝率百官步行至南郊祷雨，北郊、社稷、山川、风云雷雨等坛，以及龙神、太岁、东岳暨各宫庙俱遣官行礼。[③]崇祯四年十二月除夕及次年正月，崇祯帝亲享太庙。崇祯十四年正月亲行祈谷礼，享太庙。

整体来看，崇祯年间内忧外患，礼制建设很少。讨论比较多的是孔庙从祀问题，但疏少变动。崇祯元年五月，山东道御史田维嘉乞祀冯从吾、高攀龙、邹元标于孔庙，未准。崇祯二年正月，山东道御史吴甡因幸学条上五事，也提及顾宪成、邹元标、冯从吾、高攀龙等可从祀。[④]夏四月，命以张巡、许远配享武庙。八月，户科给事中杜三策疏言："冯从吾、高攀龙、邹元标宜崇祀孔庙，杨涟、左光斗、高攀龙、赵南星、魏大中、袁化中、周宗建、周顺昌、周朝瑞、周起元、李应昇、黄尊素、万燝、夏之令、缪昌期宜赐谥建祠合祀于京师，如魏大中祠配以魏学洢，周顺昌祠配以颜佩韦、马杰五人[⑤]，王之采宜速加恤典，惠世扬宜急登启事。"报闻。[⑥]崇祯三年七月，国子祭酒顾锡畴称文庙配享从祀位次紊乱，乞行详定，章下所司。[⑦]十月，礼部覆王艮等从祀之奏。[⑧]崇祯十一年二月，山西代州知州郭正中奏吴与弼、陈真晟、蔡清、罗洪先、罗汝芳宜从祀孔子庙庭，报闻。[⑨]崇祯十五年夏

---

① 《明熹宗实录》卷83，"天启七年四月戊戌"条，第4014页。

② 《崇祯长编》卷49，"崇祯四年八月己酉"条，台北：台湾"中央研究院"历史语言研究所，1962年，《明实录》附录，第2885页。

③ 《崇祯长编》卷45，"崇祯四年四月辛未"条，第2724页。

④ 《崇祯长编》卷17，"崇祯二年正月壬申"条，第965页。

⑤ 指同为周顺昌喊冤而死的五位市井百姓颜佩伟、杨念如、马杰、沈扬、周文元。

⑥ 《崇祯长编》卷25，"崇祯二年八月癸亥"条，第1454页。

⑦ 《崇祯实录》卷3，"崇祯三年秋七月"条，台北：台湾"中央研究院"历史语言研究所，1962年，《明实录》附录，第97页。

⑧ 《崇祯长编》卷39，"崇祯三年十月壬子"条，第2347页。

⑨ 《崇祯实录》卷11，"崇祯十一年二月丙午"条，第322页。

四月，改称宋儒六子曰“先贤”，位列汉、唐诸儒上；左丘明亦称“先贤”。

至于崇祯二年（1629 年）五月，左都御史曹于汴疏言修举乐事，制《雅乐》颁行天下，以及禁止淫乐亵曲等厘正祭乐的建议，崇祯帝只是下旨令祀典乐律自宜审正，所司看议以闻。[①]崇祯十三年二月，星辰坛增祀北斗。[②]而崇祯十五年八月，崇祯帝欲专门建祧殿供祭祀祧庙帝后，以及建奉亲殿以祭祀帝后的想法，均仅止于议论，最终在礼部官员的反对下，并未施行。[③]

总之，从泰昌到崇祯末年，国家祭祀活动基本上沿袭了万历时期的少作为或不作为状况，只有崇祯时期有短暂的试图振兴的征兆。但是在明末内忧外患的局势下，对祭祀制度的整饬及对祭祀活动的重视都自然而然地退居次要地位，明代国家祭祀礼仪最终趋于没落。

---

① 《崇祯长编》卷22，“崇祯二年五月戊申”条，第1378—1379页。

② 《崇祯实录》卷13，“崇祯十三年二月癸酉”条，第373页。

③ 《崇祯实录》卷15，“崇祯十五年八月丁未”条，第442页。

第三章　仪式、符号与文化（一）
——祭祀仪式的礼乐文化内涵

第一节　祭天仪式中的“符号”文化

一、祭天仪式过程

祀天礼是国家祭祀礼仪中最隆重、仪式程序最繁复的一项。祀天仪式因天地祭祀方式的改变而稍有不同，通用时间较长者为洪武十年（1377 年）定天地合祀仪式，以及嘉靖九年（1530 年）定天地分祀仪式。单独的祀天仪式以嘉靖时期所定圜丘祭天仪式最为典型。下面，笔者将在梳理这一仪式过程的基础上，分析仪式符号的文化含义。

嘉靖九年分祀圜丘仪规定，祭祀前期十日，由太常寺官员题请视牲，并请命大臣三员看牲，四员分献，为之后的皇帝亲诣牺牲所视牲做准备。前期五日，皇帝亲自到牺牲所视牲（皇帝亲自视牲仅在郊祀大礼中进行，其他祭祀活动则由官员代替视牲）。视牲前一日常服告于太庙，分别于太祖及列圣香案前上香，读祭告辞，告知祖宗将要举行的视牲仪式。

祭祀前四日，皇帝御奉先殿，太常寺进铜人如常仪，太常寺博士捧告请太祖祝版于文华殿，等待皇帝填写御名。前三日，皇帝着祭服，以脯醢酒果诣太庙请配帝（平时配帝牌位放于太庙，祭祀之前需请牌位，此时将寝殿中的牌位一并请出进行祭拜，并唱祝词）。告庙完毕后还宫，皇帝请主还寝，易服御华盖殿，太常寺卿与光禄寺卿面奏省牲完毕后，皇帝御奉天殿，百官朝服，听受誓戒传制。①

① （明）申时行等修：（万历）《明会典》卷82《郊祀二》，第468页。

所谓受誓戒仪式，《周官》中记载，太宰掌祀五帝之前为百官誓戒仪。誓戒前十日，先行占卜日期。大司寇禋祀五帝前亦行百官誓戒仪。《礼记·郊特牲》曰："卜之日，王立于泽，亲听誓命，受教谏之义也。"[①]泽为择贤之宫，即王者在泽宫中射以择贤者为助祭之人。唐朝时，太尉掌誓戒仪，其词曰："某月某日祀昊天上帝于圜丘，各扬其职，不共其事，国有常刑。"宋初因唐之制，元丰中议太尉三公坐而论道，非掌誓之任，始命左仆射读誓于尚书省，刑部尚书莅之，右仆射读誓于太庙斋房，刑部侍郎莅之。元初止令礼直局管勾读誓文，无莅之者，后议令管勾代太尉读誓，刑部尚书莅之。明朝对受誓戒礼较为重视，致斋之日，百官朝服，亲受戒词于御前。[②]

《明集礼》中记载，祀天仪式以前还有皇帝散斋四日和致斋三日于斋宫的程序。陪祀官则各宿于公廨，给馔及明衣布，各习礼于斋所。洪武十年（1377年）合祀仪中记载，斋戒前两日由太常寺具本奏文，并在进铜人后传制谕文武官斋戒。嘉靖九年（1530年）的祀天仪式虽没有记载斋戒仪式的具体过程，但从正祭仪式中皇帝出斋宫的记载来看，显然是要进行斋戒的。

省牲仪式一般在正祭前两日由太常寺奏闻，洪武十年合祀仪规定，前一日太常寺与光禄寺共同省牲；嘉靖时期记载，由太常寺卿与锦衣卫共同负责皇帝亲自省牲仪式。

正祭仪式之前一日免朝，锦衣卫备法驾，设板舆于奉天门下正中，皇帝吉服告庙，如告视牲仪。嘉靖九年的分祀仪式，正祭前还要于皇穹宇请神位，仪式由太常寺官员主持，尚书上香，各陪祀官员一体拜叩。太常寺官员分诣东西配殿，请从祀神牌出龛，诣中殿请太祖神主出龛，请上帝神版出龛，并先后奉安于神座之上。斋戒、告庙、传制、省牲仪式完成以后，正祭之前的准备仪式即告完成。在一应祭品、祭器准备和陈设停当后，正祭仪式正式举行。

以嘉靖九年分祀以后的祀天仪式为例。正祭当日三鼓，皇帝自斋宫乘舆至外壝神路西降舆，大致刚过子时即出发前往祭祀。在这之前，陪祀文武官员需要更早地等候在神路东西。导引官引导皇帝到神路东大次做一短暂停留，具祭服出。皇帝从左棂星门进入内壝。在皇帝进入内壝以后，乐舞生正式就位，皇帝站于御拜位就位，执事官各司其事。

---

① （汉）郑玄注，（唐）孔颖达疏：《礼记正义》卷26《郊特牲》，载（清）阮元校刻：《十三经注疏》，第3147页。

② （明）徐一夔等撰：《明集礼》卷1，载《景印文渊阁四库全书》史部，第649册，第87页。

第一个环节是燔柴迎帝仪式，伴祭乐举行。皇帝至上帝金炉前跪搢圭，司香官捧香跪于皇帝左侧，皇帝三上香，出圭。又于太祖金炉前，如前仪行礼，复位，乐止，四拜，百官同。第二个环节是奠玉帛，作乐。皇帝至神御前搢圭，接捧玉帛官所进之玉帛，进献完毕后出圭。又至太祖前搢圭、献玉帛，出圭，复位，乐止。第三个环节是进俎，作乐。斋郎抬所进俎，安放完毕，皇帝至神御前搢圭，进俎，出圭。再至太祖神位前重复前项进俎仪，复位，乐止。第四个环节是行初献礼，作乐。皇帝至神御前进圭，接受捧爵官所奉爵，献爵，出圭，到读祝位跪，百官及传赞众官皆跪。乐止，读祝官跪读祝文。读毕后乐复作，皇帝俯伏平身，传赞百官同。读祝官跪进祝版，皇帝捧至御案篚中安放。然后再到太祖神位前行献爵礼如前仪，不读祝。第五和第六个环节分别是行亚献和终献礼，仪式与初献礼相同。第七个环节是饮福受胙礼。皇帝至饮福受胙位，光禄卿捧福酒跪进于皇帝左侧，皇帝跪搢圭，饮福酒。光禄卿再捧福胙跪进于皇帝左侧，皇帝跪搢圭，受胙，出圭，俯伏平身，复位，四拜，传赞百官同行四拜礼。第八个环节是撤馔，送帝神，祭乐随同仪式而作，完毕乐止，再行四拜礼。读祝官捧祝，进帛官捧帛，掌祭官奉馔，各恭诣泰坛，皇帝退于拜位之东。第九个环节是望燎，乐作，皇帝至望燎位，燎到半时，礼毕。如果遇到风雪，有司则设黄毡小次于圜丘下，皇帝恭就小次，对越行礼，其升降上香奠献均由太常执事官代行。第十个环节，一切行礼完毕后，皇帝至大次易服，礼部太常官捧神位安放于皇穹宇。皇帝还斋宫少憩，驾还。百官俱朝服，承天门外桥南立迎驾。皇帝再次入太庙参拜并致辞，向祖宗神灵报告大祀礼成。最后一个环节是百官随至奉天殿行庆成礼。庆成礼另有具体仪式，不属于祭天仪式的范畴，此处不再胪列。①

---

① 洪武七年春正月，礼部曾奏，“凡大祀皇帝躬省牲，其中祀、小祀宜命官省牲。又旧仪，凡皇帝躬祀入就位时，太常司奏中严，奏外办，盥洗升坛，饮福受胙，各致赞辞。又凡祀各设爵洗位，涤爵拭爵，饮福受胙，初升坛再拜，及祭酒唱赐福胙之类，俱似烦渎，悉宜删去”。诏从之，命著为式。可见朱元璋制礼作乐，主张重简轻繁。参见《明太祖实录》卷87，“洪武七年春正月是月”条，第1550—1551页。到九月乙丑，礼部太常司奏祭祀拜礼。命节为十二拜，始迎神四拜，至饮福受胙复四拜，又至送神四拜而毕，著为定仪。参见《明太祖实录》卷93，“洪武七年九月乙丑”条，第1619页。洪武九年十一月定大祀天地宗庙饮福受胙行四拜礼；日月星辰、社稷一切中祀饮福受胙行再拜礼。著为式。参见《明太祖实录》卷110，“洪武九年冬十一月丙戌”条，第1827页。因此在洪武十年合祀礼及嘉靖九年分祀天地的礼仪中，这些仪式均得以保留。

除了以皇帝为中心的祭祀仪注外，分献官员行礼也有仪注。皇帝初献礼读祝后平身，分献官员由东西陛诣各神位香案前，跪搢笏，上香，献帛，献爵，出笏，复位。亚献与终献礼同初献，只是不上香献帛，只跪搢笏。在皇帝行望燎礼环节时，分献官各分诣燎炉前，燎半，礼毕。因此分献官的行礼较为简单，只是在正祭环节中最核心的三献礼环节以及燔柴、望燎环节参与进来。①

与祀天仪式紧密相关的是方泽祭祀以及朝日、夕月祭祀。中国传统历来讲究阴阳相协，与祭天相配合的是祭地。三代祭地盖取义“王者事天明、事地察，故冬至报天，夏至报地，所以顺阴阳之义也。祭天于南郊之圜丘，祭地于北郊之方泽，所以顺阴阳之位也”②。明朝天地分祀后，夏至日祭祀方丘，仪式大体包括前期十日题请视牲，前期五日视牲，视牲前一日告庙，前期四日奏祭祀，进铜人，前期三日皇帝告太庙行拜礼，前期二日太常、光禄寺视牲，前期一日请御位并奉安神座。在准备程序上与祭天仪式相似，规模上较祀天仪简单。正祭仪式与祀天仪式大体相同，不同之处在于：正祭日五更起；皇帝从长安左门入坛西门；第一环节与祭天燔柴不同，采用瘗毛血迎接帝神；撤馔后相应行望瘗礼送神。

朝日、夕月祭祀程序相应再次减省。朝日祭祀前期三日太常寺奏祭祀，百官致斋二日，皇帝无须亲自致斋；前期二日太常卿同光禄卿奏省牲；前期一日皇帝亲填祝文并告庙，遣官则省略告庙仪式。正祭日免朝，但无须先期到达祭祀场所准备。如皇帝亲祀，则由锦衣卫随朝驾，由东长安门出至坛北门入，具祭服，前往行礼。与祀天礼仪式的不同主要有迎神无特殊仪式，仅作乐；祭祀主要仪式完成，饮福受胙撤馔后，无须望燎。夕月祭祀再次之，参照朝日祭祀礼仪，不同的是，前期二日太常寺奏祭祀，前期一日省牲，告庙。正祭日祭仪参酌朝日祭祀，所不同者从西长安门出入，撤馔后，读祝官捧祝，进帛官捧帛，掌祭官捧馔入瘗位，而非燎位。可见，朝日、夕月祭祀仪式也是仿照圜丘、方丘祭祀之阴阳协调之意，处处体现阴阳对称互补。在嘉靖以前，朝日、夕月未单独祭祀，仅作为祭天之从祀天神一体祭拜，没有单独仪式，其地位完全从属于祭天礼（图 3-1 至图 3-4）。

---

① 仪式参见（明）申时行等修：（万历）《明会典》卷82《郊祀二》，第469—470页。

② （明）徐一夔等撰：《明集礼》卷3，载《景印文渊阁四库全书》史部，第649册，第111页。

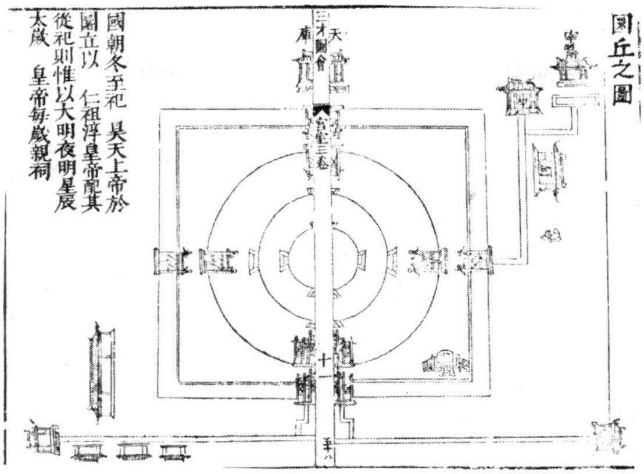

图 3-1　圜丘之图

资料来源：（明）王圻、王思义编集：《三才图会·宫室三卷》，上海：上海古籍出版社，1988年，第1028—1029页①

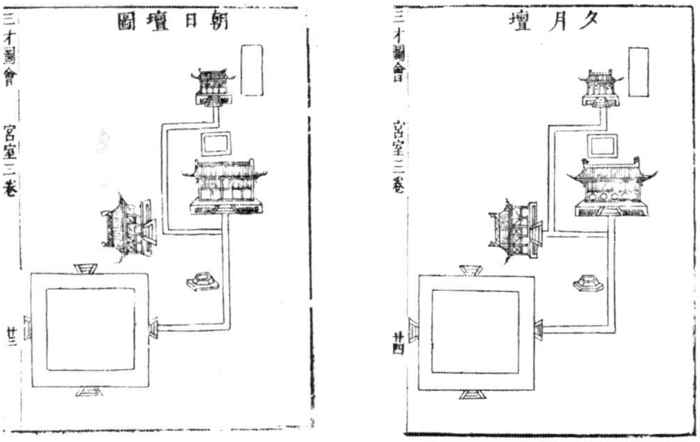

图 3-2　朝日坛图、夕月坛图

资料来源：（明）王圻、王思义编集：《三才图会·宫室三卷》，第1034—1035页②

① “圜丘为坛二层。下层阔七丈，高八尺一寸。四出陛，正南陛阔九尺五寸，九级，东西北陛俱阔八尺一寸，九级。上层阔五丈，高八尺一寸。正南陛一丈二尺五寸，九级，东西北陛俱阔一丈一尺九寸五分，九级。坛上下甃以琉璃砖，四面作琉璃栏杆。壝去坛一十五丈，高八尺一寸，甃以砖，四面有棂星门，周围外坛去壝一十五丈，四面亦有棂星门。天下神祇坛在东门外。天库五间在外垣北，南向。厨屋五间在外坛东北，西向。库房五间，南向。宰牲房三间，天池一所，又在外库房之东北。执事斋舍，在坛外垣之东南。牌楼二，在外门外横甬道之东西。”按，本处引文参照《明史》《明会典》校正。

② “朝日坛于城东门外，高八尺，方广四丈。两壝二十五步，燎坛方八尺高一丈，开上南出户，方三尺。”“夕月坛于城西门外，高六尺，方广四丈。两壝，每壝二十五步，燎坛方八尺高一丈，开上南出户，方三尺。”

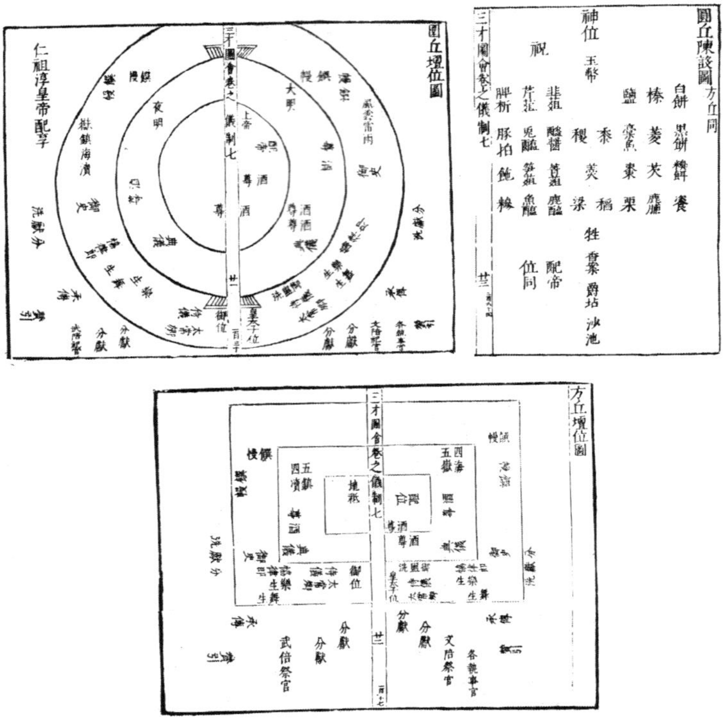

图 3-3 圜丘坛位图、圜丘陈设图、方丘坛位图

资料来源：（明）王圻、王思义编集：《三才图会·仪制七卷》，第1940—1941页

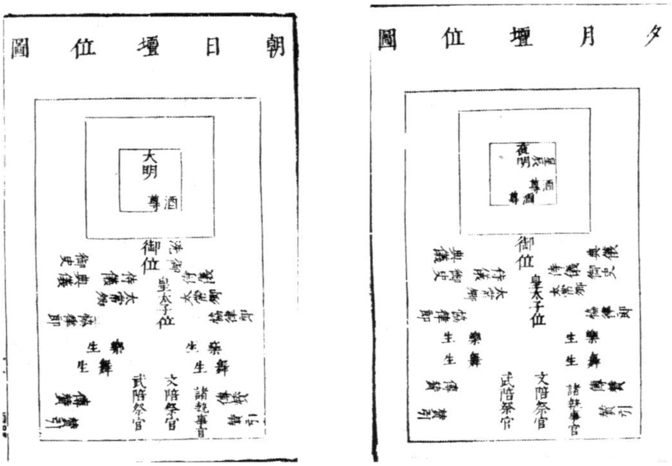

图 3-4 朝日坛位图、夕月坛位图

资料来源：（明）王圻、王思义编集：《三才图会·仪制七卷》，第1942页

二、仪式符号与文化

从以上仪式程序来看，无论是等级最高的由皇帝亲自参加的郊天仪式，还是较之次要的祭地、朝日、夕月仪式，大致程序是比较相似的。那么可以凸显每种祭祀活动之独特性的环节，则突出表现在某些具有代表性的仪式符号上。下面，笔者将择要分析这些符号背后的文化内涵。

（1）告庙。在以上仪式中，祭祀之前皆有告庙仪，兼请祖宗神位。祭祀完毕后，又再行告庙礼，以表示祭祀仪式圆满完成。《礼制·郊特牲》称“卜郊，受命于祖庙，作龟于祢宫，尊祖亲考之义也”[①]。其原因在于郊事至重，且尊祖以配天，故于祭天之前先行告祖而受命。卜日于祢宫后，行散斋七日，致斋三日，以示神明其德，将以对越上帝。唐朝自天宝年间以后，郊祀前也必先享太庙。宋元丰中，太常言郊天告祭宗庙不必遍享，遂止告太祖一室，以侑神作主之意。明朝于致斋之第一日，皇帝即备法驾出宫，百官具服前导，躬诣太庙奏告，于仁祖淳皇帝室行一献之礼，告毕还斋所如来仪。告庙仪式只是祭天准备仪式中的一个环节，并非正祭中的核心内容，其仪式本身也不复杂，主告祭者是皇帝本人。朝日、夕月这类较天地祭祀等级低的祭祀活动则无须告庙仪式。

告庙仪式是在公共祭祀活动中与祖宗神灵沟通的第一步。在告庙祭文中，需要体现前来告祭人员与祖宗的身份关系，需要恭敬地说明告庙的缘由，报告祭祀仪式的准备过程。在完成祭祀仪式以后，还要虔诚地告知祖宗，仪式已经顺利结束。整个仪式更像是主祭者与祖先之间的对话，显示出与一般性祭祀仪式的差别。中国传统社会历来重视“孝”的观念，对祖宗的孝，不仅仅在宗庙祭祀中体现，在比宗庙祭仪还要隆重的祭天礼仪中，也要通过告知祖宗的形式，显示对祖先的“孝”与“敬”。皇帝也往往通过告庙仪式表达只有自己才具有告祖宗和祭天的权力。在朝日、夕月祭祀前则取消告庙仪式，无须遣官告庙。告庙后还有请祖宗神位配天仪式，具祭服。明朝规定祭天配帝，不管是太祖独配，还是太祖、太宗并配，都需要先行请祖宗神位，才能完成礼仪，此项仪式较单独告庙更具有实际功用。

---

① （汉）郑玄注，（唐）孔颖达疏：《礼记正义》卷26《郊特牲》，载（清）阮元校刻：《十三经注疏》，第3147页。

（2）燔柴与望燎。燔柴是祭天礼中十分具有代表性的仪式，甚至有时就以“燔柴”一词代指祭天。《尔雅・释天》称：“祭天曰燔柴。祭地曰瘗薶。”邢昺疏：“祭天之礼，积柴以实牲体玉帛而燔之，使烟气之臭上达于天，因名祭天曰燔柴也。”[①]《周礼》称大宗伯“以禋祀祀昊天上帝”。疏称：禋，谓烟也。周人尚臭[②]，尚臭者，取烟气之臭闻于天[③]。故升烟以祀天。《祭法》又曰：“燔柴于泰坛。”疏称：“积薪于坛上，而取玉及牲至柴上燔之，使气达于天也。”[④]明朝燔柴则只实牛柴上以焚之，取意阳祀自烟始，故升烟以致神。先致神，方有事；礼毕焚之，为礼终。

燎祭天神的场地为燎坛。从唐朝到元朝，燎坛的规制相同，燎坛方一丈，高一丈二尺，上方开口，可放置柴火等物。明朝燎坛在内壝外东南丙地，高九尺，阔七尺，开上南出户。各个时期采用的燎牲有所不同，汉、唐、宋皆用牛首，元用马首，明朝则别用全犊以燎。[⑤]洪武六年（1373 年）十一月丙辰，定圜丘燔柴礼：“凡祀预以犊牛刳净，陈之器，置之燔炉之右。候驾自斋宫诣坛，太和钟鸣，则举火炉内以燔柴，候赞。燔柴，即以犊牛置柴上，燔之。”[⑥]

如果说告庙与告谢礼宣告了整个祭祀活动的开始与结束，那么燔柴与望燎礼则是在祀天正祭仪式中代表开始与结束的关键环节。燔柴礼与迎帝神相配合，是祭祀仪式的第一个环节。正祭的最后一个环节则是焚烧祝帛馔，望燎，送帝神。这两个仪式环节是主祭者与“天”直接沟通的象征，这个过程只能在祭天仪式中由皇帝来完成。焚烧产生的烟气袅袅上升，使得皇帝与上天无形的沟通仿佛通过有形的可见的方式表现出来，而在燔柴时实以牲体和玉帛贡献天神，则是礼神与悦神的体现。由于天神高高在上，所以只能通过烟气的上升，到达天空与之接触。相应地，祭地过程中则使用瘗薶仪式，将要贡献给地祇的牲畜埋于地下，象征着与地的接触。这些活动与天地所处之

---

① （晋）郭璞注，（宋）邢昺疏：《尔雅注疏》卷6《释天》，载（清）阮元校刻：《十三经注疏》，第5676页。

② 同“嗅”。

③ （汉）郑玄注，（唐）贾公彦疏：《周礼注疏》卷18《大宗伯》，载（清）阮元校刻：《十三经注疏》，第1633页。

④ （汉）郑玄注，（唐）孔颖达疏：《礼记正义》卷46《祭法》，载（清）阮元校刻：《十三经注疏》，第3445页。

⑤ （明）徐一夔等撰：《明集礼》卷1，载《景印文渊阁四库全书》史部，第649册，第68页。

⑥ 《明太祖实录》卷86，“洪武六年十一月丙辰”条，第1527页。

空间紧密相连，并借助于实物来完成，献牲于祭祀之神则完全是象征性的。与燔柴仪式相伴的是在祭天仪式正式开始之前的迎接帝神，仪式结束后，借助望燎恭送天神。这一仪式将天神看作可以与其交流的有形神灵，“天”的形象有时候在祭祀者眼中是不断变换的，时而有形，时而抽象。望燎的仪式感也很强，当所有正祭仪式完成，皇帝不能马上退出，必须恭恭敬敬地看着焚烧祝帛馔的烟气升上天空，象征着天神看到了人间的祭祀仪式，体察了祭祀人员对天神的礼敬。对于祭祀人来说，让祭祀对象感知到被礼敬的过程，以表示虔敬，意味着仪式的完满，这个过程也是象征性的。

（3）圭爵币帛。在燔柴迎帝、奠玉帛、进俎、行三献礼、饮福受胙这七个礼仪环节中，均有搢圭、出圭礼。也就是说，有皇帝亲自参与的进献礼仪都以搢圭礼开始，然后行其他礼仪，完毕后出圭。撤馔、望燎，以及其后的告谢太庙和庆成礼没有搢圭、出圭仪式。奠玉帛环节中，给天神进献的有形的“礼物”有祝文、玉帛，以及各种祭品。

圭是祭祀活动中常用的一种玉器，《周礼·春官·大宗伯》中记载，以玉作六器，以礼天地四方：苍璧礼天，黄琮礼地，青珪礼东方，赤璋礼南方，白琥礼西方，玄璜礼北方。皆有牲币，各仿其器之色。[①]由典瑞官掌玉瑞、玉器之藏，辨其名物，与其用事，设其服饰。用玉的颜色和方位、数量则有特殊的象征意义。一般认为，璧圆色苍，所以象征天；而天有四时，四圭有邸，亦所以象征天。圭是由皇帝所持并进献之物，是主祭人皇帝身份的象征。在分献官的行礼环节，官员则以持笏进笏出笏作为每个礼仪环节的开始和结尾。整个进圭礼仪具有严格的等级象征意义。献爵则是在祭天仪式的核心环节——三献礼中进行，并于太祖前行献爵礼。祭拜、读祝和献爵是三献礼中最重要的仪式内容。爵作为重要的礼器，显示不同身份等级之人所用。

主神和配位从祀的币帛也有相关的等级规定。周制，礼天之币用苍色；礼五帝之币亦各如方色。币用缯，长一丈八尺。两汉币未辨其色。梁用苍币，后魏用束帛。唐祭昊天上帝与配帝之币皆用苍。宋正配位同用苍币，从祀各龛分别用白币、赤币、皂币、青币、黄币不等。元正配位亦皆用苍，五帝日月天皇北极币皆如其色，从祀第二等以下诸神币皆用青。明朝冬至祀昊

① （汉）郑玄注，（唐）贾公彦疏：《周礼注疏》卷18《大宗伯》，载（清）阮元校刻：《十三经注疏》，第1644—1645页。

天上帝及配位用苍，大明以红，夜明、星辰、太岁皆用白。洪武三年（1370年）二月，诏立神币局，设官两员，专掌制神币，其织文曰“礼神”，制币色各随其方。[①]可见，明朝沿用古礼，根据所祭祀神灵方位的差异选择币的颜色。

圭爵币帛是现实生活中皇帝和贵族才可以使用的显示身份等级的重要物品。在祭祀仪式上敬献给天神，象征了对天的尊崇。所有这些都可以看作献给天的“礼物”，这些礼物无涉交换，只象征着单方面的“贡献”，礼神之意甚浓。

（4）饮福受胙。饮福受胙是祭天仪式的第七个环节，在三献礼完成后，皇帝至饮福受胙位，由光禄寺卿先后捧福酒和福胙跪进于皇帝左侧，皇帝饮福酒受胙之后行拜礼。《仪礼·少牢馈食礼》中有祭将毕，二佐食，各取黍于一敦，上佐食，兼受抟之以授尸，尸执以命祝，祝受以嘏于主人。第一个“佐食”，郑玄注：“佐食，宾佐尸食者。”后面的“上佐食”则指献给神灵所食用之酒食，然后由执事人即祝为尸，也就是受祭者致福于主人，这就是后来饮福受胙礼的来源。[②]“自汉以来，人君一献才毕而受嘏。唐《开元礼》亚献未升坛，而皇帝饮福。宋元丰中改从三献礼毕，皇帝饮福受胙。元《亲祠仪注》亦用一献毕饮福。国朝郊祀三献，皆皇帝亲行礼，既毕，然后饮福嘏之，辞曰：‘惟此酒肴，神之所与。赐以福庆，亿兆同沾。’”[③]可见，饮福受胙礼曾经出现在祭祀过程中的不同时间，但基本上都是围绕三献礼前后进行的。当天子亲自参加祭天礼时，亲行饮福受胙礼；摄事代行时，等级降低，则饮福受胙礼取消。这意味着在祭天大礼中，只有皇帝本人才有饮福受胙的权力，且能代表万民，接受上天的赐福，这在上文的饮福受胙礼辞中也有所体现。在一些其他等级的祭祀礼仪中，也会有饮福受胙礼，有时还需分福胙于其他陪祀人，以象征神享均沾。

在祭天礼仪中，献祭者向天神的进献是主要的，无论是燔柴、进爵，还是进玉帛，行三献礼，主旨都是对天礼敬，并进献物品，而饮福受胙是唯一

---

① （明）徐一夔等撰：《明集礼》卷1，载《景印文渊阁四库全书》史部，第649册，第75页。

② （汉）郑玄注，（唐）贾公彦疏：《仪礼注疏》卷48《少牢馈食礼》，载（清）阮元校刻：《十三经注疏》，第2607页。

③ （明）徐一夔等撰：《明集礼》卷1，载《景印文渊阁四库全书》史部，第649册，第89—90页。

一个从上天接受回报于己身的环节，祭祀人期望天神给世间的凡人带来福佑。这些进献以及接受赐福的环节充分体现了祭祀过程中祭祀者与所祭神灵之间的互动。这种关系就是通过仪式和符号被“赋予”的。

（5）乐舞。班固《白虎通义》中论礼乐称：“王者所以盛礼乐何？节文之喜怒。乐以象天，礼以法地。人无不含天地之气，有五常之性者，故乐所以荡涤，反其邪恶也；礼所以防淫佚，节其侈靡也。故《孝经》曰：‘安上治民，莫善于礼；移风易俗，莫善于乐。’子曰：‘乐在宗庙之中，君臣上下同听之，则莫不和敬；族长乡里之中，长幼同听之，则莫不和顺；在闺门之内，父子兄弟同听之，则莫不和亲。故乐者，所以崇和顺，比物饰节，节奏合以成文，所以合和父子、君臣，附亲万民也。是先王立乐之意也。故听其雅颂之声，志意得广焉；执干戚习俯仰屈信，容貌得齐焉；行其缀兆，要其节奏，行列得正焉，进退得齐焉。故乐者天地之命、中和之纪、人情之所不能免焉也。夫乐者，先王之所以饰喜也；军旅铁钺，所以饰怒也。故先王之喜怒，皆得其侪焉。喜则天下和之，怒则暴乱者畏之。先王之道，礼乐可谓盛矣。’闻角声，莫不恻隐而慈者；闻徵声，莫不喜养好施者；闻商声，莫不刚断而立事者；闻羽声，莫不深思而远虑者；闻宫声，莫不温润而宽和者也……夫礼乐，所以防奢淫。天下人民饥寒，何乐之乎！功成作乐，治定制礼。乐言作、礼言制何？乐者，阳也，阳倡始，故言作；礼者，阴也，阴制度于阳，故言制。乐象阳，礼法阴也。”[①]因此，礼乐是阴阳相合相济的，听乐也具有使人和敬、和顺、和亲的作用，此为先王立乐之意。

几乎所有祭祀仪式均有乐舞，但因祭祀等级不同，乐舞人员和规模有所差异，祭天礼中的乐舞等级最高。[②]祭乐具有上和邦国下谐万民，安宾客说远人之功用，因此祭仪中必有乐舞。[③]《周颂·昊天有成命》为郊祀天地之乐歌；《周颂·思文》为后稷配天之乐歌。汉武帝时议，古者祀天地皆有

---

① （汉）班固撰：《白虎通义》卷上《礼乐》，载《景印文渊阁四库全书》子部，第850册，第12—13页。

② 有关明代国家祭礼仪式中的乐舞制度演变详参李媛《明代国家祭祀制度研究》第二章第四节相关部分的讨论，本节主要考察祭天仪式中乐舞作为仪式符号体现出的文化内涵，不再重复说明祭祀乐舞制度之整体变迁。

③ 《周礼·大司乐》载：“大合乐，以致鬼神示，以和邦国，以谐万民，以安宾客，以说远人，以作动物。乃分乐而序之，以祭，以享，以祀。乃奏黄钟，歌大吕，舞《云门》，以祀天神。”（汉）郑玄注，（唐）贾公彦疏：《周礼注疏》卷22《大司乐》，载（清）阮元校刻：《十三经注疏》，第1701页。

乐，则神祇可得而礼，于是设立乐府，论律吕合八音之调，作十九章之歌。从唐朝到元朝，祀天礼中所奏祭乐之器之名，所蹈文武舞均有具体规定。明朝在祭祀奏乐演舞的环节上基本沿袭唐宋元制，但在所奏祭乐名称以及顺序上有所不同，而且终明一代变动不大。祭天仪式中迎神奏中和之曲；奠玉币奏肃和之曲；进俎奏凝和之曲；初献奏寿和之曲，武功之舞；亚献奏豫和之曲，文德之舞；终献奏熙和之曲，文德之舞；撤豆奏雍和之曲；送神奏安和之曲；望燎奏时和之曲，盥洗、升降、饮福受胙俱不奏乐。①

基本上在具有实际意义的较为重要的环节上，典赞唱仪式环节名称后，均以乐起作为开始，以乐止为结束。整个环节伴随祭乐演奏，三献礼环节则在奏乐同时，蹈文舞武舞。盥洗、升降类似于献祭的准备活动，不似正式仪式，饮福受胙体现接受神灵赐福，并非献祭，因此均不奏乐。时奏乐、时止歇的方式，使得祭祀活动显得隆重而有节奏。当祭乐响起、祭舞蹈起，参加祭祀的人员便置身于乐舞和祭仪所营造的氛围中，与外界产生隔离之感。祭乐的演奏使得仪式过程隆重而肃穆，无论是主祭人员、陪祀人员，还是执事官员，都能够使自己的仪式行为伴随乐曲，有节奏有韵律地按序完成（图 3-5）。

本节主要选择告庙、燔柴与望燎、圭爵币帛、饮福受胙和乐舞这几个祀天仪式中具有代表性的符号和环节，探讨祭天仪式符号的文化含义。在明朝国家祭祀仪式活动中，以祀天仪式最为隆重，环节最多，参加人员地位最高，因此所展现出来的仪式符号含义最为丰富。这些环节有的在其他祭祀仪式中也有展现，只是规模等级不同，如乐舞；有的则是祭天仪式独有的，如燔柴与望燎。所有这些仪式过程中的环节，体现出不同的文化内涵，并通过象征的方式向人们展现祭礼的意义。第四章将通过最具特色的登极祀天礼仪，结合明代政治的演变，进一步探讨其中的政治文化内涵。

---

① 详参（明）徐一夔等撰：《明集礼》卷1，载《景印文渊阁四库全书》史部，第649册，第78—79页。

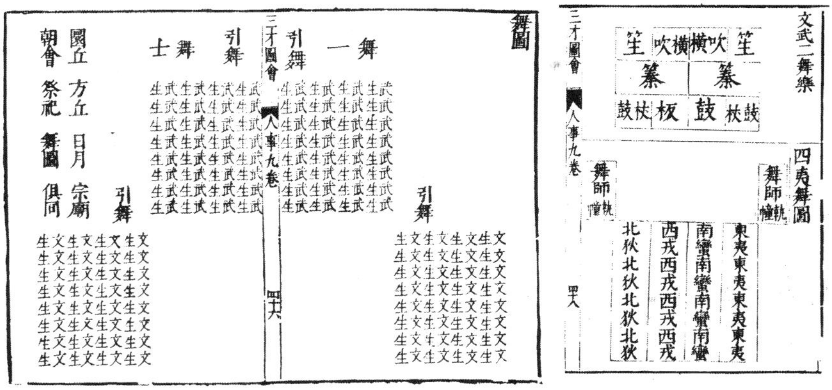

图 3-5　舞图、文武二舞乐图

资料来源：（明）王圻、王思义编集：《三才图会·人事九卷》，第1770—1772页①

第二节　“展示”的意义：以社稷、先农、先蚕祭仪为例

一、仪式过程

祭祀社稷、先农和先蚕主要关涉民生和农事。本节在梳理这三种祭祀仪

① “武舞曰‘平定天下之舞’，象以武功定祸乱也。用舞士三十二人，皆左执干，右秉戚，分为四行，每行八人。舞作发扬蹈厉，坐作击刺之状，舞师二人执旌以引之。文舞曰‘车书会同之舞’，象以文德致太平也。用舞士三十二人，皆左执籥，右秉翟，分为四行，每行八人。舞作进退舒徐，揖让升降之状，舞师二人执翿以引之。四夷舞曰‘抚安四夷之舞’，象以威德服远人也。用舞士十六人：东夷四人，南蛮四人，西戎四人，北狄四人，分为四行，每行四人。舞作拜跪朝谒，喜跃俯伏之状，舞师二人执幢以引之。”

“武舞士冠黄金束发冠，紫丝缨，青罗生色画舞鹤花样窄袖衫，白生绢衬衫，锦领，红罗金大袖罩袍，红罗销金裙，皂生色画花绿褾，白罗销金汗胯，蓝青罗销金绿，红绢拥项，红结子，红绢束腰，涂金束带，青丝大条（绦），锦臂鞲，皂皮绿云头靴。舞师二人，冠黄金束发冠，紫丝缨，青罗大袖衫，白绢衬衫，锦领，涂金束带，绿云头皂靴。”

“文舞士冠黑光描金方山冠，青丝缨，衣素红罗大袖衫，红生绢衬衫，锦领，红罗拥项，红结子，涂金束带，白绢大口裤，白绢袜，茶褐鞋。舞师二人，冠黑漆描金方山冠，青丝缨，青罗大袖衫，红生绢衬衫，锦领，涂金束带，白绢大口裤，白绢袜，茶褐鞋。”四夷舞士装束略。

“文武二舞用乐工一十人，笙二人，横管二人，篆二人，杖鼓二人，大鼓一人，板一人。戴曲脚幞头，衣红罗生色画花大袖衫，涂金束带，红绢拥项，红结子，皂皮靴。”

式过程的基础上，分析其中的要素及其象征意义。

《周礼·春官宗伯》称："小宗伯之职，掌建国之神位，右社稷，左宗庙。"①社稷之祀，取其代表土地五谷之意，因与天地自然息息相关，故祭祀时坛而不屋，以示必受霜露风雨，以达天地之气。故《礼记·郊特牲》曰："天子大社，必受霜露风雨，以达天地之气也……社所以神地之道也。地载万物，天垂象，取财于地，取法于天，是以尊天而亲地也，故教民美报焉。家主中霤，而国主社，示本也。"②周制以来，社稷祭祀几乎被视为与天地、宗庙祭祀同等重要的上祀，凡国有大事，动大众，必先告于社而后出。天子社以祭五土之祇，稷以祭五谷之神。《白虎通义》中称："王者所以有社稷何？为天下求福报功。人非土不立，非谷不食。土地广博，不可遍敬也；五谷众多，不可一一而祭也。故封土立社，示有土尊。稷，五谷之长，故封稷而祭之也。《尚书》曰：'乃社于新邑。'《孝经》曰：'保其社稷而和其民人，盖诸侯之孝也。稷者，得阴阳中和之气，而用尤多，故为长也……社稷在中门之外、外门之内何？尊而亲之，与先祖同也。不置中门内何？敬之，示不亵渎也。'《论语》曰：'譬诸宫墙，不得其门而入。不见宗庙之美，百官之富。'《祭义》曰：'右社稷，左宗庙。'"③也就是说，社与稷是土地和五谷的代表，王者祭祀它们用来祈求福佑。其地点在中门之外，外门之内。中门之外意味着对其崇敬，不过度亲近，防止亵渎；外门之内，显示其地位尊崇，与宗庙相等同。

"天子有三社，为群姓而立者曰太社，其自为立者曰王社，又有所谓胜国之社，屋之不受天阳，国虽亡而存之，以重神也。"④王者、诸侯俱两社，因其均为有土之君，这与周时所行分封制度为分邦列国之意有关系。诸侯所有的土地具有独立性，而后世诸王祭祀社稷则取象征意义，并非意味着其对领地具有领土权力。因此《白虎通义》中记："《礼记·三正》曰王者二社，为天下立礼曰太社，自为立社曰王社；诸侯为百姓立社曰国社，自为立社曰

① （汉）郑玄注，（唐）贾公彦疏：《周礼注疏》卷19《小宗伯》，载（清）阮元校刻：《十三经注疏》，第1653页。

② （汉）郑玄注，（唐）孔颖达疏：《礼记正义》卷25《郊特牲》，载（清）阮元校刻：《十三经注疏》，第3138页。

③ （汉）班固撰：《白虎通义》卷上《社稷》，载《景印文渊阁四库全书》子部，第850册，第11—12页。

④ （明）徐一夔等撰：《明集礼》卷8，载《景印文渊阁四库全书》史部，第649册，第201页。

侯社。太社为天下报功，王社为京师报功，太社尊于王社。”①

明初，春秋仲月上戊日祭太社稷，以勾龙配太社，后稷配太稷，异坛同壝。祭祀遇风雨则于斋宫望祭。②洪武十年（1377年），改建社稷坛于午门外右侧，于坛中埋石，木制丹漆，太社、太稷神牌分居东西，祭毕贮库，并奉仁祖神牌配，罢勾龙、后稷配。自奠帛至终献，皆同时行礼。洪武三十一年后，改奉太祖配，洪熙以后加太宗同配。嘉靖九年（1530年）仍改以勾龙、后稷配享。

洪武二十六年所定祭祀社稷仪式为：祭祀前行斋戒礼，仪同宗庙。前二日告庙，并请配享仁祖神位，省牲亦与太庙相同。正祭日，乐舞生就位，执事官各司其事。皇帝被导引到拜位，瘗毛血迎神（与祭地迎神仪相同），行四拜礼，百官同拜。然后是奠玉帛，行初献礼，并读祝文。读毕，进于太社神位前，俯伏兴、平身。再行亚献礼，执事官捧爵献于神位前，不读祝。终献礼同亚献礼。之后是赐福胙礼，由光禄寺官捧福胙至皇帝前，行搢圭受胙饮福酒礼，四拜，百官同。再之后是撤胙、送神，行四拜礼，百官同。最后将祝帛馔送至瘗位③，祭祀完毕。遣官祭祀社稷仪注中，不仅斋戒、省牲仪式从简，且正祭时无迎神礼，直接行拜礼；三献礼直接被进笏、进爵、进帛等仪式取代，仍读祝文。

嘉靖九年更定仪式。在陈设上改换配位为勾龙、后稷，春用帛告祀，秋用帛礼神，其他祭祀仪注相同。嘉靖十年，还于西苑空闲地，开垦为田，树艺五谷，创建帝社帝稷坛，规定每岁仲春、仲秋次戊日由皇帝躬行祈报礼。临期由文武大臣十二员陪拜。帝社稷仪式只在嘉靖年间举行过几次，到隆庆

---

① （汉）班固撰：《白虎通义》卷上《社稷》，载《景印文渊阁四库全书》子部，第850册，第11页。

② 洪武三年于坛北建享殿，又北建拜殿，各五间，以备风雨行礼。

③ 《尔雅》云：“祭地曰瘗埋。”郑玄谓：“阴祀自血起，贵气臭也。”故凡祭地祇则为瘗埋于神坛之壬地，方深取足容物，祭讫，置牲币、祝版、馔物于其中而埋之。《三礼义宗》云：“祭地以瘗血为先，然后正祭。”“故祭社稷瘗埋有二，始则瘗血，以致阴祗（祇）。至于礼毕，又以牲币燔瘗，为礼之终。秦汉之制无所考。唐制祭大社、大稷前二日，为瘗坎二，于南门之内，稷坛西南，方深取足容物，北出陛。祭毕，皇帝就望瘗位，南向立，诸太祝各执篚进神座前取币，斋郎以俎载牲体，并黍稷饭爵酒置于坎……宋制，郊社令开瘗坎二于社稷坛子阶之北壬地，南出陛，太常于降神乐止，先瘗血以歆神，乃赐胙。郊社令以黍稷脂祭，借以白茅束之，吏部侍郎率太祝执篚，取玉币、祝册借以茅，以俎载牲体，并黍稷饭爵酒置于坎。元仍宋制。国朝用唐制，开瘗坎于稷坛西南，用砖砌，阔四尺，深四尺，降神，乐止，先瘗血，送神，乐止，执事官取祝币、牲馔置瘗坎，坎实半土。”（明）徐一夔等撰：《明集礼》卷8，载《景印文渊阁四库全书》史部，第649册，第202—203页。

元年（1567 年）议罢。具体仪式为：前期四日太常寺奏斋戒，前期一日奏省牲，皇帝于文华殿亲填祝版。正祭日辰刻，皇帝具皮弁服，乘版舆，至豳风亭东降舆，至棂星门内。乐舞生就位，执事官各司其事。皇帝至拜位，行迎神仪式，至帝社稷香案前，各三上香，两拜。然后行奠帛，初献礼，读祝文。再行亚献、终献礼。最后送神，两拜，读祝官、掌祭官各捧祝文、帛、馔至瘗位。皇帝再至豳风亭，易服还宫。[①]

先农祭祀来源于祭祀耕田始祖神农。《诗经》云："春籍田而祈社稷也。"[②]《周礼·籥章》称："凡国祈年于田祖，吹《豳雅》，击土鼓，以乐田畯。"郑玄曰："田祖，始耕田者，谓神农也。"[③]汉朝立官社，文帝令官祠先农，即神农。晋武诏复二社，这是在祭社过程中祭先农神。到了北齐及隋，又改称祭先农。唐神龙中，以先农与社本为一神，改先农坛为帝社坛，至开元定礼，又采齐隋之议，复称先农。宋陈祥道认为，历代所祭先农而已，不闻祭社，且无论是《诗经》，还是汉晋唐宋关于祭先农还是祭社的讨论，都取其重农报本之义。祭先农行籍田礼则在《礼记》与《周官》中均有记载。[④]宋政和间罢享先农为中祀，命有司行事止行亲耕礼，南渡后复亲祠。元朝耕籍礼皇帝不亲行，祠先农命有司摄事。[⑤]

明朝洪武二年（1369 年），始于山川坛西南建先农坛，列为大祀，每岁由皇帝亲祭，并耕籍田，以后稷氏配，后又改奉仁祖配享。后由大祀降为中祀，遣应天府官致祭，不设配位，祭祀完毕后，亲耕籍田。永乐迁都北京后，仿照南京建先农坛，并遣顺天府官致祭。此后，凡是新皇帝登极，均亲

① （明）申时行等修：（万历）《明会典》卷85《社稷等祀》，第488—491页。

② （汉）毛亨传，（汉）郑玄笺，（唐）孔颖达疏：《毛诗正义》卷19《周颂》，载（清）阮元校刻：《十三经注疏》，第1296页。

③ （汉）郑玄注，（唐）贾公彦疏：《周礼注疏》卷24《籥章》，载（清）阮元校刻：《十三经注疏》，第1731页。

④ 《礼记·月令》中称：天子于孟春之月"以元日祈谷于上帝，乃择元辰，天子亲载耒耜，措之于参保介之御间，帅三公九卿、诸侯、大夫躬耕帝籍。天子三推，三公五推，卿诸侯九推，反执爵于大寝。三公九卿、诸侯、大夫皆御，命曰劳酒。是月也，天气下降，地气上腾，天地和同，草木萌动。王命布农事，命田舍东郊，皆修封疆，审端径术，善相丘陵、阪险、原隰，土地所宜，五谷所殖，以教道民，必躬亲之。"载（清）阮元校刻：《十三经注疏》，第2936—2937页。《周礼·天官冢宰》中记载，内宰"诏王后帅六宫之人，生穜稑之种，而献于王"。"甸师掌率其属而耕耨王藉，以时入之，以共粢盛"。载（清）阮元校刻：《十三经注疏》，第1426、1476页。

⑤ （明）徐一夔等撰：《明集礼》卷12，载《景印文渊阁四库全书》史部，第649册，第264—265页。

行耕籍礼。每年常规祭祀在仲春上戊日，遣官致祭。嘉靖十六年（1537年）定亲耕礼，由户部尚书先祭先农，然后皇帝至，亲行三推礼。[①]

洪武时期所定皇帝耕籍亲享先农仪注为：前二日斋戒省牲。正祭日，乐舞生就位，执事官各司其事。献官至盥洗所，搢笏出笏就位，瘗毛血迎神，行四拜礼。奠帛行初献礼，读祝。亚献终献礼后，饮福受胙，两拜。撤馔送神，四拜，捧祝帛馔各诣瘗位，礼毕。嘉靖九年更定后的祭祀礼仪规定：祭祀前三日斋戒，皇帝先期行告庙礼。祭祀正日，皇帝亲诣坛所，具服殿具皮弁服，至拜位行礼。初献礼前有进熟仪式，其他祭祀仪式与洪武时期一致。礼毕后，皇帝还具服殿，更翼善冠黄袍，行耕籍礼。

耕籍礼由太常卿奏请诣耕籍位，皇帝至耕籍位，南向立，三公以下及从耕者各就耕位。户部尚书北面，进耒耜，皇帝秉耒三推，户部尚书跪受耒，太常卿奏请复位。皇帝复耕籍位，南向坐。三公五推，尚书九卿九推，各退就位，太常卿奏礼毕。皇帝还大次。应天府尹及两县令率庶人终亩。当日宴劳百官耆宿于坛旁，銮驾还宫，卤簿导从如来仪，大乐鼓吹振作。[②]

先蚕祭祀礼始创于嘉靖九年，最初在北郊建坛，每岁春择日由皇后亲祭。次年改建坛于内苑致祭。前期三日斋戒，内执事并司赞、六尚等女官，以及应如坛者各斋戒二日。省牲、陈设后，正祭前一日，蚕宫令陈乐女生位于坛南，并设皇后、公主、内外命妇拜位。皇后至坛所，入具服殿少憩。司宾先引外命妇列于先蚕坛下东西相向，以北为上。尚仪奏请皇后易服出，将至坛，乐女生就位，执事官各司其事，乐女生只奏乐，无乐舞。皇后至拜位，次公主、内外命妇各就拜位。瘗毛血迎神，行四拜礼。奠帛，行初献礼，读祝。行亚献、终献礼。饮福受胙，由皇后饮福酒受胙，行二拜礼，公主以下同。读祝官捧祝，执事官捧帛，各诣瘗位。礼毕，皇后还具服殿更常衣。[③]

二、符号文化的“展示”功用

在祭祀社稷、先农和先蚕礼仪的过程中，非常具有代表性的符号是五色

① （明）申时行等修：（万历）《明会典》卷92《群祀二》，第526、528页。
② （明）徐一夔等撰：《明集礼》卷12，载《景印文渊阁四库全书》史部，第649册，第274—278页。
③ （明）申时行等修：（万历）《明会典》卷92《群祀二》，第526页。

土、耕籍礼、亲蚕仪。这些浓缩丰富内涵而成的符号礼仪，通过在祭祀过程中的展示，起到了强化祭祀目的的功用。

（1）五色土。在社稷坛的设计上，颜色的使用非常突出，坛壝、门楼，以及社稷坛土均布饰以不同颜色，具有鲜明的象征意义。用色彩突出祭祀社稷的象征意义由来已久。《尚书·禹贡》中有徐州贡土五色以为社的记载。《礼记·郊特牲》中记载："社祭土，而主阴气也。君南乡于北墉下，答阴之义也。"[①]北牖在社坛之北，以砖为之，高广无定制，以黄泥饰之。《白虎通义》亦引《春秋传》称："天子有太社焉，东方青色，南方赤色，西方白色，北方黑色，上冒以黄土。故将封东方诸侯，青土，苴以白茅。谨敬洁清也。"[②]可见，根据东南西北中五方土地颜色确定的东青、南赤、西白、北黑，中间黄土的五色坛土设计自古有之。唐朝社稷坛四面宫垣华饰各依方色。宋制社稷坛饰各随方色，覆以黄土。元制社坛用青、赤、白、黑四色土，依方位筑之，中实以常土，上一二尺覆以黄土，四面当中各设幔道，广一丈，亦各依方色；稷坛制如社坛，唯纯用黄土。明朝社稷坛用五色土筑，各依方位，上以黄土覆之。在坛外的是壝，用砖砌四方，开四门，东门饰以青色，西门饰以白色，南门饰以红色，北门饰以黑色[③]，这也与代表四方的五种颜色相一致。这些颜色在祭祀场所中特别引人注目，给人以视觉冲击，时刻提示人们其所蕴含的象征意义。

（2）耕籍礼。明制，先农祭祀后行耕籍礼，籍田在先农坛南。耕籍田是在祭祀仪式之后的附属礼仪，这种礼仪所体现的"展示"功用非常明显。耕籍田的位置历代不一。周制，天子耕籍田千亩于南郊。汉文帝东耕籍田，昭帝耕于钩盾弄田。后汉明帝东巡耕于下邳，章帝北巡耕于怀县。晋武帝耕于东郊之南洛水之北。宋文帝度宫之辰地，八里之外整制千亩，中开阡陌立御耕坛。梁武帝时移籍田于建康北岸，并立观耕台于坛东，亲耕完毕后以观公卿之推，并设御耕坛于阡东陌北。隋于东南十四里启夏门外制千亩。唐朝改天子籍于南郊之古礼，首耕于东郊，不开阡陌，设御耕位于坛南十步。宋初

---

① （汉）郑玄注，（唐）孔颖达疏：《礼记正义》卷25《郊特牲》，载（清）阮元校刻：《十三经注疏》，第3138页。

② （汉）班固撰：《白虎通义》卷上《社稷》，载《景印文渊阁四库全书》子部，第850册，第12页。

③ （明）徐一夔等撰：《明集礼》卷8，载《景印文渊阁四库全书》史部，第649册，第202页。

沿袭唐制耕于东郊，神宗元丰中议以天子为籍于南郊，诸侯为籍于东郊，是为不易之典。元朝耕籍南郊。明朝籍田在皇城南门外，御耕籍位在先农坛东南，高三尺，阔二丈五尺，四出陛。[①]行耕籍礼时，设御耒耜二具，仿照农家常用者制造，用青绢包裹，御耕牛四，衣以青衣。从耕官耒耜具牛头，庶人牛头锸畚。其耕推之数仿照周制，天子三推，三公五推，诸侯九推。[②]耕籍田完毕后，皇帝还要置酒于大次，从耕大臣咸预，执事百官列坐幕外，光禄遍行酒食，耆老及村社乐艺皆沾赐。这一礼仪来源于周制耕籍毕，反执爵于太寝，三公九卿、诸侯、大夫皆御命劳酒，取意既耕而宴，以犒群臣。

（3）亲蚕礼。亲蚕礼是与先蚕祭祀相配合的礼仪，很好地显示了该仪式的示范意义。祭祀之前，顺天府具蚕母名数奏送蚕室，工部准备钩箔筐架及一应养蚕物件，给送蚕母。顺天府将蚕种及钩筐一副进呈，捧自西华门出，置彩舆中，鼓乐，送至蚕室。蚕母浴种，伺蚕生，先饲以待用。参加亲蚕仪式的除了皇后，还有公主和内外命妇，即皇室女性、贵族女性及其服务人员和女官，而非一般贫民。亲祭先蚕完毕后，皇后要更换常服，并与内外命妇一起诣采桑台采桑，仿照天子耕籍田制，皇后采桑三条，三公命妇以次取钩，采桑五条，列侯九卿命妇，以次采桑九条，并将所采桑授蚕母。蚕母受桑缕，切之以授内命妇，内命妇食蚕洒一箔。行礼完毕，赐宴于殿内外，并赐蚕母酒食于采桑台旁。嘉靖八年，礼部又以蚕事告成请行治茧礼。令蚕官于蚕妇中选能缫丝及能织者各十人，由钦天监预定缫丝吉日。先期，蚕宫令送织妇入织堂，应用缫丝及织造器用由工部造用。至期，皇后出宫至织堂，命内命妇一人行三盆手礼，礼毕遂布于织妇，以终其事。其所缫蚕丝就令织妇于织堂量织堪用。绢币完日，蚕官令径送尚衣织染等局，具奏制造祭服。[③]

对于天下百姓来说，耕籍礼与亲蚕礼是最高统治者在耕织活动上的一次重要示范，其目的和意义在于向他们展示国家最上层治理者对于农桑及民生

---

① （明）徐一夔等撰：《明集礼》卷12，载《景印文渊阁四库全书》史部，第649册，第271页。

② 除了典型的天子三推礼以外，周制还有将所使用的谷种收藏奉献的仪式：“《周官·内宰》上春诏，王后帅六宫之人，生穜稑之种，而献之王。先种后熟曰穜，后种先熟曰稑。必使后宫藏种者，以其有繁育之祥也。必生而献之者，示能育之，使不伤败，且佐王耕事，供祭祀也。”参见（明）徐一夔：《明集礼》卷12，《景印文渊阁四库全书》史部，第649册，第273页。

③ （明）林尧俞等纂修，（明）俞汝楫等编撰：《礼部志稿》卷95，载《景印文渊阁四库全书》史部，第598册，第723—724页。

的关怀和重视，在于通过象征性的礼仪活动劝农耕桑。同时也通过仪式的举行提醒和告诫统治者自身应以民为本，体察民众生活，施行仁政。这一点在明朝大臣的上疏中也有清晰的表述。嘉靖九年（1530年），兵部尚书李承勋上疏就讨论了耕籍亲蚕之事的重要意义："耕藉、亲蚕之事，三代以下非无行之，而草率文具，不足称述。独汉文帝二年，诏开藉田，又赐民田租之半，故其时衣食滋殖，刑罚罕用。伏望皇上取以为法。因此二事而思小民衣食之孔艰，皆以重本抑末为主。燕间之际，见帷幄服御之类，即思曰得无有制锦绣逞淫巧，以害女工者乎！见器用车骑之类，即思曰得无有进珠玉事侈靡，以病农工者乎！享玉食之丰，即思曰凶年饥岁得无有困衣食而不安于田里者乎！有司以成狱上谳者，即思曰得无有刑罚过于德化，使赤子无所措手足乎！察中外臣工，实心爱民者进之，虚浮无实者黜之。又藉田隙地，皆可耕种，官道之傍，皆可植桑。自近京边海，推而广之，至于天下。申敕有司，田地荒芜者，召人承佃而宽其租赋。逃移失所，招回复业而贷以牛种。有益于农桑者，无一不举；有妨于农桑者，无一不去。则衣食足而礼让典（兴），教化隆而刑罚措矣。"疏入，世宗嘉纳其言，下所司议行。[①]嘉靖十年三月，世宗亲耕礼成，给事中王玑更是将耕籍田的功用归结为可供粢盛，知稼穑艰难，慎惜财用和表率天下四点："此礼之流，几于具文，而皇上行之，亶为实事。臣仰睹为快，因敬陈其愚。夫天子耕籍，何也？供粢盛，一也；知稼穑艰难，二也；慎惜财用，三也；率公卿百官，皆重农风，示天下使皆务本，四也。此四者，耕籍之实务也。"嘉靖帝对此表示赞赏，并令部臣推衍拟奏施行，礼部覆议称："今西苑地宽，其可耕之处，宜令农夫垦艺其中。"遂定以春秋二时，临幸观省，然后收其所入，输之神仓。借此既可知悉小民艰苦之状，又得自致洁清于神明。[②]

秋收时节的观收获之礼，更是借以展现皇帝重视农耕的绝佳时机。嘉靖十年八月丁未，世宗谕尚书李时："西苑工俱告完，朕今日往视收获，以观农事之终，卿可偕大学士銮，尚书铉，侍郎言同观之。"并御豳风亭召见诸臣，欲与之在秋成之期，同观收获。李时等对曰："皇上务农重本，自足以风励天下。"观收获完毕后，嘉靖帝复召诸臣谕曰："农之劳苦，见纸上不如

① 《明世宗实录》卷109，"嘉靖九年正月丙辰"条，第2577—2578页。

② 《明世宗实录》卷123，"嘉靖十年三月戊子"条，第2944页。

见之于真，我圣祖尝有训曰：‘衣锦当思织妇之劳，食粟当念农夫之苦。’以此观之，委为粒粒辛苦也。”李时等复曰：“自古帝王身亲农事，未有如我皇上者，真所谓知稼穑之艰难也。”之后，嘉靖帝命赐诸臣宴。宴毕，复召翟銮、李时二臣，御无逸殿东室曰：“西苑宫室是朕文祖之御，近修葺告成，欲于殿中设皇祖之位，祭告之。”李时曰：“仁寿殿久已废圮（圮），皇上一旦整饬，追慕皇祖，行祭告之礼，益见圣孝。”嘉靖帝又曰：“祭毕宜以宴落成之，文臣三品以上，俱令与宴。”又曰：“无逸殿之作，虽以劝农，而勤学之意亦在其中，亦用宴以落成之。经筵、日讲官俱与，仍各进讲《七月》诗、《无逸》书各一篇，卿等各具仪以闻。”① 在祭祀礼仪完成以后，参加陪祀的十一人之一廖道南还特撰《帝苑农蚕赋》，以赞颂祭先农耕籍田之举。称：“国之大事，在祀与农；民之厚生，惟衣与食。盖耕桑为王业之本，而土谷咸坤祇（祇）之灵。”②（图 3-6 至图 3-10）

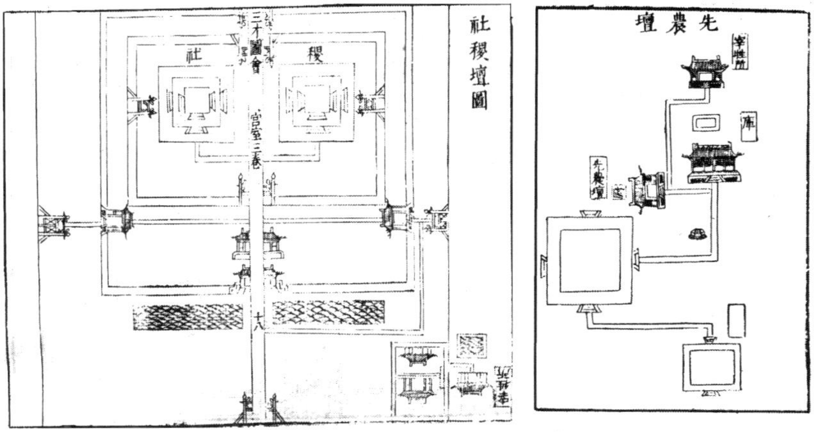

图 3-6　社稷坛图、先农坛图

资料来源：（明）王圻、王思义编集：《三才图会·宫室三卷》，第1032、1035页③

---

① 《明世宗实录》卷129，“嘉靖十年八月丁未”条，第3080—3081页。

② （明）廖道南：《帝苑农蚕赋》，载（清）陈元龙奉敕编：《御定历代赋汇》，《景印文渊阁四库全书》集部，第1420册，第220页。

③ 社稷坛：“国朝二坛，坐南向北。社坛在东，稷坛在西，各阔五丈，高五尺，四出陛，五级。坛用五色土筑，各依方位，上以黄土覆之。二坛同一壝，壝方广三十丈，高五尺，用砖砌，四方开四门，各阔一丈。东门饰以青，西门饰以白，南门饰以红，北门饰以黑，周围筑以墙，仍开四门，南为棂星门，北面戟门五间，东西戟门各三间，皆列戟二十四。”先农坛：“国朝坛在籍田之北，高五尺阔五丈，四出陛。”

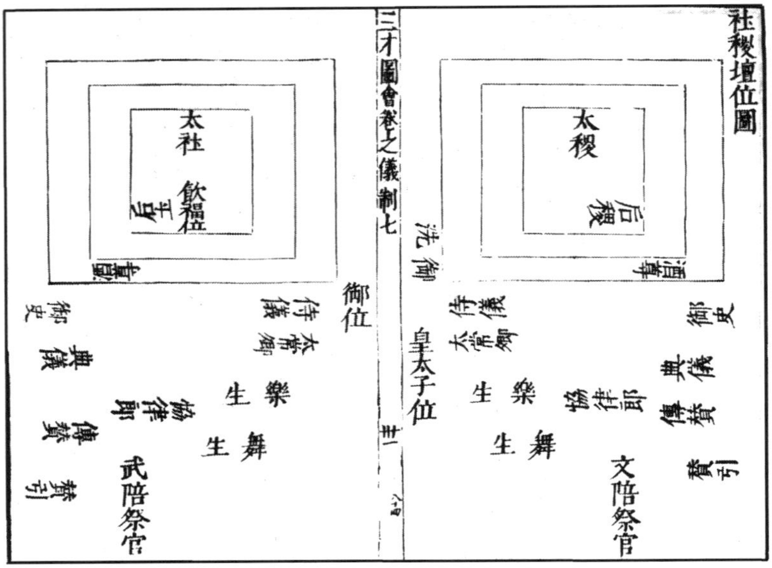

图 3-7 社稷坛位图

资料来源：（明）王圻、王思义编集：《三才图会·仪制七卷》，第 1945 页

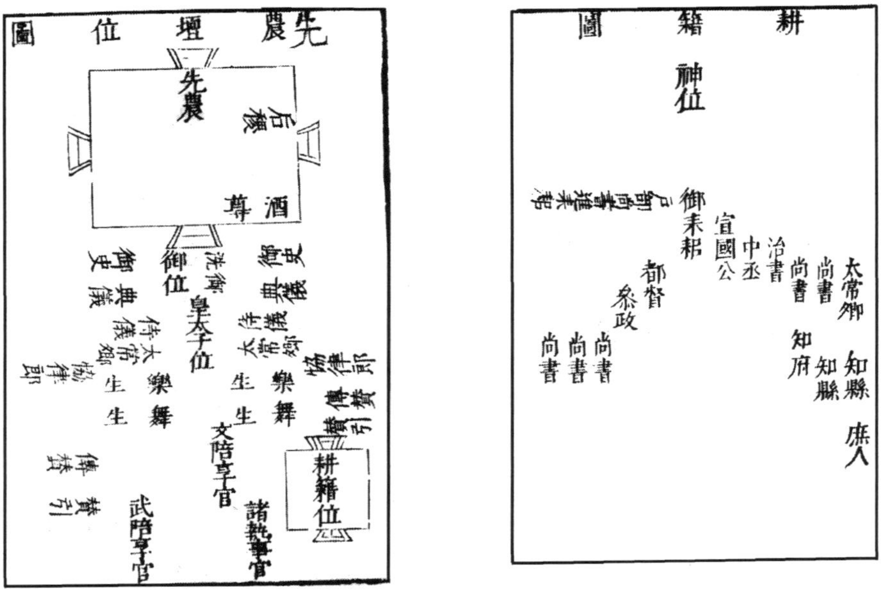

图 3-8 先农坛位图、耕籍图

资料来源：（明）王圻、王思义编集：《三才图会·仪制七卷》，第 1946 页；

《三才图会·仪制八卷》，第 1964 页

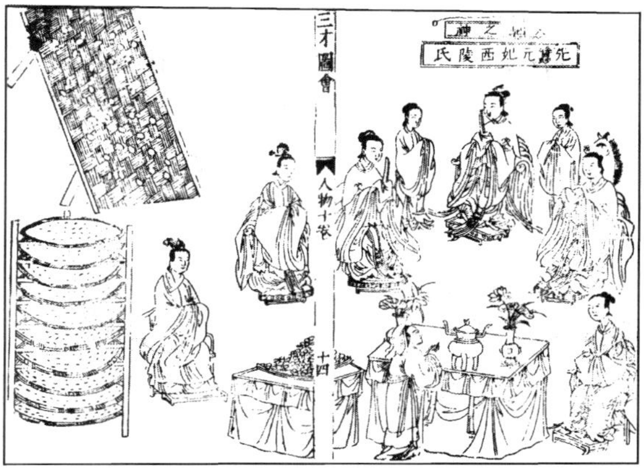

图 3-9　先蚕神天驷图

资料来源：（明）王圻、王思义编集：《三才图会·人物十卷》，第777页①

图 3-10　先蚕坛、蚕室图

资料来源：（明）王圻、王思义编集：《三才图会·宫室二卷》，第1010—1011页②

---

① “蚕神天驷也，天文，辰为龙，蚕辰生，又与马同气，谓天驷即蚕神也……稽之古制，后妃祭先蚕坛壝、牲币如中祠，此后妃亲蚕祭神礼也……自天子后妃至于庶人之妇，事神之礼虽有不同，而敬奉之心则一，谅为知所本矣。”

② “先蚕坛：先蚕，犹先酒、先饭，祀其始造者，坛筑土为祭所也。黄帝元妃西陵氏始蚕，即先蚕也。《礼·月令》：季春是月也，后妃斋戒，享先蚕而躬桑，以劝蚕事。《周礼·天官》：内宰，中春，诏后帅外内命妇始祭于北郊。汉《礼仪志》：皇后祠先蚕礼以中牢。魏黄初中置坛于北郊，依周典也。晋制先蚕坛高一丈，方二丈，四出陛，陛广五尺，皇后至西郊，亲祭躬桑。北齐先蚕坛五尺，方二丈，四高陛，陛各五尺，外兆四十步，面开一门，皇后升坛，祭毕而桑。后周皇后至先蚕坛亲飨。隋制宫北三里，坛高四尺，皇后以太牢制币而祭。唐置坛在长安宫北苑中，高四尺，周围三十步，皇后并有事于先蚕，其仪备《开元礼》。宋用北齐之制，筑坛如中祠礼，《通礼义纂》后亲享先蚕，贵妃亚献，昭仪终献。夫蚕祭有坛，稽之历代，虽仪制少异，然皆递相沿袭，□羊不绝，知礼之不可独废，有天下国家者，尚鉴兹哉！”

第三节 “公”“私”结合：宗庙祭祀仪式中的家国观念

一、时享、祫、禘仪

《明集礼》对宗庙祭祀的意义作如是解释：“《传》曰：‘万物本乎天，人本乎祖。’故为之宗庙，以享祖考，而致其报本之意焉。”① 在宗庙祭祀中，时享、祫、禘祭仪是最具代表性的仪式，突出反映了宗庙祭祀的文化意义。宗庙时享起源较早，有虞氏有四时之祭：春禴，夏禘，秋尝，冬烝。夏朝因循之，周改夏祭为礿，以禘为殷祭之名。《礼记·王制》称：“天子犆礿，祫禘，祫尝，祫烝。”② 故天子之礼，春则各于其庙特祭，夏秋冬则合享同于太庙。汉制时祭于便殿，光武帝时立庙于洛阳，四时祫祀高祖、文帝、武帝，祀余帝则春以正月，夏以四月，秋以七月，冬以十月及腊，一岁五祀。唐四时各以孟月享太庙。宋制岁以四孟月及季冬，凡五享。元一年四享太庙。③

明初于阙左建四庙。洪武元年（1368 年）定四时孟月及岁除行时享礼，一岁共五享。洪武二年，重定时享，春以清明，夏以端午，秋以中元，冬以冬至，岁除如旧。洪武三年又改回四时孟月时享，孟春于各庙行特享礼，其余时享则举三祖神主合享于德祖庙，以免礼仪烦渎。洪武九年，改建太庙为前正殿后寝殿之制以后，时享于正殿举行，德祖帝后神座居中，其他神座依次左昭右穆排列，座上止设衣冠，不奉主，亲王和功臣分别配享于东西壁。孟春择上旬吉日，孟夏、孟秋、孟冬均用朔日，岁暮用除日，俱行合享礼。同时，由于由都宫改为寝殿，故罢特享礼仪及各庙祭乐，均用德祖庙乐。永乐中定都北京后，建宗庙一如南京制。成化二十三年（1487 年），因九庙已备，开始出现祧迁神主，故弘治初年始于岁除日行祫祭礼。

嘉靖十年（1531 年），以太祖高皇帝四时享祭压于德祖，不得正南面之

① （明）徐一夔等撰：《明集礼》卷4，载《景印文渊阁四库全书》史部，第649册，第132页。

② （汉）郑玄注，（唐）孔颖达疏：《礼记正义》卷12《王制》，载（清）阮元校刻：《十三经注疏》，第2892页。

③ （明）徐一夔等撰：《明集礼》卷4，载《景印文渊阁四库全书》史部，第649册，第135页。

位，而改奉太祖神主居中一室，为不迁之祖，太宗以下依次奉迁。每岁孟春特享，夏秋冬合享，改择季冬中旬大祫，以岁除为节祭，归于奉先殿。特享与合享的差别在于，特享奉太祖居中，太宗以下以次居左右，各设一幄，南向，奉主于神座，设冠服及舄于座左右，祭毕藏之。合享则奉太祖居中南向，太宗以下以次东西向。大祫则奉德祖于太庙居中南向，懿祖以下以次东西向。又于丙、辛年孟夏行大禘礼于太庙，奉皇初祖南向，太祖西向配享。嘉靖十四年（1535 年），更建世室及昭穆群庙于太庙左右，太庙专奉太祖，世室在左三昭之上，奉太宗居首，改称太宗庙。以立春日行特享礼于各庙，立夏、立秋、立冬日行时祫礼于太庙，太祖南向居中，太宗以下东西向。季冬大祫礼则德祖居中，懿祖到太祖居左右南向，太宗以下如时祫序。嘉靖十七年，改太宗庙号为成祖，献皇帝庙号为睿宗，睿宗庙特享于本庙行礼，时祫则奉主合享于太庙。嘉靖二十四年，重建太庙，同堂异室，睿宗升祔，罢睿宗庙祭，太庙仍以太祖居中，成祖以下左右南向。时享于正殿，太祖居中南向，成祖以下东西相向，孟春于上旬择日，孟夏、孟秋、孟冬仍用朔日，具合享。祫祭则以岁除日，仪节如旧。罢大禘礼。隆庆以后按照嘉靖时期所定祧迁规则依次祧迁。

洪武二十六年（1393 年）定时享仪式为：斋戒前一日，太常司宿于本司，次日奏致斋三日，再次日进铜人。斋戒省牲后，正祭开始。在准备好陈设及配享人员仪位以后，乐舞生就位，执事官各司其事。皇帝至御拜位就位，伴着奏乐开始迎神仪式，行四拜礼。然后奠帛，行初献礼。执事官捧帛与金爵受酒献于神御前，读祝官宣读祝文。亚献礼执事官以瓷爵受酒，献于神位前。终献礼同。再由太常司卿唱赐福胙，光禄司进胙，受胙，俯伏平身，行四拜礼。后行撤馔礼，太常卿奏请还宫，行四拜礼。读祝官捧祝，进帛官捧帛，各诣燎位，内赞奏礼毕。

嘉靖十年改太祖为不迁之祖以后，定孟春特享仪。前期二日奏省牲如常仪，次日陈设。正祭日，皇帝乘舆由庙街门入，至棂星门左门入。皇帝至戟门东帷幕具祭服，入至寝殿，请出帝后神主，升太庙，至太祖室安放。因特享礼时太祖居中，太宗以下依次左右南向，所以依次安放太宗以下神主。乐舞生就位，执事官各司其事。正祭仪式基本同上所示时享仪式，不同的是，初献礼皇帝需要搢圭上香；太祖献爵后，还要到高后前献爵行礼，然后读祝。因特享仪式合祭各神主，因此在祭拜完太祖后，需要分别到太宗以下昭庙前，以及仁宗以下穆庙前行搢圭、上香、献帛、献爵仪，然后至太宗读祝位，七庙读祝官齐读祝。亚献和终献礼也是先祭拜太祖、高后，然后是祭拜太宗以下昭庙位和仁宗以下穆庙位。所有祭祀完毕后，皇帝纳穆庙主，昭庙主，至太祖、高后前，纳主完毕后，率捧主官各捧至寝殿安放，易服还宫。嘉靖十年（1531 年）定时祫仪，以及十五年改都宫之制以后，所定九庙特享和时祫仪式均参照以上时享、特享仪式，故不赘述。唯嘉靖十年定大禘仪和嘉靖十五年所定大祫仪可加注意。

大禘仪前期准备仿照时享仪式，所奉请祭祀者为皇初祖神牌以及太祖神位，并于正殿安设。正祭之日早，皇帝具翼善冠黄袍，御奉天门，至太庙改服祭服。所行仪式同时享仪。所有祭拜环节均先至皇初祖神位前，然后至太祖神位前依次行礼。最后在望燎仪式结束后，大禘礼还增加了太常卿捧皇初祖神牌诣燎所的环节。嘉靖十五年（1536 年）的大祫仪式规定，正祭仪式前，也要有捧祝官至祧庙及寝殿出主的仪式，捧主官请各庙主至太庙门外，候五祖主至，才开太庙正殿门，一起进入奉安各神主。而懿祖以下上香、献帛、献爵礼则俱由捧主官代行。

从以上太庙时享仪式和禘、祫仪式可以看到，其基本程序和环节与其他天地神祇祭祀大致相同，唯在于其祭祀对象是人鬼，且涉及庙制、神位、祧迁等诸多内容，并非祭祀某一个固定对象，因此在具体祭祀环节上会有一些差异。至于奉祧、升祔均有相应仪式，因非本节所指常规祭祀仪式，所涉亦仅及个别神主，此处不再胪列（图 3-11）。

二、“公”“私”结合的祭祀礼仪

宗庙祭祀仪式在所有国家祭祀仪式当中有几个值得注意的特点。

第一，其所祭祀的对象是一组，而非单独一个，因此宗庙祭祀仪式中，要有重复性的祭祀环节反复出现。在明代的大中小三等级祭祀体系中，祭祀天地、社稷、朝日夕月，先农、太岁、星辰、风云雷雨、岳镇海渎、山川、先师孔子、旗纛、五祀的对象均为固定的神祇，其他诸小祀基本上也是祭祀某个特定的对象。它们的系统性和复杂性常常体现在配享和从祀对象的丰

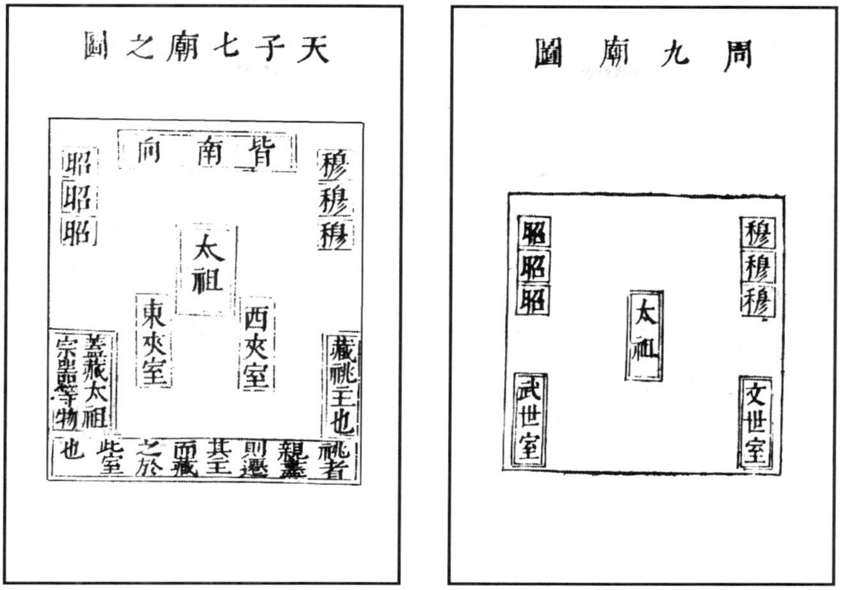

图 3-11　商天子七庙图、周九庙图

资料来源：（明）王圻、王思义编集：《三才图会・宫室二卷》，第 1007 页①

富，比如祭祀孔子，其配位及从祀系统就是处于不断变化中的。而诸天神地祇或群祀，或单独祭祀，均是祭祀方式不同所导致的祭祀对象数量的变化。只有大祀中的宗庙祭祀，对象是多个，即明朝历代皇帝，包括向上追溯的历代祖宗。即便是在实行都宫之制的时期，仍需要于各庙分别行礼祭拜，才算完成祭祀礼仪，这是一个整体。宗庙祭祀仪式中这些重复出现的祭祀环节，即遍祭各神主，尤其在特享仪和时祫、大祫、大禘仪式中体现得较为明显，这一点与其他单独祭祀对象的仪式有所区别。②

第二，宗庙祭祀仪式的各个环节变动较多，除了因庙制、神位等发生变化而带来仪式变动外，在祭祀环节上还有一些不同。比如，当洪武初年四庙单独建立时，实行的是一年五享的祭祀制度。洪武三年（1370 年）定孟春行

① “诸儒之说谓武王既有天下后，亦只是五庙，但加文武二世室，为七庙耳。刘歆之说则谓武王有天下便增立二庙为七，文武世室在外，朱子以为理长。愚谓七世之庙在商时已然，歆之说诚为长也。”
“此周九庙，以文武亲属宗祧，而有功德当宗不可祧。故别立世室，而皆百世不迁。与太祖同世室者，不毁之名也。自是之后，穆祧者藏文世室，昭祧者藏武世室。”

② 在祭祀对象上，中祀系统中的帝王庙祭祀与宗庙祭祀相类似，所祀对象为历代有功之帝王，对象也是一组。不同的是，在祭祀时将之作为一个整体，无须像宗庙祭祀那样重复祭拜。

特享礼于各庙，时享则合享于德祖庙。等到洪武九年改为前殿后寝之制以后，便均于正殿行礼，祭祀仪式随着庙制的变化发生改变，祭祀乐舞也与都宫之制时有所差异，变为使用一套祭乐，而非四套。随着历代皇帝神主陆续升祔太庙，祭祀仪式再次由于祭祀神位的变化而发生改动。嘉靖时期经历了从寝殿到都宫，再到寝殿之制的反复改动，其所祀历代皇帝的升祔祧庙也都发生改变，故祭祀仪式也随之有相应的改动。同时，祭祀仪式的变动并未改变尊崇不迁之祖的地位，即嘉靖以前重视德祖祭祀仪式的完整，嘉靖以后太祖为百世不迁之祖，则注重太祖祭祀仪式的隆重和完整。还有一些特殊的仪式环节，如涉及寝殿神主时，需要在祭祀仪式中增加请寝殿神主的环节，在仪式结束后需要有安放回寝殿神主的仪式（图 3-12）。

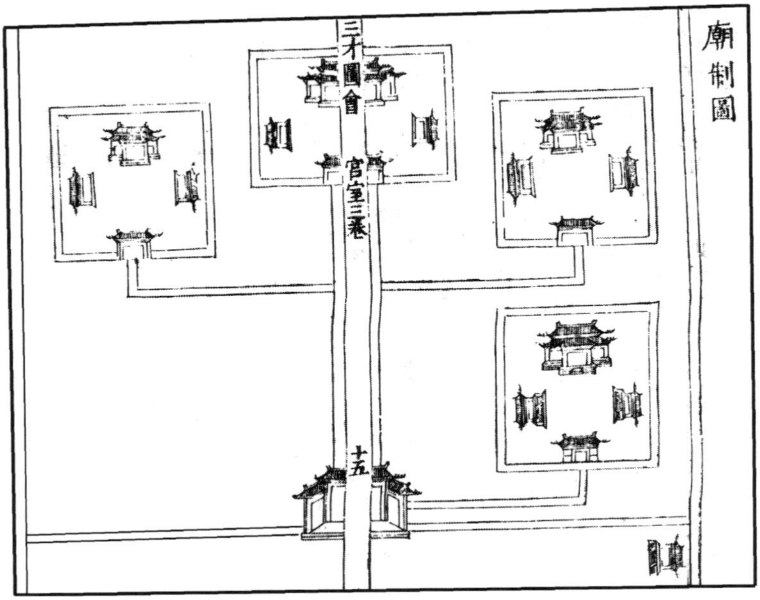

图 3-12 明初庙制图

资料来源：（明）王圻、王思义编集：《三才图会·宫室三卷》，第1030—1031页①

第三，宗庙祭祀活动的公私界限最为模糊。也可以说，宗庙祭祀仪式是

① “国朝，四祖各别立庙，德祖居中，懿祖居东第一庙，熙祖居西第一庙，仁祖居东第二庙。庙皆南向，每庙中奉神主，东西两夹室，两庑，三门，门设二十四戟。外为都宫，正门之南别为斋饮三间。斋饮之西为馔饮三间，俱北向。门之东，神厨三间，西向。”

公私结合最明显，体现家国关系最贴切的一种祭仪。明朝宗庙祭祀渊源于商周以来的宗庙祭祀传统，并参照历代宗庙祭祀制度变迁实态，结合本朝特点制定。不仅有每岁进行的常规祭仪，还有诸多因时因事而行的祭祀活动，可谓十分复杂。宗庙祭祀仪式中对祖宗的祭祀带有明显“公”的属性，是国家祭祀体系里大祀的重要内容，而另有一些与太庙祭祀关联颇深的祭祖行为，则带有明显的为“私”性质。

时享仪是一年四时太庙的常规祭祀仪式，其变动主要体现在各个时期时享时间的差异，无论是四时孟月及岁除行时享礼，还是以清明、端午、中元、冬至、岁除行时享礼，都保持一年五次时享。禘祭是针对皇帝始祖的祭祀活动，只在嘉靖时期举行过。祫祭仪式包括时祫与大祫，当宗庙位满，出现祧迁的神主时，遂行祫礼。其中既有嘉靖时期行于立夏、立秋、立冬日的时祫礼，也有季冬的大祫礼，规模各有差异。这些常规祭仪是国家祭祀体系的重要组成部分，公祀的性质比较明显（图 3-13）。

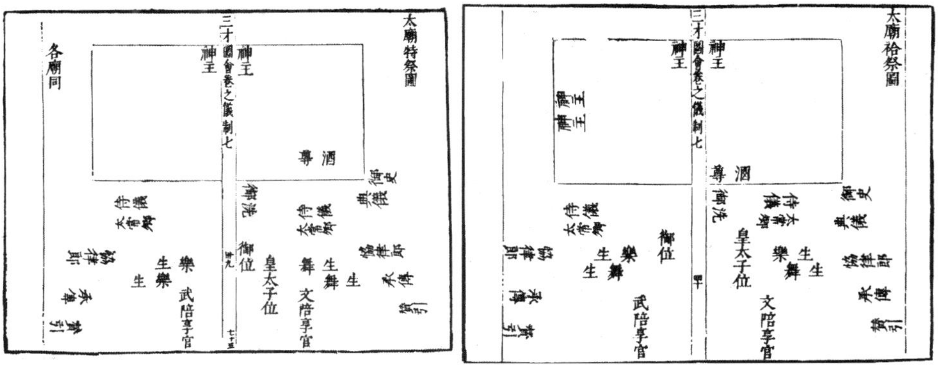

图 3-13　太庙特祭图、太庙祫祭图

资料来源：（明）王圻、王思义编集：《三才图会·仪制七卷》，第 1949 页

另一类地位低于以上仪式的宗庙祭仪，主要包括朔望祭仪、荐新仪、献新仪和告祭仪，这类祭祀仪式是在特殊日子里因时因事而举的祭祀活动，等级较常规祭仪低，往往遣官祭祀，既带有公祭属性，也具有私祀的成分。比如，明制，朔祭各庙，共享羊一、豕一，各用笾八、豆八，簠二、簋二、登二、铏二、酒尊三，及常馔鹅羹饭，用祝文，行礼官服法服；望祭则止用常馔酒果鹅汤饭，行礼官服常服。其主体祭祀人员常常为太常卿、内使监官及

预祭官，皇帝本人较少参与。在祭祀仪式的差别上，行祭拜礼之前增加有直庙官辟庙门，太常寺官同内使监官陈设汤饭蔬馔，燃香烛，直庙内使启椟的仪式。主祭人员只行祭拜、上香、进爵、搢笏等常规仪式，而明显象征着与祭祀对象交流的迎神、送神礼，饮福受胙礼，甚至是核心仪式三献礼并不出现在朔望祭祀仪式中。

荐新仪与献新仪相类似。荐新仪是指在固定的时节将新收获的食物进献于宗庙的仪式。明制规定，月荐用所有时新之物，从正月到十二月，根据每月所产的新鲜蔬果食物祭祀宗庙。① 献新仪则是遇四方别进新物在月荐之外者，太常卿奉旨与内使监官各常服捧献于太庙的祭祀仪式。荐新祭仪与献新祭仪与前述朔望祭仪十分相似，重点在于进献新鲜食物，皇帝不参与祭祀，主祭人员主要由太常寺，内使监官及预祭官组成，祭祀仪式不似时享仪式隆重。这两种仪式还要兼顾到内殿祭祀，如奉先殿。其象征性意义在于事死如事生，即在有新鲜食物出产时，及时进献，让已逝的祖宗能够享受到与活着的人一样的待遇，以示对祖宗的惦念和尊重。

宗庙告祭仪的临时意味更突出，即在国有大事，或皇室有大事发生的时候到宗庙进行告祭。比如新皇帝即位，上尊号、谥号，大丧，改元，皇子降生，册封皇后妃嫔，册立皇太子，亲征，纳降献俘，祭山陵园陵，祔庙等等，皆需遣官奏告。这时的仪式活动也较时享仪式程序简单，主要表达的是“告诉”的含义，即将已经发生的大事告知历代祖宗，不仅示意尊重，更代表着这些举动得到了祖宗的认可，以示其行为的合法性。

以上这几类仪式主要是遣官代为完成祭祀，皇帝较少亲自参与。祭祀仪式的程序较为简单，参加祭祀人员的等级也比皇帝亲祭时参与的官员低。祭祀仪式的含义既有公的性质，如告祭仪式中就涉及了多重公共事务；也有私的意味，比如荐新献新仪和朔望祭祀仪式，更像是单纯对自己皇室祖先的追慕和供奉。因此，这一类祭祀仪式兼具公私双重属性。

---

① “正月则荐韭荠、生菜、鸡子、鸭子；二月冰芹、台菜、蒌蒿、子鹅；三月新茶、笋、鲤鱼、鮆鱼；四月樱桃、梅杏、鲥鱼、雉；五月新麦、桃李、来檎、黄瓜、嫩鸡；六月莲子、西瓜、甜瓜、东瓜；七月雪梨、蒲萄、红枣、菱；八月新米、藕、芡茭、白姜、鳜鱼；九月红小豆、栗、橙、柿、蟹、鳊鱼；十月木瓜、柑橘、芦菔、兔、雁；十一月荞麦、甘蔗、天鹅、䴔、䴖；十二月菠菜、芥菜、白鱼、鲫鱼。”见（明）徐一夔等撰：《明集礼》卷4，载《景印文渊阁四库全书》史部，第649册，第136页。

最后一类私祀性质明显的祭祀祖宗仪式是内殿祭祀，其中奉先殿祭祀最为重要。洪武三年（1370年）冬，以太庙时享未足以展孝思，始于乾清宫别建奉先殿，朝夕焚香，朔望瞻拜，时节献新，生忌致祭，用常馔，行家人礼（仪式参照上述朔望及献新仪）。永乐时，仿照南京再建。嘉靖时期，又即殿西新建奉安献皇帝神主的观德殿，世庙建成后，迁观德殿于奉先殿东，改题为崇先殿，实际具有与奉先殿同样的功用。直到嘉靖十七年（1538年）奉祔献皇帝于奉先殿，才罢崇先殿祭仪。与此类似的还包括奉慈殿、弘孝殿、神霄殿、景神殿、庆源殿等内殿祭祀。这些祭祀已经明确所行为家人礼，因此虽然也是祭祀历朝祖宗，但并非公共性质的国家祭祀仪式，私祀色彩浓重。

综上，即便同为祖宗祭祀仪式，也因祭祀时间、方式、内容和意义等的差异而体现出了“公”与“私”的不同性质，使得宗庙祭仪成为国家祭祀体系当中较为特别的一种仪式。

第四节 “师”“道”并举：祭孔仪式与先圣先师祭

一、释奠、释菜仪与先圣先师祭

《明集礼》称：周制，凡始立学者，必释奠于先圣先师。汉儒以先圣为周公，若孔子以先师为礼乐诗书之官，若《礼》有高堂生，《乐》有制氏，《诗》有毛公，《书》有伏生。可以为师者，盖四时之学，将习其道，故释奠各以其师，而不及先圣。魏正始中，使太常释奠于辟雍。晋皆于太学释奠。隋制国子监每岁四仲月上丁释奠先圣先师，州县学则用春秋仲月。唐初释奠儒官自为祭主，直云博士姓名，敢昭告于先圣。许敬宗奏请令国子祭酒为初献，词称“皇帝谨遣”，令司乐为亚献，博士为终献；县学则县令为初献，县丞为亚献，主簿及尉通为终献，永为礼制。武德贞观中皆以二月亲幸国子监释奠，开耀景龙中，皆皇太子释奠于太学。开元中诏春秋释奠，以三公摄事，著之例程。若会大祀，则用中丁，州县用上丁。宋元因古礼而损益。[①]

明初，洪武二年（1369年）御制祭文，遣官赍御香，祀曲阜孔子庙。规定每岁春秋二丁降御香祀于国学，并由中书省臣初献，翰林学士亚献，国子祭酒终献。[②]这较唐代释奠官等级明显提高。洪武三年，正诸神封号时，只有孔子封爵没有变动，并于每岁二丁传制遣官祭于国学，每月朔望遣内臣降香，朔日则祭酒行释菜礼，四年后改由进士行释菜礼。洪武十五年天下儒学通祀孔子后，颁释奠仪，并于次年颁大成乐器于天下府学，州县如式制造。乐舞生择监生及文武大臣子弟在学者，预教习之，后改用太常乐舞生。

洪武朝以后，遇有新皇帝登极均遣官祭告阙里，并驾幸太学，行释菜礼。永乐八年（1410年），正文庙圣贤绘塑衣冠，以合古制。永乐十九年北京国子监建成后，南京国子监春祭即命祭酒行礼，称"皇帝谨遣"。正统元年（1436年）刊定从祀名爵位次，颁行天下。正统三年，还曾明令禁止于释老宫祀孔子。

嘉靖九年（1530年），对孔子祀典全面厘正，塑像改为木主，题至圣先师孔子神位，改大成殿为先师庙，改殿门为庙门。四配称复圣颜子、宗圣曾子、述圣子思、亚圣孟子之位，十哲以下及门弟子均称先贤某子之位，左丘明以下称先儒某子之位。同时整理从祀系统，罢祀公伯寮以下十三人，改祀林放等七人于其乡，增后仓等五人入祀。更定笾豆、乐舞数，将成化时期升为八佾的乐舞改回六佾[③]，罢内臣降香。隆庆和万历时期，又分别增祀了当朝儒学名家薛瑄、王守仁、陈献章、胡居仁。[④]

孔庙祭祀仪式以释奠礼和释菜礼最为隆重。洪武二十六年定释奠仪，规定在经过斋戒、传制、省牲及陈设准备后，正祭日，乐舞生、执事官各司其

---

① （明）徐一夔等撰：《明集礼》卷16，载《景印文渊阁四库全书》史部，第649册，第342—343页。

② 洪武七年，仲春上丁日遇日食，改于次丁日。

③ 《白虎通义》卷上《礼乐》（《景印文渊阁四库全书》子部，第850册，第14页）中称："天子八佾，诸侯四佾，所以别尊卑。乐者阳也，故以阴数。法八风、六律、四时也。八风、六律者，天气也，助天地成万物者也，亦犹乐所以顺气，变化万民，成其性命也。故《春秋公羊传》曰：'天子八佾，诸公六佾，诸侯四佾。'《诗》曰：'大夫士，琴瑟御。'八佾者何谓也？佾者列也，以八人为行，列八八六十四人也。诸公六六为行；诸侯四四为行。诸公谓三公、二王后。大夫士，北面之臣，非专事子民者也，故但琴瑟而已。"

④ （明）申时行等修：（万历）《明会典》卷91《群祀一》，第520—521页。

职，分献官、陪祀官各就其位。[①]献官诣盥洗位搢笏、出笏，至拜位。迎神，行四拜礼。行初献礼，诣孔子神位前献帛、进爵、读祝。然后于四配位前依次行礼如前。后行亚献、终献礼，献爵于神位前。后行饮福受胙礼。最后撤馔、送神，行四拜礼。捧祝文帛馔于瘗位前望瘗。分献官与陪祀官行礼是在读祝完毕后，进帛、进爵，亚献、终献同，并参与望瘗。孔子释奠仪常常由皇帝遣官行礼，皇帝亲自参加的祭孔仪式则不多，即使是在刚刚登极时，也常遣官祭祀。嘉靖九年（1530年）对祭孔礼的改革中，还启动了启圣祠祭祀仪式，规定两京国子监及天下学校建启圣公祠，每岁仲春秋上丁日遣国子监祭酒行礼，南监司业行礼。因与释奠礼同时举行，启圣祠祭祀前并不单独斋戒、传制和省牲，只需陈设到位，祭祀仪式同释奠礼仪。孔庙祭祀仪式上的用乐也较为独特。明初，迎神奏文明之曲，盥洗奏昭明之曲，升殿奏景明之曲，宣圣酌献奏诚明之曲，亚献奏灵明之曲，送神奏庆明之曲，仍用大晟登歌乐。[②]

释菜仪式的程序相较释奠仪简单，是每月常规的祭拜仪式，不行献帛礼和三献礼，仅以鞠躬行拜礼和进爵为核心仪式，祭拜环节减少。月朔释菜仪规定，当日清晨，执事官各司其事，分献官分列于大成门内，监生排班，等候献官至。通赞唱排班，献官以下各就位，班斋鞠躬，拜兴，平身。然后献官盥手，诣酒尊所酌酒，再至先师孔子神位前以及配享神位前跪献爵。十哲、两庑分献官一同行礼，复位后，献官、分献官至原拜位立，鞠躬，拜兴，平身，礼毕。可见，释菜礼是仪式规格较低的祭拜活动，当其与释奠礼有冲突时，要以释奠礼为重。如成化二十二年（1486年）二月朔日当行释菜礼，但正值上丁释奠日，则改释菜礼于次日举行。

---

① 六品以下不陪祀的官员需要先期一日赴庙瞻拜。

② （明）徐一夔等撰：《明集礼》卷16，载《景印文渊阁四库全书》史部，第649册，第349—350页。景泰元年秋七月甲寅，国子监助教刘翔言："祖宗以来，礼乐之文，制作浸备。惟庆成之晏，视学之仪，释奠之祭，雅乐未作。臣以为，宜敕儒臣推演道德教化之意，君臣相与之乐，作为诗章，协之律吕，如古之灵台辟雍，清庙湛露之乐，以备一代之典。至于春秋监学之祭，太常典司礼乐而赞相之际，过于急促，殊无从容悠缓之意。首唱升坛，亦甚无谓。夫既有庙宇，则非坛墠矣。又所设乐器悉列于露台之上，使堂上堂下之乐混于舞列，甚乖礼制。乞下礼官从宜改正，庶首善之地，礼序乐和，足为四方之式。前此幸学释奠皆不设乐，庆成晏惟用教坊，供应春秋所奏大成雅乐，数密浅短，倏然而鸣，诎然而止，殊不成声，大率如乐终之乱，故翔概及之。"时以袭用既久，竟莫之改。见《明英宗实录》卷194，"景泰元年秋七月甲寅"条，第4084—4085页。

除了孔庙祭祀孔子以外，嘉靖时期还在文华殿行先圣先师祭。嘉靖九年（1530年），于文华殿东间祀伏羲、神农、黄帝、尧、舜、禹、汤、文、武、周公、孔子十一位，各有神主，每一位神主分别有龛。伏羲至武王南向，周公西向，孔子东向，每岁以仲春秋开讲前一日，由皇帝亲自致祭。每月朔望具酒果，皇帝服黄袍行礼，有时遣辅臣及大臣代拜。嘉靖十六年，移祀于永明后殿，行礼如初。之后即经常遣官代行。隆庆初年仍于文华殿东室行礼。祭祀前一日由太常博士捧祝版于文华殿，皇帝亲填御名。正祭日皇帝具皮弁服，由文华殿出，至拜位就位。然后先后至伏羲以及其他各神位前搢圭、上香，出圭、复位。再拜后读祝，皇帝跪读毕平身，安放祝文。再拜，焚祝帛。皇帝退于拜位之东立，捧祝官出门，礼毕。皇帝出还宫。[1]由此可见，文华殿先圣先师祭祀，皇帝亲自参与较多，选择的日期在仲春秋开讲前一日。祭祀的主要目的是参酌太学祭孔，在经筵之前举行，以显示所学为伏羲以来历代圣师所传授的知识。先圣先师祭祀仪式虽有皇帝亲自参加，但规格并不高，仪式也不复杂，无三献礼和饮福受胙等仪式，仅以上香、跪拜、读祝为核心礼仪。

二、“师”与“道”

祭祀孔子的仪式主要在京师国学、孔子阙里、天下府州县学，以及宫廷内殿的文华殿举行。国学祭祀孔子于每岁春秋二丁日遣官降香，每月朔望遣内臣降香，朔日行释菜礼，遇新皇帝登极还常常驾幸太学。由于太学在天子脚下，皇帝往往可以亲自前往祭祀，如洪武十五年（1382年），朱元璋亲幸国子监，拜谒孔子行释菜礼。阙里祭祀在孔子出生地山东曲阜举行，遇到国有大事，在祭祀京师国学孔子时，往往同时遣官致祭阙里孔庙，其地位与京师国学的孔子祭祀相当。从其渊源上来看，汉以来延续千年，甚至超越了京师孔庙祭祀；从其象征意义上来看，阙里祭祀不仅是家庙祭祀，以表达对孔子个人和家族的重视，同时也被赋予了国家祭祀的含义。与以上两种祭祀仪式相比，天下府州县学祭祀孔子等级最低。洪武十五年，定天下府州县学通

① （明）申时行等修：（万历）《明会典》卷91《群祀一》，第520页。

祀孔子，并颁布释奠仪式。次年颁大成乐器于天下府学，州县因地位较府学次之，仿照颁给府学的大成乐器自行制造。虽然府州县学孔子祭祀等级较京师国学和阙里祭祀低，但因其牵涉范围最广，成为真正意义上的天下祭仪，影响甚为深远。此外，文华殿祭祀并非单独祭祀孔子，而是祭祀伏羲以来的道统传承者，于每岁春秋开讲前一日由皇帝亲自致祭。文华殿祭祀虽然影响范围较小，参与人员有限，且公祀色彩淡化，但由于在宫廷内殿中，且有皇帝直接参与，故其象征意义亦值得关注。

孔子的形象兼具“师”“道”双重含义，所谓“师”指的是孔子作为万世师表，承担着教育和激励天下读书人的责任，其中也包含对帝王的教育，因此是为师者的表率和象征。明朝分别在京师国子学和天下府州县学建立各级培养人才之所，清人评价：“明代学校之盛，唐、宋以来所不及也。”① 而先师孔子祭祀也从国子学遍及地方儒学，这一点是历朝孔子祭祀所不及的。这充分表明明代帝王欲将孔子的先师形象在最能体现其功能的地方加以强化，此一做法，终明一朝未有变化。明代遍祀孔子之制来源于汉代以来对孔子的祭祀传统，也深深影响了清朝以后直到今天对孔子万世之师形象的塑造。同样，在宫廷中，文华殿祭祀孔子也在某种程度上体现了其为师者的形象。文华殿曾经作为太子学习和摄事之所，正统以后，又被定为经筵进讲之地②。皇帝与诸礼臣和讲官常常在此讨论礼义经典，甚至科举殿试也在此阅卷。可以说，文华殿本身就突出展现了它作为文化和教育场所的功用，因此在经筵开讲前祭祀孔子，正象征着孔子是历代文人学者和师者的典范。

嘉靖时期对孔庙祀典改革的目的也是将孔子的地位从圣王恢复到先师角色。孔子封号历朝累加，到明代成化时期已经封为大成至圣文宣王，并配合冕服、笾豆以及乐舞等一系列提升其等级地位的重要改革，其基本原则是提升祭祀规格。这种做法到嘉靖时期被彻底改变，不仅改其称号为“至圣先师”，且其以下四配十哲也均以“先贤某子”和“先儒某子”称呼，大成殿改为先师庙，冕服、笾豆、乐舞等级一并降低。经过此番改革，孔子祭祀地位从王者之位回归到师者之位，且明显居于帝王之下。从府州县学的祭祀人员也可以看到，在祭祀孔庙时，主祭者或是朝廷遣官，或是当地的地

---

① 《明史》卷69《选举志一》，第1686页。

② 洪武时期，宋濂曾经建议文华殿祭祀伏羲以来先圣先师，朱元璋不允，直到嘉靖时期才得到落实。

方官，如布政使；分献则以本学儒职及老成儒士充当。这说明，孔子被以先师的身份纳入国家教育体系，孔庙祭祀也被纳入官僚管理体制中，且不能超越之上。

“道”意指道统，孟子最早对道统脉络传承做出解说，他在《孟子·尽心》中称：“由尧舜至于汤，五百有余岁，若禹、皋陶，则见而知之；若汤，则闻而知之。由汤至于文王，五百有余岁，若伊尹、莱朱则见而知之；若文王，则闻而知之。由文王至于孔子，五百有余岁，若太公望、散宜生，则见而知之；若孔子，则闻而知之。由孔子而来至于今，百有余岁，去圣人之世，若此其未远也；近圣人之居，若此其甚也。然而无有乎尔，则亦无有乎尔。”①孟子指出了从尧、舜、禹、汤、文、武到孔子，对“道”的传播，感叹孔子以下无人能继承，并以接续孔子道统而自居。但是孟子在论述中并没有明确提及道统的语汇和概念。到了唐朝韩愈那里，他对“道”的阐发更进一步：“博爱之谓仁，行而宜之之谓义，由是而之焉之谓道，足乎己无待于外之谓德……凡吾所谓道德云者，合仁与义言之也，天下之公言也……斯吾所谓道也，非向所谓老与佛之道也。尧以是传之舜，舜以是传之禹，禹以是传之汤，汤以是传之文、武、周公，文、武、周公传之孔子，孔子传之孟轲。轲之死，不得其传焉。荀与扬也，择焉而不精，语焉而不详。由周公而上，上而为君，故其事行；由周公而下，下而为臣，故其说长。”②由此可见，韩愈的论述是针对佛老之说，提出儒学不同于它们的道理。他也指出所谓的“道”是从尧、舜、禹、汤、文、武、周公，进而传于孔子的，孔子以下传于孟子，孟子死后，则道统不得传。而正式提及“道统”这一概念的则是朱熹，他在《中庸章句序》中说：“《中庸》何为而作也？子思子忧道学之失其传而作也。盖自上古圣神继天立极，而道统之传有自来矣。”③朱熹将道统之传统渊源上溯至上古圣神，并认为《中庸》正是为了化解道学失传而作的。

---

① （汉）赵岐注，（宋）孙奭疏：《孟子注疏》卷14《尽心章句下》，载（清）阮元校刻：《十三经注疏》，第6050页。

② （唐）韩愈：《原道》，载屈守元、常思春主编：《韩愈全集校注》，成都：四川大学出版社，1996年，第2662—2665页。

③ （宋）朱熹撰：《四书章句集注·中庸章句序》，载《新编诸子集成》（第一辑），北京：中华书局，1983年，第14页。

从孔孟到唐宋时期对儒学传统的传承和发扬，一直被历代帝王和儒者所普遍认同，这种普遍的认同表现在，历代帝王都自觉地用儒家思想作为治国的基本理念，并承认中华文化正是继承了这一传统发展而来的。这种认同也体现了一种自我归属意识，当进入这一道统体系当中，作为帝王统治这个国家的正统性也便得到了确认。在这个道统体系中，孔子是最重要的开创者和发扬者，孔子以上是传说的圣王时代，以至于孔子以下的儒学往往以其为始祖，并从孔子开始发展，进一步传承延续。

从上述四类对孔子的祭祀来看，阙里孔庙祭祀从汉代以来就受到重视，历代帝王或亲自祭拜，或遣官致祭，这一举动象征着帝王对孔子道统传承者形象的认可。明代皇帝也不例外，如元至正十六年（1356 年）九月，朱元璋入江淮府时，入城后最先谒拜的就是孔子庙，并分遣儒士告谕乡邑，劝耕桑筑城开堑。[①]而文华殿的先圣先师祭更是明确将这一道统发展的脉络展现出来，从神位摆放的次序来看，伏羲至武王南向，象征传说中的圣王；周公西向，孔子东向，分别代表两位儒学圣师，开创之功明显（图 3-14、图 3-15）。

图 3-14　先圣像、先圣别像

资料来源：（明）王圻、王思义编集：《三才图会・人物四卷》，第 594—595 页

① 《明太祖实录》卷 4，“丙申九月戊寅”条，第 48 页。

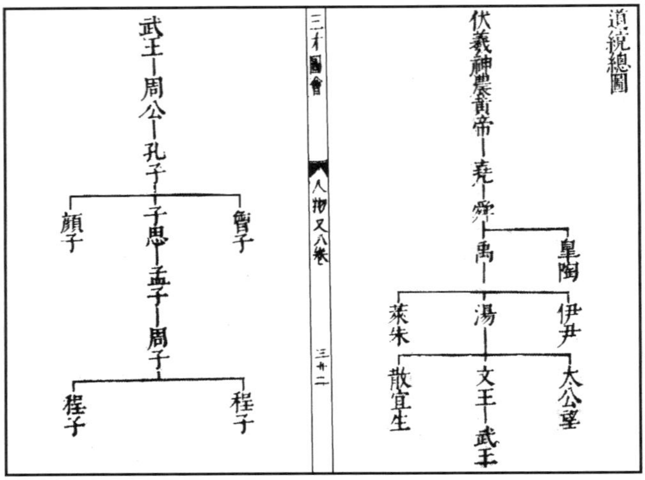

图 3-15　道统总图

资料来源：（明）王圻、王思义编集：《三才图会·人物又八卷》，第 730—731 页①

第五节　地方公共祭祀仪式中的符号与象征意义

一、地方公祭仪式的内容

明代国家祭祀体系是一个复杂的系统，不仅包含朝廷和京师的祭祀活动，也包括地方社会的公祭活动。本节主要探讨地方公祭仪式中的符号和象征意义。洪武二十六年（1393 年）规定地方公祀的内容包括“天下府州县，合祭风云雷雨、山川、社稷、城隍、孔子及无祀鬼神等，有司务要每岁依期致祭，其坛壝庙宇制度，牲醴祭器体式，具载《洪武礼制》”②。地方公祭包括王国祭祀和府州县祭祀两个层次。王国祭祀虽然有藩王及其臣属参与，等级较高，但因其发生地在各藩王之国之地，因此也属于地方公祭范畴，又因其独享一套祭祀体系，与府州县的祭祀差别明显，容另文单独讨论，此处只

① “自伏羲以至周公，皆以系籍圣贤，开斯文之统。自孔子、曾子、子思至于孟子，虽不在其位，然独以其道系千古之脉，故继三王之后，孟氏没千四百年，惟河南程氏学为得其传。程氏之后，盖鲜其人间一有之依傍，揣度区区，于训释经文，见之未真，言之未纯，未敢遽谓能传道也。”

② （明）申时行等修：（万历）《明会典》卷 94《群祀四》，第 533 页。

讨论各府州县的公祭仪式。[①]

地方公祭仪式中第一类也即最重要的是祭祀社稷。府称府社之神、府稷之神；州称州社之神、州稷之神；县称县社之神、县稷之神。每岁仲春秋上戊日，献官、各布政司及府州县官员均参与祭祀，但只有主祭一人行三献礼，余官陪祭，武官不预。

根据《明会典》记载，地方祭祀社稷仪式正祭前两日，献官、陪祭官、执事人员沐浴更衣，散斋二日，各宿别室，致斋一日，同宿祭所。散斋仍可理事务，但不能饮酒、不能吃葱韭蒜薤等刺激性食物，不吊丧问疾，不听乐，不行刑，不判署刑杀文字，不预秽恶事，致斋止理祭事。正祭前一日献官常服省牲，并将宰牲后的少许毛血盛于盘，其余毛血以净器盛贮，祭毕埋之，祭祀所用牲则连皮煮熟供祭。祭祀前打扫陈设完毕后，当日清晨，执事者各实笾豆酒尊等祭器，并涤爵。献官祭服，佥祝版于中门外幕次。执事将祝文放于案上，置帛于篚，取毛血盘置神位前牲案下，盛牲置于案。一切准备就绪后，正祭仪式开始。首先，瘗毛血于坎，启牲匣盖，行迎神礼，四拜。其次，奠帛，行初献、亚献、终献礼，进献前均需盥洗双手，读祝同样在初献礼环节举行，并进爵。所有祭拜礼均需先诣某社位前，再诣某稷位前。再次，饮福受胙，献官于饮福位饮福酒受胙，献官、陪祭官均两拜。撤馔，送神，鞠躬行四拜礼。最后，于瘗所焚祝帛于坎，献官诣瘗位望瘗。将完毕时，以土实坎，礼毕。[②]府州县社稷祭祀礼仪同大祀社稷祭祀仪式基本相同，但在祭祀人员、祭器、祭牲等方面仍存在等级差异。

除了府州县祭祀社稷代表祭祀土谷神以外，在各处乡村还有里社之祭，每里一百户内立坛一所，祀五土五谷之神，专为祈祷雨旸时若、五谷丰登之用。每岁一户轮当会首，遇到春秋二社，预期率办祭物，到祭祀日期则约聚祭祀。祭祀完毕后行会饮，会中令一人读抑强扶弱誓词。读词完毕后，长幼以次就座，尽饮而退。其目的在于恭敬神明，和睦乡里，以厚风俗。[③]

---

① 本节所述地方公祭仪式均是明制规定的地方常规祭祀仪式，不包含临时祭祀仪式，如山川祭祀活动中，常常因为求雨、出征等临时举行祭祀活动，祭仪的含义较常规祭祀仪式有所差异。临时祭仪将在下一章论及，此节不涉。

② （明）申时行等修：（万历）《明会典》卷94《群祀四》，第534页。

③ （明）申时行等修：（万历）《明会典》卷94《群祀四》，第536页。

第二类是祭祀岳镇海渎、山川、风云雷雨及旗纛。历代帝王登极，均需遣官分投祭告各处岳镇海渎，以示重视。岳镇海渎分别依据其所处的地理位置分祭各地：五岳分别祭祀于山东泰安州、陕西华阴县、河南河南府、湖广衡州府和直隶真定府；五镇分别祭祀于山东东青府、陕西陇州、山西平阳府、浙江绍兴府和辽东；四海分别祭祀于山东莱州府、山西蒲州府、广东广州府和河南怀庆府；四渎分别祭祀于四川成都府、山西蒲州府、河南南阳府和河南怀庆府。

洪武七年（1374年），向所在有司颁布祭祀岳镇海渎仪式规定。[①]春秋仲月上旬择日致祭，五岳五镇四海用帛各随方色，四渎用黑，祭物、祭器、仪注同社稷祭祀。山川与风云雷雨则设坛专祀。洪武六年，根据中书省及礼部建议，“五岳五镇、四海四渎，礼秩尊崇，及京师山川皆国家常典，非诸侯所得预者。其各省惟祭风云雷雨及境内山川之神，宜共为一坛，设二神位，以省臣初献，都指挥司官亚献，府官终献。祭期春用惊蛰后三日，秋用秋分后三日。每位牲用羊一、豕一；笾豆四、簠簋二、爵三、铏牺象尊各一；祝一；风云雷雨帛四、山川帛二；凡祭斋三日。制可。自是定天下十二省山川皆各省自祭，旧合祭京师及四夷山川悉罢之。惟甘肃以新附，其山川仍附祭京师，各城隍之神祭日春用三月三日，秋用九月九日”[②]。其祭器、祭物以及祭祀仪式均与社稷祭祀同。旗纛祭祀规定，各处守御官于公廨后筑台立庙，设军牙六旗纛神位，分别于惊蛰、霜降日行春秋二祭礼。守御长官武服，行三献礼，祭祀仪式与社稷祭祀相同，瘗血、望燎则与风云雷雨等神相同。

第三类是府州县孔庙、城隍庙与祭无祀鬼神。各地不同等级孔庙祭祀的记载很多，阙里孔庙最为典型，王圻称：“孔子庙在曲阜县西八里，即阙里故宅也。中为大成殿，前有杏坛，左泗水侯殿，右沂国公殿，后启圣王及夫人颜氏，并尼山毓圣侯三殿，前有宋真宗及本朝御制碑亭。其他门庑斋宫碑刻之盛，不可殚记。有司春秋上丁祭祀，朝廷每三年一遣使致祭，有事则告天下庙祀。凡一千四百八十余处，外至四夷，莫不追崇。每岁春秋二祭，用牛六，猪一万七千有奇，羊五千八百有奇，鹿一千八百有奇，兔与猪同。币

① （明）申时行等修：（万历）《明会典》卷93《群祀三》，第531页。
② 《明太祖实录》卷81，“洪武六年夏四月癸未”条，第1460—1461页。

帛二万六千六百有奇。”[①]府州县孔庙祭祀仪式规模较京师国学和阙里祭祀仪式要小，祭祀人员的身份等级也相对较低，此处不再赘述。

城隍祭祀则既有与风云雷雨、山川同坛祭祀者，也有单独的城隍庙祭祀。坛祭于春秋仲月上旬择日祭，风云雷雨神位居中，山川、城隍神位分居左右。根据其在府州县不同，称呼上有所差异。祭祀仪式同前述风云雷雨、山川祭祀。庙祀则给予城隍特殊的祭祀地位，洪武三年（1370年）去除各处城隍封爵称号，只称某府或某州、某县城隍之神，并令各庙屏去他神，单独祭祀城隍。城隍庙制视官署厅堂，造木为主，毁塑像，舁置水中，取其泥涂壁，绘以云山。京师城隍祭祀经历了坛祭和庙祭的多次变化，因与具体仪注变动关系较小，此处省略。当国有大灾时均需告庙请福佑，王国由王亲自主祭，各府州县则由守令主祭。与各地城隍庙祭配合的还有祭厉，各府州县每年春清明、秋七月十五、冬十月一日祭祀无祀鬼神，于城北郊设坛，祭祀郡厉、邑厉。前期三日主祭官沐浴更衣，备好香烛酒果。先诣本处城隍发告文，告文中指出是遵承礼部札付，祭祀无祀鬼神，并奉皇帝圣旨宣读告城隍文。进告文的同时行拜礼，并献爵，焚告文。祭厉当日还要设城隍神位于坛上，以示监督。设无祀鬼神于坛下左右，分别摆设祭品祭物。主祭官就位行拜礼，并诣神位前跪，三献酒，读祭文，鞠躬行拜礼完毕后，焚烧祭文，礼毕。[②]

地方祀典除以上公祭内容外，还包括内容繁多的群祀对象。主要是两京和各地方有司列入祀典中的山川土神、古今圣贤、忠臣烈士等庙祀，这部分内容将在第五章专门讨论。

二、仪式的力量

丰富的地方公祭活动内容表明，地方公祭是国家祭祀体系的重要组成部分，它蕴含的文化内涵及其体现的地方治理功能，通过仪式活动得以展现。下面，笔者将从三个方面分析地方公共祭祀体现出的仪式力量。

第一，地方公祭仪式是地方官员职权的重要范畴，也是官方权力的展现

① （明）王圻、王思义编集：《三才图会·人物四卷》，第595页。

② 关于告祭城隍文和祭厉文的内容及其含义，请参李媛《明代国家祭祀制度研究》第四章第四节相关部分的讨论，此不赘述。

方式之一。明代规定的地方公祭仪式的主祭人员和陪祀官员，或为朝廷派遣，或为地方布政使司府州县官员等。参与人员如负责陈设、洒扫等具体服务事宜的也是地方政府相关部门的官员，而非普通民众。只有里社祭祀较为特殊，每里中一年一户轮任会首。祭祀人员的身份一方面体现了祭祀的等级，如有皇帝亲自参与的祭祀活动等级最高，皇子、亲王、中央官员等而次之，到最低一级的地方祭祀，则由相应的地方官员主持。另一方面，祭祀人员的官方身份也体现出祭祀仪式是官方主导下的活动，区别于民间自发组织的祭祀仪式，一般民众没有直接参与的权利，因此也是官方权力的展现方式。明制规定，地方官上任时要举行多种祭祀仪式，如祭祀城隍神等，而城隍神庙的设置也是仿照地方公廨的规制来布置的。新官到任，意味着新旧权力的交接，在上任前举行相应的祭祀活动，象征着在神祇面前对新官员职守进行认定，并祈求保佑，也意味着官方的权力通过公共祭祀仪式在民众面前得以确认。

第二，地方公共祭祀仪式是朝廷意志的展示，地方政府通过祭祀仪式向民众传达出朝廷意志。公祭仪式因公开举行，具有广泛的参与程度，因此具有明显的“展示”意义。在地方祭祀仪式中，社稷祭祀仪式表达对五谷丰登、安邦兴国的期盼；岳镇海渎、山川祭祀仪式象征对普天之下疆域领土的占有；风云雷雨祭祀有祈祷风调雨顺，雨旸时若之意；城隍厉鬼祭祀显示出国家具有管理幽明二界的双重权力；孔庙祭祀则向天下百姓倡导对儒学的尊崇与传承；等等。明朝政府在政治、经济和文化等领域对地方制度有具体的规定，这是体现于文本系统的官方意志。而祭祀仪式的展开，则是付诸实践的活灵活现的官方意志的演绎。

第三，地方公共祭祀也是明代政府治理社会的重要手段之一，通过地方公共祭祀仪式达到规范和引导民众生活与行为规范的目的。明朝政府虽然不直接干预民众的日常生活，但仍可通过完善的制度机制，实现对民众生活和行为的规范与引导，其手段之一就是公共祭祀活动。例如，在地方府州县都要祭祀社稷，通过这种祭祀活动提倡重视农业，祈求五谷丰登。与之相应的，明代社会的士农工商四民体系当中，农业占有重要地位，国家也提倡百姓重视农业生产，这一信息也通过社稷祭祀仪式得到宣扬。又如，里社祭土谷之神也具有这样的含义，同时，祭祀完毕之后还要行会饮礼，并宣读抑强扶弱誓词。通过公开的仪式，宣读倡导和睦乡里，醇厚风俗，这些都与百姓生活与民风民俗息息相关。再如，祭祀城隍厉鬼，表面看是祭祀那些无祀鬼神，并以人间帝王的口吻令城隍监察诸神；同时也是对民众的正常生活提供保障，并将人间秩序与阴间秩序加以比对，借助祭祀活动对阴间秩序的规范，展示和加强对人间现实秩序的规约。正如祭文中所称“普天之下，后土之上，无不有人，无不有鬼神。人鬼之道，幽明虽殊，其理则一。故天下之广，兆民之众，必立君以主之。君总其大，又设官分职于府州县以各长之，各府州县又于每一百户内设一里长以纲领之。上下之职，纲纪不紊，此治人之法如此”①。由此可见，公共祭祀活动体现了极强的社会现实关照，在繁复礼仪的背后有着众多现实利益的考量（图 3-16 至图 3-18）。

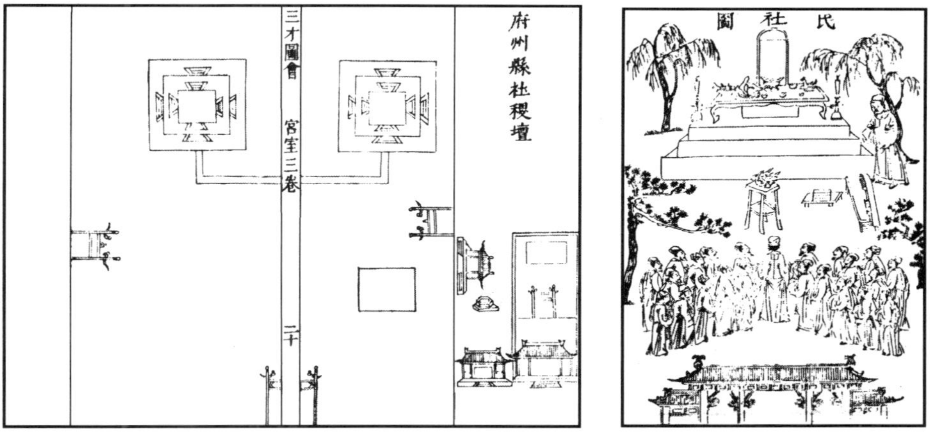

图 3-16　府州县社稷坛图、民社图

资料来源：（明）王圻、王思义编集：《三才图会・宫室三卷》，第1033—1034页②

① （明）申时行等修：（万历）《明会典》卷94《群祀四》，第535页。

② “郡县祭社稷。有司俱于本城北、西北设坛致祭。坛高三尺，四出陛，三级，方二尺五寸，从东至西二丈五寸，从南至北二丈五寸。右社左稷，社以石为主，其形如钟，长二尺五寸，方一尺一寸，剡其上培其下半。在坛之南方坛外筑墙，周围一百步，四面各二十五步。祭用春秋仲月上戊日，祝以文，牲用大牢。”

“民社。古有里社，树以土地所宜之木，如夏后氏以松，殷人以柏，周人以栗……自朝至于郡县，坛壝制度皆有定例。惟民有社以立神树，春秋祈报，莫不群祭于此。考之近代，诸祭仪前一日，社正及诸社人各斋戒。祭日未明三刻，烹牲于厨，掌馔者实祭器掌事者，以席入，设社神之席于神树之下，设稷神之席于神树之西，俱北面，质明，社正以下皆再拜读祝，礼成而退。”

图 3-17 太学祭先师陈设图、府州县祭先师陈设图

资料来源：（明）王圻、王思义编集：《三才图会·仪制八卷》，第1957页

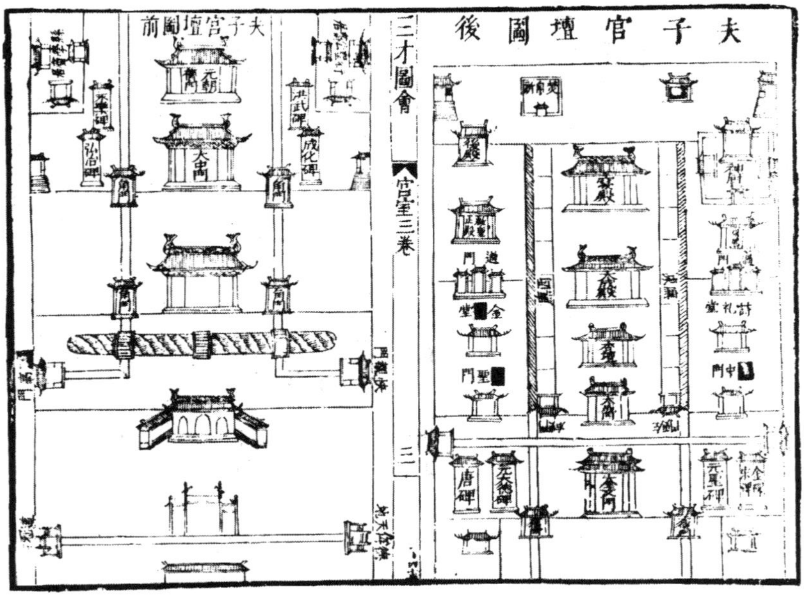

图 3-18 夫子宫坛图

资料来源：（明）王圻、王思义编集：《三才图会·宫室三卷》，第1024—1025页

第四章　仪式、符号与文化（二）
——祭祀空间与告祭仪式

第一节　祭祀礼仪的空间布局与意象：以明代宫廷祭祀为中心

明代宫廷祭祀礼仪是指发生在宫廷及其辐射建筑区域内，由皇帝、皇室成员参与，或由皇帝派遣官员主持的祭祀礼仪活动。宫廷是明代政治活动和礼仪活动展开的核心区域。在明朝典制中所规定的数十种大、中、小祭祀礼仪中，很大一部分是围绕宫廷发生的。因此，对以宫廷为核心的祭祀空间布局及其象征意义的探究，是理解整个国家祭祀体系空间布局的重要侧面。另外，与散布在各处地方的祭祀场所相比，以宫廷为核心的祭祀活动地点较为集中，对祭祀地点的选择也最为慎重，具有代表意义。目前，关于明代宫廷祭祀礼仪的研究主要有从文本角度梳理宫廷礼仪典制的内容，分析其演变轨迹。但祭祀活动是一种在特定的空间展开的仪式，空间的安排具有独特的意义和文化内涵，因此对祭祀礼仪活动空间的考察，于深入理解宫廷祭礼的内涵具有重要意义。现有明代宫廷祭祀礼仪空间的研究比较零散，且主要是对某些祭祀地点基本方位的描述，未深入论及此种空间布局及其含义。[①]本节在厘清明代宫廷祭祀礼仪范畴的基础上，系统展现其空间布局，并分析此布局的含义及其展现的空间意象。

---

① 相关研究参见孟凡人：《明代宫廷建筑史》，北京：紫禁城出版社，2010年。

一、明代宫廷祭祀礼仪的范畴

宫廷祭祀礼仪与国家祭祀礼仪并不完全相同，因此本节首先需要厘清两者之间的关系。祭祀制度在明朝典制中有明确系统的规定，但宫廷祭祀礼仪却并非约定俗成。可以说，这是根据我们的研究需要所界定的一个概念，欲厘清其具体内涵，需要将之与明朝典制中明确规定的，即已经制度化的国家祭祀礼仪内容加以区分。

明代国家祭祀礼仪按照内容可以分为大祀、中祀、小祀三类，大祀为圜丘、方泽、宗庙、社稷，中祀为朝日、夕月、先农①、太岁、星辰、风云雷雨、岳镇海渎、山川、历代帝王、先师、旗纛、司中、司命、司民、司禄、寿星，其他诸神为小祀。依据每年例行祭祀仪式，又可分为大祀十三项，中祀二十五项，小祀八项，除此之外，还有各类不定时举行的非常规祭祀，或是某些因时因事而特行之举。这些内容与宫廷祭祀礼仪既有牵连，又有差异。以国家祭祀体系中最为重要的郊祀、宗庙祭祀为例，这些祭祀活动既是国家祭祀活动的核心，同时也发生在明代宫廷范围之内，其中，宗庙距离宫廷较近，郊祀地点则较远（具体将在下文论述）。另外，诸中祀如旗纛、司中、司命、司民、司禄祭祀，也是既发生在宫廷范围之内，又属于载入祀典的国家祭祀活动。应该说，在家国同构的帝制时代，国家祭祀礼仪中的很大一部分都属于宫廷祭祀礼仪，但尚有一小部分不发生在宫廷范围之内，因此宫廷祭礼又不完全等同于国家祭礼。

首先，从祭祀属性来看，国家祭祀有明显的“公”属性。也就是说，这些祭祀活动是公共的，其目的着眼于公共利益。因此，一些全国通祀的祭祀活动如孔庙、社稷坛等，在京师，是需要有皇帝或朝廷官员参与的重要祭祀活动；在地方，各府州县也同样需要定时在当地进行祭拜。明制规定，各地方府州县需在当地祭祀社稷、风云雷雨、境内山川、厉坛、城隍、先师庙及所在帝王陵庙等。洪武元年（1368 年），朱元璋即令郡县访求应祀神祇，名山大川、圣帝明王、忠臣烈士，将应祀者著于祀典，令有司

---

① 明初将朝日、夕月、先农列为大祀，后改为中祀。

岁时致祭。[①] 在府州县之下，还有等级更低的里社公共祭祀活动。这些地方公祭活动都属于明代国家祭祀的重要组成部分，体现了国家权力如何在民间社会得到落实和展示，祭祀也多是为了公共利益。这些不在宫廷或是宫廷辐射区域内举行的国家祭祀活动，则不属于宫廷祭祀礼仪的范畴，需要与京师举行的社稷、孔庙、帝王庙等宫廷祭祀礼仪活动区别对待。

其次，国家祭祀活动并未完全涵盖宫廷祭礼。宫廷祭祀礼仪的内容因其发生在宫廷及其辐射区域而具有特别的属性。比如，一些不带有公共属性的祭祀礼仪虽然不属于国家祭祀礼仪，但因其发生在宫廷中，故亦属于宫廷祭礼的内容，如内庙祭祀。洪武三年（1370 年），朱元璋对礼部尚书陶凯说："今岁时致享，则于太庙。至于晨昏谒见，节序告奠，古必有其所尔。"[②] 他认为，太庙时享未足展孝思之诚，遂于宫内建奉先殿，朝夕致敬，朔望行礼，时节献新，忌辰致祭，行家人礼。史载，"国家有太庙，以象外朝；有奉先殿，以象内朝"[③]。奉先殿也被称为"内太庙"。[④] 除了奉先殿外，弘治年间，孝宗还于宫中别建奉慈殿，奉安其生母孝穆纪太后神主，一岁五享，四序荐新，及六月二十八日忌辰祭祀俱如奉先殿仪。[⑤] 还有世宗为其生父兴献帝仿太庙所建的玉芝宫[⑥]，隆庆时期曾奉祀世宗孝烈后的弘孝殿，奉祀穆宗孝恪皇太后和孝懿后的神霄殿等，都是内庙或内殿祭祀，属于宫廷祭礼的范畴。

从上文的分析看到，宫廷祭祀礼仪的重要判定标准是其发生地是宫廷及其辐射区域。狭义来讲，宫廷即指紫禁城，辐射区域则需结合明代宫城、皇城和京城的布局，以及其建筑与皇室活动关联的紧密程度进行区分。

---

① （明）徐溥等奉敕撰，（明）李东阳等重修：《明会典》卷86《礼部・祭祀七》，载《景印文渊阁四库全书》史部，第617册，第815页。

② 《明太祖实录》卷59，"洪武三年十二月甲子"条，第1151—1152页。

③ （清）孙承泽撰：《春明梦余录》卷18《奉先殿》，载《景印文渊阁四库全书》子部，第868册，第209页。

④ （明）吕毖校次：《明宫史》卷1，载《景印文渊阁四库全书》史部，第651册，第618页。

⑤ （明）徐溥等奉敕撰，（明）李东阳等重修：《明会典》卷81《礼部・祭祀二》，载《景印文渊阁四库全书》史部，第617册，第774页。

⑥ 嘉靖五年（1526年）建于太庙东北，前身为嘉靖三年所建观德殿。嘉靖十五年改建于太庙都宫东南，题为献皇帝庙，正殿为景神殿，寝殿为永孝殿。十七年，改题为睿宗庙，睿宗升祔太庙，遂罢特庙之祭。十八年，令遇高庙帝后祭辰祭于景神殿，列圣帝后祭辰祭于永孝殿。二十四年，恢复祭辰于奉先殿。四十四年，睿宗庙更名为玉芝宫。

明代实行两京制。明初，以南京为京师，营建宫殿。永乐迁都北京后，“凡宫殿、门阙规制，悉如南京，壮丽过之”①。从永乐四年到十九年（1406—1421年），最终告成。宫城又称紫禁城，宫城之外为皇城，“皇城之内，前明悉为禁地，民间不得出入”②。皇城之外为京城，每个区域均以四周诸个城门为标界，构成了一个三重环绕的城市格局。③紫禁城是皇帝和皇室成员办公与居住的地方，毫无疑问是京师的核心区域，是名副其实的“宫廷”。在这里举行的祭祀礼仪也是典型的宫廷祭祀礼仪，如太庙、社稷、各类内殿祭祀等。在紫禁城之外的皇城和京城，则可以称为宫廷的辐射区域。明代许多祭祀建筑正是建在这些辐射区域内的，比如帝王庙、孔庙等。除此以外，还需结合祭祀建筑与皇室活动的关联程度对这一辐射区域进行扩展。如祭祀天地的圜丘、方丘，日坛、月坛，虽然地点不在京城内，但基本上是紧紧围绕在京城周围，且其祭祀仪式为皇帝直接或者委派代表主持，不允许平民百姓参与，因此它们也属于典型的宫廷祭祀礼仪。

还有一些宫廷祭拜活动，虽然也在普遍意义上用“祭祀”来称呼，但并非本节所讨论的宫廷祭礼。比如宫廷内皇室成员因个人喜好而举行的私人祭祀活动，如皇帝、后妃等因宗教信仰而在宫内进行祭拜，这些属于个人行为，并不具有制度属性，且随意性比较强，因此不属于宫廷祭祀礼仪的范畴。至于皇家的丧葬、陵寝祭祀仪式，则是比较特殊的一套自成体系的丧礼祭祀，虽然也属于宫廷礼仪的内容，但与本节所讨论的宫廷祭祀礼仪有很大差别，需另文专论。

综合以上分析，本节所指的明代宫廷祭祀礼仪如下：其一，祭祀礼仪发生的地点在宫廷及其辐射区域；其二，参与主体为皇帝、皇室成员，或是由

---

① 《明史》卷68《舆服志》，第1668页。

② （清）于敏中、英廉等奉敕编：《钦定日下旧闻考》卷39《皇城》，载《景印文渊阁四库全书》史部，第497册，第554页。

③ 宫城“门八：正南第一重曰承天，第二重曰端门，第三重曰午门，东曰东华，西曰西华，北曰玄武”。《明史》宫城八门中只列六个，还包括左掖门、右掖门。皇城“门六：正南曰大明，东曰东安，西曰西安，北曰北安，大明门东转曰长安左，西转曰长安右。”京城“门九：正南曰丽正，正统初改曰正阳；南之左曰文明，后曰崇文；南之右曰顺城，后曰宣武；东之南曰齐化，后曰朝阳；东之北曰东直；西之南曰平则，后曰阜成；西之北曰彰仪，后曰西直；北之东曰安定；北之西曰德胜。嘉靖三十二年筑重城，包京城之南，转抱东西角楼，长二十八里。门七：正南曰永定，南之左为左安，南之右为右安，东曰广渠，东之北曰东便，西曰广宁，西之北曰西便。”参见《明史》卷40《地理志》，第884页。

皇帝派出官员代为执行；其三，在吉礼制度范畴内的祭祀礼仪活动。基于这些要点，明代宫廷祭祀礼仪是一个包含祭祀天地、宗庙、社稷、日月星辰、各类天神地祇、先农、先师孔子、历代帝王、太岁、旗纛、五祀、各类内庙和内殿祭祀等礼仪活动的十分庞杂的体系。

二、宫廷祭祀建筑的位置和层次

从明代京师的皇宫布局可见，在“大宫廷”的概念下，明代宫廷祭祀建筑分布在紫禁城及其周边地区[①]，按照其位置大致可以分为以下几层：第一层是位于紫禁城内部的祭祀礼仪建筑；第二层是围绕在京师周围的主要被天、地、日、月诸坛环绕的祭祀建筑圈；第三层则是在这两者之间的皇城和京师内的其他各类祭祀建筑。下面按照由内及外的顺序依次介绍。

（1）第一层在紫禁城内部的祭祀礼仪建筑中，最重要的是太庙和社稷坛。遵循“左祖右社”的原则，太庙与社稷坛分别位于阙左与阙右，即承天门与午门中间的东西两侧。

明初，于宫城东南建四亲庙，德祖、懿祖、熙祖、仁祖各为一庙，皆南向。洪武九年（1376 年）改建太庙为同堂异室之制，前正殿，后寝殿。殿内前半为一通室，后半为九室，存放木主，殿两翼皆有两庑。寝殿九间，奉藏神主。[②]永乐十八年（1420 年），建太庙于京师，遵循周制建宗庙于宫门左侧，即现在的故宫端门外。庙制采用与南京相同的同堂异室之制。从永乐到成化时期，太庙神位按照左昭右穆的原则依次升祔。直到弘治初年，九室满，遂于弘治五年（1492 年）五月，在寝殿后增建后殿，称祧庙，安置祧迁木主。[③]嘉靖以前，行尊德祖，懿祖以下依次奉迁祧庙的原则。嘉靖十一年（1532 年），“撤故庙，祖宗各建专庙，合为都宫，太庙因旧而新之……庙各有殿，殿后有寝，藏主。太庙寝后别有祧寝，藏祧主。太庙门殿皆南向，群

---

① 本节所讨论的宫廷祭祀建筑主要指北京的祭祀建筑，南京的宫廷祭祀建筑当另文专门论述。

② 嘉靖十三年，南京太庙灾，“礼部尚书湛若水请权将南京太庙香火并于南京奉先殿，重建太庙，补造列圣神主”。后根据张璁等的建议，“南京原有奉先殿，其朝夕香火，当合并供奉如常。太庙遗址当仿古坛墠遗意，高筑墙垣，谨司启闭，以致尊严之意”。参见《明史》卷51《礼志五》，第1318页。

③ 《明孝宗实录》卷63，“弘治五年五月癸酉”条，第1207页。

庙门东西向，内门寝殿皆南向”[①]。嘉靖十四年（1535 年），更建世室及昭穆群庙于太庙之左右，太庙成为太祖独享之庙。都宫之制实行不久就遭遇了嘉靖二十年的大火，太庙毁。遂于二十四年重建太庙，“间座丈尺宽广俱如旧，惟起土培筑，寝庙内分九间，连前间隔如古夹室制，祧庙前改除角道，添置中左右三间，并墙一道，东西量移宽广，北移进七尺，南移出丹墀三丈”[②]，恢复同堂异室，并升祔睿宗于太庙，实行独尊太祖，德祖及太宗以下依次奉迁的原则，直到明末。[③]

明初社稷坛建在南京宫城西南，异坛同壝，社东稷西。洪武十年（1377 年）改建于午门外右，同坛同壝。临祭时奉太社神牌居东，太稷神牌居西，俱北向，并罢勾龙、后稷配位，奉仁祖神牌配神，西向。洪武三十一年后更奉太祖配神。永乐十八年（1420 年），北京社稷坛建成，位置陈设俱与南京旧制相同，建于宫门右侧，即现在的故宫端门外，与太庙相对。坛分内外两重墙，内墙祭坛为正方形，两层。比较有特色的是坛土按照方位，东青、西白、南红、北黑，中黄铺设五色坛土。埋石主于社稷坛之正中，微露尖，仍用木为神牌，祭则设于坛上，祭毕贮库。外壝四面开四个棂星门，颜色亦以四方之色装饰。洪熙后始奉太祖、太宗同配。嘉靖九年改为太社仍以后土勾龙氏配，太稷仍以后稷氏配。嘉靖十年，还在西苑空闲地建帝社帝稷坛，坛址高六寸，广二丈五尺。神位以木为之，高一尺八寸，广三寸，朱漆质金书。坛南置石龛，以藏神位。[④]

除了太庙与社稷坛外，紫禁城内还有众多内殿祭祀建筑。洪武三年，奉先殿建于宫门内之东乾清宫左。迁都北京后，建如南京制。奉慈殿仿照奉先殿而建，在奉先殿右。嘉靖时期，世宗为其生父兴献帝建世庙。嘉靖元年，吏部听选监生何渊上疏请于太庙东北立世室，奉兴献王神主。遭廷臣反对后于嘉靖三年修葺奉先殿西室为观德殿，奉安神主。嘉靖五年以观德殿窄隘，改建于奉先殿东，曰崇先殿。[⑤]同年，世庙建成，奉安兴献王神主，以别太

---

① （清）孙承泽撰：《春明梦余录》卷17《太庙》，载《景印文渊阁四库全书》子部，第868册，第192页。

② 《明世宗实录》卷281，“嘉靖二十二年十二月壬申”条，第5463—5464页。

③ 太庙现为劳动人民文化宫。

④ 帝社稷祭祀图参见（明）申时行等修：（万历）《明会典》卷85《社稷等祀》，第491页。明代紫禁城以西，今北海、中海、南海三海统称太液池，太液池与附近相关建筑统称为西苑。

⑤ （清）孙承泽撰：《春明梦余录》卷18《玉芝宫崇先殿》，载《景印文渊阁四库全书》子部，第868册，第215页。

庙。嘉靖十五年（1536年），迁世庙于太庙东南，更号为献皇帝庙，正殿为景神殿，寝殿曰永孝殿。隆庆时，世宗孝烈后祀于弘孝殿，万历三年（1575年）迁祔奉先殿。穆宗母孝恪皇太后，祀奉先殿之西神霄殿，又祔孝懿后于其侧。

宫廷内部与宫廷生活相关的五祀之礼，按照明初规定，孟春祭司户，设坛于皇宫门左，司门主之；孟夏祭司灶，设坛于御厨，光禄寺官主之；季夏祭中霤，设坛于乾清宫丹墀，内官主之；孟秋祭司门，设坛于午门之左，司门主之；孟冬祭司井，设坛于井前，光禄寺官主之。[①] 文华殿东北向后开门者还有一圣跻殿，供奉三皇、历代名医。[②]

（2）第二层在宫廷核心紫禁城的辐射区域内，即皇城的大部分地方，主要包括帝王庙、京师孔庙、先蚕坛。帝王庙和京师孔庙祭祀虽然地点在宫廷辐射区域内，但其只在特定时间由皇帝亲自参加，绝大多数时间为派遣相关官员代祀，因此与纯粹发生在宫廷中的祭祀，以及天地日月坛这些皇室专属祭祀场所相比，宫廷属性稍显逊色。

明初，南京帝王专庙于洪武六年（1373年）建于钦天山之阳，采用同堂异室之制，遣大臣祭祀。所尊奉帝王从三皇五帝以下到元世祖共十八帝，不久调整为十六帝，由朱元璋亲自祭祀。后为帝王塑衮冕坐像，并再次调整所祀帝王为十七帝。到洪武二十一年，帝王庙遇火灾，遂改建于鸡鸣山阳，确定奉祀十六帝。规定每岁春附祭历代帝王于郊坛，秋祭于本庙，每三年传制遣道士赍香帛，令有司祭于各陵寝。凡祭于陵寝之岁，则停庙祭。南京帝王庙遂成定制。[③] 永乐迁都北京后，并未像其他宫廷祭祀建筑一样在京师单独重建帝王庙，而是仍维持南京帝王庙祭祀规制。直到嘉靖九年，令罢历代帝王从祀南郊，并于京师都城西建帝王庙[④]，每岁仲春秋祭，罢南京庙祭。嘉靖十一年，帝王庙建成，“名曰景德崇圣之殿。殿五室，东西两庑，殿后祭

---

① 《明太祖实录》卷100，“洪武八年秋七月甲申”条，第1701—1702页。《明宫史》卷1记载，文华殿之东有一个神厨，内有一井，祭祀司井之神。参见（明）吕毖校次：《明宫史》卷1，载《景印文渊阁四库全书》史部，第651册，第617页。

② （明）吕毖校次：《明宫史》卷1，载《景印文渊阁四库全书》史部，第651册，第618页。

③ 参见（明）林尧俞等纂修，（明）俞汝楫等编撰：《礼部志稿》卷85上，载《景印文渊阁四库全书》史部，第598册，第516—517页。

④ 今北京市西城区阜成门内大街。

器库，前为景德门。门外神库、神厨、宰牲亭、钟楼。街东西二坊，曰景德街”[①]。

京师孔庙遵循庙学结合的空间布局传统，设于国子监中。明初，朱元璋定鼎金陵后，以应天府学为国子学。洪武元年（1368 年）即遣官致祭，以仲春仲秋二上丁日降香遣官祀于国学，以丞相初献，翰林学士亚献，国子祭酒终献。[②]洪武二年，以国学规制未广，诏增筑国子学舍。[③]洪武十四年，诏改建国子学于鸡鸣山下。[④]次年，新太学成。庙学皆南向，庙在太学东，中为大成殿，殿左右两庑，前为大成门，门左右列戟二十四。门外东边为牺牲厨，西边为祭器库，前为棂星门。[⑤]永乐二年（1404 年），始以北平府学为北京国子监，在都城东北角（今北京市安定门内成贤街），即元朝国学遗址兴建，各类规制，未暇新增。[⑥]在此基础上，永乐、宣德、正统、嘉靖、万历时期多次修缮、扩建。

先蚕坛建于嘉靖时期。嘉靖九年（1530 年），大学士张璁等曾请于安定门外建先蚕坛，詹事霍韬以道远反对。户部亦言：“安定门外近西之地，水源不通，无浴蚕所。皇城内西苑中有太液、琼岛之水。考唐制在苑中，宋亦在宫中，宜仿行之。”世宗认为此为唐人因陋就安，不可法。于是礼部尚书李时等言：“大明门至安定门道路遥远，请凤辇出东华、玄武二门。” 因条上四事，帝从其言，命自玄武门出。次年，以皇后出入不便，命改筑先蚕坛于西苑。坛之东为采桑台，台东为具服殿，北为蚕室，左右为厢房，其后为从室，以居蚕妇。[⑦]现存先蚕坛址位于北京市北海公园东北角，清朝乾隆年间修建。

（3）第三层在京城四周形成的一圈环形祭祀建筑群内，包括天坛、地坛、朝日坛、夕月坛，以及山川坛和先农坛。

天坛又称圜丘坛。明初，建于正阳门外，钟山之阳，两层；在第二层从

---

① 《明史》卷50《礼志四》，第1294页。

② 《明太祖实录》卷34，“洪武元年八月丁丑”条，第605—606页。

③ 《明太祖实录》卷40，“洪武二年三月戊午”条，第812页。

④ 《明太祖实录》卷137，“洪武十四年夏四月丙辰”条，第2159页。

⑤ 《明太祖实录》卷145，“洪武十五年五月己未”条，第2274页。

⑥ （明）郭鎜撰：《皇明太学志》卷1，美国国会图书馆藏嘉靖间刊本，第2—3页；（明）世宗朱厚熜撰：《御制正孔子祀典说》，四库全书存目丛书本，第774页。

⑦ 《明史》卷49《礼志三》，第1273—1276页。

祀的神祇包括东面的大明坛、星辰，西面的夜明坛，其次太岁。[①]壝距离坛十五丈，高八尺一寸，四面有棂星门，南三门，东、西、北各有一门。四面直门外各为甬道，广皆如门。外垣距离壝十五丈，门制相同，外墙棂星门外横甬道，东西燎坛，在内壝外东南丙地高九尺、阔七尺。[②]洪武四年（1371年），改筑圜丘，坛制规模较明初有所缩小。[③]

地坛又称方丘坛，建于太平门外，钟山之北，亦两层。第二层四面各广二丈四尺，高六尺，四出陛，南丈二尺，东、西、北一丈，皆八级。壝去坛十五丈，高六尺，外垣四面各六十四丈，其余规制与圜丘坛同。[④]洪武四年，改方丘坛后，上层广三丈九尺四寸，高三尺九寸。下层每面广丈五尺五寸，高三尺八寸，通径七丈四寸。坛至内壝墙，四面皆八丈九尺五寸。内壝墙至外壝墙，四面各八丈二尺。其坛上第一层正位称"皇地祇"，南向，配位及从祀与圜丘坛大致相同。[⑤]

洪武十年，改天地分祀为合祀，遂于圜丘坛旧址建大祀殿，凡十二楹。大祀殿正中石台设上帝、皇地祇座。正南大祀门接步廊，与殿庑相通。殿后为天库，殿东北为厨库，厨东北为宰牲亭井，皆以步廊通殿两庑，后缭以围墙。南为石门三洞以达大祀门，称为内坛。外周垣九里三十步，石门三洞南为甬道三，中神道，左御道，右王道。道两旁稍低，为从官之地。斋宫在外垣内西南，东向。洪武十二年正月，合祀于大祀殿。其正殿三坛，上

---

① 洪武三年，定圜丘坛下壝内，增祭风云雷雨。洪武七年更定增圜丘从祀。"圜丘坛第一成设昊天上帝正位，仁祖淳皇帝配位如旧。第二成东设大明位，西设夜明位。内壝之内东西各三坛，星辰二坛，分设于东西星辰之次，东则太岁及五岳坛，西则风云雷雨及五镇坛。内壝之外东西各二坛，东四海坛，西四渎坛，天下神祇二坛分设于海渎之次。正配位共设酒尊六于坛西，大明、夜明位各设酒尊三。星辰牛一，羊豕各三，太岁牛羊豕各一，余悉如旧仪。风云雷雨帛四，白色，岳镇海渎帛与二年夏至祭方丘同，余并同太岁坛。天下神祇帛四，白色，牲用羊豕各五，笾豆各八。"《明太祖实录》卷91，"洪武七年秋七月甲子"条，第1591页。

② 《明太祖实录》卷24，"吴元年八月癸丑"条，第354—356页。

③ 详参《明史》卷47《礼志一》，第1227页；《明太祖实录》卷62，"洪武四年三月丙戌"条，第1195页。

④ 《明太祖实录》卷24，"吴元年八月癸丑"条，第356页。

⑤ 洪武七年更定增方丘从祀，"方丘坛第一成设皇地祇正位，仁祖配位，设如圜丘。第二成东设五岳位，西设五镇位。内壝之内东西各二坛，东四海坛，西四渎坛。天下山川坛二，复分设于海渎之次。内壝之外东西各设天下神祇坛一，其陈设正配位如圜丘。岳镇海渎与二年夏至同，但岳镇各设酒尊三，天下山川坛牛一，羊豕各三，余与岳镇海渎同。天下神祇与圜丘同，壝内东西各设酒尊三，帛篚二。壝外东西各设酒尊三，帛篚一，每位爵各三"。参见《明太祖实录》卷91，"洪武七年秋七月甲子"条，第1592页。

帝、皇地祇并南向，仁祖配位在东，西向。从祀十四坛：丹陛东一坛为大明，西一坛为夜明。两庑坛各六：星辰二坛；次东太岁、五岳四海，次西风云雷雨、五镇四渎二坛；又次天下山川神祇二坛，俱东西向。建文朝，撤仁祖，改奉太祖配。洪熙元年，太祖配位下增设文皇帝。[1]洪武二十一年，增修南郊坛壝，于大祀殿丹墀内叠石为台四，东西相向，以为日月星辰四坛。又于内壝之外，亦东西相向叠石为台，凡二十，各高三丈有奇，周以石拦，陟降为磴，道台之上，砻石为山形，凿龛以置神位，以为五岳、五镇、四海、四渎，并风云雷雨、山川、太岁、天下诸神及历代帝王之坛。

永乐十八年（1420年），京师天地坛按照洪武合祀天地坛的规制，在京师正阳门之东南建成。坛四面墙各一门，南面正中为正门，向北甬道连接大祀殿主体建筑。大祀殿建于砖砌高台上，周围以墙壝，四面各一门。殿东西有配殿。甬道东西两侧分别有凸字形小院，内设有太岁、帝王、山川、神祇、岳镇海渎、风云雷雨等诸神祇坛二十座。北面为北天门，门外为天库。坛区西南角有斋宫，东北角建有神库和宰牲亭。

嘉靖九年（1530年），改天地合祀为分祀。于是在正阳门外旧天地坛大祀殿之南建圜丘坛，于安定门外之东建方泽坛。[2]圜丘坛三层，坛面及栏俱青琉璃，边角用白玉石，高广尺寸皆遵祖制。外棂星门，南门外左为具服台，东门外为神库、神厨、祭器库、宰牲亭。北门外正北建泰神殿，正殿以藏上帝、太祖之主，配殿以藏从祀诸神之主，嘉靖十七年改为“皇穹宇”。西为銮驾库，牺牲所，北为神乐观、斋宫。[3]嘉靖二十四年，改大祀殿为大享殿，大享殿坐落于三层圆台祈谷坛上。方泽坛二层，坛面黄琉璃，陛九级，用白石围以方坎。内北门外西瘗位，东灯台；南门外皇祇室；西门外迤西神库、神厨、宰牲亭、祭器库；北门外西北斋宫。再外建四天门，西门外北为銮驾库、遣官房、内陪祀官房。再外为坛门，门外为泰折街牌坊，护坛

---

① 《明史》卷48《礼志二》，第1250—1251页。

② 《嘉靖祀典》中载：“嘉靖十三年二月奉旨，圜丘、方泽今后称天坛、地坛。”参见（清）于敏中、英廉等奉敕编：《钦定日下旧闻考》卷57《城市》，载《景印文渊阁四库全书》史部，第497册，第796页。

③ （清）孙承泽撰：《天府广记》卷6《郊坛》，载《续修四库全书》第729册，上海：上海古籍出版社，2002年，第585页。

地一千四百余亩。[①]

南京朝日、夕月坛建于洪武三年（1370年）。朝日坛建于南京城东门外，高八尺。夕月坛建于城西门外，高六尺，俱方，广四丈。后因日月从祀于南郊大祀殿，罢朝日、夕月之祭。嘉靖九年复设。北京朝日坛在朝阳门外，缭以垣墙，西向，一层，春分之日祭大明之神。“坛方广五丈，高五尺九寸，坛面用红琉璃，阶九级，俱白石。棂星门西门外为燎炉、瘗池，西南为具服殿，东北为神库、神厨、宰牲亭、灯库、钟楼，北为遣官房。外为天门二座，北天门外为礼神坊，西天门外迤南为陪祀斋房五十四间。护坛地一百亩。”[②]

夕月坛在阜成门外，缭以垣墙，东向，一层，秋分之日祭夜明之神。“坛方广四丈，高四尺六寸，面白琉璃，阶六级，俱白石。内棂星门四，东门外为瘗池，东北为具服殿，南门外为神库，西南为宰牲亭、神厨、祭器库，北门外为钟楼、遣官房。外天门二座，东天门外北为礼神坊。护坛地三十六亩。”[③]

这一层祭祀建筑圈内还有山川坛和先农坛。明初，南京山川坛建在天地坛之西。正殿七间，祭太岁、风云雷雨、五岳五镇、四海四渎、钟山之神。东西庑各十五间，分祭京畿山川，春夏秋冬四季月将，以及都城隍之神。坛西南有先农坛，坛东有旗纛庙，坛南有籍田一所。永乐十八年（1420年），北京山川坛位置及陈设均与南京旧制相同，即在正阳门南即天坛之西侧，所添者正殿钟山之右祭天寿山之神。先农坛和太岁殿与之共处一处，先农坛在山川坛内西南角，正殿称太岁殿。先农坛一层，石包砖砌，方广四丈七尺，高四尺五寸，四出陛。西为瘗位，东为斋宫、銮驾库，东北为神仓，东南为具服殿，殿前为观耕台，用木，方五丈，高五尺，南东西三出陛，台南为籍

① 圜丘从祀东大明，西夜明。次东二十八宿、五星、周天星辰。次西风云雷雨，共四坛。方丘从祀东五岳，基运、翊圣、神烈三山，西五镇，天寿、纯德二山。次东四海，次西四渎。南北郊皆独奉太祖配。嘉靖十三年，诏更圜丘名为天坛，方泽名为地坛。礼部尚书夏言上奏认为，“圜丘、方泽本法象定名，未可遽易第称。圜丘坛省牲，则于名义未协，今后冬至大报，启蛰祈谷祀天，夏至祭地祝文宜仍称圜丘、方泽，其省牲及一应公务有事坛所称天坛、地坛”。从之。参见《明世宗实录》卷159，“嘉靖十三年二月己卯”条，第3567页。

② （清）孙承泽撰：《天府广记》卷7《朝日坛》，载《续修四库全书》第729册，第597页。

③ （清）孙承泽撰：《天府广记》卷7《夕月坛》，载《续修四库全书》第729册，第598页。

田。护坛地六百亩。[①]嘉靖十年（1531年），建天神、地祇坛于先农坛之南，天神在左、地祇在右，北向。隆庆元年（1567年）议罢，太岁、月将仍特祭于山川坛。

坛庙祭祀场所一般选址在远离人群的清净之地，取严邃静谧之意，亦不许人擅自进入。这一点不仅宫廷祭祀地点选择如此，在地方上亦然。如宣德七年（1432年）三月丙寅，永平府抚宁县知县姜忠言，“本县旧建山川坛于县治之东，初建之时居民稀少，比来民舍颇增，混杂亵渎。国家定制，山川坛应在郭外，乞移于县东南高爽之地”。宣宗谓尚书胡濙曰：“祀神当严邃静谧，岂可杂居民间，命速徙之。”[②]正统十年（1445年）夏四月丁卯，顺天府通州言，社稷山川二坛逼近民居，秽污渎慢，乞更徙他地，从之。[③]可见对于坛庙地点的选择是十分讲究的。

三、宫廷祭祀礼仪空间布局之意象

从祭祀建筑的空间布局可以看到，明代宫廷祭祀建筑的位置分布，并非依据祭祀等级的高低，将重要的祭祀放在宫廷核心区域内，而是主要依据各种祭祀活动的功能以及它们的象征意义来进行布局。比如天地祭祀属于大祀，天坛、地坛的位置却并未因为是大祀而置于紫禁城内，而是遵循《礼记》中“郊所以明天道”，“社所以神地道”的传统[④]，“祭天于南郊之圜丘，祭地于北郊之方泽，所以顺阴阳之位也”[⑤]。又如，在紫禁城内与宫廷生活相关的五祀之礼本为小祀，但是祭祀户神、灶神、中霤、门神、井神等，主要是为了庇佑宫廷中的建筑和日常事务，所以并不因为其是小祀而将之置于边远之地，相反都是在皇宫内，由处理宫廷事务的内官主要负责。还有如先蚕坛，在选择坛址时，不仅仅考虑到先蚕祭祀需要有水源便利之地，以便设

① （清）孙承泽撰：《春明梦余录》卷15《先农坛》，载《景印文渊阁四库全书》子部，第868册，第178页。

② 《明宣宗实录》卷88，“宣德七年三月丙寅”条，第2026—2027页。

③ 《明英宗实录》卷128，“正统十年夏四月丁卯”条，第2561页。

④ （汉）郑玄注，（唐）孔颖达疏：《礼记正义》卷26《郊特牲》，载（清）阮元校刻：《十三经注疏》，第3148、3138页。

⑤ 《明史》卷48《礼志二》，第1245页。

置浴蚕所，还考虑到先蚕祭祀为皇后主持，因此不宜设置于离宫廷较远的地方，以便于皇后出入，等等。这都是综合考虑到祭祀活动的实际功能，具体祭祀仪式的便利，以及祭祀活动所具有的象征意义后做出的选择。

根据以上对宫廷祭祀建筑空间布局的梳理，可以将明代北京主要的宫廷祭祀建筑绘制成示意图（图 4-1），从图中可以比较明显地看到上文所提及的三层祭祀建筑圈。明人关于“家”—“国”—“宇宙”的理解也恰好反映在这由内至外逐层推衍开来的三层祭祀空间的布局上。

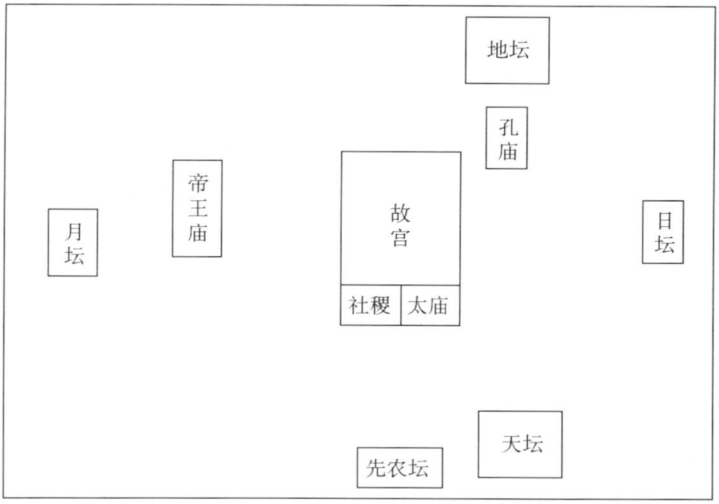

图 4-1　明代宫廷祭祀建筑圈示意图

首先，在最内层，即以紫禁城为中心的核心宫廷空间中，祭祀建筑的设置突出了“家”的核心观念。在这层祭祀圈内的祭祀建筑绝大多数与皇家活动密切相关。最为典型的是内庙祭祀。内庙的设置主要是满足皇室家族祭祀祖宗的功能，或是因有些皇室成员不能进入太庙，却又需要祭拜以尽孝思而设置。内庙祭祀也成了太庙祭祀的一种补充，是典型的皇室家内祭祀活动。宫廷中的五小祀也体现了“家”的观念，门神、灶神、户神等，普通百姓人家也会进行祭祀，而紫禁城作为一个放大了的“家庭”，同样也会祭祀和普通百姓家庭相同的内容，他们所显示的象征性含义具有一致性。应该注意的是，在家国同构的时代，皇家事务从某种意义上说与国家事务不能完全分割开来，有时，皇家活动既是家事，也是国事，其中最典型的就是太庙祭祀。

可能也正因为太庙祭祀兼有“家”与“国”的双重含义，因此并未设置在紫禁城宫内，而是选择在宫门端门外，既保持与紫禁城的紧密关联，又体现其在国家公共祭祀中的重要位置和意义。

在这层祭祀圈中，稍微有些特殊的是与太庙相对的社稷坛。社稷祭祀并未像前述祭祀建筑所反映的那样，与皇室的“家事”联系特别紧密，因为社稷祭祀象征的是国家的、土地的观念。但由于祭祀建筑的设计要遵循历代左祖右社的传统，因此需要与太庙祭祀放在一起，左右相对，既不完全在紫禁城内，又与之保持紧密关联。这与紫禁城内典型的象征“家”的观念的各类祭祀建筑布局稍显差异。

第二层祭祀建筑圈中安置的祭祀建筑则更多反映出“国”的观念。最典型的祭祀建筑就是孔庙和帝王庙。孔庙祭祀传统可追溯至周制，隋唐以后普及全国。洪武十五年（1382 年），朱元璋认为：“孔子明帝王之道，以教后世，使君君臣臣，父父子子，纲常以正，彝伦攸序，其功参于天地。”① 因此，命天下通祀孔庙。孔庙中祭祀的对象是历代于传承儒学做出巨大贡献的学者，对孔庙的祭祀反映了对历代文统的继承。与之相对应的是帝王庙。明代帝王庙经过多次调整，以“重一统”为标准。祭祀的对象主要是历代开国之君，或有功于社稷的帝王，显示出一脉相承之帝王统绪，因此祭祀帝王庙反映了对历代帝统的继承。孔庙与帝王庙祭祀分别从文统和帝统的角度，对帝王即位以及承接传统之合法性给予宣告，因此两者都受到明代帝王的重视，崇祀不断。由于二者都与“国”之观念紧密相连，因此被安置在第二层祭祀建筑圈中。

在这层祭祀圈中，有些特殊的是先农坛。先农、先蚕祭祀反映出国家对以耕织为核心的农业生活的重视和倡导，本也应分布在反映“国”之观念的第二层祭祀圈中。只是先农坛因为与祭天活动紧密相连，帝王常常会在祭天结束后祭祀先农，于是将先农坛与山川坛放在一起，安置在靠近天坛附近，与最外层的祭祀圈联系比较紧密。这也说明，祭祀建筑的布局并不是绝对硬性的，还需要考虑现实功能和实际操作的便利。

第三层以天、地、日、月坛为主的祭祀建筑体现了明代祭祀观念中的

① 《明太祖实录》卷144，“洪武十五年夏四月丙戌”条，第2263页。

“宇宙”意识。中国古人很早就有阴阳宇宙的观念，并从中发展出天地、自然、宇宙变化发展的规律。这种宇宙观念反映在天地坛的设置当中，即表现为按照阴阳相顺，协调互补的原则，分别设置在京城南北，向日为阳，背日为阴。其形制按照“天圆地方”的宇宙观念，天坛建为圆，地坛建为方。日、月是宇宙中仅次于天地的有形的天体。在阴阳宇宙的观念下，日为阳，月为阴，日月也常常用来代表天地。明代祭祀体系中，给予日月祭祀以独特地位，分别单独建坛于京城东西，与南北的天地坛相对应。如此，天坛在南，地坛在北，日坛在东，月坛在西，按照东南西北的方位围绕京城四周形成了一个圆圈，将宫城、皇城（图 4-2）、京城内的所有祭祀建筑笼罩其中，象征着所有国家事务都在这个宇宙圈的笼罩和制御之下。这也恰恰与中国古人“天圆地方”的宇宙观念相吻合。除此以外，在天地坛、日月坛上，还分别祭祀各种相类的天神地祇，比如山川河流、岳镇海渎、星辰、月将等祭祀对象。他们有时单独祭祀，有时分别附属于天地日月坛进行祭祀。这样，天地间主要的天神地祇都被囊括其中，进一步丰富了明人的这种宇宙观念。

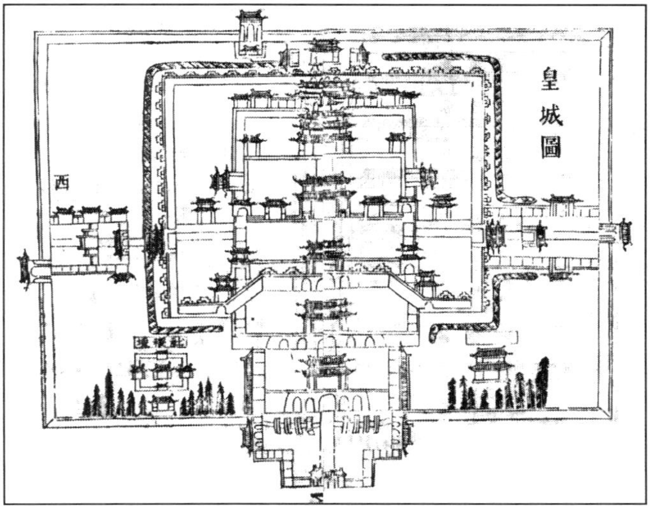

图 4-2　皇城图

资料来源：（明）王圻、王思义编集：《三才图会》，第1026页

综上所述，明代宫廷祭祀建筑的空间布局展示了“家”—“国”—“宇宙”，逐层推衍开去的观念意识。在宫廷祭祀空间之内的核心部分，即空间

的“内”与皇室日常活动相关较多，而发生在宫庭祭祀空间外展部分的祭仪，即空间的“外”则与国家、天下相关较多。

第二节　明代告祭仪略论

明代中国的国家祭祀是由官方公开举行，由皇帝或官员参与的宗教与政治性合一，并具有国家事务管理用意的礼仪活动。学术界对明代祀典中明确记载的常规性祭祀活动已有诸多研究，但对可能作为常规祭祀的一个环节，也可能因时因事举行的告祭尚无系统论述。告祭以告知、祈禳为目的，一般不如常规祀典隆重，程序也与常规祭仪有所不同。作为常规祭祀环节的告祭，可能在正祭仪式之前或者其后举行，因时因事而举的告祭则单独举行。本节将主要考察明代告祭仪式的类目和特点，以求深化对明代祭祀体系复杂性的认识。

一、明代告祭仪的类目

作为常规祭祀环节的告祭仪可在正祭仪之前或之后举行，带有明显的“预告”与“告谢”的含义。其典型形态是祭祀天地、社稷活动中的告祭宗庙仪式。天地与社稷是国家祭祀活动中等级最高的仪式，在正祭之前，主祭者需要先行至太庙行告祭礼。其内容包括读祭告辞，敬告祖先将要举行的一系列祭祀仪式，有祖宗配享的祭祀仪式则需要请配帝牌位。正祭之后还需再至太庙，完成告谢礼。如洪武二年（1369 年）夏至，祭祀皇地祇礼成后，朱元璋驾还，并率百官告祭太庙，再御奉天殿，百官行庆成礼，祭地仪式最终完成。[①]嘉靖九年（1530 年）分祀圜丘仪规定，祭祀前期六日，皇帝于太庙行告庙礼，并分别于太祖及列圣香案前上香，读祭告辞，次日至牺牲所视牲。正祭前三日，皇帝着祭服，至太庙请配帝牌位，告庙礼完毕后，御奉天殿，百官朝服，听受誓戒传制。[②]可见，斋戒、告庙、传制、省牲仪是正祭

① 《明太祖实录》卷42，“洪武二年五月癸卯”条，第 830 页。

② （明）申时行等修：（万历）《明会典》卷82《郊祀二》，第468页。

仪式之前的一系列预备仪式。这些预备仪式完成后，祭祀当日，一应祭品、祭器准备陈设完毕，祀天仪式才正式举行。祀天告庙仪式一般由皇帝亲自参加，有时也会遣官代替。如嘉靖十二年（1533 年）五月，即以将大祀地于方泽，命武定侯郭勋代为告祭太祖。[①]万历二十五年（1597 年）十二月，行大祫礼于太庙前，先期遣公徐文璧、驸马许从诚行告祭太庙、祧庙礼。[②]

与作为祭祀仪式环节的告祭仪式相比，因事而举的告祭仪式内容更为丰富多样，是本节考察的重点。根据祭祀原因的不同，这种告祭仪式大致包含如下类目：新皇帝登极、出行（出征与凯还）、营建与修缮、建制与改制、藩王之国册封、奉安神主与祔庙、节庆与忌辰、禳灾与告谢。

登极仪式是帝制时代最为隆重、复杂的国家大典，具有重大象征意义与实际功用，也是历代开国皇帝及其后嗣君主最为重视的皇家典礼。狭义的登极仪式指新皇帝正式称帝的当日所举行的一系列仪式活动。广义的登极仪则包含更复杂的仪制内容，告祭仪式就是其中颇具象征意义的一个环节。明代登极告祭仪式以祭祀天地、宗庙、社稷为中心，其参与人员的变动亦值得特别关注，将在下一节做专门论述。

因出行举行的告祭仪式，主要包含皇帝（或遣官）出行、巡守前或途中，以及皇帝亲征（或遣将征讨）与凯还（纳降献俘）所行祭祀仪式。如吴元年（1367 年）冬十月，朱元璋遣世子朱标、次子朱樉前往故里临濠谒陵，以少牢祭途中所遇郡邑城隍及山川之神，至临濠告祭皇祖考妣、皇考妣诸陵及皇兄皇姊。[③]宣宗初即位，遣郑王谒祭孝陵。行前，预告奉先殿太宗皇帝和仁宗皇帝几筵及城皇门、城隍等神，沿途应祀神祇亦预期遣王府官告祭。到南京后，王祭告皇城及城隍等八神，并谒告奉先殿，告孝陵及懿文陵，以及贞静顺妃和悼僖丽妃享堂。[④]嘉靖十八年正月己亥，世宗欲南行，并至承天谒陵祭告。行前，亲奏告皇天于玄极宝殿，同日告闻皇祖太庙、皇考睿宗庙，并遣大臣十八员，分别告祭北郊、德祖、懿祖、熙祖、仁祖、成祖、列

① 《明世宗实录》卷150，“嘉靖十二年五月己未”条，第 3442 页。
② 《明神宗实录》卷317，“万历二十五年十二月丙戌”条，第 5910 页。
③ 《明太祖实录》卷26，“吴元年冬十月乙丑”条，第 400—401 页。
④ 《明宣宗实录》卷7，“洪熙元年八月甲戌”条，第 194 页。

圣群庙，以及太社稷、帝社稷、朝日夕月、天神地祇。[①]在洪武元年（1368年）七月所制定的军礼仪制中，对皇帝亲征告祭天地、庙社仪，凯还告祭庙社仪，以及遣将告祭庙社仪都做了相应规定。[②]这类告祭仪式主要发生在战事较为频繁的洪武时期：元至正二十六年（1366年），朱元璋以讨伐东南张士诚告祭大江之神。[③]洪武六年正月，朱元璋命魏国公徐达、曹国公李文忠等往山西、北平修理城池，练兵训将前亲自告祭太岁、风云雷雨、岳镇海渎、钟山等神。[④]洪武十一年十一月，命西平侯沐英为征西将军，率都督佥事蓝玉、王弼将京卫及河南、陕西、山西马步官军征讨西番。行前，朱元璋亲自为文，告祭岳渎山川、旗纛诸神，祈求神灵相助。[⑤]次年春，洮州十八族番首三副使反叛，朱元璋命当时正在此领兵的征西将军沐英移兵讨伐，并告祭西岳诸神保佑。[⑥]

当有宫廷、陵寝营建或地方公共建筑一类事务举行时，会在动工前或工期结束时举行告祭仪式。如洪武五年九月，因欲择日修筑太庙宫墙，朱元璋亲自祭告太庙，行告祭礼，并遣官告祭土神。[⑦]弘治十一年（1498年）九月，因修葺南京都城，遣驸马都尉杨伟告祭孝陵，南京工部尚书萧祯祭后土之神。[⑧]嘉靖二十四年（1545年），建秋报大醮于朝天宫，遣英国公张溶等告祭各宫庙。[⑨]隆庆元年（1567年）六月，永陵完工，遣英国公张溶祭告长陵，武定侯郭大成、玉田伯蒋荣、安平伯方承祭告献陵、景陵、裕陵、茂陵、泰陵、康陵，定国公徐延德祭告永陵，恭顺侯吴继爵告祭天寿山之神，侍郎徐纲告谢后土司工之神。[⑩]

确立或修改典礼仪制是国之大事，当此之际，常行告祭。此种仪式无明确制度规定，多依皇帝临时旨意而行。如洪武三年六月，诏定岳镇海渎、城

---

① 《明世宗实录》卷220，“嘉靖十八年正月己亥”条，第4553—4554页。
② 《明太祖实录》卷33，“洪武元年闰七月庚戌”条，第581页。
③ 《明太祖实录》卷21，“丙午八月庚戌”条，第295页。
④ 《明太祖实录》卷78，“洪武六年春正月壬子”条，第1424—1425页。
⑤ 《明太祖实录》卷121，“洪武十一年十一月庚午”条，第1960页。
⑥ 《明太祖实录》卷122，“洪武十二年春正月甲申”条，第1972页。
⑦ 《明太祖实录》卷76，“洪武五年九月乙巳”条，第1395页。
⑧ 《明孝宗实录》卷141，“弘治十一年九月癸丑”条，第2442页。
⑨ 《明世宗实录》卷303，“嘉靖二十四年九月己卯”条，第5750页。
⑩ 《明穆宗实录》卷9，“隆庆元年六月壬寅”条，第257页。

隍诸神号，除孔子封爵仍旧外，岳镇海渎并去前代所封名号，只以山水本名称其神，郡县城隍神号一体改正，历代忠臣烈士亦依当时初封实号，革去后世溢美之称，同时革除天下神祠无功于民及不应祀之“淫祠”。发布诏书当日，朱元璋躬署祝文，并遣官告祭岳镇海渎诸神。①洪武十年（1377年）冬十月，新建社稷坛成，社稷祭祀从中祀升为等同于天地、宗庙的大祀，朱元璋于次日冕服乘辂，百官具祭服诣旧坛，以迁主告祭，行奉安礼，并奉仁祖淳皇帝配享。②嘉靖十五年（1536年）五月戊辰，以钦制大武袭威冠服并武陈诸仪卫及更作宝玺车辂器物，告祭太祖、列圣皇考于内殿，六卿陪祭。③

洪武时期，分封诸王及藩王之国属于国之大事，也会举行告祭仪式。如洪武三年五月，因封建诸王，遣使告祭王国山川。④洪武九年正月，因诸王将之国，朱元璋命于圜丘告祀天地，并在此之前告祭太庙、社稷、岳镇海渎及天下名山大川。⑤

册封包含册立与封号两层含义。皇子降生，册立皇太子、后妃，上尊号、谥号等仪式时，一般均会告祭天地、宗庙、社稷，或单独行告祭宗庙仪式。有关皇太后及皇后、皇妃的册封仪注在宣宗初年基本确立，规定前期三日遣官行告祭礼。⑥宣宗以后的册封仪式大体遵循此规定。如宣德十年（1435年）二月上太皇太后尊号；天顺八年（1464年）二月上慈懿皇太后、皇太后尊号；成化二十三年（1487年）十月进尊圣母恭恪庄僖淑妃为皇太后；正德十三年（1518年）定慈圣康寿太皇太后尊谥册宝礼；嘉靖元年十二月上寿安皇太后徽谥；嘉靖十七年十二月上大行皇太后尊谥礼时，都先期遣官祭告天地、宗庙、社稷，以及大行皇帝几筵，行告祭礼。⑦嘉靖十五年十二月，以加上圣母章圣皇太后徽号，告祭皇考，遣太常寺寺丞赍祝册诣

---

① 《明太祖实录》卷53，“洪武三年六月癸亥”条，第1033—1035页。

② 《明太祖实录》卷115，“洪武十年冬十月丙午”条，第1884—1885页。

③ 《明世宗实录》卷187，“嘉靖十五年五月戊辰”条，第3957页。

④ 《明太祖实录》卷52，“洪武三年五月丁酉”条，第1018页。

⑤ 《明太祖实录》卷103，“洪武九年春正月甲子”条，第1732—1733页。

⑥ 《明宣宗实录》卷2，“洪熙元年六月丙寅”条，第56—57页。

⑦ 《明英宗实录》卷2，“宣德十年二月癸卯”条，第37页；《明宪宗实录》卷2，“天顺八年二月庚子”条，第48页；《明孝宗实录》卷5，“成化二十三年十月乙酉”条，第85页；《明武宗实录》卷159，“正德十三年二月丙申”条，第3077页；《明世宗实录》卷21，“嘉靖元年十二月丙戌”条，第610页；《明世宗实录》卷219，“嘉靖十七年十二月庚申”条，第4519页。

显陵行礼。[①]册封妃嫔则告内殿。嘉靖十四年（1535 年）十一月，以册封端嫔告祭内殿。[②]嘉靖十九年正月，世宗因进封皇贵妃王氏、沈氏，肃妃江氏，雍妃陈氏，徽妃王氏，懿妃赵氏，册封宸妃王氏，荣嫔余氏，昭嫔徐氏，宁嫔王氏，亲自告祭奉先殿。[③]

奉安神主与祔庙告祭仪是指因在太庙、内庙、陵寝中奉安神主而举行的祭祀仪式。如永乐十四年（1416 年）三月，长陵殿成，奉安仁孝皇后神位，并命赵王告祭。[④]天顺七年（1463 年）四月，英宗因奉孝恭章皇后神主入于太庙，亲自于奉先殿行告祭礼。[⑤]

宫廷中的重要节日或皇室成员的忌辰，也会举行告祭仪式，特别是在皇帝、皇太后的生辰与忌辰，仪式尤为隆重。嘉靖二十年八月万寿圣节，世宗亲自告祭天于玄极宝殿，并遣英国公张溶、西宁伯朱良臣、安仁伯王桓分祭七陵，玉田伯蒋荣祭景皇帝陵，中官祭章皇后陵，长宁伯周大经祭孝洁皇后陵。[⑥]嘉靖十四年六月，孝穆皇太后忌辰，遣恭顺侯吴世兴告祭茂陵。[⑦]

因禳灾与告谢而行之告祭仪更为频繁。如久旱不雨、冰雹、洪涝、地震、风灾、雪灾、无雪、天象异常等，常常会举行告祭仪式，成为应对灾害的一种方式。当灾害消除，则再次行告祭礼，以明告谢之意。如洪武二年（1369 年）三月，春久不雨，遂告祭风云雷雨、岳镇海渎、山川、城隍、旗纛诸神，共一十八坛。[⑧]成化八年（1472 年）秋七月，陕西陇州有大风雨冰雹，事达朝廷，命巡抚都御史马文升告祭西镇吴山。[⑨]成化十九年十二月，

---

① 《明世宗实录》卷195，“嘉靖十五年闰十二月丁卯”条，第 4129 页。

② 《明世宗实录》卷181，“嘉靖十四年十一月戊辰”条，第 3866 页。

③ 《明世宗实录》卷233，“嘉靖十九年正月癸卯”条，第 4783 页。

④ 《明太宗实录》卷174，“永乐十四年三月癸巳”条，第 1915 页。

⑤ 《明英宗实录》卷351，“天顺七年夏四月辛未”条，第 7050 页。

⑥ 《明世宗实录》卷252，“嘉靖二十年八月癸亥”条，第 5047 页。

⑦ 《明世宗实录》卷176，“嘉靖十四年六月丁巳”条，第 3809 页。

⑧ 《明太祖实录》卷40，“洪武二年三月丁酉”条，第 804—805 页。这次告祭仪式规格很高，不仅遍祭诸神，且朱元璋亲自行礼，祝文亦以其口吻拟定：“朕代前王统世，治教民生，当去岁纪年建号之初，首值天下灾旱，中原人民，苦殃尤甚。今年自孟春得雨之后，中春再沾微雨，至今又无。虽未妨农务之急，而气候终未调顺。伏念去岁因旱，民多颠危，今又缺雨，民生何赖？实切忧惶，夙夜静思。惟天地好生，必不使下民至于失所。然神无人何以享？人无神何以祀？朕不敢烦渎天地，惟众神主司下土民物，参赞天地化机，愿神以民庶之疾苦，哀闻于上天厚地，乞赐风雨以时，以成岁丰，养育民物，各遂其生，朕敢不知报？尚享！”

⑨ 《明宪宗实录》卷106，“成化八年秋七月丙午”条，第 2067 页。

宪宗以一冬无雪，命礼部致斋三日，禁屠宰，并遣英国公张懋等告祭天地、社稷、山川，定西侯蒋琬等行香于各宫观寺庙。①嘉靖十年（1531年）正月己酉，世宗发布圣谕称“天降宝露，朕当行昭谢礼于圜丘及告祭皇考”，遂以次月九日十日行告祭礼。②隆庆二年（1568年）六月，以陕西地震，命巡抚都御史张祉告祭西岳华山、西镇吴山之神。③

二、“亲祭”与“遣告”——以登极告祭仪为例

告祭的方式有皇帝亲祭与遣官告祭两种，其中遣官告祭是常态。当皇帝亲自告祭时，仪式的隆重程度会相应提升。下面，笔者将以仪式最为隆重的登极告祭仪为例加以说明。

狭义的登极仪指的是登极当日举行的一系列仪式，包含正祭仪之前的准备仪式，主要有劝进、进仪、告庙，以及登极当天的大典、发布登极诏书等几个环节。广义上，登极仪式当天之后的庆贺和册封仪，以及随后的一系列告祭活动，如因新皇帝登极而告祭先农、耕籍田，祭岳镇海渎、帝王陵寝、先师孔子，都可看作登极仪式的组成部分。

宋元时期的马端临曾指出：“古之受终革命者，必告于天地祖宗。尧舜之禅让，汤武之征伐，未之有改。”④汉承秦制，以五畤之祀取代郊天之礼，汉高祖即皇帝位于汜水之阳，亦不设燔燎告天之事，马氏视为缺典。直到汉文帝以后，嗣君即位才行告庙礼，取受命祖宗之意。魏晋以后，皇帝即位行燔柴告天礼已成惯例。明代登极告祭仪式承袭此传统，但参与人员的身份有明显的变化。对此，俞汝楫《礼部志稿》称：“高皇初用王礼，后正大位，其仪始备。文皇靖难，以乙丑至金川门，以乙巳即帝位仓卒，其仪不详。昭皇以储宫嗣位，稍有更定。肃皇入自藩国，与嗣皇异。累朝所因者，昭皇储宫礼也。”⑤根据俞氏的说法，明代仁宗昭皇帝以后，大致累朝因袭的登极告

---

① 《明宪宗实录》卷247，“成化十九年十二月戊辰”条，第4177页。

② 《明世宗实录》卷121，“嘉靖十年正月己酉”条，第2904页。

③ 《明穆宗实录》卷21，“隆庆二年六月己丑”条，第573页。

④ （元）马端临：《文献通考》卷89《告祭》，载《景印文渊阁四库全书》史部，第612册，第162页。

⑤ （明）林尧俞等纂修，（明）俞汝楫等编撰：《礼部志稿》卷59《登极备考》，载《景印文渊阁四库全书》史部，第598册，第3页。

祭仪式，均按仁宗即位时所行方式举行。梳理明朝历代皇帝登极告祭仪式的具体情况，可见存在“亲祭”与“遣告”的差异。

元至正二十四年（1364 年），李善长、徐达等率群臣奉太祖即吴王位，用王礼，详情失载。朱元璋称帝时，登极大典仪式完备而隆重，史料记载详细。洪武元年（1368 年）春正月乙亥日，朱元璋先于圜丘坛告祭天地等神灵。[①] 礼成后，于郊坛南行即位礼，加衮冕。其后，告祀太庙、社稷。最后颁布即位诏书，告知天下。[②] 由于洪武初期实行天地分祀，因此在朱元璋即位当年的十一月己亥（冬至）日，仍于南郊举行常规郊天礼，祭祀仪式一遵明初制度。

朱元璋驾崩后，孙朱允炆即位。由于建文朝所修《明太祖实录》被朱棣焚毁，其他有关建文朝史料亦多被修改或销毁，因此，现存史料中没有建文帝登极祀天礼仪具体内容的记载。朱棣以靖难得位，并于建文四年（1402 年）秋七月壬午告祀天地于南郊，行登极礼。有关礼仪程序详细载于实录，此不赘述。[③]

永乐二十二年（1424 年）八月，朱棣驾崩，朱高炽继承大统。同月，命礼部择日告天地、宗庙、社稷，即皇帝位，具仪以闻。如前所述，此时制定的登极仪式，成为之后明朝皇帝登极仪式的基本参照。丁巳日，仁宗以嗣位遣英国公张辅祭告天地，定国公徐景昌告宗庙，宁阳侯陈懋告社稷，仁宗躬告几筵，即皇帝位。[④] 宣宗朱瞻基即位礼于洪熙元年（1425 年）六月庚戌举行，即位仪注与仁宗朝完全相同，遣官祭告天地、宗庙、社稷的也是同一套人员。登极当日早晨，遣太师英国公张辅告昊天上帝、厚土皇地祇，太保宁阳侯陈懋告太社、太稷之神，定国公徐景昌告五庙、太皇太后，宣宗亲告太宗皇帝、大行皇帝几筵，谒见其母后毕，出诣奉天门，即皇帝位。[⑤]

英宗即位礼，遣太师英国公张辅告天地，定国公徐景昌告宗庙，太保宁

---

① （明）林尧俞等纂修，（明）俞汝楫等编撰：《礼部志稿》卷 59《登极备考》，载《景印文渊阁四库全书》史部，第 598 册，第 1 页。

② （明）林尧俞等纂修，（明）俞汝楫等编撰：《礼部志稿》卷 10《登极仪》，载《景印文渊阁四库全书》史部，第 597 册，第 143 页。又见《明太祖实录》卷 29，“洪武元年春正月乙亥”条，第 477—479 页。

③ 《明太宗实录》卷 10，“洪武三十五年秋七月壬午”条，第 143 页。

④ 《明仁宗实录》卷 1，“永乐二十二年八月丙辰”“永乐二十二年八月丁巳”条，第 12—13 页。

⑤ 《明宣宗实录》卷 1，“洪熙元年夏六月丁未”“洪熙元年夏六月庚戌”条，第 21—23 页。

阳侯陈懋告社稷，并以次日即皇帝位。[①] 英宗北狩，郕王即位，正统十四年（1449 年）九月初六日祗告天地、宗庙、社稷，即皇帝位。[②] 其所行告祭仪式，按惯例亦应为遣官代祀。夺门之变后，英宗复位，朱祁镇重行登极仪式，并以复位改元遣宁阳侯陈懋告太庙，遣驸马都尉薛桓告祭长陵、献陵、景陵，遣驸马都尉焦敬祗奉香币昭告太祖高皇帝、孝慈高皇后。这是明朝历史上唯一一位两次行登极仪式的皇帝。[③]

宪宗朱见深即位礼，遣太保会昌侯孙继宗告天地，广宁侯刘安告太庙，怀宁侯孙镗告社稷，朱见深亲告孝恭章皇后、大行皇帝几筵。[④] 孝宗朱祐樘即位礼，遣英国公张懋告天地，驸马都尉周景告宗庙，保国公朱永告社稷。[⑤] 武宗朱厚照即位礼，遣英国公张懋告天地，新宁伯谭祐告宗庙，惠安伯张伟告社稷，朱厚照亲告大行皇帝几筵。[⑥] 世宗朱厚熜虽以藩王身份入继大统，但所行即位告祭礼与之前并无不同，遣武定侯郭勋告天地，建昌侯张延龄告宗庙、社稷，世宗亲告大行皇帝几筵。[⑦] 穆宗朱载垕即位礼，遣成国公朱希忠、宣城伯卫守正等告天地、宗庙、社稷，朱载垕亲告大行皇帝几筵。[⑧] 神宗朱翊钧即位礼，遣成国公朱希忠、英国公张溶、驸马都尉许从诚、定西侯蒋佑告于南北郊、太庙、社稷坛，朱翊钧缞服诣大行皇帝几筵告受命，始具衮冕祗告天地，次告奉先殿及弘孝殿、神霄殿，诣大行皇帝几筵。[⑨] 光宗朱常洛即位礼，遣泰宁侯陈良弼、恭顺侯吴汝胤等告天地、宗庙、社稷，朱常洛亲告大行皇帝几筵，缞服行礼，然后易衮冕服诣文华殿行告天地礼，诣奉先殿告列祖以下，再诣大行皇帝、孝端皇后、温肃端静皇贵妃各几筵。[⑩] 熹宗朱由校即位礼，遣侯陈良弼祭告南郊，侯吴汝胤祭告北郊，驸马万炜告太

---

① 《明英宗实录》卷 1，“宣德十年春正月丙子”“宣德十年春正月辛巳”条，第 3、8 页。

② 《明英宗实录》卷 183《废帝郕戾王附录第一》，“正统十四年九月癸未”条，第 3555 页。

③ 《明英宗实录》卷 274，“天顺元年正月壬午”“天顺元年正月丙戌”条，第 5787—5788、5794 页。

④ 《明宪宗实录》卷 1，“天顺八年正月乙亥”条，第 11 页。

⑤ 《明孝宗实录》卷 2，“成化二十三年九月戊戌”“成化二十三年九月壬寅”条，第 9、11 页。

⑥ 《明武宗实录》卷 1，“弘治十八年五月壬寅”条，第 11 页。

⑦ 《明世宗实录》卷 1，“正德十六年四月癸卯”“正德十六年四月壬寅”条，第 3—4 页。

⑧ 《明穆宗实录》卷 1，“嘉靖四十五年十二月丁未”“嘉靖四十五年十二月壬子”条，第 8—10 页。

⑨ 《明神宗实录》卷 2，“隆庆六年六月甲子”条，第 12—13 页。朱翊钧的即位礼仪中，因已改南北郊分祀天地，故派遣主祭官员也较以往多出一位，且在诣大行皇帝几筵告受命后，增加了告奉先殿、弘孝殿、神霄殿的仪式。

⑩ 《明光宗实录》卷 3，“万历四十八年八月丙午”条，第 54 页。

庙，伯陈伟告社稷，朱由校亲告大行皇帝几筵。[①]崇祯帝朱由检即位礼前一日，遣宁国公魏良卿、保定侯梁世勋祭告南北郊，驸马侯拱宸祭告太庙，宁晋伯刘天锡祭告社稷。[②]

皇帝登极祀天礼仪是与常规祀天礼仪相区别的特殊仪式，因此其文化内涵就值得特别关注。朱元璋与朱棣的登极礼行于郊坛，分别在登极仪式前，由皇帝亲自前往郊坛行祭告天地礼。朱元璋作为开国皇帝，较明朝后代嗣位君王不同，故要在即位礼仪中展示的权力来源也有所差异。他的登极礼仪意欲凸显其推翻元朝，建立明朝登极为帝是“天命”授予，具有不可置疑的正当性，因此需要亲自祭告天地，仪式也最为隆重。这一点在中国以往历代开国皇帝的即位礼仪中并不鲜见。而永乐帝朱棣特别注重即位祀天礼仪，亲自参加祭告，主要因为他是通过非正常途径取得皇位的，因此在即位时需要特别强调其得位的正当性与合法性。从洪武和永乐时期登极祀天仪祭告祝文中，也可以清晰地看到对此种政治寓意的详尽阐释。

仁宗朝以后，告祭天地成为历朝嗣位君主登极仪式的必备环节。即便是在景帝即位，英宗复辟，世宗以藩王入继大统这些非由皇储继位的皇帝登极仪式中，也没有任何改变。与洪武和永乐时期不同的是，嗣位君主最直接的权力来源于先王，登极仪式由郊坛改为奉天门奉天殿举行。因此，新皇帝不亲自参与告祭天地、宗庙、社稷仪式，而是遣官祭告，并增加了新皇帝告先帝后几筵的环节。在派遣官员的身份上，一般是派遣公、侯、伯，或者驸马都尉之类拥有爵位的官员，或者是与皇室有密切关联的成员。所告之天地、宗庙、社稷，是祭祀等级中最高级别的三种，分别代表天地、祖先和国家。嘉靖九年（1530 年）改天地分祀以后，一般还要派遣两人前往天坛、地坛分别祭告。

三、明代告祭仪式的特点与政治寓意

明代各类官方祭祀仪式都或多或少含有“告”的含义。按《说文解字》

① 《明熹宗实录》卷 1，“泰昌元年九月庚辰”条，第 19 页。

② 《崇祯长编》卷 1，“天启七年八月丙辰”条。

载，“告”字从口，从牛[①]，其本意就是对天神、地祇、人鬼祈祷。与其他祭祀不同的是，告祭仪式特别凸显“告知”和因事而举的特点。作为常规祭祀仪式一部分的告祭仪，具有明显的“告知”含义，并作为祭祀仪式的一个环节，体现出程序的严整有序；因事而举的告祭，发生的具体时间并不固定，每年举行的频次也不确定。告祭仪式的规模一般来说较祭祀相同对象的常规祭仪简单。例如，与常规郊祀礼相比，因禳灾而举行的祭天仪式规模较小，祭祀人员也常为遣官代祭；又如登极祀天仪中的告祭，在仁宗以后，基本遣官代行，仪式比常规郊祀礼简化。这意味着该礼仪的寓意从明初的彰显皇权正当性与合法性，向告知神祇某事之发生转变。

遣官祭祀发生在常规国家祭祀活动中时，常常发生争议，尤其是郊庙大礼。清人编纂的《钦定续文献通考》称：“明初最严郊祀，太祖以后无不亲郊者……唐宋诸君莫之逮也。”然而事实情况并非如此，皇帝躬行郊祀的惯例在武宗末年受到破坏，到万历时期，甚至达到“郊庙之祀数十年不一躬亲”的程度[②]，因而引发的朝臣非议之声不绝于耳。告祭仪式大多因事而举，所以虽然较多采用遣官祭祀方式，朝臣也很少提出异议，只有当遣代人员关涉道士方术之人时，才可能引发不同意见。[③]

追溯告祭仪式的起源可见，先秦时期的告祭仪式取意于国有大事，告知于天。在反映商代祭祀情况的甲骨卜辞中，告祭是为了禳疾、出征、巡查、田猎、农耕以及天象异常等事，向包括祖先在内的神灵告白、祈诉或问卜。经史典籍中有关告祭内容的记载也很多，《尚书·舜典》中有语：“肆类于上帝，禋于六宗，望于山川，遍于群神。”[④]“类上帝”即为摄位告祭上帝之意，与禋祭于六宗等尊卑之神，望祭名山大川、五岳四渎，遍祭山川、丘陵、坟衍、古之圣贤之群神，以告己之受禅一样，都是帝王所做之事。

---

① （汉）许慎撰，（宋）徐铉等校：《说文解字·告部》，上海：上海古籍出版社，2007年，第55页。

② （清）嵇璜、曹仁虎等奉敕撰：《钦定续文献通考》卷67《郊社考》，载《景印文渊阁四库全书》史部，第628册，第70—71页。

③ 正统元年，根据行在礼部尚书胡濙等奏，遇皇帝登位改元，例当遣官祭告，而遣道士祭礼宜停止，从之。《明英宗实录》卷5，“宣德十年五月壬辰”条，第109—110页。

④ （汉）孔安国传，（唐）孔颖达疏：《尚书正义》卷3《舜典》，载（清）阮元校刻：《十三经注疏》，第265—266页。

《诗·时迈》中也有语，“巡守告祭柴望也”[①]。此巡守告祭即指天子巡行邦国时，至于方岳之下封禅之意。《周礼》与《礼记》中多次提及“类”与“告”，注疏均称“告祭非常”，以区别于常规祭祀。如“天地之大灾，类社稷，则为位”[②]；“建邦国，先告后土，用牲币”[③]；“天子将出征，类乎上帝，宜乎社，造乎祢，禡于所征之地”[④]。清人秦蕙田对告祭的解释称：“《诗》《书》《周礼》《礼记》言‘类祭者不一’，然不外陟位、行师、巡守诸大事。盖王者事天如事父，子之于父也，出必告，反必面。王者无一息不与天合漠，则无一举动不与天昭鉴。故圣人制礼，俾王者有事将出，必正其义，类而告之于天。陟位承天子民之始也，出师恭行天伐也，巡守大明黜陟也，皆义类之正大而不可以已者。然则类之为名，或亦正其义类而告之之谓乎？造祭之礼，见于《肆师》大祝、诅祝，皆以类、造并言，窃以造者至也。《传》言：公行，告庙，反行饮至。《曾子问》亦云：诸侯出门，反必亲告祖庙。以是推之，则天子将出而类，即出必告之义，既反，必造上帝，兼造于庙，犹反面之义。肆师等职所云，兼行与反而言。然则造之为名，即以为述，其既至而告之，似与类更有别也。《大宗伯》：‘国有大故则旅上帝’。陈氏《礼书》谓：大故皆凶灾之类。《尔雅》曰：旅，陈也。或即陈其情事而告，以祈之之义乎？如此则三者皆为告祭，而命名取义稍为亲切。”[⑤]因此，类、造、旅都有“告诉”的意思，即指告祭，是在王陟位、行师、巡守诸大事发生时举行的祭祀礼仪。王者事天如子事父，因此出必告，反必面，才能使王者与天合漠，举动与天昭鉴。

先秦时期的告祭仪式以“王”为行为主体，以天神、地祇，以及包含祖先在内的人鬼为对象，以“告”为主要内容，体现出告祭仪式沟通神人的基本功能。明代告祭仪式既承袭了先秦告祭仪式的基本内涵，同时在具体的祭

① （汉）毛亨传，（汉）郑玄笺，（唐）孔颖达疏：《毛诗正义》卷19《周颂》，载（清）阮元校刻：《十三经注疏》，第1268页。

② （汉）郑玄注，（唐）贾公彦疏：《周礼注疏》卷19《小宗伯》，载（清）阮元校刻：《十三经注疏》，第1658页。

③ （汉）郑玄注，（唐）贾公彦疏：《周礼注疏》卷25《大祝》，载（清）阮元校刻：《十三经注疏》，第1752页。

④ （汉）郑玄注，（唐）孔颖达疏：《礼记正义》卷12《王制》，载（清）阮元校刻：《十三经注疏》，第2885页。

⑤ （清）秦蕙田撰：《五礼通考》卷1，载《景印文渊阁四库全书》经部，第135册，第150页。

祀目的和内容上有所拓展。在前述不同种类的明代告祭仪式中，有一些告祭活动的“告诉”含义尤其明显。除了作为常规祭祀环节的告庙以外，非常规举行的谒陵告庙仪式，册封皇子、后妃，上皇太后尊号时的告庙仪式，奉安神主与升祔太庙时所行告庙礼等，都承载着以“告”的方式沟通神人的基本内涵。与此同时，将国家的重大事宜及时告知祖先神灵，也可以表达对祖先的敬意和尊重。

“祈禳”即祈福禳灾是告祭仪式的另一个基本内涵。当发生各种类型的自然灾害、天象异常时举行告祭仪式，以祈求禳灾；灾害消除之后行告谢仪式，以表达对神灵的谢意，体现祭祀者的虔敬。还有在营建与修缮宫廷建筑，以及进行重大工程时，告祭神灵，以得神灵庇佑。这些都体现了告祭仪式的祈禳功能。告祭仪式的这一目的显示出其功利性的一面，也成为明代应对灾害的一种手段。同时，这层含义也与宗教性的祭拜仪式相类似，都是将人间事务与神灵的护佑相关联，寓人事祈盼于神灵相助，体现出祭祀仪式的宗教色彩。

应当注意的是，每一种告祭仪式的含义常常不是单一的，而是多重的。比如，一些告祭仪式在体现祈禳功能的同时，也带有作为仪式的“展示”功用。比较典型的如出行、出征所行告祭仪式，一方面有祈求平安顺利或战争获胜的意义；另一方面也是对参与出行及出征人员，甚至是在场其他人员的动员与激励，营造军队威严的气势，增强必胜的信心，具有鼓动士气的作用。而在战争凯旋后举行的告祭仪式，祈福含义基本消失，更多的是要通过仪式的举行，达到表彰、庆祝和激励军民的作用。这种仪式的展示不仅仅是一种象征，也发挥着很多实际功用。这类具有多重含义的告祭仪式，还体现在国家重要节庆与皇室成员忌辰期间举行的告祭活动中，恕不赘述。

第五章　地方公祀体系

第一节　明代公祀体系的包容与排斥：以地方公祭神祠为中心

明代国家祭祀体系分为京师和地方两个层面。其中，地方政府公共祭祀活动的内容主要有祭祀社稷、城隍、孔庙、无祀鬼神、岳镇海渎、历代帝王陵寝、风云雷雨、山川土神，以及各类人鬼、神明。在这些祭祀活动中，社稷、城隍、孔庙、岳镇海渎、风云雷雨、无祀鬼神等祭祀变动较小①，人鬼、神明祭祀则变动频繁、复杂。关于明代地方公祭神祇的问题，以往学界已有关注，但相关研究都是从某个祭祀对象或某一地区着眼，没有从整体上对地方公祭神祠变化情况进行研究。②本节即系统梳理明代地方公祭神祠的建立及其变动情况，考察其拣选原则与标准，从中分析明代公祭体系的包容性与排斥性，以助于从整体上理解明代设立公祭系统之目的及其内涵。

---

① 按，此处所指各地方孔庙祭祀变化较小，是从有明一朝全国各地皆通祀孔庙，未有撤毁的整体角度而言的，并非指孔庙中具体的配享和从祀对象。

② 相关研究成果有赵世瑜：《国家正祀与民间信仰的互动——以明清京师的“顶”与东岳庙为个案》，《北京师范大学学报（社会科学版）》1998年第6期；科大卫：《国家与礼仪：宋至清中叶珠江三角洲地方社会的国家认同》，《中山大学学报（社会科学版）》1999年第5期；陈春声：《正统性、地方化与文化的创制——潮州民间神信仰的象征与历史意义》，《史学月刊》2001年第1期；范正义：《祀典抑或淫祀：正统标签的边陲解读——以明清闽台保生大帝信仰为例》，《史学月刊》2005年第11期；王健：《祀典、私祀与淫祀：明清以来苏州地区民间信仰考察》，《史林》2003年第1期；魏德毓：《移风易俗与象征替代：明清宁化显应庙的祭礼之争》，《福建师范大学学报（哲学社会科学版）》2006年第1期；申小红：《从私祀到官祀：明代佛山北帝信仰的地方性与正统化考察》，《西华大学学报（哲学社会科学版）》2011年第4期。

一、地方公祭神祇体系的建立与变动

明初，在公祭体系等级中，明确规定了从中央到地方各类人群可以祭祀的内容：天子亲祀圜丘、方丘、宗庙、社稷，遣官致祭京师三皇、孔子、风云雷雨、圣帝明王、忠臣烈士、先贤；郡县社稷，有司春秋致祭；庶人祭里社、土谷之神及祖父母、父母，并得祀灶。其余不当祀者均行禁止。[①]洪武二十六年（1393年），著令天下府州县合祭风云雷雨、山川、社稷、城隍、孔子及无祀鬼神等，并令有司依期致祭。[②]此类地方公祭对象在整个明代几乎没有什么变化。除此以外，两京祭祀神祇的变化也比较清晰，据正德与万历《明会典》记载，南京应祀神祇中，正德时较洪武时增加汉前将军寿亭侯关公庙、天妃宫、京都太仓神庙及司马、马祖、先牧神庙；北京应祀神祇中，万历较正德时期增弘济神祠和姚广孝祠。其他两京应祀神祇则没有变动。各地有司祭祀历代帝王陵寝的变动情况则是，洪武三年，朱元璋命人到地方访求帝王陵寝，定功德昭著者共36位，往修祀事，令有司岁时祭祀。次年，令礼部覆议，定古先圣帝贤王以及历代帝王曾主中原、安人民者，春秋祭祀；偏方之君，虽贤不祭；主中原而昏愚者亦不祭，定各地共祭祀35帝。[③]到正德时期，经过调整，增后魏文帝、隋高祖于陕西，元世祖于北直隶，娲皇氏于山西；减陕西祀周宣王，河南祀汉明帝、章帝。到万历时期，又增宋理宗于浙江。

除以上由朝廷统一规定的公祭对象外，地方政府还可依据本地历史文化传统及民风，选择祭祀一些人鬼、神灵。这类祭祀内容的变动最多，大体来看，主要经历三个发展时期：洪武朝地方公祀神祇系统基本确定；成化、弘治时期所祀神祇大量增加；嘉靖到万历朝祭祀对象持续扩展。

洪武元年，朱元璋令郡县访求应祀神祇、名山大川、圣帝明王、忠臣烈士。规定凡有功于国家及惠爱在民者，具实以闻，著于祀典，有司岁时致祭。[④]次年，令有司依时致祭。对于不在祀典而曾有功德于民、事迹昭著

---

① 《明太祖实录》卷36上，“洪武元年十一月丙午”条，第668页。
② （明）申时行等修：（万历）《明会典》卷94《群祀四》，第533页。
③ 《明太祖实录》卷62，“洪武四年三月丁未”条，第1199—1201页。
④ 《明太祖实录》卷35，“洪武元年九月丙子”条，第632页。

者，虽不致祭，仍禁人毁撤其祠宇。[①]明初三四年间的多次访求考订，确定了地方公祭对象的基本内容。到洪武十五年（1382年），再次令忠臣烈士未入祀典，以及孝子顺孙、义夫节妇未旌表者，询访以闻。[②]洪武二十六年终定："各处圣帝明王，忠臣烈士，载在祀典，不系淫祠者，其庙宇陵寝，皆要备知其处，每年定夺日期，或差官往祭，或令有司自祭，本部悉。"[③]据《明实录》记载，洪武以后，直到成化以前，仅有少量地方祭祀神祇发生了变化，如宣德五年（1430年），重建睢阳唐忠臣庙，祭祀张巡、许远，以劝奖忠良。正统六年（1441年）十二月，命于清江浦东建立祠堂，庙祀平江恭襄侯陈瑄，有司春秋致祭。[④]因此，该时期是明代地方祀典发展的一个较为平稳的时期。

成化以后，开始大量出现官员上疏要求增加地方祭祀神祠的事情。成化元年（1465年）正月，为在镇压邓茂七的战争中死去的福建汀州府故推官王得仁立祠致祭。[⑤]同年十二月，命直隶容城县立祠祀元儒刘因，以崇儒道。[⑥]成化三年二月，礼部奏浙江按察司佥事辛访言，欲将宋儒何基等赐以封爵，使之从祀。结果只仿宋儒杨时之例，立祠乡郡，春秋祭祀。[⑦]成化四年三月，命于邵武府学祭宋丞相李纲，载诸祀典，以表彰其尽心为国，知无不言，虽屡遭贬逐而不改其心的忠义之举。[⑧]同年五月，朝议福建宋元儒士熊禾是否可以从祀孔庙，未准从祀，令于福建府县先贤祠增入祭祀，如当地本无先贤祠，则别立祠堂致祭。[⑨]成化五年五月，恢复正统年间废除的元臣赛典赤庙祀。[⑩]成化十三年八月，命杭州府祭唐臣褚遂良，入祀典，有司春秋致祭。[⑪]成化十八年七月，命云南布政司岁祭故翰林院学士王祎，原仅有

---

① 《明太祖实录》卷38，"洪武二年春正月辛丑"条，第760页。
② 《明太祖实录》卷150，"洪武十五年十一月戊辰"条，第2363页。
③ （明）申时行等修：（万历）《明会典》卷85《诸司职掌》，第532页。
④ 《明英宗实录》卷87，"正统六年十二月丁酉"条，第1737页。
⑤ 《明宪宗实录》卷13，"成化元年春正月乙亥"条，第303页。
⑥ 《明宪宗实录》卷24，"成化元年十二月庚子"条，第474页。
⑦ 《明宪宗实录》卷39，"成化三年二月丁巳"条，第792页。
⑧ 《明宪宗实录》卷52，"成化四年三月癸酉"条，第1056页。
⑨ 《明宪宗实录》卷54，"成化四年五月戊子"条，第1107—1109页。
⑩ 《明宪宗实录》卷67，"成化五年五月癸卯"条，第1348页。
⑪ 《明宪宗实录》卷169，"成化十三年八月癸卯"条，第3058页。

祀，现列入祀典，以表彰其在洪武年间参与制定礼仪制度之功，以及在云南执节以死的事迹。[①]至成化末年，地方祀典的对象已经较洪武时期有了大量增加。

除以上增加的祭祀对象以外，还有一些不符合洪武祀典精神的佛、道和杂神在永乐到成化时期进入地方祀典。针对此种情况，弘治初年进行了一番大规模整理。弘治元年（1488年）四月，礼科给事中张九功奏请，“凡宫观祠庙，非有功德于民者，不合祀典，俱令革去。间有累朝崇建，难于辄废者，亦宜厘正名号，减杀礼仪，庶尽以礼事神之心”[②]。经过弘治初年的整饬以后，佛、道及杂神信仰得到了一定程度的清理，而要求增加地方应祀神祇的呼声从来没有中断，所要求增加的祭祀对象主要是各地先贤、大儒和功臣等。弘治五年十二月，建祠秩祀宋季守卫四川合州的知州王坚、张珏，以彰其忠节，并于合州乡贤祠附祭。[③]弘治九年十二月，为永乐至成化间的故伏羌伯毛忠赐立忠义坊，并于甘州城东建祠一所，举庙祀，所司春秋致祭。[④]弘治十一年十二月，于苏州胥门立祠祀故户部尚书夏原吉、工部尚书周忱，并命立祠祀故少保礼部尚书兼武英殿大学士杨溥于湖广石首县。[⑤]弘治十二年五月，浙江衢州府知府沈杰认为，宋太子少保赵抃，直节清声，备载宋史，旧有祠在府境内，应照苏州祀范仲淹例，春秋致祭，著在令甲，以劝励风俗。从之。[⑥]弘治十六年十月，江西按察司副使邵宝奏请，于都昌县所建祠宇祀元儒陈浩，列于秩祀，春秋致祭。[⑦]弘治十七年五月，尚宝司历事监生魏浚奏请，于建宁建宋儒刘子翚祠庙，有司春秋致祭，以示崇儒重道之意。[⑧]正德三年（1508年）三月，命兴化府立祠祀宋陈瓒、陈文龙叔侄，春

---

① 《明宪宗实录》卷229，“成化十八年秋七月甲申”条，第3927页。

② 《明孝宗实录》卷13，“弘治元年四月庚戌”条，第304—305页。关于明朝洪武以后，地方祀典新增的佛、道和其他杂神信仰内容，以及明代士大夫对这些内容的整肃，详参李媛：《弘治初年祀典厘正论初探》，《东北师大学报（哲学社会科学版）》2008年第2期。

③ 《明孝宗实录》卷70，“弘治五年十二月辛丑”条，第1317页。

④ 《明孝宗实录》卷120，“弘治九年十二月己丑”条，第2155页。

⑤ 《明孝宗实录》卷145，“弘治十一年十二月癸丑”“弘治十一年十二月甲寅”条，第2549—2550页。

⑥ 《明孝宗实录》卷150，“弘治十二年五月癸亥”条，第2641页。

⑦ 《明孝宗实录》卷204，“弘治十六年十月壬子”条，第3797—3798页。

⑧ 《明孝宗实录》卷212，“弘治十七年五月壬辰”条，第3961—3962页。

秋致祭，以表其忠。[①]正德十五年（1520年）六月，于山东沂州建诸葛亮祠，春秋致祭。[②]正德十六年七月，于昌邑建祠祀故太保尚书黄福，令守臣岁时致祭，载在祀典，以励风化。[③]可见，成弘时期是明朝地方祀典大量增加的关键时期，这恰与弘治、正德时期修纂《明会典》之举动相呼应，新增的地方祀典内容也被纳入。因此，正德《明会典》详细记载了地方应祀神祇的具体内容，成为明中叶地方祀典内容的最终定本。

嘉靖到万历时期，地方祠祀内容持续增加。嘉靖二年（1523年）七月，为已故大学士刘珝庙赐祠额，命有司岁时致祭。[④]嘉靖四年六月，恢复因宸濠之乱罢祀的弋阳王朱拱樻祖献王、惠王庙祀，以广孝思。[⑤]嘉靖六年六月，因漕河复通，诏建河神祠于沛县，春秋致祀。[⑥]嘉靖九年，令各处应祀神祇，帝王、忠臣、孝子、功利一方者，有司修葺其坛场庙宇，并依期斋祀。[⑦]嘉靖十一年十月，诏大名府祀唐宋先贤狄仁杰、寇准。[⑧]嘉靖十八年四月，据监察御史谢少南建议，于庆都县城建尧母墓，载入祀典。[⑨]嘉靖二十四年十一月，诏广东守臣为故浙江按察司副使陶成及其子湖广左布政使[陶]鲁于会城立祠，岁时致祭。[⑩]嘉靖二十七年十月，诏河南守臣建祠，祀故燕山卫指挥使马义、都督佥事马俊、都指挥佥事马振义。[⑪]隆庆六年（1572年），令各地方官查靖难间被罪诸臣生长乡邑，或特为建祠，或即附本处名贤忠节祠，岁时以礼致祭。[⑫]万历元年（1573年）三月，巡按浙江御史谢廷杰请于金华崇祀礼部故尚书章懋，以彰国家人文，从之。[⑬]万历二十年十二月，河南巡按御史周孔教言中州为道德节义之乡，应将祀诸臣已祀已旌者，

① 《明武宗实录》卷36，“正德三年三月癸亥”条，第869页。
② 《明武宗实录》卷187，“正德十五年六月己巳”条，第3562页。
③ 《明世宗实录》卷4，“正德十六年七月庚申”条，第177页。
④ 《明世宗实录》卷29，“嘉靖二年七月辛未”条，第782页。
⑤ 《明世宗实录》卷52，“嘉靖四年六月甲寅”条，第1312页。
⑥ 《明世宗实录》卷77，“嘉靖六年六月癸亥”条，第1721页。
⑦ （明）申时行等修：（万历）《明会典》卷93《奉祀三》，第532页。
⑧ 《明世宗实录》卷143，“嘉靖十一年十月癸卯”条，第3346—3347页。
⑨ 《明世宗实录》卷223，“嘉靖十八年四月戊申”条，第4628页。
⑩ 《明世宗实录》卷305，“嘉靖二十四年十一月戊寅”条，第5769页。
⑪ 《明世宗实录》卷341，“嘉靖二十七年十月庚申”条，第6207—6208页。
⑫ （明）申时行等修：（万历）《明会典》卷93《奉祀三》，第532页。
⑬ 《明神宗实录》卷11，“万历元年三月乙酉”条，第366页。

饰祠宇、录子孙，其未祀旌者，阐幽微、补阙略。①

大致来看，嘉靖以后地方祭祀继承成弘时期的扩展趋势。由于明中期以后，地方祭祀对象不断增多，万历朝重修《明会典》时，干脆将地方应祀神祠的内容全部略去，以免烦冗。

综上，明朝地方祀典中所祀的各类神祇系统在洪武时期初创，其内容主要是在沿袭以往历朝祭祀内容的基础上，结合明朝实际情况来确定。永乐到成化以前变动不多，但佛道和民间信仰因素的阑入还是值得注意。成化、弘治时期地方祀典内容增加最多，并最终系统体现于正德修《明会典》当中。正德以后，直到万历时期，地方祀典内容在以往基础上，仍在持续增加中，以致繁复，导致国家祀典文本当中干脆省略不计。

二、地方公祭神祇的选择标准及其对公共利益的考量

从以上梳理可见，明朝的地方祀典是一个相对开放的体系，地方公祭的内容一直处于不断变化中。那么，明人是根据什么原则来选择哪些对象可以被公祭，哪些不可以被纳入祀典的呢？《礼记·祭法》曰："夫圣王之制祭祀也，法施于民则祀之，以死勤事则祀之，以劳定国则祀之，能御大灾则祀之，能捍大患则祀之。"②这是中国古代先民最早开始确立祭祀对象时遵循的标准。在此标准下，天地、日月、星辰、社稷、山川，以及各类自然神祇、功臣、圣贤、英雄等内容都位列其中。明代地方公祀对象的选择也基本遵循此标准，具体可以归结为以下几方面。

一是有功于国家者。最具有代表性的是对历朝历代帝王、功臣的祭祀。历代功臣于国家之建立、保卫等皆有大功劳者，多经明代中央或地方官员建议，列入祀典，其后又多次增入未祀之人。洪武四年（1371 年），诏立祠祀元御史大夫福寿，以表彰其仗义守职，保障其民，以身殉国。③成化十一年（1475 年）十二月，广东按察司副使陶鲁奏请，为宋末死国之臣太傅张世杰、丞相陆秀夫加封谥、赐庙额，著在祀典，有司岁时致祭，"以使万世之

① 《明神宗实录》卷255，"万历二十年十二月戊子"条，第 4735—4736 页。
② （汉）郑玄注，（唐）孔颖达疏：《礼记正义》卷46《祭法》，载（清）阮元校刻：《十三经注疏》，第3450页。
③ 《明太祖实录》卷64，"洪武四年夏四月是月"条，第 1223 页。

下为臣子者，亦知所以企慕”[①]。除了前朝功臣以外，明朝当代功臣也有很多被列入地方祀典当中，单独立祠祭祀，此类事例极多，不再一一列举。帝王陵寝之祭，不仅选择功德昭著者，还会考虑其帝王正统身份的代表性，如洪武初年确定帝王陵寝祭祀时，就将偏方之君排斥在外。正德时期对帝王陵寝之调整，亦兼顾此两种选择标准。

二是惠爱在民者。所谓惠爱在民，是指其行为对于地方社会的发展、民众的生活改善，以及施行仁德之政等方面做出杰出贡献，堪称表率者，多由当地官员提出建议，列入祀典，以示褒扬。如成化五年（1469 年）五月，建元臣赛典赤庙祀，以表彰他在守云南时，兴水利、崇学校的善举。[②]弘治十一年（1498 年）十二月，苏州胥门立夏原吉、周忱祠，以表彰其治水利、巡抚督饷南畿之功。[③]这类祭祀对象，一般都选择在当地具有较好口碑，并曾对地方发展做出重要贡献的名人。

三是具有保佑功能者。主要指对地方社会安定和发展起到庇佑功能的神祇。如嘉靖六年（1527 年）沛县所建河神祠，就是因当时漕河复通，议者以为神助，遂请复其故宇，春秋致祀。万历十八年（1590 年）三月，巡按山西御史秦大夔奏请为河东盐池抵御水患之条山、风洞诸神各请封号，列之祀典。部议以岳镇海渎俱别无王公封号为由，改为于三祠总门钦定祠额。[④]这类祭祀神祇中还包括因对皇室具有保佑功能而受到推崇进入地方公祭系统者。如郑州药王庙，祭祀神医扁鹊，就是因神宗身患疾病，慈圣皇太后对之祈祷后康复，遂新建庙宇，并于其中建三皇殿祭之，以历代能医者附祭。[⑤]

四是学识德行昭著者。在明代新增加的地方公祭对象中，有一大部分是历代先贤、大儒。这类人物的选择标准，一在于其学识文采；二在于其道德品行，二者缺一不可。在孔庙祭祀有补入从祀大儒时，往往会移出先前在祭而学德稍逊者，这些移出者一般会在地方上单独立祠祭祀，以示纪念。如嘉靖时期，更定先圣先师祀典时，罢从祀诸儒林放、蘧瑗、卢植、郑玄、服

① 《明宪宗实录》卷148，“成化十一年十二月辛巳”条，第2710页。
② 《明宪宗实录》卷67，“成化五年五月癸卯”条，第1348页。
③ 《明孝宗实录》卷145，“弘治十一年十二月癸丑”条，第2549页。
④ 《明神宗实录》卷221，“万历十八年三月丁巳”条，第4131页。
⑤ （明）朱国祯：《涌幢小品》卷1，北京：中华书局，1959年，第18页。

虔、范宁，令各移祀于其乡，作为对罢祀诸儒的一种补偿。

那么，为什么地方公祀神祇要以这些内容作为选择标准呢？主要基于对以下公共利益的考量。

一是崇德报功。明代几次全国范围内大规模公祭对象的确定和调整都是基于此目的。洪武元年（1368年），朱元璋"诏郡县访求应祀神祇、圣帝明王、忠臣烈士，有功于国，遗爱及民者，载诸祀典"。次年诏有司对不在祀典而尝有功德于民者，即使不祭，也存其祠宇。嘉靖时期，又令天下有司学校备查名宦乡贤，"果有遗爱在人，乡评有据，未经表彰，即立祠祀"。[①]地方上后来新增的祭祀对象，很多也是基于崇德报功的目的。洪武二十四年十月，江西建昌府南豊县典史冯坚上疏认为，"夫人之生也，功业显于当时；则其逝也，声华著于后世。所以载在祀典，以崇德报功，使民久而不能忘也"[②]。

二是对普通民众发挥示范表率的作用。吴元年（1367年）十月，朱元璋敕礼官曰："自古忠臣义士，舍生取义，身殁而名存，有以垂训于天下后世。若元右丞余阙守安庆，屹然当南北之冲，援绝力穷，举家皆死，节义凛然。又如江州总管李黼身守孤城，力抗强敌，临难死义与阙同。辙自昔忠臣义士必见褒崇于后代，盖以励风教也。宜令有司建祠肖像，岁时祀之。"[③]正统六年（1441年）五月，广东按察司佥事彭琉劝举祀典，于崖山立庙祭祀宋朝义士陆秀夫，以发扬忠义，为民众树立效仿的典范。

三是发挥舆论导向的功能。通过公共祭祀的手段，明代地方政府向民众表达了其提倡的价值观念，由此影响和塑造地方社会的舆论。如明初立祠祭祀元末守臣余阙、李黼，即向民众传达忠义卫国之信念，与此种精神相一致者得到舆论的肯定，反之则会被唾弃，以期形成全社会范围内对此种行为的尊崇氛围。对地方乡贤祠的祭祀也是一样，凡是能够进入乡贤祠体系的人均被认为是有功于地方，值得尊重的，在当地就会形成持续良好的口碑，甚至还会为家族后代带来更为实在的利益。从管理者的角度来看，通过建立地方公祭体系对地方舆论进行引导，也是规范社会秩序的一种有效手段。

---

① （明）李之藻撰：《泮宫礼乐疏》卷9，载《景印文渊阁四库全书》史部，第651册，第301—302页。

② 《明太祖实录》卷213，"洪武二十四年冬十月乙丑"条，第3151页。

③ 《明太祖实录》卷26，"吴元年冬十月辛亥"条，第385页。

总体来看，明代地方公祭对象选择标准的核心，在于是否为公共利益做出贡献，是否为“天下”福祉发挥功用。能够进入祀典的神或人都符合“有功”于民的标准，具有极强的公价值导向色彩。

三、地方公祭体系的层级结构及其包容与排斥

前文主要梳理了明代地方祀典的变化情况及祭祀对象的选择标准。与之相对，还应该考虑被排除在地方祀典之外的内容，这样才能更好地理解明代公祭体系的包容性和排斥性。这就需要对明朝地方祭祀信仰的层级结构加以区分。

首先，列入公祭系统的地方祀典被国家所承认和保护，因此可以说是地方祭祀体系中的第一个层次，地位最高。所以经常有地方官员上疏，要求将与本地有关联的先贤往圣、功臣英雄等列入祀典，并因此而感到荣耀。应该看到，虽然祭祀的对象是神或人，但其背后投射出的实际是当地或相关人士各自的现世利益，这也是增祀现象屡屡发生的重要原因。由于受到国家的承认和保护，并定期派遣地方官员进行公共祭祀，故列入祀典的内容反映出明朝政府所要极力推崇和宣扬的理念。祀典对所祀神或人的选择还体现出，通过公共手段对有功于民的神灵或往逝之人的一种回报，这种回报反过来亦有利于对现世社会的建设和治理。

还应该注意到某些虽不列入祀典，但禁止毁撤祠宇的祭祀对象。这类祭祀对象不是国家大力提倡的，但是或因沿袭旧故，或由于已然成俗，仍规定禁止毁撤，以保证其在地方社会的稳定存在。如洪武二年（1369 年）规定：不在祀典而曾有功德于民，事迹昭著者，虽不致祭，其祠宇亦禁人毁撤。[①]有时，还通过降低祭祀标准来表示与地方公祭内容的等级差别，如正统五年（1440 年）十二月，工部左侍郎李庸上疏，请为已经建祠设像的固安堤、通济河议定封号，岁修时祀。事下行在礼部议，尚书胡濙等以洪武中有不为岳镇海渎之神封爵的规定，不从。只于朔望令耆老土人供奉香火，固安堤称为泸沟河之神，通济河称为通济河之神。[②]成化二十一年（1485 年）十一月，

---

① 《明太祖实录》卷38，“洪武二年春正月辛丑”条，第 760 页。

② 《明英宗实录》卷74，“正统五年十二月庚午”条，第 1431 页。

巡抚山东左副都御史盛颙奏请，为山东先任总兵官都督卫青、永康侯徐安祠赐祠额，有司春秋致祭，但宪宗未准，仅令岁一祀之。[1]这都体现了一种比较有弹性的折中态度。

第二个层次是仅次于公共祀典的佛教、道教这些已经在地方普遍存在的制度性宗教，明朝政府对此主要持宽容态度，在此基础上加以利用，如不关涉宫廷皇室，便不作特别保护。这一类信仰对象中还可以区分出两类：第一类是纯粹的寺庙宫观，因其完全属于宗教范畴，故可将之放置在明代宗教管理政策的框架下来理解，对其主要是加以利用，但并不提倡，如未对地方社会之稳定以及国家财政等方面构成危害，也无须禁毁；第二类是一些因在地方社会有广泛信众而进入祀典的佛道神祇，他们在祀典中的比例被严格限制，一旦进入过多，就会遭到士大夫官员的反对。所以某种程度上说，公祭系统既与佛道等宗教信仰相关联，又有明显的区别。僧道官员更是被严令禁止主持或参加地方有司的公共祭祀活动。

第三个层次是需要毁撤的地方淫祠，或称淫祀。明代民间存在各种祭祀现象，明朝政府从社会文化导向和社会控制的角度，对不符合祀典规则的"淫祠"加以取缔。其中，态度最为坚决的是各地的地方官，他们对民间祭祀中被认为有伤风化和荒诞不经的祭祀，常常以严厉的方式加以排斥。明人黄佐认为，"国之大事，以正祀典为先，虽在一方，而天下公论存焉，如此则淫祀而已矣，淫祀者弗福"[2]。宣德八年（1433年）五月，巡按福建监察御史张鹏建议，对福州府宁德县土神祠中祭祀的传说世居其地的神祇黄岳赐封号，春秋飨祀，但礼部、翰林院以其"神之功行，史无所载。况洪武中未入祀典"为由拒绝。宣宗还对其热衷于谄事鬼神以求福的行为进行了批评。[3]正德十一年（1516年）七月，镇守太监黎鉴请收香钱，来修理东岳泰山的碧霞元君祠。但工科给事中石天柱等认为，"祀典惟东岳泰山之神，无所谓碧霞元君者。淫祀非礼，可更崇重之乎？况收香钱，耗民财，亏国典，启贪盗，崇邪慢，请毁之便"。疏入，付所司知之。[4]嘉靖时期曾为惠安县令的叶

---

① 《明宪宗实录》卷272，"成化二十一年十一月乙丑"条，第4592页。
② （明）黄佐纂修：（嘉靖）《广东通志》卷30《政事志》，广东省地方史志办公室誊印，1997年，第715页。
③ 《明宣宗实录》卷102，"宣德八年五月乙卯"条，第2278页。
④ 《明武宗实录》卷139，"正德十一年秋七月甲申"条，第2733—2734页。

春及也曾写道他如何根据国家祀典原则而毁除民间巫术色彩的土谷之神，重建与国家祭祀一致的里社社稷之事。[①]嘉靖九年（1530年）十月，监察御史熊荣请修天下神庙祀典所载者，得旨："应祀神庙令有司修理，但近年以来奸民阿奉镇巡司府州县等官，不问贤否，暨立祠堂，去思碑亭，并私创庵院淫祠，其令巡按御史逐一查毁，即以所鬻价为修理神庙费，不得更为科扰。"[②]万历二年（1574年），令各抚按官查勘厘正各处先贤名宦祠，有不应入祀者，即行革黜。

从以上明代地方公祭对象的选择标准，以及地方信仰的层级结构来看，明朝地方公共祭祀体系有以下值得注意的特点：①地方公共祭祀体系是开放的，其祭祀对象的变动在整个公祭体系中最为频繁，尤其在成化、弘治和嘉靖时期，最为明显；②公祭活动具有明显的为公属性，即以民众福祉和社会秩序为中心；③公共祭祀活动主要体现了儒家治世理念，与纯粹的宗教活动或盲目的迷信崇拜行为有深刻的差别。公祭对象虽然被赋予神性，但目标却是民生与现实秩序的和谐，关注对世俗世界进行治理。

第二节　国家祀典与民间信仰的交融和互动：以泰山东岳大帝祭祀与碧霞元君信仰为例

本节将研究视角进一步向下拓展，主要关注国家祀典与民间信仰交融互动的另一个侧面，即以泰山东岳大帝祭祀与碧霞元君信仰的发展历程为例，考察这两种不同性质的祭祀对象此消彼长的复杂过程，探析国家权力与民间力量如何相互影响，解析其中的冲突矛盾与交融并存。

一、相关研究综述

20世纪以来，学者关于帝制时期泰山东岳大帝祭祀和碧霞元君信仰的研

① （明）叶春及撰：《石洞集》卷7《惠安政书》，载《景印文渊阁四库全书》集部，第1286册，第489页。
② 《明世宗实录》卷118，"嘉靖九年十月癸酉"条，第2813页。

究取得了丰硕成果。[①]在1925年著名的妙峰山香会调查之前，顾颉刚曾对泰山东岳庙信仰产生兴趣，并于1924年到东岳庙进行考察，先后发表了《东岳庙的七十二司》和《东岳庙游记》，这可以说是有关泰山东岳信仰研究较早的重要成果。[②]20世纪40年代，日本学者酒井忠夫的长文《泰山信仰研究》从泰山信仰思想来源的角度，结合佛道经典和民间思想（重点是佛教思想），分析了从先秦到唐朝泰山信仰的形成和发展，旨在探索中国宗教信仰与佛教和神话之间的关系。[③]

近年来，学界关于这个问题又有许多成果。代洪亮对明清时期东岳庙的建置和传播情况进行了统计，认为大致在宋元时期，东岳大帝庙已经在山东全省范围内普遍建立，并形成了泰山和临淄两个中心。[④]赵世瑜根据其所整理的泰山碑刻发表了系列研究，他认为，明清时期泰山信仰得到当时人们的普遍认同，其根本是源于知识精英和普通民众所共享的思想，即行善积功的思想。这在当时的寺庙碑文中有清晰的体现。各类不同身份的群体分别以自己的方式在宗教仪式活动中践行这种思想，并对其进行论证，体现人们对当时社会的一种普遍的思想认同。[⑤]范恩君探讨了泰山神东岳大帝信仰的起源、东岳大帝的身世和职司，历代对于泰山神的祭祀与褒封，以及东岳大帝信仰的影响。[⑥]周郢将东岳庙的传播时间分为隋唐、宋元和明清三个时期，在空间上分为中原、江南和边疆三个地域，并分省介绍了各地东岳庙的产生和传播情况。[⑦]萧放认为，秦汉时期开始，泰山神从自然之神转变为主管生

---

① 刘晓《海外汉学家碧霞元君信仰研究——以英语文献为中心》（《河南教育学院学报（哲学社会科学版）》2008年第3期）介绍了20世纪90年代后西方汉学家如韩书瑞、吴北仪、彭慕兰、达白安等关于碧霞元君和泰山进香研究的文章；陶道强《近三十年来碧霞元君信仰文化研究的回顾与思考》（《泰山学院学报》2011年第1期）简要介绍了国内改革开放以后关于碧霞元君信仰研究的文章；关昕《北京东岳庙研究综述》（《泰山学院学报》2014年第5期）列举了近代以来关于北京东岳庙研究的一些国内外研究成果。本节所做相关研究综述侧重点与这几篇综述性文章不同，并不是对碧霞元君信仰研究的全面覆盖，而是从考察国家祭祀系统与泰山东岳大帝祭祀和碧霞元君信仰关系的角度来做梳理。

② 顾颉刚两文参见《歌谣周刊》1924年第50、61期。

③ 〔日〕酒井忠夫：《泰山信仰研究》，金华译，《中和月刊》1942年第10期。

④ 代洪亮：《泰山信仰与明清山东社会》，南开大学硕士学位论文，2000年。

⑤ 赵世瑜：《一般的思想及其背后：庙会中的行善积功——以明清京师泰山信仰的碑刻资料为中心》，《北京师范大学学报（社会科学版）》2003年第2期。

⑥ 范恩君：《泰山神信仰探微》，《中国道教》2004年第1期。

⑦ 周郢：《东岳庙在全国的传播与分布》，《泰山学院学报》2008年第2期。

死之神，并在唐宋时期开始随着世俗王权以及城市民众生活的扩张得以分行天下，成为城市社会信仰的主要空间之一。[①] 卢成轩认为，泰山信仰和历代帝王在岱庙举行庆典活动，以及佛道宗教信仰的流行等因素共同促成了泰山东岳庙会的形成。[②] 孟昭锋梳理了先秦到民国泰山神即东岳大帝如何从山岳之神转变为人格化的神灵，认为泰山神纳入祀典并形成东岳庙会和香社在唐宋时期就已经形成规模，到明清时期，各州县已经普遍建立东岳庙。碧霞元君形象的形成则较东岳大帝晚，后来在道教和国家的推动下，在民间地位超越东岳大帝。[③] 刘云军梳理了从最早的山岳信仰，到秦朝整理山川祭祀，将东岳信仰列入祀典，再到西汉时期形成五岳观念，最终成为后世历朝沿用的祭祀典制的过程。[④] 高寿仙对北京东岳庙的研究认为，“正祀”与“淫祠”之间并没有严格界限，通过考察北京东岳庙的修建经费来源可以看到，这是一个由朝廷和个人共同构建的公共空间。东岳庙虽被列入国家祀典，但与儒家原则有所背离，因而受到士大夫的质疑，也有士大夫为其辩护，并得到皇帝的支持。对比明清时期东岳庙祭祀群体也可以看到，其民间性越来越强。[⑤]

除了东岳大帝以外，碧霞元君是泰山信仰中另一个重要神灵。20世纪初，顾颉刚、罗香林等在实地田野调查的基础上，对妙峰山及碧霞元君信仰的研究最为引人注目，并发表了系列研究成果，成为中国民俗研究的开拓之作。[⑥] 此后一段时间，关于这个话题的研究沉寂下来。20世纪末，学者开始再次关注这个问题，这主要与20世纪80年代以来，历史学者研究视角的多样化，以及社会史和地方史的兴起有关，其中有很多涉及碧霞元君与东岳庙之信仰关系的文章。

---

① 萧放：《东岳庙与城市社会信仰空间的构建——以北京东岳庙为例》，《华中师范大学学报（人文社会科学版）》2009年第1期。

② 卢成轩：《东岳庙会的成因探析》，《文史哲》2009年第2期。

③ 孟昭锋：《明清时期泰山神灵变迁与进香地理研究》，暨南大学硕士学位论文，2010年。

④ 刘云军：《东岳信仰缘起与国家祭祀制度：以五岳观念形成为中心》，载王志民主编：《齐鲁文化研究》，济南：泰山出版社，2012年。

⑤ 高寿仙：《国家祀典、儒家理念与民俗信仰的冲突与交融——以北京东岳庙为中心的考察》，载苗长虹主编：《黄河文明与可持续发展》第5辑，郑州：河南大学出版社，2013年。

⑥ 顾颉刚编著：《妙峰山》，上海：上海文艺出版社，1988年；罗香林：《碧霞元君》，《民俗》1929年第69、70期合刊。

吴龙安通过对两条收录于清人史料中的刻石记录研究认为，宋代官方已经对泰山玉女信仰给予肯定，并对民间信仰产生影响。[①]范恩君分析了关于碧霞元君来历的诸多说法、形成过程和演变发展，以及在泰山信仰中的地位。[②]刘守华认为，从先秦至明清，碧霞元君的形象从最初的泰山女神发展为道教女神，而在民间，碧霞元君则被普通百姓描绘成多重世俗形象，宗教性进一步降低。[③]赵世瑜对北京周边崇拜的碧霞元君各“顶”、东岳庙，以及二者的关系做了探讨。指出明清时期京师众多寺庙被称为“顶”，其中以碧霞元君最为著名。东岳庙代表国家正祀性质，其与代表民间信仰的碧霞元君的关系，体现了国家正祀与民间信仰的互动。[④]吴效群对明清时期北京碧霞元君信仰进行了研究，主要关注了五顶、丫髻山和妙峰山，并进一步分析指出，民众在妙峰山上庙会期间象征性地僭越了帝国的政治权力关系，因此妙峰山碧霞元君信仰能够在清朝超于其他两个带有官方色彩的碧霞元君祭拜场所。[⑤]其另一篇文章《北京妙峰山碧霞元君信仰研究史》对学术界关于妙峰山碧霞元君信仰的研究历史做了梳理。[⑥]田承军认为，碧霞元君庙在宋代零星分布，明成化以后祠庙数量激增，行宫遍布大江南北，庙会规模较大，甚至超过泰山祖庙，有一些地方还存在碧霞元君庙与东岳庙和天妃宫混淆的情况。[⑦]王晓莉着重介绍了清代北京碧霞元君庙和庙会进香

---

① 吴龙安：《碧霞元君信仰、传说之研究》，台湾中国文化大学硕士学位论文，1989年。

② 范恩君：《论碧霞元君信仰》，《中国道教》1995年第2期。

③ 刘守华：《碧霞元君形象的演化及其文化内涵》，《文史知识》1995年第11期。

④ 赵世瑜：《国家正祀与民间信仰的互动——以明清京师的“顶”与东岳庙为个案》，《狂欢与日常：明清以来的庙会与民间社会》，北京：生活·读书·新知三联书店，2002年，第352—378页（原载《北京师范大学学报（社会科学版）》1998年第6期）。另，《东岳庙故事：明清北京城市的信仰、组织与街区社会》一文将其有关北京东岳庙研究的四篇论文进行整合。参见赵世瑜：《小历史与大历史：区域社会史的理念、方法与实践》，北京：生活·读书·新知三联书店，2006年，第188—260页。

⑤ 吴效群：《北京碧霞元君信仰与妙峰山庙会》，《民间文学论坛》1998年第1期。

⑥ 吴效群：《北京妙峰山碧霞元君信仰研究史》，《民俗研究》2002年第3期。该文除了提到顾颉刚等对妙峰山的民俗学调查，容庚利用传统文献对妙峰山碧霞元君信仰进行研究，以及《妙峰山进香调查专号》中罗香林、周振鹤等的研究文章外，还注意到美国普林斯顿大学韩书瑞教授等运用文化人类学理论对妙峰山信仰的分析，认为他尤其注重分析其信仰活动的社会和文化意义。

⑦ 田承军：《碧霞元君与碧霞元君庙》，《史学月刊》2004年第4期。周郢《明崇祯朝敕封“碧霞元君”考辨——兼论泰山娘娘与妈祖信仰之关系》（《世界宗教研究》2014年第4期）一文也讨论了泰山娘娘与妈祖封号相混淆的问题。

活动。[①]闫化川对“碧霞元君”这一封号进行了考证，认为并非宋真宗所敕封，而明代正德二年（1507年）武宗派钦差大臣前往祭拜，是碧霞元君信仰正式从民间私祀转变为国家认可下的民间信仰的重要标志。[②]周郢对该文提出商榷，认为碧霞元君从民间转为国家认可的民间信仰的时间应远早于正德时期。[③]他认为“碧霞元君”名号应始于明代，并与泰山女神之道教化息息相关，但具体始于明朝哪个时期，并未确定。[④]而明代正是碧霞元君信仰从民间祭祀到皇家祭祀的重要转变时期，清代则是碧霞元君成为皇家信仰的进一步制度化时期，最终发展为国家祭祀。[⑤]王新蕊主要考察了明代至民国时期的北京丫髻山碧霞元君信仰及香会组织。[⑥]王元林、孟昭锋认为泰山玉女发展成为国家祭祀神灵共经历了立像、建祠和赐额三个阶段，在从民间俗神到国家承认的准正祀神灵的发展过程中，道教的推动作用至关重要。[⑦]他们还另文对明清时期碧霞元君在全国的传播、扩展和庙宇分布情况进行了考察。[⑧]

孟昭锋探讨了泰山信仰的主神泰山神东岳大帝和碧霞元君信仰的变迁，指出明代以前泰山神信仰得到国家认可及帝王多次敕封，行祠遍布各地，而同样居于泰山的碧霞元君信仰兴起较晚。但从明代开始，两者地位发生了转变，碧霞元君大有凌驾于泰山神之势，其原因在于泰山神回归官方祀典，官

---

① 王晓莉：《明清时期北京碧霞元君信仰与庙会》，《中央民族大学学报（哲学社会科学版）》2006年第5期。

② 闫化川：《碧霞元君封号问题的新考辨》，《世界宗教研究》2007年第1期。

③ 周郢：《碧霞元君封号问题的再考辨——与闫化川先生商榷》，《世界宗教研究》2008年第3期。

④ 周郢：《“碧霞元君”神号源起时代新考》，《民俗研究》2007年第3期。

⑤ 周郢：《泰山碧霞元君祭：从民间祭祀到国家祭祀——以清代“四月十八日遣祭”为中心》，《民俗研究》2012年第5期。该文论证了清代碧霞元君四月十八祭祀制度，认为四月遣祭具有制度化、国家化、典范化的特点，也对泰山信仰的格局产生了深远影响，使关于碧霞元君“淫”“正”之争停息，并极大地冲击了原本已经衰微的泰山神祭祀。

⑥ 王新蕊：《王权、地方社会与民间信仰——明至民国时期北京丫髻山碧霞元君信仰研究》，江西师范大学硕士学位论文，2008年。

⑦ 王元林、孟昭锋：《论碧霞元君信仰扩展与道教、国家祭祀的关系》，《世界宗教研究》2010年第1期。

⑧ 孟昭锋、王元林：《明清时期碧霞元君信仰的地域扩展》，《贵州文史丛刊》2012年第3期。该文认为，碧霞元君信仰地域扩展的原因包括“岳镇海渎”祭祀与朝廷的推崇，碧霞元君神职范围的扩大，以及流动官员、士商和移民的积极推动。陶道强则认为，碧霞元君信仰传播的主导因素在于皇帝、皇族和政府官员的推崇。参见陶道强：《官方因素在民间信仰中的主导性探析——以明清碧霞元君信仰为例》，《郑州航空工业管理学院学报（社会科学版）》2011年第2期。

方封禅活动终结，以及碧霞元君神职不断扩大等。[①]代洪亮认为，明清士绅对于碧霞元君信仰有三种态度：一种定义为淫祠，坚决反对；一种认为其属于国家祀典，主张支持；一种直指信仰本身，不讨论其是否属于淫祠或正祀。这些态度反映了他们对于地方社会道德秩序的关注，并希望用官方正统文化来改造民间文化的意愿。[②]

通过梳理学术史不难发现，无论从研究内容还是问题深度来看，相关研究已经非常丰富。对于东岳大帝和碧霞元君本身信仰的起源、发展和传播，二者的关联，其所体现的国家正祀与民俗信仰的关系等问题都有所关注。基于此，本节将在梳理明代这两种信仰发展过程的基础上进一步探讨，为什么明清时期在东岳大帝庙祀已经普遍存在的情况下，碧霞元君信仰还能够以迅猛之势在同一地区发展起来，其中体现了信众怎样的诉求，官方在其中扮演了什么角色，明朝政府又是如何统合国家正祀与民间信仰，借以实现其关于社会治理的目标。

二、明代公共祀典中的泰山庙祀与东岳大帝

泰山祭祀起源于中国古代的山岳信仰。上古时期，人们对大自然的认识还十分有限，对之多存敬畏之心，大山大川在古人心目中充满神秘莫测之感，人们不仅可以从中获得很多生活所需，且在与之亲近的过程中产生了有关山岳的神灵观念，赋予山川河流等自然界事物以神性。泰山，亦称岱岳或岱宗。《说文解字》记：“岱，太山也。”段玉裁注：“大作太者，俗改也。域中最大之山，故曰大山。作太、作泰，皆俗。”可见，泰山因其为当地最大之山而得名，后因俗而改称太山或泰山。史料中记载，周以前即有祭祀泰山之举，虞舜以四仲月巡守东岳泰山、南岳衡山、西岳华山和北岳恒山。西周时期也有天子祭祀山川之礼，其中即包括东巡守而至岱宗。秦汉以降，帝王多次于泰山封禅，泰山作为五岳之首的地位逐渐形成。据顾颉刚先生研究，在汉以前，东岳泰山虽然被列入官方祀典，但仍只是十二座名山之一，并未

① 孟昭锋：《明清时期泰山神祇地位变迁探究》，《聊城大学学报（社会科学版）》2012年第3期。

② 代洪亮：《正统文化与民间文化的互动：明清士绅关于泰山碧霞元君信仰的不同态度分析》，《济南大学学报（社会科学版）》2013年第4期。

体现五岳独尊的地位，五岳也只是各个地区的名山，并未以之作为全国山岳的代表进行祭祀，真正的五岳观念的形成当在汉武帝时期，即中岳河南太室山、东岳山东泰山、南岳安徽天柱山、西岳陕西华山和北岳河北恒山。到汉宣帝时，庙祀制度逐渐完毕，后世历代相沿。①

明代东岳泰山地处山东济南府泰安州北，其庙祀在泰安州治西，废置不一。明初，岳镇海渎与山川、风云雷雨一起合祭于城南诸神享祀之所。洪武二年（1369 年），朱元璋命礼官考古制以闻，礼官考察太岁、风师雨师、五岳四镇四渎、山川、城隍等神祭祀来源，遂改天神、地祇分类于春秋专门祭祀，岳镇海渎与天下山川、城隍合祀一坛，以清明、霜降日祭祀②。这是东岳泰山神与其他诸神合并坛祀的情况。洪武三年六月，朱元璋诏定岳镇海渎、城隍诸神号，去前代所封封号和溢美之词，只以山水本名称其神，泰山神自然名列其中。③

东岳庙祀不仅在山东十分兴盛，在全国各地都有东岳行宫。史载“后世建立行祠，遍于寰宇。两翼列置，职司善恶二部。随民所祷，吉凶孚应”④。清人朱珪在《昆山州重修东岳庙碑》中也提到，“岳之列有五，岱宗在秩祀为最隆。故唐虞巡狩，必先至其地。成周之时，其山在鲁境内，故惟鲁得祭。今其祠庙遍天下，则天下皆得祭之，非止于鲁矣……能福天下者，岱宗之神也”⑤。各地东岳庙不断得到修缮的记载，显示出东岳大帝信仰的繁盛程度。明初人林弼提到，太祖厘正岳镇海渎祀号，不合礼典者皆禁，而郡县岳祠岿然独存，“深意盖有在也。政之所先，在于成民，而后致力于神。弼

① 参见顾颉刚：《秦汉的方士与儒生》，上海：上海古籍出版社，1978年，第17—22页；《四岳与五岳》，见王煦华编选：《古史辨伪与现代史学——顾颉刚集》，上海：上海文艺出版社，1998年，第308—319页。元朝时，揭傒斯曾阐述东岳庙祭祀于国家礼制的重要作用，认为郡县不置东岳庙是为阙典。参见（元）揭傒斯：《揭傒斯全集》卷5《安福州东岳庙记》，上海：上海古籍出版社，1985年，第328页。

② 《明太祖实录》卷38，“洪武二年春正月戊申”条，第762—766页。

③ 泰山神所祀东岳大帝，历代帝王尊奉有加。唐代时封为“天齐王”，宋代晋为“仁圣天齐王”“天齐仁圣帝”，元代又加封为“天齐大生仁圣帝”。朱元璋认为，“夫岳镇海渎皆高山广水，自天地开辟，以至于今，英灵之气，萃而为神，必皆受命于上帝，幽微莫测，岂国家封号之所可加？渎礼不经，莫此为甚”。参见《明太祖实录》卷53，“洪武三年六月癸亥”条，第1034页。

④ （元）徐潜：《川州重修东岳庙记》，载（清）和珅、梁国治等奉敕撰：《钦定热河志》卷119，载《景印文渊阁四库全书》史部，第496册，第824—825页。

⑤ （明）朱珪编：《名迹录》卷1《昆山州重修东岳庙碑》，载《景印文渊阁四库全书》史部，第683册，第36—37页。

于是庙，所以迁建之汲汲者，亦曰上体敬礼之意，下祈顺成之福而已”[①]。永乐元年（1403 年），修葺山东泰安州东岳庙。[②]垣以砖城，城有四门，其中三殿正曰“仁安”，东南曰“诚享”，西南曰“延禧”。[③]正统十二年（1447 年）闰四月，命工部右侍郎王佑修京师东岳庙、城隍庙。[④]八月，重建京城东岳庙成，并御制碑文。[⑤]从京师东岳庙的御制碑文可以看出，由于泰山居东，具有生之所始之意，其所祀之神具有庇佑君民的功用，因此不仅望祭泰山，或者过而告之，而且在全国各地，甚至京师皆建有东岳庙，列入国家祀典，春祈秋报。

由于泰山东岳庙的重要地位，遇有官员上奏修葺，一般都会批准。如遇自然灾害或地方财政困难，则较为慎重或罢修。泰安州东岳庙曾在明初因山东饥荒罢修，后知州陈鬲乞以累年奉神香钱备料募工修造，未被允许。到正统十三年八月，漕运参将汤节以饥荒已有所缓和为由，建议重新修葺东岳庙，并于讫工时乞御制碑文，方始重新修葺。[⑥]天顺三年（1459 年）冬十月，据济南府奏请，令修造东岳庙仁安殿。[⑦]成化九年（1473 年）六月，礼部左侍郎刘吉奉命祭告东岳庙，未祭之前，酷旱如旧，省牲之夕，忽有云起，雷雨大作，祭毕次日复大雨，颇有祭祀应验之意味。因此，刘吉等上疏宪宗，称此为“天意渐回，人心稍安”[⑧]。

---

① （明）林弼撰：《林登州集》卷15《丰城县改建东岳庙记》，载《景印文渊阁四库全书》集部，第1227册，第128页。

② 《明太宗实录》卷26，“永乐元年十二月丁丑”条，第478页。

③ （明）李贤等奉敕撰：《明一统志》卷22《山东布政司》，载《景印文渊阁四库全书》史部，第472册，第516页。

④ 《明英宗实录》卷153，“正统十二年闰四月丁亥”条，第3004页。

⑤ 《明英宗实录》卷157，“正统十二年八月甲申”条，第3062页。据（清）和珅等奉敕撰《大清一统志》卷2《京师下》记载，京师东岳庙在朝阳门外二里，元延祐中建，有赵孟頫书《道教碑》及虞集书《仁圣公碑》，赵世延书《昭德殿碑》列墀下，神像系元昭文馆大学士刘元手塑。明正统中重修，有英宗《御制碑记》。康熙三十九年（1700 年）重建，有《圣祖御制碑文》及御书匾。雍正十年（1732 年）重修，乾隆二十六年（1761 年）复加修建，有御书并御制碑文诗刻。乾隆二十一年于静明园内山西建东岳天齐庙，御书殿内匾及御制玉泉山东岳庙碑文（《景印文渊阁四库全书》史部，第474册，第67页）。亦可参见（清）于敏中、英廉等奉敕编：《钦定日下旧闻考》卷88《郊坰东一》，载《景印文渊阁四库全书》史部，第498册，第391页。

⑥ 《明英宗实录》卷169，“正统十三年八月乙卯”条，第3257页。

⑦ 《明英宗实录》卷308，“天顺三年冬十月丙辰”条，第6482页。

⑧ 《明宪宗实录》卷117，“成化九年六月丙寅”条，第2256—2257页。

弘治年间有人质疑东岳庙祭祀中不合古礼之处，朝臣关于东岳庙祀的争论逐渐增多起来。直到明末，皆有大臣从不同角度提出自己的建议。弘治元年（1488年），礼部尚书周洪谟上疏称，“《御制东岳庙碑》云：辅神之贵者，皆肖像如其生。古昔圣贤曾生人世，可言肖像如其生。今东岳辅神非曾生人世者，当改为如其式”。对东岳庙中立神像的做法提出异议。反对者认为，此类神像世传皆有姓名貌像，故碑言如此，塑像不足为怪。孝宗对此表示赞同，周洪谟罚俸两月。[①]时隔不久，弘治元年四月，礼科给事中张九功又提出祀典厘正的请求，并将一切“左道惑人”之事通为禁止。孝宗命礼部会官考详具奏。尚书周洪谟等会议过程中，再次论及东岳庙时称，“东岳泰山之神者，泰山为五岳之首，庙在山东泰安州山之下。唐宋元皆加号曰‘王’，或曰‘帝’，若祀人鬼然哉。我太祖正祀典，止称东岳泰山之神，有司春秋致祭，有事则遣官祭告。每岁南郊并二、八月山川坛，俱有合祭之礼。盖以山川灵气，有发生之功故也。今朝阳门外有前元东岳旧庙，国朝因而不废。其后岁以三月二十八日及万寿圣节，遣官致祭。夫既专祭于封内，又合祭于郊坛，则此庙之祭，实为烦渎，亦乞罢免”。但孝宗依然未允准，令东岳庙祭祀如旧。[②]可见，无论是山川坛合祀之神，还是泰山庙祀，抑或是京师庙祀，因其所具有的广泛影响，在弘治初年大规模的厘正祀典过程中，地位并未被撼动。弘治年间，礼部尚书倪岳也曾上疏认为东岳庙祀烦渎无据，当罢免[③]，同样未得孝宗允准。

东岳庙不仅没有被罢祀，万历年间，更是多次敕修全国各地东岳庙，甚至皇室也积极参与其中。万历四年（1576年），张居正做《敕修东岳庙记》，称东岳庙属于能御灾捍患者，故得祭，且其居东方，主“生”，祭祀弗淫。更为重要的是，东岳庙主神具有掌管阴间的职能[④]，对于那些刑赏所不及之

---

① 《明孝宗实录》卷6，“成化二十三年十一月庚戌”条，第110—114页。

② 《明孝宗实录》卷13，“弘治元年四月庚戌”条，第304—315页。又见（明）倪岳：《正祀典疏》，载（明）黄训编：《名臣经济录》卷29，撰《景印文渊阁四库全书》史部，第443册，第636—640页。

③ （明）倪岳撰：《青溪漫稿》卷11《东岳泰山之神》，载《景印文渊阁四库全书》集部，第1251册，第123页。

④ 南宋时期谢枋得“东岳庙装塑天堂地狱阎罗像疏”称东岳庙：“善恶灾祥之报，犹影响之应声；神祇鬼魅之灵，在典礼而有像。敢干长者，仝发好心。借佛说以度人，即狱祠而设教。天堂果有，宜君子之先登；地狱岂无，必小人而后入。韩柱国不须身后，包阎罗只在眼前。何吝余财，共成善事。可以劝修身立命之士，可以化迁善远罪之民。变汤镬而为清凉，何待问观音大士；舍鱼池而作忉利，毋烦念宝胜如来。”载（宋）谢枋得：《谢叠山全集校注》卷4，熊飞、漆身起、黄顺强校注，上海：华东师范大学出版社，1994年，第111页。

人，“神实司其祸福之柄，盖亦有阴翊皇度者焉”，因此所祀非渎。[①] 这一点指出了祀典中列入东岳庙祀的现实意义。万历二十一年（1593 年）五月，因东岳庙工完，神宗赐为其撰文者大学士赵志皋、张位各银币。[②] 万历四十三年六月，礼部以连旬弥旱，乞敕大臣分诣南郊、北郊、社稷、山川、风云雷雨等坛，并护国济民神应龙王之神，再行虔祷太岁之神及东岳庙祭告行礼。[③]

在朝廷的大力支持和参与下，各地东岳大帝庙祀十分繁盛。据祁彪佳记载，明末清初绍兴“城中举社剧，供东岳大帝，观者如狂；予举家亦去”[④]。谈迁记载了清初时，其在北京所见东岳庙之情景：“是日，都人集朝阳门外之东岳庙，余粥往。久之，出东便门三里为朝日坛，稍北里许而庙，元玄教大宗师张留孙建……明正统中，拓两庑，列地狱七十二司，司各楹帖，后设帝妃行宫，又加彩绘于古像，神气索然。”[⑤] 还有地方人士招募资金，积极参与东岳庙的修缮工作。清初施闰章就曾记载了泰山庙祀的盛景，以及地方提学积极募修的情况：“泰山为五岳长。《书》称‘柴望’，岱宗巡狩，于是乎始。盖天子所有事也，其在境内，惟鲁侯得祭……自秦汉迄唐宋，好言封禅，用是有宫观祠庙之役，且人其神而帝王其封号矣。明洪武间始正其名，曰‘东岳泰山之神’，有大事遣使奉天子册书祭告。虽未举巡狩之典，而与古‘柴望’之义一也。今去古益远，祭义不明，俗尚祷祀，士女重趼累茧，影赴响臻，趋事泰山无虚晷。崇庙饰宇，史巫纷若，以觊觎其所欲得，不几以神为市乎！济南府治去泰山百里而遥，所在多祀岳神。城南岳庙为甲，昉自宋元，历明弘治、万历，增修至再。崇祯己卯灾，前提学涂君倡议募修，年阅二十，费累巨万，复其旧而广之。”[⑥]

---

① 《敕修东岳庙记》，载赵世瑜：《北京东岳庙与北京泰山信仰碑刻辑录》，北京：中国书店出版社，2004 年，第 16 页。张居正、赵志皋二人所撰碑文俱存，吴澄、李廷机碑无考。参见（清）于敏中、英廉等奉敕编：《钦定日下旧闻考》卷 88《郊垌东一》，载《景印文渊阁四库全书》史部，第 498 册，第 395 页。

② 《明神宗实录》卷 260，“万历二十一年五月庚辰”条，第 4831 页。

③ 《明神宗实录》卷 533，“万历四十三年六月壬寅”条，第 10095—10096 页。

④ （明）祁彪佳：《甲乙日历 • 乙酉岁下》，载《台湾文献史料丛刊》第 6 辑，第 107 册，台北：台湾大通书局，1987 年，第 99 页。

⑤ （清）谈迁撰：《北游录》纪邮下，汪北平点校，北京：中华书局，1960 年，第 99 页。

⑥ （清）施闰章撰：《学余堂文集》卷 18《重建东岳庙记》，载《景印文渊阁四库全书》集部，第 1313 册，第 223 页。朱彝尊亦做《重建泰安州东岳庙碑》，记述了泰安州东岳庙的重建历史。参见（清）朱彝尊撰：《曝书亭集》卷 69《重修泰安州东岳庙碑》，载《景印文渊阁四库全书》集部，第 1318 册，第 421—423 页。

三、碧霞元君信仰的普及与官方认同

关于碧霞元君信仰的起源有诸多争议。马端临《文献通考》中记载，宋真宗时将泰山玉女池的玉女石像改为玉石，奉置旧所，钦若致祭，并诏建玉女祠于泰山顶。[①]清人贺长龄记载称，“碧霞元君，宋真宗所封。世人多以为泰山之女，后之文人，知其说之不经，而撰为黄帝遣玉女之事以附会之。不知当日所以褒封，固真以为泰山之女也。今考封号，虽自宋时，而泰山女之说，则晋时已有之……又以天帝为泰山神之外孙，自汉以来，不明乎天神地祇人鬼之别，一以人道事之，于是封岳神为王，则立寝殿为王夫人，有夫人则有女，而女有婿，又有外孙矣。唐宋之时，但言灵应，即加封号”[②]。大致说来，碧霞元君之来源传说甚多，虽不能确定，但学者基本赞同在宋以后该信仰得到普及。至迟到元末，碧霞元君女神从附祀于东岳大帝下，变为与之成为父女关系[③]，与此同时，泰山玉女亦被纳入道教神灵体系中。

实际上，碧霞元君在明朝初年已经得到册封封号，到明中叶以后，不仅在民间形成了更大范围的信仰群体，而且逐渐得到官方认可和倡导。弘治十六年（1503年）及嘉靖十一年（1532年），孝宗与世宗分别派太监致祭碧霞元君，并撰有御制祝文。正德十一年（1516年）秋七月，镇守太监黎鉴请收香钱修理东岳泰山碧霞元君祠，得到允准。但工科给事中石天柱等认为，“祀典惟东岳泰山之神，无所谓碧霞元君者，淫祀非礼，可更崇重之乎？况收香钱耗民财，亏国典，启贪盗，崇邪慢，请毁之”。疏入，仅付所司知之，并未因此而取消碧霞元君祠香税。[④]征收香税意味着国家以行政手段将碧霞元君祠祀纳入管理范围内，不再是任由其自行发展扩大的民间信仰，表明朝廷对泰山信仰的管理更为积极，泰山香税成为地方财政的重要来源之

① （元）马端临：《文献通考》卷90《郊社考》，载《景印文渊阁四库全书》史部，第612册，第191页。

② （清）贺长龄：《皇朝经世文编》卷68《礼政十五》，台北：文海出版社，1972年，第2466页。

③ 参见（元）秦子晋撰：《新编连相搜神广记·东岳》，北京：北京图书馆出版社，2005年，第19b页。

④ 《明武宗实录》卷139，“正德十一年秋七月甲申”条，第2733—2734页。《明史》亦载，正德十一年始收泰山碧霞元君祠香钱，从镇守太监言也。参《明史》卷81《食货志五》，第1977页。（清）嵇璜、曹仁虎等奉敕撰：《钦定续文献通考》卷24《征榷考》（《景印文渊阁四库全书》史部，第626册，第589页）记载：“（正德）十一年始收泰山碧霞元君祠香钱。时镇守太监黎雅［鉴］谁［请］收香钱为祠中缮修费，都给事中石天柱言，祀典惟有东岳神，无所谓碧霞元君者，淫祀非理，不可许，帝不省。自是，遂为税额，万历中岁入二万两。”足见泰山所收碧霞元君祠香税是一笔不小的数目。

一，并用于地方财政支出。如隆庆四年（1570 年）五月，工部覆总理河道都御史翁大立条陈议处河工钱粮三事，其中之一即为将碧霞元君祠的香税用于地方河道的治理，治河者综其出入。从之。[①] 正德时期，以俳优得幸于豹房的教坊司奉銮臧贤还曾奉命祀泰山碧霞元君。[②]

万历时期是碧霞元君祠祀发展的一个关键时期。其原因在于以慈圣李太后为首的皇室对碧霞元君庙祀注入了极大热情，由此推动了民间碧霞元君信仰的进一步扩展。万历二年（1574 年），慈圣太后立庙涿州，祀碧霞元君。对此，各部科臣执奏反对。不从。福建巡抚赵参鲁斥其不经，认为皇帝大举兴建祠庙，花费甚巨，这在当时南北军事用度频繁，各地民不聊生的情况下，非常不当。[③] 后朱衡复争，报闻。尽管有大臣的诸多反对言辞，发帑金兴建碧霞元君庙仍然照旧实行。万历四十二年十一月，神宗命内臣持节向泰山碧霞元君祈祷，并敕建泰山“天仙金阙”碑文，记述其来由，令内官监太监往新建之所进行祭祀。[④] 史料详细记载了李太后在京师大规模修建东岳庙以后，神宗派遣官员前往泰山祭祀碧霞元君的情景。其象征意义更甚于京师庙祀，而所派遣的内臣身份也显示出，祭祀的出发点与圣母李太后有关，而与国家公共事务疏少关联。

在朝廷支持与民间信仰的双重推动下，碧霞元君信仰在明代后期更为普遍，发展迅猛。万历年间谢肇淛称，碧霞元君成为民间与观音、真武上帝并称的三个神灵之一，“今世所崇奉正神，尚有观音大士、真武上帝、碧霞元君三者，与关壮缪香火相埒，遐陬荒谷，无不尸而祝之者。凡妇人女子，语以周公、孔夫子，或未必知，而敬信四神，无敢有心非巷议者，行且与天地俱悠久矣。岂神佛之中，亦有遭遇而行世者耶？抑神道设教，或相禅而兴

---

① 《明穆宗实录》卷45，“隆庆四年五月己丑”条，第 1137 页。

② 《明武宗实录》卷163，“正德十三年六月辛未”条，第 3127—3128 页。

③ 《明史》卷221《赵参鲁传》，第5824页。

④ 《明神宗实录》卷526，“万历四十二年十一月庚申”条，第 9889—9892 页。其碑铭曰：“峨峨岱山，表兹东土，触石兴云，遂遍寰宇。亦有元君，游彼帝乡，仙阶秘灵，玉策耀祥。日观崇祠，天齐巍阙，英爽洋洋，昭哉对越。医我慈圣，怀柔百神，神之听之，降福振振。靡叩不通，靡呼不赫，向兹禋祀，慈颜有怿。景贶既彰，拥其明庥，庙食无疆，巨鬯一卣。乃命中涓，乃出内帑，奕奕新庙，是蒸是享。寝成孔安，永宅厥灵，幽感神衷，明德惟馨。眷予一人，受命不殆，既佑文母，燕及四海。燕及伊何，惠我黍庥，遏禳凶札，敛时休嘉。降福孔多，岁事有饬，于万斯年，与国罔极。”

也？”[①]至于泰山上东岳大帝与碧霞元君倒置的情况更为明显。碧霞元君已经超越泰山主神东岳大帝，俨然成为前往泰山朝拜的主要祭祀神灵，“岱为东方主发生之地，故祈嗣者必祷于是，而其后乃傅会为碧霞元君之神以诳愚俗，故古之祠泰山者为岳也，而今之祠泰山者为元君也。岳不能自有其尊，而令它姓女主偃然据其上，而奔走四方之人，其倒置亦甚矣”[②]。

清人福格亦称，泰山碧霞元君祠成为泰山上香火最盛的祠庙，不仅地方官员要亲自登泰山祭拜，督视洒扫，百姓更是不远数千里，登山祷祀，所获香钱动辄以万计：“泰山碧霞元君祠，俗称娘娘殿，在东岳最高处，香火极盛。礼岱者皆祷于泰山娘娘祠庙，而弗旅于岳神久矣。每岁正月开山，四方云集者，不远数千里，摩肩接踵，日夜不息，祷祀极虔，灵感最著。殿扉不轻启，虽钦使致祭，亦陈上方供品法器于案，退至阶下礼拜。四方求祷者，必隔扉投钱或银饰以祈福。每岁四月，泰安知府、知县，亲登泰山，督视洒扫一次，谓之扫殿。羽士所获之钱，盛时辄以万计，今尚二三千串，实为羽流终岁衣食之资。按汉《祭祀志》：武帝封禅，至泰山下未上，百官先上跪拜，置梨枣钱于道以求福，即诏书所谓‘酢梨酸枣狼藉散钱’云云。是此风由来已二千年矣。今京外香火庙僧道，亦置一筐箩于神案前，凡来拈香者，皆随意投香资数文，然终无此盛也。”[③]

明清小说中也记载，碧霞元君在民间有众多信众，在普通百姓的日常生活中扮演了重要角色，朝拜者所访求的内容也多与人们的日常生活息息相关。[④]成书于隆庆万历间的《封神演义》里写道，碧霞元君成了主掌人间时症的主痘之神，率领东西南北中五方痘神。这也与泰山神主管生死之职能密切相关。[⑤]讲述明朝末年故事，并刊刻于清朝康雍年间的小说《明珠缘》，以碧霞元君显灵为首尾，统摄全篇。开篇第一回即讲道：“宝应县城北泰山庙，香烟最盛，四季皆是，挨挤不开，香气尝闻四五十里。”而在此庙中供

---

① （明）谢肇淛撰：《五杂组》卷15《事部三》，上海：上海古籍出版社，2012年，第273—274页。

② （明）谢肇淛撰：《五杂组》卷4《地部二》，第61页。

③ （清）福格：《听雨丛谈》卷7《梨枣钱》，汪北平点校，北京：中华书局，1984年，第153—154页。

④ 参见（清）王浚卿：《冷眼观》第26回《乐极悲生粤人信鬼　盘根错节婆子装神》，北京：时代文艺出版社，2001年。

⑤ （明）许仲琳编：《封神演义》第99回《姜子牙归国封神》，北京：人民文学出版社，1973年。

奉的神灵则是相传奉玉帝敕旨来淮南收服水怪，保护漕堤的泰山顶天仙玉女碧霞元君。知县申文抚按题请在宝应城北立庙，至嘉靖时期，香火日夜不绝，祈祷立应，远近之人络绎不绝。此外，碧霞元君在江苏一带还成了保护河堤、祛除水患的神灵，且屡得应验，受到当地百姓和官员的崇奉。①清初小说《林兰香》里也提到，农历四月十八是东岳庙碧霞元君诞辰，当时，倾城车马，鼓吹连天，庵观寺院及好佛之家，亦煮五色豆儿结缘。②

除了泰山顶上的碧霞元君祠以外，其行宫遍布全国各地。据学者研究，最突出者包括位于京师地区著名的丫髻山。袁枚称："丫髻山奉祀碧霞元君，凡王公搢绅，每至四月，无不进香，以鸡鸣时即上殿拈香者为头香。头香必待大富贵家，庶人无敢僭越。"③丫髻山碧霞元君庙抢头炷香的行为，显示了民众对于这一神灵的庇佑功能深信不疑。但地方显贵和宫中太监对抢头香的垄断，使得庶人不敢僭越。天子脚下的京师碧霞元君信仰充满了等级差异的意味，宫廷势力，尤其是宦官在其中充当了重要角色。京师还有几处崇祀碧霞元君的重要地点称为"顶"。《燕京岁时记》中就提到了京师西顶娘娘庙，每开庙时特派大臣拈香，他处无之。妙峰山碧霞元君庙"香火之盛，实可甲于天下矣"。丫髻山碧霞元君庙繁盛亚于妙峰，都人谓之东山；北顶、东顶碧霞元君庙游者多乡人；南顶碧霞元君庙每至五月，开庙十日，士女云集；中顶碧霞元君庙，南城士女多往观焉。④不仅在北方地区，在南方，甚至台湾，亦有多处奉祀碧霞元君，如台湾宁南坊临水庙所祀"天仙圣母青灵普化碧霞元君"⑤。还有称碧霞元君为"天妃"者，在明初即得到敕封封

① 《梼杌闲评——明珠缘》第1回《朱工部筑堤焚蛇穴 碧霞君显圣降灵签》，第50回《明怀宗旌忠诛众恶 碧霞君说劫解沉冤》，成都：成都古籍书店，1981年。

② （清）随缘下士编辑：《林兰香》第21回《水成疾海氏能医 药未投爱娘解病》，徐明点校，北京：中华书局，2004年。

③ （清）袁枚编撰：《子不语》卷6《孝女》，申孟、甘林点校，上海：上海古籍出版社，2012年，第82页。

④ 参见（清）富察敦崇：《燕京岁时记》（北京：北京出版社，1961年，第59—69页）中的相关记载。（清）于敏中、英廉等奉敕编：《钦定日下旧闻考》卷99《郊坰》中也记载，西顶碧霞元君庙在京西蓝靛厂前，明万历年建，康熙五十一年（1712年）重修，改名曰"广仁宫"。（《景印文渊阁四库全书》史部，第498册，第516页）清人吴长元《宸垣识略》（北京：北京古籍出版社，1981年）以及震钧《天咫偶闻》（北京：北京古籍出版社，1982年）中均有关于南顶的记载，此处从略。

⑤ （清）王必昌：《重修台湾县志》卷6《祠宇志》，载《台湾方志集成》清代篇第一辑（12），台北：宗青图书出版有限公司，1995年，第180页。

号，并遣官致祭，岁以为常，并在清初继续得到加封。[①]

四、从国家祀典与民间祭祀的互动看明代政府对公共空间的利用

通过以上梳理可见，东岳庙是明朝官方祀典承认的祭祀，东岳大帝信仰不仅存在于泰山地区和京畿地区，而且遍布全国各地，庙宇数量众多。碧霞元君信仰也在明代进一步扩展，尤其在明中叶以后，甚至超越了东岳大帝，成为东岳泰山庙祀的主要神祇之一。明人王世贞评论："今天下所最崇重者，太岳太和山真武及岱岳碧霞元君。当永乐中，建真武庙于太和，几竭天子之府库，设大珰及藩司守之。而二庙岁入香银，亦以万计。每至春时，中国焚香者倾动郡邑。"[②]东岳大帝与碧霞元君，代表公与私两类不同的祭祀对象，并存于泰山之上，香火繁盛。究其原因，可以从以下几个方面分析。

第一，因俗而治的传统。明朝政府拟定国家祀典，将纳入祀典的祭祀对象视为正祀，得到国家的支持和倡导，定期祭祀，及时修缮，或敕封号、匾额等，规格较高。对未列入祀典之祭祀活动和信仰对象，除了被视为淫祠，严加禁止者，多在参酌其祭祀功用和影响范围的基础上，秉持因俗而治的传统，对于已经有相当信仰基础的祭祀对象，慎重对待，在不扰乱社会秩序和危及统治基础的前提下，善加引导，使一部分民间信仰可与国家祀典并行不悖。[③]明人孙绪在《新建碧霞元君行祠记》中就论及，人鬼二途，阴阳定分，本不应僭越，但何以碧霞元君信仰大肆流传，主要就在于习尚方酣。他还指出，碧霞元君得到百姓的普遍信奉，很重要的原因在于"诱人以善"，"夫诱人于善，法令千章而不足善，因一言而有余，其几不可强也"。在法令

---

① "天妃"为南方渔民所普遍崇奉的保佑出海平安的重要女神，在南方各地具有重要影响，但也有一些地方将碧霞元君女神称呼为"天妃""天后"。参见（清）徐宗幹：《斯未信斋杂录·壬癸后记》，台北：台湾银行经济研究室，1960年；（清）周煌辑：《琉球国志略》卷7《天后封号》，丛书集成初编本。

② （明）王世贞撰：《弇州四部稿》卷174《宛委余编十九》，载《景印文渊阁四库全书》集部，第1281册，第750—751页。

③ 关于明朝对未列入祀典之祭祀对象的态度及其分层次管理可参见本章第一节相关论述。

不足以完全诱人以善时，就可以借助其他手段，实现对民众的教化功用。①

泰山信仰由来已久，在山岳信仰中地位尤重，“诸岳止祀于其方，而泰山之祠遍宇内，崇德报功，所从来久矣”②。明初人林弼也称，“岱为五岳之宗，在昔天子巡守祭告必先焉。凡圣哲封禅，祝厘扬烈，亦惟有事泰山，于他岳则未之有闻”③。东岳泰山神和碧霞元君的来源传说较多。清人田雯称“泰山庙祀有二：一为东岳泰山之神，本古命祀；一为元君，起于宋世……二祀岱宗为古”④。关于碧霞元君起源的说法更多，大致有泰山之女说、黄帝遣玉女说、起源道教神仙说等。大致说来，宋以后其信仰在民间已经十分普遍。顾炎武在回顾碧霞元君信仰时称，碧霞元君封号虽自宋时有，但泰山女说在晋时已经存在，诸多神话传说均有论及，并列举《博物志》《搜神记》《列异传记》《魏书》《文献通考》等诸多文献加以佐证。⑤他在另一篇《圣慈天庆宫记》中还详细叙述了泰山之西南麓天书观如何在宋朝变为碧霞元君宫，又如何在明朝万历年间发展起来，并于崇祯中更名为圣慈天庆宫的。⑥除了泰山碧霞元君以外，京师碧霞元君信仰也有很久远的历史，《钦定日下旧闻考》中详细记载了京城西顶碧霞元君宫从宋至清的发展历史。⑦

基于东岳大帝和碧霞元君信仰的久远历史，以及民间已然形成的祭祀传统，历朝统治者倾向于对之加以引导，甚至是提倡。若祭祀礼仪不备，便会受到批评。元人吴澄就曾建议像东岳泰山这样的祭祀对象应该重视，以新一代之典。⑧明朝弘治年间，巡抚山东都察院右佥都御史熊公冲也曾主张，对

---

① （明）孙绪撰：《沙溪集》卷4《新建碧霞元君行祠记》，载《景印文渊阁四库全书》集部，第1264册，第525页。

② （清）于敏中、英廉等奉敕编：《钦定日下旧闻考》卷88《圣祖御制东岳庙碑文》，《景印文渊阁四库全书》史部，第498册，第392页。

③ （明）林弼撰：《林登州集》卷15《丰城县改建东岳庙记》，载《景印文渊阁四库全书》集部，第1227册，第127页。

④ （清）田雯撰：《古欢堂集》卷47《长河志籍考》，载《景印文渊阁四库全书》集部，第1324册，第512页。

⑤ （清）顾炎武撰：《日知录》卷25，载《景印文渊阁四库全书》子部，第858册，第952页。

⑥ （清）顾炎武撰：《亭林文集》卷5《圣慈天庆宫记》，上海：上海古籍出版社，2010年，第57页。

⑦ （清）于敏中、英廉等奉敕编：《钦定日下旧闻考》卷99《郊垌西九》，载《景印文渊阁四库全书》史部，第498册，第526—527页。

⑧ （清）于敏中、英廉等奉敕编：《钦定日下旧闻考》卷88《郊垌东一》，载《景印文渊阁四库全书》史部，第498册，第392—393页。

泰山上毁于火灾的碧霞灵应宫加以修缮，主张凡祠关祀典者，不宜不饬。[1]到了清代，更是多次修缮泰山绝顶之碧霞元君庙，并赐匾额，御制碑文，勒石以记之。[2]

第二，无论是东岳大帝作为地方公祀神祇进入祀典，还是碧霞元君被民间广泛信奉，官方大力支持，其重要原因之一都在于他们具有多元的、与人们现实生活密切相关的“神力”，以满足人们物质和精神世界的多重诉求。因此得到上至皇家贵族，下及平民百姓的普遍信仰。有些时候，这些神灵甚至在某种程度上成为统治者的代理人。这也在很大程度上促使明朝政府对这些神灵秉持宽容甚至是扶持的态度。

东岳泰山的神职力量主要为主生发之气，进而主人生死。俗称“岱宗上有金箧玉策，能知人年寿修短”[3]。宋人曾肇也称，东岳庙能独享五岳之尊，“盖其位则东，其德则仁，其气则生，肤寸之云，泽及万国，功利之博如此，固非他山可望。而其威灵烜赫，以惊动祸福于人者，亦非众神所得而侪。故虽作镇一隅，而万乘之君莫不尊礼，四方士民，虽荒犷悖傲，咸知敬畏，岂苟然哉！”[4]东岳泰山因位在东方，有仁德，有生气，故主生；而东岳大帝又因主管阴间神灵而主死亡。生死乃人生大事，是人们祈禳的重要内容。由于东岳泰山神有主生死的能力，当皇家有丧事，梓宫发引时，一般都会遣官祭告各门及诸神庙，其中就包含东岳庙。

泰山东岳大帝所具有的神力除了主生死外，还扩大为祛除疾病，甚至是保佑作战胜利。元朝人虞集称，元大都南城预建东岳庙时，刘正奉突然

---

① （明）徐浦撰：《谦斋文录》卷2《重修碧霞灵应宫记》，载《景印文渊阁四库全书》集部，第1248册，第590页。

② （清）和珅等奉敕撰：《钦定大清一统志》卷142《泰安府》，载《景印文渊阁四库全书》史部，第476册，第799页。《山东通志》中也有类似记载，“碧霞元君庙在泰山顶玉女池侧，宋真宗东封，王钦若设醴泉于玉女池，帝嘉异之。池侧在玉女像，像颇摧折，诏易以玉石，复砻石为龛，建祠祀之，初名昭真观。明成化间赐额曰‘碧霞灵应宫’。国朝康熙二十三年（1684年），圣祖仁皇帝赐匾曰‘坤元叶应’。雍正七年（1729年）发帑重修。又一祠在府城西南二里许，今称‘灵应宫’，即宋之天书观也”。参见（清）岳濬等监修，（清）杜诏等编纂：《山东通志》卷21《秩祀志》，载《景印文渊阁四库全书》史部，第540册，第433页。

③ （汉）应劭撰：《风俗通义》卷2《封泰山禅梁父》，上海：上海古籍出版社，1990年，第15页。

④ （宋）曾肇撰，（清）曾偀编：《曲阜集》卷3《东岳庙碑》，载《景印文渊阁四库全书》集部，第1101册，第369页。

有病，因祈祷于东岳庙并亲造仁圣帝像而得以疾除，且进秩二品。[①]宋人称，“方今西边用师未已，其境内灵祠宜谨修崇，以迎福祐。西岳庙踈弊，及熙州东岳庙，昨官军之出，若有灵助可下，吕大防、苗授各选官增缮”[②]。明人程瑶在为东岳庙做记时称，东岳泰山发育万物，功德溥于天下，因而得到人们普遍祈禳。后来凡是饥寒水旱之虞，疾病夭札之患，穷困迫切而无所告者，皆得到此祭告祈福。可见泰山东岳大帝的神职范围已大为扩展。[③]

也有的明代士大夫倾向于将对东岳泰山神的信奉与普通世俗的禳灾祈福相区别，希冀不惑于“窈冥怪异”，尽量体现对神灵的恭敬，祭神如神在。万历十九年（1591 年），左春坊左庶子兼翰林院侍读黄洪宪撰《岳庙会众碑记》中即对此做了区分和强调：“说者泥宣尼讥旅一事，遂谓人间繁缛无能，加于东岱尺土，礼因以废，此岂特未通礼经之大，于神人之交未谙也。且人之事神，岂一一为求福，一一为获报；神之于人，亦岂尽人而锡之福，随事而报其礼。神之视人，亦犹人之视神耳。故曰‘有其诚则有其神，无其诚则无其神’。神故不亵其威严灵爽，而其尊临者自在。诚故不惑于窈冥怪异，而其俚事者不违。此彰明彰著之理，儒者之宗旨也。”[④]

与东岳大帝相比，碧霞元君更多地展现出女性神的特点，神职力量的拓展使碧霞元君的形象更为丰满。朝廷对民间碧霞元君信仰的包容和鼓励，也为民众对其形象的塑造提供了更多空间，使之成为民间百姓，尤其是女性信仰的主要神灵之一。碧霞元君区别于东岳大帝最重要的神力是其作为生育之神，具有庇佑妇女生子的功能。史料中不乏其庇护生育子嗣，屡屡应验的记载。《北东园笔录续编》中称，乾隆年间直隶总督梁肯堂长子曾为求子嗣祷于泰山碧霞元君祠，并按例将祷于碧霞君祠中的土偶归供宗祠，屡有应验。[⑤]“台南郡治有临水夫人庙，香火甚盛。每当元宵、中秋，妇女多入庙进香，

---

① （元）虞集：《道园学古录》，见（清）于敏中、英廉等奉敕编：《钦定日下旧闻考》卷88《郊坰东一》，载《景印文渊阁四库全书》史部，第498册，第390页。

② （宋）李焘撰：《续资治通鉴长编》卷323，“神宗元丰五年二月戊午”条，载《景印文渊阁四库全书》史部，第319册，第462页。

③ （明）程瑶：《德郡重修东岳庙碑记》，载（清）黄宗羲编：《明文海》卷72，北京：中华书局，1987年，第678页。

④ 《岳庙会众碑记》，载赵世瑜：《北京东岳庙与北京泰山信仰碑刻辑录》，第27页。

⑤ （清）梁恭辰：《北东园笔录续编》卷1《梁督部》，载《笔记小说大观》一编第8册，台北：新兴书局，1986年，第4858页。

而产子者设位以祀，祈祷辄应……宋淳祐中封崇福昭惠慈济夫人，赐额‘顺懿’。后又加封天仙圣母青灵普化碧霞元君。”① 小说《绿野仙踪》里称碧霞元君宫阙是天下士女烧香祈福之所。② 明人孙绪认为，碧霞元君之祀独盛，天下之祠莫加，主要就是由于有一大批妇女信众，且碧霞元君祠居于崄巇危峻的泰山顶，最能体现女性柔脆之质，因此较其他神祠尤盛。③ 明人谢肇淛详细描述了百姓对于碧霞元君的极端崇奉，称渡江以北，齐、晋、燕、秦、楚、洛诸民，无不往泰山进香，且斋戒盛服，虔心一志，其进香规模更为庞大热闹，简直可以称为一场盛会。朝廷更是从中得到香钱实惠，以给诸司俸禄。④ 碧霞元君成为明朝许多地方百姓信奉的神灵，具有无所不能的神力，体现了人们对神灵功能的主动塑造。万历二十一年（1593 年），王锡爵在《东岳碧霞宫碑》中就说，“元君能为众生造福如其愿，贫者愿富，疾者愿安，耕者愿岁，贾者愿息，祈生者愿年，未子者愿嗣，子为亲愿，弟为兄愿，亲戚交厚，靡不交相愿，而神亦靡诚弗应”⑤。

第三，作为明代正祀系统的祭祀对象，东岳庙所祀东岳大帝神灵威严，形象肃穆，朝廷往往定期派遣官员前往祭祀，或由地方官员代为举行祭告，临时祭拜的行为也很多，祭祀仪式较为隆重。在举行此类官方性质的祭祀仪式时，民众参与度是较低的，这在一定程度上降低了普通百姓与祭祀对象之间的密切关系。当然，随着东岳大帝信仰的扩展，也有越来越多的普通百姓前往祭拜，但仍不能抵消其作为国家正祀所具有的严肃性。与之相比，碧霞元君的信众多为普通百姓，常常可以自发组织前往祭拜。无论是祭祀方式，还是祭祀仪式都显得较为随意，其中虽然也有皇室信仰者，但仍为民众的自发祭拜活动提供了极大的自主空间。

前文提及，东岳庙不仅在每岁南郊及山川坛祭祀时，合行祭祀之礼，在

① （清）连横撰：《雅堂文集》卷 3《临水夫人》，载《台湾文献丛刊》第 208 种，台北：台湾银行，1964 年，第 167 页。

② （清）李百川：《绿野仙踪》第 27 回《埋骨骸巧遇金不换　设重险聊试道中人》，叶碧适标点，上海：上海古籍出版社，1996 年，第 606 页。

③ （明）孙绪撰：《沙溪集》卷 4《新建碧霞元君行祠记》，载《景印文渊阁四库全书》集部，第 1264 册，第 525 页。

④ （明）谢肇淛撰：《五杂组》卷 4《地部二》，第 61—62 页。

⑤ （明）王锡爵：《东岳碧霞宫碑》，载《民国重修泰安县志》卷 14，《中国地方志集成 · 山东府县志辑》第 64 册，南京：凤凰出版社，2004 年，第 688 页。

皇室丧礼期间，还会遣官往祭。遇到国家有大事，如有灾伤祸患、庆贺大礼等情况时，也经常遣官祭告，或者行望祭之礼。皇帝巡守所至，亦行隆重祭告礼仪。泰安州地方官员还要每年春秋二祭，行常规祭祀礼。景泰四年（1453年）秋七月，因天旱久未下雨，遣太保宁阳侯陈懋告于昊天上帝、厚土皇地祇，安远侯柳溥告于太社、太稷之神，武清侯石亨告于风云雷雨、山川之神，礼部侍郎姚夔等赍香币、牲醴，分告于在京东岳庙、京都城隍、大小青龙、西南龙宫山龙潭、北岳恒山、北镇医巫闾山、东岳泰山、东镇沂山、中岳嵩山、济渎北海、淮渎西海、东海大河、河伯等神。[①]清人记载，“泰山，五岳首也。庙在泰安州山下，明时每岁南郊及山川坛俱行合祭之礼。京城朝阳门外，有元东岳庙，因而不废，祭以三月二十八日。国朝顺治八年题准，万寿圣节，遣官致祭。其泰安州庙，每岁春秋二祭，泰安州主之。凡恭遇庆贺大礼，必遣官致祭。康熙二十八年并乾隆十三年，圣驾东巡至于岱宗，躬祀尤为盛典云。按神居东震，以生为德，郡邑故通祀之”[②]。“东岳……秩视三公，载在祀典……去京师千里而远，岁时莅事，职在有司，方望之祀，非遇国家大庆，及巡狩所至，未尝辄举。是以郡邑都会，往往崇庙貌，以奉苾馨。夫亦以东方春生之气，贯于四时明灵，肸蚃无往，勿格祝厘，祈祷诚应，响捷如生，气之于物，肖翘跂喙，洪纤美恶，无不毕达。固非特岩岩具瞻，表望齐鲁而已。”[③]以上记载为我们展示了一幅幅庄严肃穆的祭祀场景图，在这个祭祀空间中可以看到，无论是皇帝亲祭还是遣官祭祀，无不张扬官方的庄重与威严之感。

相比之下，碧霞元君信仰在民间的祭拜情况则显得异常热闹和生活化。于慎行《登泰山记》中记载了七次登泰山朝拜碧霞元君的热闹情形：“若三四月，五方士女，登祠元君，以数十万，夜望山上篝灯，如聚萤万斛，左右上下，蚁旋鱼贯，叫呼殷赈，鼎沸雷鸣，弥山振谷，仅得容足之地。”[④]明人

---

① 《明英宗实录》卷231《废帝郕戾王附录》第49，“景泰四年秋七月壬戌”条，第5040—5041页。

② （清）王必昌：《重修台湾县志》卷6《祠宇志》，载《台湾方志集成》清代篇第一辑（12），台北：宗青图书出版有限公司，1995年，第175—176页。

③ （清）于敏中、英廉等奉敕编：《钦定日下旧闻考》卷85《御制玉泉山东岳庙碑文》，载《景印文渊阁四库全书》史部，第498册，第336页。

④ （明）于慎行：《登泰山记》，载《古今图书集成·方舆汇编·山川典》卷17《泰山部艺文三》，北京：中华书局，1934年，第37页。

张岱在其笔记《陶庵梦忆》中记载了到泰安州进香所住客店的情景，从侧面向我们展示了进香的盛况和祭祀活动的丰富多彩："余进香泰山，未至店里许，见驴马槽房二三十间；再近，有戏子寓二十余处；再近，则密户曲房，皆妓女妖冶其中。余谓是一州之事，不知其为一店之事也。投店者，先至一厅事，上簿挂号，人纳店例银三钱八分，又人纳税山银一钱八分。店房三等：下客夜素早亦素，午在山上用素酒果核劳之，谓之'接顶'。夜至店，设席贺，谓烧香后求官得官，求子得子，求利得利，故曰贺也。贺亦三等：上者专席，糖饼、五果、十肴、果核、演戏；次者二人一席，亦糖饼，亦肴核，亦演戏；下者三四人一席，亦糖饼、肴核，不演戏，用弹唱。计其店中，演戏者二十余处，弹唱者不胜计。庖厨炊爨亦二十余所，奔走服役者一二百人。下山后，荤酒狎妓惟所欲，此皆一日事也。若上山落山，客日日至，而新旧客房不相袭，荤素庖厨不相混，迎送厮役不相兼，是则不可测识之矣。泰安一州与此店比者五六所，又更奇。"[①]在讲述明正统、成化至明末的小说《醒世姻缘传》中有一段记载讲，祭拜碧霞元君的皇姑寺是一个皇家香火院，这里是皇家祭祀的独享场所，并只能在神灵诞日这种特殊的日子中才放人进入烧香，而作为地方上的碧霞元君庙则给普通百姓提供了很大的空间自由度。[②]沈榜在《宛署杂记》中对北京的碧霞元君庙祭祀盛况做了描述，"燕京高梁桥碧霞元君庙，俗传是日（四月八日）神降，倾城妇女往乞灵祈生子，西湖玉泉，碧云香山，游人相接，又傍近有地名'秋坡'，都中伎女竞往逐焉，俗云'赶秋坡'"。《北京岁华纪》中也记载，"原二月都人进香涿州碧霞元君庙，不论贵贱男女，额贴金字，结亭如屋，坐神像其中，绣旗瓶炉，前导从高梁桥归，有杂伎人腾空旋舞于桥岸，或两马相奔，人互易之，或两弹追击，迸碎空中"[③]。

从以上史料的比对可以看到，国家正祀神祠与民间信仰祭拜活动向我们展现了两种截然有别的祭祀图景：国家祀典所列神祇之祭祀活动依时依规，

① （明）张岱：《陶庵梦忆》卷4《泰安州客店》，夏咸淳、程维荣校注，上海：上海古籍出版社，2001年，第73—74页。

② （明）西周生撰，黄肃秋校注：《醒世姻缘传》第78回《陆好善害怕赔钱　宁承古诈财捱打》，上海：上海古籍出版社，1981年，第1108页。

③ （清）于敏中、英廉等奉敕编：《钦定日下旧闻考》卷147《风俗》，载《景印文渊阁四库全书》史部，第499册，第282、284页。

充满了庄严之感，参与人员规格也较高；民间祭祀活动与其说是一场娱神大典，不如说是参与者的盛宴，不仅祭祀活动较为随意，祭祀人员庞杂，且配合有各种娱乐活动，成了普通民众与外界交往的重要契机。东岳大帝与碧霞元君共同存在于泰山之上，恰恰兼顾了官方仪式的严肃性与民间信仰的随意性。无论是哪一种祭祀活动，都为在场人员提供了一种公共空间，在这个空间内，官方完成了仪式展示，信众实现了祈福求愿，人们在这个官方与民间共同构建的祭祀空间内各得其所。

第四，泰山东岳大帝与碧霞元君信仰的迅速传播，都与道教的塑造和推动有重要关联。两者无论是从其信仰来源，形象的塑造，还是时人关于其所具有的神职功能的描述来看，都与道教关联甚密。在明朝，道教是官方所允准的宗教信仰之一。与信众不多的伊斯兰教和传播有限的天主教相比，道教是中国的本土宗教，佛教经过了长期的发展，已经深深融入中国本土文化。虽然因统治上层的宗教信仰和政策的倾向差异在某些朝代有过被压制或打击的命运，但总体来看，历朝对佛道二教均加以利用。明朝皇帝亦秉持神道设教的原则，以儒家思想为本，兼用佛道二教。朱元璋之后的明朝诸帝均不排斥道教的正常发展，嘉靖皇帝甚至十分笃信道教。这种宗教政策在国家层面为道教发展提供了空间。[①] 与此同时，道教与民间信仰进一步深度融合，使其获得了民间社会的巨大支持，反过来又促进了民间信仰的多元化。在这样的背景下，一些信仰内容往往会融合国家正祀、民间信仰、道教等诸多因素，东岳大帝和碧霞元君信仰就是其中的典型代表。

大帝和元君是道教对男女神的一般称谓。在关于东岳大帝和碧霞元君信仰来源的传说中就不乏道教的影子。张萱称，李谔《瑶池记》中将碧霞元君称为黄帝建岱岳观时所遣之七个道教女子之一，“海内神祠惟泰山碧霞元君最盛，然世莫详神所自出。余阅马端临《通考》，泰山绝顶故有玉女池，池侧有玉女石像，泉源壅浊。宋真宗登封，先营顿置，泉忽涌出，清泚可鉴，味甚甘美。王钦若请浚治之，像颇摧折，诏易以玉石。既成，上与近臣临观，复砻石为龛祭焉。及考李谔《瑶池记》谓，黄帝建岱岳观，尝遣女子七人云冠羽衣，奉香火以迎西昆真人，则元君或亦七女中之得道而仙者。织女

① 关于明代国家宗教政策的相关研究可参看赵轶峰：《明代国家宗教管理制度与政策研究》，北京：中国社会科学出版社，2008年。

名天孙，而岱岳亦名天孙，岂以此邪！李白《游泰山诗》‘玉女四五人，飘飖下九垓’，似亦有据。是元君在唐已有之，至宋而香火始盛耳”[①]。邢侗《重修泰山碧霞元君灵应宫碑》中称，有人将碧霞元君列在道教神仙系统《集仙搜神道箓》中：“岱宗爰长诸岳，冠以帝称，庙貌崇闳，雄峙州治。而碧霞元君灵应宫则巍然托址，抗擢岱椒，其列在《集仙搜神道箓》等编，未究元君之始，宁袭耳食之谬。”[②]乾隆三十九年（1774年）《御制重修碧霞元君庙碑记》中说道，关于碧霞元君的名号，有人认为出自道书，虽然这种说法无从考证，其称号来源还是应该与其居泰山上，岱居木位，其色惟碧，东方主生，一本乎坤元之滋生万物有关联，指出这种说法在当时是普遍存在的。[③]明人谢肇淛在一段关于泰山东岳信仰主管生死是否可信的论述中论及主管阴曹地府之十王殿的说法，虽然他自己并不赞同此主张，但反映出泰山信仰与道教信仰的相互关联。[④]清代小说《觚剩》《野叟曝言》中也都讲到了泰山碧霞元君作为道教神仙具有的各种神力。[⑤]两者不仅在称号和来源上与道教有关系，还像其他道教神灵一样被塑像祭祀，有时候还因为这种关联而受到儒家士大夫的反对，争议不断，此处不再赘述。总之，借助道教神灵在官方和民间的巨大影响力，二者都得到了充分发展。

综上，泰山东岳大帝与碧霞元君信仰在以往历朝发展的基础上，到明朝进一步融合，被定义为官方和民间两类不同性质的祭祀对象，同处一地，香火繁盛。尤其当祭祀仪式与庙会等民间活动相结合时，两类祭祀对象更是毫无冲突之感，信众趋之若鹜。是否被纳入祀典得到官方认可，并不影响民众选择信仰和祭拜，正祀与民间信仰之间的界限甚为模糊。从官方视角来看，明朝政府对两者皆采利用策略：对正祀积极规范，大力支持；对民间已有雄厚基础的信仰对象也给予充足的发展空间，并主动将之纳入管理范围，善加

---

① （明）张萱撰：《疑耀》卷1《泰山神祠》，载《景印文渊阁四库全书》子部，第856册，第182页。

② （明）邢侗：《重修泰山碧霞元君灵应宫碑》，载（清）黄宗羲编：《明文海》卷73，第681页。

③ （清）于敏中、英廉等奉敕编：《钦定日下旧闻考》卷110《京畿》，载《景印文渊阁四库全书》史部，第498册，第673页。

④ （明）谢肇淛撰：《五杂组》卷4《地部二》，第61—62页。

⑤ 参见（清）钮琇撰：《觚剩》卷8《粤觚下》，南炳文、傅贵久点校，上海：上海古籍出版社，1986年，第158页；（清）夏敬渠：《野叟曝言》第71回《看壁词痴人入化　谈天性侠女惊心》，北京：人民中国出版社，1993年，第508页；第72回《以血验气大阐阴阳之化　因熊及虎广推禽兽之恩》，第513—515页。

利用，消弭其作为民间信仰对社会秩序可能产生的消极作用。官方认同的加持反过来说，也在一定程度上提升了民间祭祀对象的影响力，推动了相关信仰活动的进一步繁盛。这一个案研究提示我们，在讨论官方祭祀活动与民间信仰的关系时，不能先入为主地预设二者的对立，官方治理手段的多样化与复杂性皆需服从于社会发展的实际情况。

第六章　域外视角下的明代国家祭礼及其传播

第一节　从《明集礼》和《国朝五礼仪》看明朝与朝鲜王朝国家祭礼的差异

国家祭祀是以国家的名义举行的制度化的公共祭拜活动，集中反映统治阶层对整个社会的信仰导向。明朝与同一时期朝鲜半岛上的李氏朝鲜王朝，在周礼以及汉唐礼制的基础上，分别结合本朝实际，建立起了完备的国家祭祀体系。中国传统社会的祭祀活动起源于上古先民的宗教崇拜，周代祭祀活动被加以制度化阐释，构成了后世国家祭祀礼仪的基本形制。唐朝是礼制建设的完备期，五礼体系进一步完善，国家祭祀制度系统化、详尽化，成为宋以后，尤其是明朝国家祭祀体系最主要的效仿对象。朝鲜半岛从三国时代开始就已经形成了普遍的慕华风气，对中原礼制的引进和利用为全面建立本国礼仪制度奠定了基础。高丽时代，随着全面制礼时期的开始，国家祭祀制度初步成型，并将中原祭祀制度与本国实际相结合，建立起自己的祭祀体系。李氏朝鲜王朝是朝鲜半岛礼制臻于完备的时期，国家祭祀制度随着各种重要礼书的纂修与刊布成熟起来。14世纪以后，明朝与朝鲜王朝的交往进入了一个新的历史时期，在朝贡体制的影响下，互派使节次数增多，两国政治文化交流规模进一步扩展，相互间的影响也更加突出。两国祭祀体系的这种关联性使对两者的比较研究成为可能。因朝鲜王朝存在时间较长，与之相对应的中国在同时间内跨越了明清两朝，因此本节确切地说是对明朝与朝鲜王朝前期祭祀制度的比较研究。

明朝与朝鲜王朝分别是古代中国和朝鲜祭祀制度发展的完备时期，保存下来的相关史料极为丰富。中国史学界近年来关于明代国家祭祀的研究取得了很多成果，但对朝鲜王朝时期的国家祭祀制度研究则很有限，遑论从制度层面将明朝和朝鲜王朝的国家祭祀体系进行对比。① 韩国史学界对朝鲜王朝祭祀制度的考论相对较为成熟和细致，但对明朝国家祭祀制度的整体性研究较少，比较研究亦不多见。②

本节对明朝和朝鲜王朝国家祭祀礼仪的比较研究，主要以解读两部礼仪大典——《明集礼》和《国朝五礼仪》为中心。这两部典籍在明朝和朝鲜王朝历史上都经过多次删改、补充和考订，是反映这一时期两国国家祭祀制度最完备的礼书，记载了有关两朝国家祭祀活动的基本原则。明朝国家祭祀体系的建设十分完备，修撰的礼制书籍也具有相当规模，修撰的时期主要集中于洪武、永乐、嘉靖、万历朝，其中有关国家祭祀的制度性典籍以洪武和嘉靖时期的修撰最多，也最具权威性。《明集礼》成书于洪武三年（1370年）九月，同时期修纂的还包括《孝慈录》《洪武礼制》《礼仪定式》《礼制集要》《诸司职掌》等书。嘉靖时期参考了洪武以来的礼仪典籍，整理刊刻了《明集礼》，并结合祭礼改制修撰了《明伦大典》《祀仪成典》《郊祀考议》等书。在这些礼书中，《明集礼》最为系统和全面地反映了明朝国家祭祀活动

---

① 对古代朝鲜礼仪制度研究较多的是彭林教授，他对古代朝鲜礼制的研究主要集中于《中国礼学在古代朝鲜的播迁》一书中。该书梳理了古代朝鲜礼制的发展和变迁轨迹，但具体在朝鲜王朝时期的祭祀制度上并没有做系统和细致的研究。参看彭林：《中国礼学在古代朝鲜的播迁》，北京：北京大学出版社，2005年。台湾学者高明士对朝鲜王朝时期的庙学及其祭祀制度进行了研究，参看高明士：《韩国朝鲜王朝的庙学与书院》，《湖南大学学报（社会科学版）》2006年第6期；《韩国李朝教育机构祭祀制度诸问题的探讨》，《中韩关系史研讨会论集——960—1949》，台北：台湾"中央研究院"，1981年，第1—22页。

② 韩国学者对朝鲜王朝国家祭祀制度的研究主要包括金泰永的《朝鲜初期祀典成立研究》（《历史学报》，1973年第58辑）。金海荣的博士论文《朝鲜初期祀典研究》（韩国精神文化研究院，1994年），《朝鲜初期国家祭礼仪的整备与〈洪武礼制〉》（《清溪史学》1992年第9辑），以及韩亨周的博士论文《朝鲜初期国家祭礼研究》（首尔：一潮阁，2002年）。他们均从整体上梳理了朝鲜王朝初期的国家祭礼内容。池斗焕的《〈国朝五礼仪〉编纂过程——以吉礼之宗庙、社稷祭仪为中心》一文对《国朝五礼仪》的编修进行了专述（《釜山史学》，1985年第9辑）。他的《朝鲜前期文庙从祀论议——以郑梦周、权近为中心》（《釜大史学》，1985年第9辑）则讨论了文庙从祀的个案。金澈雄的《朝鲜王朝早期国家祭祀机构及其变化》一文以朝鲜王朝早期国家祭祀制度的建立为核心内容，讨论了这一制度体系的基本内容，认为其特征在于独尊儒家精神，排斥其他宗教信仰，但是随着佛教和道教等宗教体系的渗入，朝鲜王朝国家祭祀体系也发生了一系列的适应性调整，使之成为以儒家思想为中心并融合佛教和道教的信仰体系（〔韩〕金澈雄：《韩鲜王朝早期国家祀典的体系化过程》，《文化史学》2003年第20号，第189—207页）。

的制度规定及其礼仪规则。本节所使用的《明集礼》为文渊阁四库全书影印嘉靖刊本。朝鲜王朝国家祭祀体系的发展基于高丽王朝时期的礼制建设。《国朝五礼仪》是朝鲜王朝时期最完备的礼制大典，成书于成宗六年（1475年）。肃宗朝时，又仿照“《仪礼》之续通解，万历之续《会典》”，修编《国朝续五礼仪》。之后修纂的《国朝续五礼仪补》是对《国朝五礼仪》及《国朝续五礼仪》中记载不完备的地方加以补充和修订。本节使用的《国朝五礼仪》版本为1979年韩国景文社集合影印出版发行，包括《国朝五礼仪》《国朝续五礼仪》《国朝续五礼仪补》三种。①

一、编纂背景及两国祭祀体系的建立

明朝国家祭祀制度的建立主要在洪武时期完成。洪武元年（1368年），朱元璋命中书省暨翰林院、太常司定拟祀典。洪武二年八月，又“敕中书省令天下郡县举素志高洁、博通古今、练达时宜之士，年四十以上者，礼送至京，参考古今制度，以定一代之典”。于是儒士徐一夔、梁寅、刘于、周子谅、胡行简、刘宗弼、董彝、蔡深、滕公琰、曾鲁分别被诏至京，共同修撰礼书。②次年九月书成，赐名《大明集礼》，通五十卷。该书的体系继承了唐朝吉、凶、军、宾、嘉五礼的划分，对祀典、朝会、丧葬、戎事、朝聘、婚姻等礼仪记载完备。《明集礼》在洪武时期并没有得到刊布，这是因为在《明集礼》编订之后，朱元璋又根据当时崇简尚质的祭祀观念以及具体国情，对祭祀制度做了不少修改。例如，洪武十年改南北郊分祀天地为合祀，改国初的太社、太稷异坛同壝为以句芒、后稷配为同坛同壝；洪武二十一年，以大明、夜明已从祀天为由，罢祭朝日、夕月之祭等。这些修改都与洪武三年所修订的《明集礼》有所出入。直到嘉靖祭礼改革之前，明朝的国家祭祀活动都是在《明集礼》基础上参酌稍后的更改事例而施行的。

嘉靖八年（1529年），礼部尚书李时等上疏指出，“自太祖命儒臣纂集制

---

① 含《国朝五礼仪考异》一卷及《国朝五礼仪序例》四卷、《国朝续五礼仪序例》一卷、《国朝续五礼仪补序例》两卷（《国朝五礼仪》景文社，1979年）。

② （明）徐一夔等撰：《明集礼・目录下》，载《景印文渊阁四库全书》史部，第649册，第63页。又见《明太祖实录》卷44，“洪武二年八月庚寅”条，第875页。

书一百六十年以来，未及刊布，遂至讹谬日多，考论礼仪无所凭据”。当时礼部亦认为该书“旧无善录，故多残缺”，于是请命订正刊布，以备参考。[①]这个建议得到了当时正准备在祭礼制度上做出重大改革的嘉靖帝的认可，遂命礼臣将秘藏于内的《明集礼》重新考订增补，刊布中外，凡五十三卷，较之洪武旧典多出三卷。[②]这样，《明集礼》经洪武、嘉靖两朝修订，成为最集中体现明朝祭祀制度的礼书。

朝鲜王朝建国以来，在高丽朝祭祀制度的基础上，继续发扬儒家思想，全面致力于国家体系的制度化努力，于1466年完成了朝鲜王朝时期的制度总汇——《经国大典》，确立了新的体系化的政治制度。与此同时，《国朝五礼仪》被确立为礼仪制度方面的基本规范。

《国朝五礼仪》从修订到最终颁布，经历了六朝五十余年，其中起到主要作用的是世宗、世祖和成宗三王。世宗是朝鲜王朝的第四代国王，1418—1450年在位，是朝鲜历史上一个颇有作为的国王，对完善国家政治、经济和文化制度做出了重要贡献，并创立了至今为止仍被使用的韩文字母。他精通儒学，在国家礼仪制度中极力贯彻儒学思想。他看到太宗时期仅命“撰吉礼序例及仪式，其他则未及，每遇大事，辄取辨于礼官一时所拟”[③]，于礼甚疏。于是命礼曹判书许稠详审诸祀序列，集贤殿儒臣仿照唐朝杜佑《通典》，兼用明朝之《诸司职掌》《洪武礼制》，并旁采《东国今古详定礼》等书，开始了编撰国家礼仪大典的浩大工程，并将所修成的五礼内容附于实录之末。这奠定了后来《国朝五礼仪》成本的基础。世宗大王去世后不久，世祖根据世宗时期所定的五礼仪，命兵曹判书兼知经筵春秋官事姜希孟和吏曹判书成任等考古证今，续修礼典，并定名为《五礼仪》，将之附于其亲命编订的国家制度大典《经国大典》之末。但是书稿未成之时，世祖也去世。最后成书付梓则是在成宗时期。成宗命姜希孟、知中枢奉朝贺郑陟、礼曹判书李承召、参议尹孝孙、通礼院左通礼朴叔蓁、前内赡寺正郑永通、奉常寺佥正李琼仝、吏曹正郎柳洵权、知承文院校检丘达孙、承文院著作崔淑卿等共同

① （明）徐一夔等撰：《明集礼·目录下》，载《景印文渊阁四库全书》史部，第649册，第64页。
② 有关《明集礼》的刊刻背景亦可参看赵克生：《〈大明集礼〉的初修与刊布》，《史学史研究》2004年第3期。
③ 《朝鲜王朝实录》（世宗实录）卷128《五礼》，汉城：国史编纂委员会，1968年影印缩刷版，第176页。

继续编撰，以高灵府院君申书舟担任总裁官，最终于1475年成《国朝五礼仪》。[①]朝鲜王朝尤其是前期的国家祭祀活动总体来说就是遵照《国朝五礼仪》的规定施行的。后来所补修的《国朝续五礼仪》《国朝续五礼仪补》则是在《国朝五礼仪》的基础上删补而成，分别反映了朝鲜王朝后期国家祭祀制度的变化。姜希孟评价“是书更历数圣人揣摩之功，极其精密，上自朝廷，下至士庶，各有定礼，不相逾越，天经地纬，曲礼小节，粲然不紊，实吾东方万世之令典也”[②]。

二、明朝与朝鲜王朝国家祭祀体系内容之比较

《明集礼》以吉、凶、军、宾、嘉、冠服、车辂、仪仗、卤簿、字学、乐为纲，详细全面地记载了明朝的礼制内容，是明朝太祖以后历代皇帝遵行的礼制法则。其中，“吉礼者首之以祀典”[③]，所列祭祀类目分别为天地、宗庙、社稷、朝日、夕月、先农、太岁、风云雷雨师、岳镇海渎、山川、城隍、旗纛、马祖、先牧、马社、马步、祭厉、祀典神祇、三皇、孔子。每种祭祀首以总叙，次及祭祀活动的细节，并辅之以图。朝鲜王朝早期国家祭祀的内容分两大部分收录于《国朝五礼仪》《国朝五礼仪序例》中。《国朝五礼仪》主要记载有关祭祀礼仪过程的内容，其中包括各种正祭即常规祭祀的仪式过程，各类祭祀的摄事仪，以及临时祭祀的仪式过程，其重点在祭祀陈设及祭祀的仪式过程。有关祭祀的时日、斋戒、省牲器、车驾、祝版、乐章、传香祝、祭图等内容则记载于《国朝五礼仪序例》中。根据《明集礼》和《国朝五礼仪》及其序例，可以归纳出两朝国家祭祀的基本内容。

明朝祭祀活动分为大祀、中祀、小祀三类。明初以圜丘、方泽、宗庙、社稷、朝日、夕月、先农为大祀，太岁、星辰、风云雷雨、岳镇海渎、山川、历代帝王、先师、旗纛、司中、司命、司民、司禄、寿星为中祀，诸神为小祀。大祀、中祀、小祀的划分并非一成不变，先农、朝日、夕月原为大祀，后降为中祀。每年常行之大祀有十三项，包括正月上辛祈谷、孟夏大

① 《国朝五礼仪・序》，第1页。
② 《国朝五礼仪・序》，第2页。
③ （明）徐一夔等撰：《明集礼・原序》，载《景印文渊阁四库全书》史部，第649册，第1页。

雩、季秋大享、冬至圜丘皆祭昊天上帝，夏至方丘祭皇地祇，春分朝日于东郊，秋分夕月于西郊，四孟季冬享太庙，仲春仲秋上戊祭太社太稷。中祀二十五项，包括仲春仲秋上戊之次日祭帝社帝稷，仲秋祭太岁、风云雷雨、四季月将及岳镇、海渎、山川、城隍，霜降日祭旗纛于教场，仲秋祭城南旗纛庙，仲春祭先农，仲秋祭天神地祇于山川坛，仲春仲秋祭历代帝王庙，春秋仲月上丁祭先师孔子。小祀八项，包括孟春祭司户，孟夏祭司灶，季夏祭中霤，孟秋祭司门，孟冬祭司井，仲春祭司马之神，清明、十月朔祭泰厉，又于每月朔望祭火雷之神。除此之外还包括京师十庙及南京十五庙，岁时遣官致祭。[①] 在常祀之外，国家还不定期举行某些具有特定意义和作用的非常规祭祀活动。如因天象异常、自然灾害或皇帝登极、巡幸、上谥、视学、葬陵、册立、营造、出师等祭告天地、山川、宗庙、社稷、后土等神祇。嘉靖时期还特举皇后享先蚕礼，祀高禖礼，以及明堂祭祀等内容。

朝鲜王朝国家祭祀亦分为大、中、小三个等级。大祀包括社稷、宗庙、永宁殿。中祀包括风云雷雨、岳海渎、先农、先蚕、雩祀、文宣王、历代始祖。小祀包括灵星、老人星、马祖、名山大川、司寒、先牧、马社、马步、禡祭、禜祭、酺祭、七祀、纛祭、厉祭。除以上固定祭祀之外，还包括因事而祭的祈告社稷、宗庙、风云雷雨、岳海渎、名山大川、雩祀。俗祭包括祭祀文昭殿、真殿、懿庙、山陵。州县祭祀社稷、文宣王、酺祭、厉祭、禜祭。[②] 在这些祭祀活动中，常祀日期包括春秋仲月上戊日祭社稷，朔望、俗节享宗庙、文昭殿、懿庙、山陵，祭晨享文昭殿、懿庙，俗节享真殿。季夏土旺日祭中霤，立秋后辰日祀灵星，秋分日祀老人星，惊蛰后吉亥享先农，季春吉巳享先蚕。仲春、仲秋上丁释奠文宣王，朔望奠文宣王。仲春中气后刚日祀马祖，仲夏中气后刚日祀先牧，仲秋中气后刚日祭马社，仲冬中气后

① 《明史》卷47《礼志一》，第1225—1226页。

② 《国朝五礼仪序例》卷1《吉礼》，载《国朝五礼仪》，第351页。其中，永宁殿、文昭殿、真殿、懿庙均为特定日期祭祀祖宗及后妃的宗庙祭祀。灵星、老人星分别为天上的星神，灵星主司稼穑，老人星主司寿命。司寒为玄冥之寒神，享司寒日为藏冰、启冰之日。蝗螟、酺祭、禜祭为驱虫、祈晴等防止灾害所祭祀之神。禡祭为祷兵之祀。朝鲜王朝后期，灵星、老人星、马祖、先牧、马社、马步、酺祭罢除。文昭殿在壬辰倭乱后不复建，忌臣享文昭殿改为享山陵。懿庙德宗后亦罢除。大祀增祈谷社稷，小祀增加启圣祠、关王庙、宣武庙。俗祭增永禧殿、长宁殿、世子墓。宗庙原为大室居中，共七间，朝鲜王朝后期增列为十五间。见《国朝续五礼仪序例》卷1《吉礼》，载《国朝五礼仪》，第584页；《国朝五礼仪考异》卷1，载《国朝五礼仪》，第609页。

刚日祭马步。讲武前一日禡祭，惊蛰霜降日祭纛，春清明、秋七月十五日、冬十月初一日厉祭。没有固定日期的祭祀活动包括四孟月上旬享宗庙、文昭殿、懿庙、山陵。春秋孟月上旬享永宁殿，春秋仲月祀风云雷雨，附山川城隍，祭岳海渎及名山大川，享历代始祖。孟夏上旬雩祀，季冬藏冰，春分开冰，享司寒、蝗螟、酺祭，久雨禜祭。这些祭祀活动与明朝的非常规祭祀不同，它们只是没有固定日期，但仍属常规祭祀。除此之外，遇到水旱、疾疫、虫蝗、战伐等国之大事则祈告，祈有应则报祀。[①]

三、明朝与朝鲜王朝国家祭祀体系的特点

明朝与朝鲜王朝的国家祭祀体系均以中国古礼《周礼》为蓝本，以汉、唐、宋以来的祭祀制度为基础。在《明集礼》所记载的每一类祭祀内容的总叙中，均有对其历代祭祀沿革的追述。以祀天总叙为例，从周礼圜丘祀天，到秦、汉化昊天上帝为四帝、五帝，以及魏晋以来有关“天者几何”的争诉，再到唐朝用王肃“天体惟一”之说祀昊天上帝，可见明朝所采用的祀天制度是始于周，行用于唐宋以来历史的传统祀天制度。宋朝以后虽然有关天地分合的争论以及制度变化不断，但是将“天”视为“惟一”崇高对象的祀天礼并没有变，被明朝承袭下来。除了祭祀制度之规定，在祭祀理念上，明朝的祀天仪也参照了周礼“贵诚而尚质”的原则。[②]所有这些都体现了祭礼制度的延续和继承性。朝鲜王朝祭祀制度分别来自中国的古礼《周礼》、唐《开元礼》、明朝《洪武礼制》，以及朝鲜高丽王朝时期的礼仪惯例。《国朝五礼仪》序言中就明确说明，世宗编订该书时分别仿照了《杜氏通典》《诸司职掌》《洪武礼制》以及高丽朝之《今古详定礼》。在高丽祭祀制度之基础上，朝鲜王朝祭祀制度的很多细节都参考了明朝礼制。如太宗十三年（1414年），礼曹考订诸祀，依《洪武礼制》，改升风雷雨为中祀，增加云师，与山川、城隍同祭一坛。[③]成宗时期，诸祀坛壝参考《周礼》及历代祭祀制度，对《五礼仪》中所载多项坛壝之制加以修改。包括修先蚕坛于都城之北，于

① 《国朝五礼仪序例》卷1《吉礼》，载《国朝五礼仪》，第351页。

② 参看（明）徐一夔等撰：《明集礼》卷1《吉礼》，载《景印文渊阁四库全书》史部，第649册，第66页。

③ 《朝鲜王朝实录》（太宗实录）卷25，“太宗十三年四月辛酉”条，第668页。

圜丘坛近地设雩祀坛，改马步、酺祭同坛为分坛，改祃祭固定坛所为随所征之处除地而祭。[①]

由于两朝祭祀制度的主要来源一致，故祭祀制度之大体构架亦相同，但同时也应该注意到两朝各自结合本国习俗所设定的独特的祭祀内容。比如，明朝根据《礼记·祭法》关于祭祀功臣的标准，规定了全国各地允许祭祀的功臣、名儒、帝王、神祇等三百余名，以显示国家对地方祭祀信仰的导向和规范。朝鲜王朝在孔庙从祀诸儒中，除了选择中国的某些先贤儒者之外，还增加了新罗、高丽以及朝鲜王朝时期的十余位先贤儒者从祀，以此推动和发扬朝鲜王朝的儒家思想体系。在祭祀五礼仪的类目上，朝鲜王朝还增加了汉江、三角山、木觅山这些朝鲜王朝独特的祭祀对象。此外，朝鲜王朝还因本国民情风俗的特点，对礼制有所修改。成宗就曾与朝臣讨论说："我朝制度，尽依中朝，然习俗不同，时王之制，亦或不一，不无抵牾难行之弊。其所未尽处，寻检改正，何如？"于是结合本国的习俗做出相应修改。[②]

还有的祭祀，从文献用语看称呼不同，但其实所代表的祭祀对象相同或者功能十分接近。如明朝祭祀的寿星，主管人之寿命[③]；朝鲜王朝祭祀的老人星所司与寿星相同。朝鲜王朝防止灾害的酺祭也与明朝避灾趋福、主管人间祸福及生命的太岁、司命等神灵功能相似。[④]这些都与朝鲜王朝祭祀体系参照周礼，延续其祭祀名目有关。从整体祭祀内容来看，两朝国家祭祀体系虽然各有独特之处，但都特别突出对民生和农事的极大关注，比如对祈谷、祈雨、祈晴等祭祀活动都非常重视，体现了以民事为中心的祭祀理念。

两朝祭祀体系之差别还体现在祭祀等级的差异上。在朝贡体系关系框架的影响下，朝鲜王朝奉行对明朝的事大政策，因此在祀典上，明朝祭祀礼仪所行的是天子之礼，而朝鲜王朝所行为王之礼，最突出的表现就是关于圜丘祭天仪式的差别。在《明集礼》中，大祀包括天地、宗庙、社稷，在《国朝

---

① 《朝鲜王朝实录》（成宗实录）卷40，"成宗五年三月癸丑"条，第98页。

② 《朝鲜王朝实录》（成宗实录）卷161，"成宗十四年十二月辛未"条，第550页。

③ 明朝寿星祭祀于洪武三年（1370年）被罢除。

④ 《国朝五礼仪》及《国朝五礼仪序例》对祭祀等级的记述中，将岳镇海渎合并减省为岳海渎。参看《朝鲜王朝实录》（世祖实录）卷3，"世祖二年三月丁酉"条。

五礼仪》中，国家大祀则仅列宗庙、社稷，不包括祭天。朝鲜王朝在建立初期即太祖时期，沿袭的是三国及高丽时期的祭祀旧制，于圜丘祀天，祈谷祈雨，并载诸祀典。但是到了太宗时期，礼曹就有人指出，侯国祀天，于礼不合，应只祭东方之青帝，并革除圜坛之祀。[①]但是由于以祈雨、祈晴等一系列利民举措为目的的祀天活动由来已久，并强调“雨旸寒燠风，皆天之所为”[②]，修省祈祷必须以诚感天，不能他求，所以到了世宗时期，才最终裁革圜丘祀天礼，而只在祈雨时祭天。所以在《国朝五礼仪》中并没有见到祀天之制。但是在实际祭祀活动中，是否可以进行圜坛祀天，祀天是否非礼，一直是不断争论的焦点问题。世祖初年圜丘祀天礼重新举行，关于是否应该通过祀天来确立和彰显朝鲜王朝独立地位的讨论也一直经久不息。不过，朝鲜王朝时期的祀天仪，主要目的在于祈晴或祈雨，且并非祀典常制，只是断断续续地施行，与同时期明朝的祀天典礼规制和目的都有很大差别。另外，祭祀等级的差别也表现在祝文的内容中，比如，使用明朝的纪年方式，称呼使用“朝鲜国王臣（姓讳）”“朝鲜国王（姓讳）”，或直接称“国王”。[③]

从国家祭祀所体现的意识形态来看，两朝国家祭祀从建立到不断调整的过程中，均受到了来自佛教、道教等宗教信仰的冲击。这给国家祭祀活动带来了一些异动，但是纯粹的宗教信仰一直没有在两朝祀典中占据主流地位，国家祭祀的理念仍然体现了政府所倡导的儒家思想原则，从而使国家祭祀活动成为最能集中体现儒家精神的文化特征之一。明朝的国家祭祀体系从永乐以后，逐渐渗入佛、道及杂神信仰。到弘治时期，这种迹象已经十分明显，并形成了足以冲击祭祀体系的规模，因此在朝臣中形成对祭祀制度改革的普遍呼声。虽然弘治时期做出一定程度的调整，但是嘉靖、万历以后，宗教信仰对祭祀制度的冲击仍没有彻底消除。朝鲜半岛从三国时期开始就对中原王朝之礼仪加以吸收和借鉴，儒家文化及礼仪制度逐渐得到广泛的认可和发扬。在高丽时期，朝鲜半岛上的文化传统曾经一度受到佛教的强烈冲击，甚

---

① 《朝鲜王朝实录》（太宗实录）卷22，“太宗十一年十二月壬辰”条，第612页；卷24，“太宗十二年八月庚辰”条，第647—648页。

② 《朝鲜王朝实录》（太宗实录）卷31，“太宗十六年六月辛酉”条，第119页。

③ 参见《国朝五礼仪序例》卷1，载《国朝五礼仪》，第351—352页。

至得到举国上下的一致奉行。到李成桂建国时期，遂开始大力推行“排佛崇儒”的政策，确立了儒学在朝鲜王朝社会上的尊崇地位。但是到朝鲜王朝中期以后，宗教因素还是不断地渗透进来，并且经常遭到当朝儒臣的批评和指责。事实上，两朝的国家祭祀体系都没能够全然排除宗教信仰的影响，佛、道等因素也确实使祭祀体系的精神发生了一些变化。在此过程中，两朝的士大夫都坚守了将儒家精神作为主流信仰的基本立场。

第二节　明末清初耶稣会士关于中国祭礼问题的讨论

16—18世纪，西方天主教传教士逐渐进入中国，开启了中西交流的大幕。在这一过程中，传教士如何理解中国的儒家祭礼，如何理解中国本土的宗教信仰，是了解这一时期中西思想交流的主要内容，也是从域外视角审视中国国家祭祀体系的重要维度。

一、背景及概念

继唐朝、元朝天主教短暂入华传教中断以后，16—18世纪，即中国的明末清初时期，天主教传教士第一次大规模进入中国，成为更广泛的中西交流的开端。在这批传教士中，耶稣会士最早进入，人数最多，取得的成绩和影响力也最大。其他天主教派别如方济各会、多明我会、奥斯丁会及巴黎外方传教会在17世纪30—80年代陆续进入中国，总体来看，在中国社会的影响力不如早期来华的耶稣会士。因此，从某种程度上来说，理解这一时期天主教传教士与中国传统文化之间的相遇和碰撞，以耶稣会士为对象进行研究更具代表性。

从进入中国南方传教开始，直到在北京、南京、福建、广东等多个教区获得重要进展，耶稣会士的传教活动不可避免地要面对与中国本土信仰的关系问题。明末清初的中国，虽然佛教、道教，以及大量民间宗教信仰同时存在，但儒家思想仍是全社会范围内占主流地位的信仰观念。因此，天主教与儒家思想的关系是这一时期传教士需要面对的首要问题。在对儒家思想的认识中，有关中国祭礼的讨论涉及对天主教教义的解读，因此是当时及其后一百多年间议论的焦点。尤其在17世纪以后，罗马教廷与中国之间的礼仪之争愈演愈烈，讨论的核心正是中国祭礼问题。

近年来，关于明末清初天主教传教士对中国礼仪问题讨论的研究，已经成为中西交流史研究中相当重要的话题之一。由于材料及关注点的差异，最初进入该问题领域研究的欧美学者，尤其是教会机构内的学者，主要是从教会内部史的角度来研究；而20世纪80年代以后，中国研究该领域问题的学者，主要是受过史学、文学和哲学训练的世俗学者，他们多半没有宗教背景，其兴趣主要是发展学术研究，关心的是基督宗教与中国文化的关系问题[①]。在这样的研究背景下，传教士如何理解中国文化恰好是中国学者最为关注的话题之一。在学者的研究成果中，有对基本文献进行整理的，内容涉及对天主教传教士的手稿、著作的整理和译介；有研究性的，如对传教士个人的传记性研究，对传教士群体的研究；或是直接专注“中国礼仪之争”问题的。现将相关研究成果择要分类如下。

由于“礼仪之争”已经成为一个独立的研究话题，因此有关于此的文献已俨然成为一类独特的文献系统，学者尝试对其进行分类整理和出版。如由美国旧金山大学利玛窦中西文化历史研究所组织的从已出版的罗马教廷传信部和其他有关机构的原始文献中选录出的一批关于中国礼仪之争的拉丁文文献，并由耶稣会苏尔神父、美国旧金山大学诺尔教授译成英文。[②]葡萄牙学者萨安东教授整理了《葡萄牙及耶稣会参与中国礼仪之争及康熙皇帝与教廷关系研究及文献集》（I-III）。[③]除此以外，还有为数不少的关于中国礼仪问

① 李天纲：《近二十年中国基督宗教史研究综述》，《历史教学问题》2008年第1期。该文最早发表于2006年厦门召开的“史料与视界：中文文献与中国基督教史研究学术研讨会”，后收入会议论文集，张先清编：《史料与视界——中文文献与中国基督教史研究》，上海：上海人民出版社，2007年。

② Noll R R, *100 Roman Documents Concerning the Chinese Rites Controversy (1645-1941)*. Donald F. St. Sure S J (trans.). San Francisco: The Ricci Institute for Chinese-Western Cultural History, 1992. 该书于2001年被译为中文，参见〔美〕苏尔、诺尔编：《中国礼仪之争西文文献一百篇（1645—1941）》，沈保义、顾卫民、朱静译，上海：上海古籍出版社，2001年。

③ 该书没有中文版，葡文原文为 Antonio Vasconcelos de Saldanha, *De Kangxi para o Papa, pela via de Portugal: Memória e decumentos relativos à intervenção de Portugal e da Companhia de Jesus na questão dos Ritos Chineses e nas relações entre o Imperador Kangxi e a Santa Sé. (I-III)* Macau: Instituto Português do Oriente, 2002.

题的未经单独整理但较为集中的原始文献，恕不一一列举。[①]

在相关研究成果中，最集中的是直接关于"中国礼仪之争"的讨论。美国圣母诺特丹大学日裔学者乔治·南木（George Minamiki S. J.）著*The Chinese Rites Controversy: From Its Beginning to Modern Times*（《典礼问题》）一书是有关礼仪之争最早的西文专著。[②]20世纪末，中国学者中，相继有李天纲的《中国礼仪之争：历史·文献和意义》[③]，张国刚的《从中西初识到礼仪之争——明清传教士与中西文化交流》[④]，吴旻、韩琦的《礼仪之争与中国天主教徒：以福建教徒和颜珰的冲突为例》等有关礼仪之争的专论出版[⑤]。近年，美国加州大学伯克利分校刘英华的博士论文*Chinese Converts in the Chinese Rites Controversy: Ancestral Rites and Their Identity*（《中国礼仪之争中的中国信徒：祭祖仪式及其身份认同》）集中关注了礼仪之争中的祭祖问题。[⑥]

关于天主教耶稣会士及信徒个体的研究成果，主要侧重结合其生平和传教经历理解他们有关礼仪问题的观念，进而考察当时中国社会的天主教传播情况。相关重要研究如美国学者魏若望对耶稣会士傅圣泽神甫（Jean Francoise Foucquet）的研究[⑦]，比利时鲁汶大学钟鸣旦教授对中国信徒杨廷筠的研究[⑧]，丹麦学者龙伯格结合中国文献对清代来华传教士马若瑟（Joseph

---

① 如旧金山大学利玛窦中西文化历史研究所收藏有铎罗等有关礼仪之争的书信手稿70多件。*Chinese rites controversy. Collection of papers pertaining to the controversy and to the visit of Cardinal Maillard de Tournon*. 钟鸣旦、杜鼎克编：《耶稣会罗马档案馆明清天主教文献》（台北：利氏学社，2002年）中的第9—11册，主要是关于中国祭祀问题的中文著作。另有一些有关中国祭礼问题的材料散处于明清天主教文献中，如《法国国家图书馆明清天主教文献》、《徐家汇藏书楼明清天主教文献》、《天主教东传文献》（初编、续编、三编）、《天学初函》、《明末清初耶稣会思想文献汇编》、罗马耶稣会档案馆藏明清耶稣会士手稿（日本—中国）、梵蒂冈教廷图书馆藏明清耶稣会士中文文献等。

② Minamiki G S J. *The Chinese Rites Controversy: From Its Beginning to Modern Times*. Chicago: Loyola University Press, 1985.

③ 李天纲：《中国礼仪之争：历史·文献和意义》，上海：上海古籍出版社，1998年。

④ 张国刚：《从中西初识到礼仪之争——明清传教士与中西文化交流》，北京：人民出版社，2003年。

⑤ 吴旻、韩琦：《礼仪之争与中国天主教徒：以福建教徒和颜珰的冲突为例》，《历史研究》2004年第6期。

⑥ Liu Y H. *Chinese Converts in the Chinese Rites Controversy: Ancestral Rites and Their Identity.* Berkeley: Graduate Theological Union, 2011.

⑦ Witek J W. *Controversial Ideas in China and in Europe: A Biography of Jean-François Foucquet, S. J. (1665-1741).* Chicago: Loyola University Press, 1982. 该书于2006年被译为中文，参见〔美〕魏若望：《耶稣会士傅圣泽神甫传：索隐派思想在中国及欧洲》，吴莉苇译，郑州：大象出版社，2006年。

⑧ 〔比〕钟鸣旦：《杨廷筠：明末天主教儒者》，香港圣神研究中心译，比利时鲁汶大学中国欧洲研究中心，香港圣神研究中心联合出版，1987年。该书为他的博士论文，次年出版英文版。

de Prémare）的相关研究[1]，张铠对西班牙耶稣会士庞迪我神父传教策略的研究等[2]。

对耶稣会士群体的研究中也涉及对中国传教策略和对中国祭礼问题的讨论，如20世纪30年代法国学者费赖之著《明清间在华耶稣会士列传（1552—1773）》[3]，60年代，美国学者邓恩著《从利玛窦到汤若望：晚明的耶稣会传教士》[4]，荷兰学者杜鼎克的博士论文[5]等都对明末清初的天主教群体进行了研究。中国学者黄一农《两头蛇：明末清初的第一代天主教徒》一书关注了明末清初天主教群体中的中国信徒及其精神世界[6]，伦敦大学荣誉教授康明斯（J. S. Cummins）则从与耶稣会对立的多明我会士闵明我（Domingo Fernández de Navarrete）的角度来看待耶稣会士的传教策略，以及他们在中国的传教活动。[7]

还有专门论述基督教思想与中国本土儒家思想之间的碰撞和融合问题的，如谢和耐的《中国与基督教：中西文化的首次撞击》[8]、杨意龙的《儒家与基督教的第一次相遇》[9]、柯毅霖的《晚明基督论》[10]、孙尚扬的《基督教与明末儒学》[11]等，恕不一一列举。

---

① Lundboek K. *Joseph de Prémare (1666—1736). S. J. Chinese Philology and Figurism*. Aarhus: Aarhus University Press, 1991. 该书于2009年被译为中文，参见〔丹麦〕龙伯格：《清代来华传教士马若瑟研究》，李真、骆洁译，郑州：大象出版社，2009年。

② 张铠：《庞迪我与中国——耶稣会“适应”策略研究》，北京：北京图书馆出版社，1997年。

③ 该书法文本于1932年印行，1997年被译为中文，参见〔法〕费赖之：《明清间在华耶稣会士列传（1552—1773）》，梅乘骐、梅乘骏译，上海：天主教上海教区光启社，1997年。

④ 该书原名为《一代巨人：明末耶稣会士在中国的故事》，参见Dunne G H. *Generation of Giants: The Story of the Jesuits in China in the Last Decades of the Ming Dynasty*. Notre Dame: University of Notre Dame Press, 1962. 该书于2003年被译为中文，参见〔美〕邓恩：《从利玛窦到汤若望：晚明的耶稣会传教士》，余三乐、石蓉译，上海：上海古籍出版社，2003年。

⑤ Dudink A C. *Christianity in Late Ming China: Five Studies*. Rijksuniversiteit te Leiden, 1995.

⑥ 黄一农：《两头蛇：明末清初的第一代天主教徒》，台北：台湾清华大学出版社，2005年。

⑦ Cummins J S. *A Question of Rites: Friar Domingo Navarrete and the Jesuits in China*. Cambridge: Scholar Press, 1993.

⑧ Gernet J. *Chine et Christianisme: Action et Reaction*. Paris: Callimard, 1982; London: Columbia University Press, 1985. 中文版参见〔法〕谢和耐：《中国与基督教：中西文化的首次撞击》，耿昇译，上海：上海古籍出版社，2003年。

⑨ Young J D. *Confucianism and Christianity: The First Encounter*. Hong Kong: Hong Kong University Press, 1983.

⑩ Criveller G. *Preaching Christ in Late Ming China*. Taipei: Taipei Ricci Institute, 1997. 中文版参见〔意〕柯毅霖：《晚明基督论》，王志成、思竹、汪建达译，成都：四川人民出版社，1999年。

⑪ 孙尚扬：《基督教与明末儒学》，北京：东方出版社，1994年。

关于明末清初耶稣会士讨论中国祭礼问题的研究颇多，以下将简要说明本节论述的不同角度及相关概念。本节拟从中国祭祀体系出发，反观明末清初耶稣会士关注的是其中的哪些内容，以及为什么关注这些内容，并在此基础上对耶稣会士的态度及他们的论述做详细讨论。此外，以往研究认为，耶稣会士普遍对中国祭礼持积极肯定态度，不过从史料记载来看，耶稣会士内部对这一问题并非完全一致，他们的争论在礼仪之争之前的很长一段时间内就开始了，而这些不同的声音常常被研究者忽略。从长时段的视角来看，他们的态度对后来的“中国礼仪之争”是否产生影响也是本节关注的内容之一。

本节讨论的中国祭礼指的是明清时期关于祭祀体系的一整套制度规定和仪式活动。具体来说，可以将之划分为国家祭礼和民间祭礼（包含私人祭礼）两部分[①]，这种划分标准并非将国家祭礼与民间祭礼对立起来，因为有时二者并非泾渭分明，且经常相互影响。国家祭礼主要是强调以国家或政府的名义举行的公共祭祀活动，指在明清礼制中明确列入祀典的公共祭祀活动，如祭祀天地、宗庙、社稷、日月星辰、岳镇海渎、孔子、城隍，以及其他若干小祀[②]，这些祭祀仪式带有明显的公共属性，而民间祭祀活动或某些个人的祭祀活动则不具备此种属性。本节所讨论的祭祀礼仪不包括一般意义上的日常交往礼仪。被列于丧礼范畴的丧葬仪式需另文专论。

二、耶稣会对中国祭礼的关注及其原因

从史料记载来看，明末清初的耶稣会士并不关注中国祭祀礼仪的全部内容，他们的讨论和关注点主要集中在其中的几种祭祀仪式上，最重要的是祭天、敬祖和祀孔，还有一部分人提到了祭城隍，以及民间生活中的私人祭拜活动。

中国的祭礼体系庞大，系统完备，但来华耶稣会士向欧洲教廷介绍中国的祭祀体系时往往是描述性的，并不在乎制度本身更系统而复杂的规定。利玛窦曾介绍道，中国人崇拜“天”这一最高神明，也崇拜“地”，并与天

① 此处使用民间祭礼，是因为它包括民间个人的或群体性的祭拜活动，家礼和个人居家祭拜行为也是其中的一部分，因此较私人祭礼的使用范围广泛。

② 参看《明集礼》《明会典》《大清会典》等。

"合成一个有机体"，而对山河之神及四方之神献祭，则是国内的大官和大臣的特权，"私人不得擅尽此职"。他指出，祭拜上帝与欧洲天主教的宗教崇拜活动不同，他们"不给上帝建庙，也没有特为敬拜上帝的地方；因此他们没有祭祀或其他负责宗教的人员。他们没有供大家参与的隆重仪式，没有必守的行为规条，也没有负责解释和颁布其教义，或惩罚违反其宗教的；故此他们从来也不共同或私下念诵什么经文"，而给上帝奉献祭祀则只是皇帝的特权，或是派别的大臣代理皇帝行此大典，普通民众并没有祭天权利。为了教导子孙和无知的人孝敬父母，从皇帝到平民，还在每年的某些季节给逝去的祖先献供，但利玛窦认为这与偶像崇拜无关。[①]这是对中国祭祀体系所做的一种极为简单的、白描式的介绍，他的介绍甚至不全然准确，其目的仅在于使欧洲了解此种异国风俗。

与利玛窦同时期及其后的许多耶稣会士都曾对中国的祭祀礼仪有所讨论，不过在谈论和介绍中国祭礼时，很少将中国的国家祭祀与民间祭祀活动区别论述。18世纪的耶稣会士索隐派[②]白晋（Joachim Bouvet）、马若瑟、傅圣泽等，是少数主张将中国的国家祭礼与民间祭祀礼仪区别对待的耶稣会士。他们把由皇帝参与的祭天等礼仪看作一种高级的典礼，而普通民众的礼仪则是一般性的，更次一级。傅圣泽认为，"在祭祀'上帝'和'天'的公开祭礼中，皇帝明显地进行偶像崇拜，因为他将自己的先祖与圣人相联系，且对他们的敬重之情类似于对'上帝'的崇奉。这对那些作为异教徒死去的君主来说是'一种真正的神圣化'。于是两千多年以来，各朝的开国之主间或还有其祖先，同当朝皇帝的父辈一起被位列于'上帝'左右"[③]。傅圣泽虽然谈到了二者的差别，但他对中国国家祭祀体系的理解仍然是零散的，并未对这一体系中的其他祭祀行为做进一步系统论述。

关于中国祭礼更多的讨论主要还是围绕礼仪之争中的三个问题进行的，

---

① 《利玛窦全集·利玛窦中国传教史（上）》，刘俊余、王玉川合译，台北：光启出版社、辅仁大学出版社，1986年，第80—87页。

② 该派以研究《易经》而著名，又被称为"易经学派"。他们主张从经典开始研究中国文化，甚至认为，中国古代文化就是基督教文化的根源，中国古代的典籍不是中国人的，而是属于犹太基督教传统的先知性著作，儒家最初所论述的理论其实就是基督教的理论。基于此，在礼仪之争当中，他们注意从理论上来回应巴黎外方传教会和多明我会的批评，但他们的极端主张也并未得到耶稣会内部人士的认可。

③ 〔美〕魏若望：《耶稣会士傅圣泽神甫传：索隐派思想在中国及欧洲》，第228—229页。

即是否可以用“天主”或“上帝”来称呼天主教中的god[①]，基督教徒是否可以祭祀祖先，以及基督徒是否可以参加祭孔。在这三个问题中，第一个问题是关于语言的，并非祭祀仪式本身。后两个问题主要关注的是祭祀内容，祭祀形式及其属性则在其次。

祀天、祭祖和祭孔是中国国家祭祀体系中最重要的三种祭祀仪式。其中，除了祭天礼仪只能由皇帝亲自举行或派遣重要大臣祭祀以外，祭孔和祭祖则是全国上下，从皇帝、士大夫到平民都可以参与的祭祀活动。也就是说，当进行公共祭祀时，祭孔和祭祖属于国家祭祀礼仪，但是个人祭祀孔子和祖宗的行为也是被允许的，这与祭天或祭祀山川河流等其他公共祭祀活动不同。而耶稣会士的关注点其实主要在于个人祭祀行为的那一部分，对于其群体象征意义则不甚注重。

那么，明末清初的耶稣会士为什么会关注以上这些祭礼内容而非其他呢？

首先，明末清初，欧洲的天主教传教士来到中国，是为了拓展东方传教路线，更广泛地开展传教活动，使更多的中国人信仰天主教。因此，他们的主要工作是发展天主教信徒。不管是采用上层传教路线方法的以利玛窦为代表的耶稣会派[②]，还是强调下层传教路线的方济各等派别，在这一点上是一致的。

从16世纪晚期直到18世纪末，尽管有来自意大利、葡萄牙、西班牙、法国、比利时、德国等多个欧洲国家的近千名耶稣会士入华[③]，但相对于中

---

① 这个问题传教士在美洲和日本的传教过程中都曾遇到过。比如西班牙传教士在美洲向印第安人传教时，解释教义一律采用音译，因此出现一些印第安人根本不懂的音译术语。在日本，沙勿略曾考虑用日本词汇Dainichi作为god的对应概念，但后来发现其中有佛教成分，遂放弃。后来日本的耶稣会士在围绕是选择日语中的原有词汇还是音译方式来传教问题时，一直争论不休，最后用拉丁文或葡萄牙文音译基督教教义中的有关术语的主张占据了上风。

② 根据天主教史专家阿伦统计，与利玛窦交往的人中，名士广泛，一品官员14人，进士10人，举人7人，秀才300人，皇室成员40人，内侍40人。参见Allan C W. *Jesuits at the Court of Peking*. Shanghai: Kelly and Walsh, 1935: 115。庞迪我也有这样的认识，他提出，中国的知识分子体现了儒家思想的基本特征，因此耶稣会士在中国传教的首要前提是与知识分子结盟。参见庞迪我1602年3月9日致西班牙托莱多主教路易斯·德古斯曼神甫的长信《一些耶稣会士进入中国的记实及他们在这一国度看到的特殊情况及该国固有的引人注目的事物》，转引自张铠：《庞迪我与中国——耶稣会“适应”策略研究》，第5章，第103页。

③ 详细名单可参看〔法〕费赖之：《明清间在华耶稣会士列传（1552—1773）》，梅乘骐、梅乘骏译，上海：天主教上海教区光启社，1997年；〔法〕荣振华等：《16—20世纪入华天主教传教士列传》，耿昇译，桂林：广西师范大学出版社，2010年。

国的庞大人口来说，他们的人数还十分有限，传教过程也十分艰难。从沙勿略（St. Francis Xavier）到利玛窦，从龙华民到艾儒略，他们的传教过程不仅遭遇自然条件的艰辛和阻隔，还经常会遇到与当地百姓冲突的境况，更严重者甚至还要面对针对天主教徒的大规模教案。因此，无论从其传教方式还是客观环境来看，耶稣会士更倾向于关注个人行为。至于在中国发生的有关中国内部公共事务的祭拜活动，与传教工作关联性较小。而类似祭祀日月星辰、山川河流、旗纛马祖等活动，一般民众又不能参与，所以并不是传教士关注的重点。

当然，尽管其传教对象是个人，但要在中国大规模传教需要得到中国皇帝的认可。罗明坚（Michele Ruggieri）神父就指出，“归化中国最大的困难并不是老百姓不愿接受基督信仰，他们对研究要理也无困难，而困难在他们的从属关系妨碍传教工作，上有父母、官长，直到高高在上的皇帝”①。所以，要在中国顺利开展传教活动，必须得到皇帝的允准，即使这些信仰很可能只是信徒们自己的事情。

其次，从客观上来说，耶稣会士无法对国家祭礼过多干预，因为他们总体人数不多，活动范围有限，能熟练掌握中国语言的传教士也很少。②在国家祭祀礼仪举行的核心区域，即两京地区，他们的话语权其实十分有限。即使在明末清初，那些在宫廷内活动，并与崇祯、顺治、康熙等皇帝，甚至是宫廷内的后妃、宦官，外朝官员都保持了良好关系的耶稣会士，如汤若望（Johann Adam Schall von Bell）、南怀仁（Ferdinand Verbiest）等的行为也仅限于修历、绘画，以及展示西方科技知识等，对于中国内部的公共政务，他们则无法过多参与。

从主观意愿上来看，根据天主教教规，信徒不允许参加其他有违教义的祭拜仪式，不能对除了天主以外的其他神灵、偶像进行祭拜。所以即使在宫

---

① 罗明坚神父致麦尔古里亚诺神父书：一五八一年十一月十二日撰于澳门。参见《利玛窦全集·利玛窦书信集》，罗渔译，台北：光启出版社、辅仁大学出版社，1986 年，第433 页。

② 卜正民（Timothy Brook）也论述道：“在这种背景下，耶稣会士被视为许多不太重要的洋人中又一批穿越中国边境的人，而不是那些意欲使中国向外部世界开放的人。考虑到他们人数少，在明末影响不大，这便是一个全然合情理的评价了。他们身处边缘地区且保持着边缘化。”参见〔加〕卜正民：《早期耶稣会与明末疆界：中国人寻求和解之道》，载卓新平主编：《相遇与对话：明末清初中西文化交流国际学术研讨会文集》，北京：宗教文化出版社，2003 年，第 4 页。

廷中被任命为钦天监的汤若望、南怀仁等，出于获得在宫廷中地位的考虑，接受了钦天监的职位，仍然只在天文历法方面用力，对于中国的祭祀典礼都自觉地尽量避免参与①，因此对这些公共祭祀活动的讨论也就很少。到了康熙后期，因为遭遇到中国与罗马教廷的礼仪之争，耶稣会士自身的处境已经十分窘迫，也就更难直接关注国家祭祀这样的重大礼仪内容。

最后，如前所述，在中国的祭礼体系当中，耶稣会士主要关注祭天、祖宗、孔子和城隍。这是因为，来自欧洲的反对此种行为的耶稣会传教士认为，这些祭祀对象是普通中国人最为热衷的祭拜对象②，同时，他们都有一个共同特点，就是偶像崇拜，而这是教理所最不能容忍的。③任何天主教信徒都不能随意崇拜天主以外的其他偶像神祇，因此偶像问题也是礼仪之争中的核心问题之一。即使像利玛窦那样赞同中国祭祀礼仪的耶稣会士，也绝不认同偶像崇拜。他们认为，中国人的祭祖和祭孔等并非属于偶像崇拜，因此无须禁止。而龙华民则对偶像崇拜强烈反对，他在广东韶州传教时，使很多中国百姓加入教会，即便如此，对于偶像问题，他仍然与当地人发生了冲突，甚至还在韶州毁掉了许多偶像。他与偶像宣战的行为引来许多佛教人士的极大不满和强烈反对，并联合一些反对天主教的佛教徒一起写了请愿书，将龙华民等告到了衙门。④相比这些可能产生偶像崇拜疑问的内容，国家祭祀体系中的祭祀山川、河流等仪式，因与偶像崇拜的关联度较小，所以不是耶稣会士重点分辨的内容。

---

① 清初来华的传教士马国贤是一个特例。他属于虔劳会会士，但在“礼仪之争”期间曾被罗马教廷派往北京，并在那里居住了13年，与耶稣会士均有交往。他以自己的眼光描述了在清廷的所见所闻，其作品成为19世纪欧洲最流行的有关中国的著作之一。因在宫廷中服务多年，他曾亲身参加了隆重的祭天礼仪，以及康熙皇帝的葬礼。这显然有悖罗马教廷关于中国礼仪的规定。据马国贤所述，他是在确定了没有迷信活动以后才参加的。后来，他发现葬礼中有牺牲和祭祀的行为，认为这是异教的迷信活动，遂拒绝再次参加。参见〔意〕马国贤：《清廷十三年：马国贤在华回忆录》，李天纲译，上海：上海古籍出版社，2004年。

② 在中国的哲学体系中，“天”是最高的一级神，虽然普通中国民众没有祭天的权利，但是每个人心中都将天作为一种终极存在，加以崇拜。

③ 《利玛窦全集·利玛窦中国传教史（下）》，第391页。

④ 参见〔法〕费赖之：《明清间在华耶稣会士列传（1552—1773）》，梅乘骐、梅乘骏译，上海：天主教上海教区光启社，1997年。

三、耶稣会士对中国祭礼的态度

尽管在17世纪的中国礼仪之争中，耶稣会士被认为是支持对中国祭礼采取灵活妥协态度的派别，但在其内部，他们对中国祭礼的态度并非全然一致，这种分歧甚至在礼仪之争之前就普遍存在。下面，笔者将从西来耶稣会士和中国本土奉教者两个群体来考察他们对中国祭礼的态度。

在罗明坚之前，巴莱多（Melchior Nunez Barreto）、范礼安（Alessandro Valignano）等神父曾在中国短暂居住，但均未来得及关注中国祭祀礼仪。他们的行为尚处于传教探索阶段。在他们之后，罗明坚神父在中国的传教活动取得了较大进展，不仅著有第一本中文教理书《圣教实录》，阐述天主教教理，而且在传教过程中主张欲传教理必先了解中国文化。他不仅自己努力学习中文，还要求来华传教士也学习中文，了解中国的人情风俗。这为其后利玛窦的中国适应传教策略确定了基调。

与罗明坚同时期进入中国的利玛窦的传教工作影响最大。如前所述，他曾将中国祭礼之概况介绍给欧洲。他认为祭祖、祭孔等行为是中国人为了表达对祖先的怀念，对文人孔子的敬意而行之举，并非迷信行为或偶像崇拜，因此与天主教教义并不冲突，应该允许中国天主教徒保留此礼。由于他对中国礼仪持亲近态度，在北京期间，其传教活动得到了中国皇室的允准。他也成为明末耶稣会士的代表人物。他死后，庞迪我和熊三拔（Sabbatino de Ursis）等具疏奏请，赐予利玛窦墓地。当时的神宗“遂将阜城门外滕公栅官地二十亩、房屋三十八间，赐给庞迪我等，永远承受，以资筑坟营葬，并改建堂宇，为供奉□□天主及祝厘之所”①。

与利玛窦持有相同观点的还有稍晚于他的耶稣会神父郭居静、苏如望等，郭居静在协助利玛窦以及主持韶州、南京教务期间，积极支持和效仿利玛窦的传教方法，使许多教外人付洗。他还坚决要求向上级请示改装，后得批准蓄发，改穿儒服，戴方巾，以儒生礼仪应对。②他们在对待中国祭祀礼仪问题上均持明确的包容态度。

利玛窦之后的继承者龙华民神父则是反对天主教徒继续采用中国祭礼的

① （清）黄伯禄：《正教奉褒》，“光绪甲午仲春月”条，上海慈母堂光绪本，第5页。

② 〔法〕费赖之：《明清间在华耶稣会士列传（1552—1773）》，第33页。

代表人物。“龙华民神父又是预感日后出现的‘中国礼仪之争’的第一人。当他仅为一普通传教士之时，对其会长利玛窦的传教观念和方式方法，已有凿枘之感，但出于对长上的尊敬，不便批评。及其自任会长职后，认为事关良心问题，遂进一步作了研究；而在理论上和实践方法上，得出的结论，与其前任的主张完全背道而驰。其他神父们经研究后，则见仁见智，意见分歧；但因在神业上和爱德上必须团结一致，又因立有听命誓愿，都不愿有所流露，故传教事业不受任何影响。”[①]龙华民在研究了中国的经典著作以后认为，中国人其实是无神论者，他们从没有真正认识灵魂道体。[②]支持龙华民观点的还有熊三拔神父和毕方济神父。他们都认为，中国的“上帝”名称不足以代表天主，反对用“天”或“上帝”称呼 god，以“天神”来称呼 angels，及以“灵魂”来表达 rational soul。在澳门传教的陆若汉（Jean Rodriguez）神父也支持龙华民的观点，极力反对利玛窦神父所采取的适应策略。他还引用在西安府发现的景教碑碑文来批评利玛窦采用“天主”一词不当。在祭祖、祀孔的问题上，龙华民认为，这与偶像崇拜相关联，尤其是当他在韶州观察到社会底层百姓进行这些祭祀仪式的时候，更坚定了他对中国祭祀礼仪的判断，因此主张摒弃这些不符合教理的行为。

庞迪我和高一志等则对龙华民的观点表示了反对。庞迪我认为，“的确，绝大多数中国人并不崇拜偶像。然而一般来说，他们在一年的特定时候也要对它们（祖宗牌位）礼拜，因为这是种习俗。但他们并不把祖宗牌位当作神灵来崇拜。他们对那些祖宗牌位怀有一种感怀之情，所以他们才为这些祖宗牌位烧纸、烧香，并在它们面前杀生上供”[③]。对于祭祀孔子，也不过是借以表明对孔子著作中所包含学说的感激之情，并非向孔子祈求降福。在山西传教的高一志神父与庞迪我所持观点相同，他还与庞迪我一起对陆若汉神父抨击利玛窦等主张的做法予以了驳斥。[④]

艾儒略神父对于利玛窦的适应策略给予了进一步发扬。他在福建传教

---

① 〔法〕费赖之：《明清间在华耶稣会士列传（1552—1773）》，第73页。

② 参见〔意〕龙华民：《灵魂道体说》，载钟鸣旦、杜鼎克、蒙曦主编：《法国国家图书馆明清天主教文献》第2册，台北：台北利氏学社，2009年。

③ 张铠：《庞迪我与中国——耶稣会“适应”策略研究》，第225页。

④ 〔法〕费赖之：《明清间在华耶稣会士列传（1552—1773）》，第244—245页。

时，不仅注重与当地士大夫的交往，也注意深入社会中下层，在民间展开传教活动，使福建成为当时天主教传播的重镇。他对民间信仰十分发达的福建地区的各种民间信仰都曾有所论述，对于城隍、关帝等神灵崇拜给予了批判，认为这些神灵祭祀已经脱离了他们的祭祀原意，逐渐演变为对某个神的崇拜。[①]而祖宗祭祀信仰既有与西方相同的地方，同时在具体仪式上也是有所差异的[②]，应该将两者加以调和，并允许天主教信徒参加宗族的祭祀祖先活动。曾德昭（Alvaro Semedo）神父也曾撰文驳斥龙华民神父关于中国古书中已有天主之名的观点，以及他对中国祭礼问题的态度。

对于耶稣会士内部存在的这些分歧，骆入禄（John Rodriguez）神父曾于1621年以远东所有传教区监会铎的身份，召集资历较深、学识渊博的7位传教士，共议有关中国礼仪，以及上帝名称的问题。在骆入禄神父之后，巡察使葡萄牙神父班安德（André Palmeiro）于1627年再次在嘉定召开商讨中国礼仪问题的会议，讨论关于"天"和"上帝"这两个名词的用法。对于耶稣会士内部的这场分歧，他进行了一系列实地调查后向总会长神父做了汇报。他说："事实证明，传教士们的心灵上、感情上都没有分裂迹象，相反，亲密无间，友谊为重。虽然传教区内有着不同国籍的神父，意大利的、葡萄牙的、德国的、比利时的、波兰的，但谁也没有把本国偏爱于他国之上的现象。虽然'礼仪之争'困扰着他们，但使我深感惊异的是，他们在思想上虽观点不尽相同，争论时间又持续了很久，但在日常生活中和相互接触间，并未因此而产生隔阂或冷淡。"[③]班安德的描述从侧面证明了耶稣会士内部在对待中国礼仪问题上的纷争是十分明显的，但出于传教事业的要求，必须搁置或化解。美国学者邓恩也讲到，嘉定会议后，尖锐的观点分歧和激烈的辩论尽管存在，但并没有在天主教团体中产生影响或造成分裂，耶稣会士仍然主

---

① 参见〔意〕艾儒略：《口铎日抄》，载《艾儒略汉文著述全集》（下册），桂林：广西师范大学出版社，2011年。

② 比如，西方也最重祭祀祖先之礼，"至于杀牲礼之举，古礼只用以祭天主，逮天主亲降人世，始定弥撒大祭之礼，不用牺牲也。凡尊重祖先者，则为之诵祭天主，求福庇其先人神魂，而赐之安所，此乃实益于先人，增冥福也"。参见〔意〕艾儒略：《西方答问》，载《艾儒略汉文著述全集》（下册），第142页。

③ 〔法〕费赖之：《明清间在华耶稣会士列传（1552—1773）》，第222页。班安德的话在邓恩的书中也曾详细提及。

导着信奉天主教的学者的信心，论战没有在公开的场合进行。[①]

耶稣会士的这些分歧后来也被其他反对派别拿来作为攻击他们的证据，比如多明我会士和方济各会士在福建传教时，辗转获得了龙华民有关此问题论述的抄本。闵明我由此指出，不仅多明我会和方济各会士对耶稣会方法有所怀疑，就连耶稣会士自己也是怀疑的。[②]

随着多明我会、方济各会等派别的加入，以及中国礼仪之争的爆发，关于中国祭礼的争论已经不仅仅是耶稣会士内部的问题了，更多的耶稣会士站出来对其反对者的质疑给予反驳。在中国礼仪之争初期，傅汎济（Francisco Furtado）神父曾对多明我会提出的中国礼仪问题进行了答复和辩论，他主张将中国人的祭祀行为看作一种习俗，而非宗教。比如允许中国教徒保留祖先牌位的习俗，但是他不承认祖先的灵魂依附于牌位之上，他认为中国人这样做不过是为了“建立一个固定的地方和能让他们表达感谢的象征物”，以表示对祖先的尊敬。对于有些迷信习俗，他说，“要尽我们所能地使教徒们放弃这些习俗，但当我们做不到这点时，就只好容忍他们”，可见他对中国礼仪的包容程度是很高的。[③]刘迪我（Jacques Le Favre）神父用中国经典著作中的论述证明天主的存在，并阐明天主的属性。他也把中国的敬祖祀孔看作是一种风俗习惯，认为不应该“平白无故地宣布它是罪恶的”[④]。耶稣会士们强调，术语“天”与“上帝”是指称基督宗教之神的恰当措辞，遍及中国的士人在孔庙举行的礼仪，以及家庭范围内的礼仪都是世俗性和政治性的行为，而非神圣性的行为。

但是以法国耶稣会士白晋、马若瑟、傅圣泽、郭中传（Jean-Alexis de Gollet）等为代表的索隐派又与其他耶稣会士产生了分歧。傅圣泽认为，国家祭礼中有神圣性行为，后来则变成了迷信和偶像崇拜。[⑤]在17世纪末与18

① Dunne G H. *Generation of Giants: The Story of the Jesuits in China in the Last Decades of the Ming Dynasty.* Notre Dame: University of Notre Dame Press, 1962, pp: 285-286.

② 参见〔比〕钟鸣旦：《杨廷筠：明末天主教儒者》，香港圣神研究中心译，比利时鲁汶大学中国欧洲研究中心，香港圣神研究中心联合出版，1987年。

③ 〔美〕邓恩：《从利玛窦到汤若望：晚明的耶稣会传教士》，第277—278页。

④ 〔美〕邓恩：《从利玛窦到汤若望：晚明的耶稣会传教士》，第275页。刘迪我还著有《依据中国敬祖祀孔的历史事实，从神学上作说明》，1700年巴黎印行版（拉丁文）。

⑤ 〔美〕魏若望：《耶稣会士傅圣泽神甫传：索隐派思想在中国及欧洲》，第300—308页。

世纪初期，还有法国耶稣会士刘应（Claude de Visdelou），波兰耶稣会士白维翰（Bokowski Jeam Baptista）也站在反对中国礼仪的一边，表示了与其他耶稣会士不同的观点。当然此种观点与礼仪之争之前的龙华民、熊三拔等所持的反对意见一样，是其中的少数派。①

在礼仪之争进行到白热化的时期，耶稣会士李西满（Simão Rodrigues）针对在福安传教的方济各会士万济国（Francisco Varo）所做的反对中国祭礼，支持阎当主教的《辩祭》一书，做《辩祭参评》，对中国的祭祀礼仪与天主教教仪做了详细的比对和辨析。他在总评中指出，“盖礼制原属公理，如恶其后有俗说窜入，则宜去其小疵，而仍存其大礼，方为至当”②。其所指之大礼，即为祭天、敬祖、祀孔者，所谓小疵则指后来在祭祀体系中掺杂进的一些含有迷信成分并泛滥祭祀的行为。

为了对多明我和方济各等会的诘难做出反驳，耶稣会士还派出了卫匡国（Martino Martini）到罗马做汇报和说明，并同时向罗马传信部提出四个礼仪问题。罗马对卫匡国的汇报发出了一份有利于耶稣会士的文件决定，这个决定曾一度与有利于多明我会的文件并行，同时有效，至于具体实践则交由传教士们根据不同的情况自己判断。③

除了欧洲的耶稣会士，中国本土入教的士大夫也对中国祭礼问题有许多回应。由于他们谙熟儒家经典和中国传统文化，因此他们成为解答欧洲耶稣会士及罗马教廷有关中国礼仪疑问的重要力量。

明末清初入教的福建士大夫李九功曾对耶稣会士关于中国礼仪习俗所持之疑问做了解答，他主张对中国祭礼应分类看待。他认为祀孔为“尊道报功”，祭祖为“追养报本”，均非为祈福，并没有不妥。至于祭风云雷雨，则因为郊天之时，遍及群神以陪祭，或者是在旱时祈雨而祭，均为自古流传而

---

① 〔法〕沙不列撰：《卜弥格传》，冯承钧译，长沙：商务印书馆，1941年，第90页。刘应有关于中国祭礼问题的手稿《关于中国的礼仪和祭祀》，现存于梵蒂冈图书馆。

② 〔葡〕李西满：《辩祭参评》，载钟鸣旦、杜鼎克编：《耶稣会罗马档案馆明清天主教文献》第10册，第436页。按，书目中题名写作《辨祭参评》，正文中写作《辩祭参评》，今从正文内写法。此《辩祭》为福安万济国所做，严谟《辨祭》中亦提及，李西满《辩祭参评》即为对万济国所作《辨祭》的评论，故标题应为“辩”。

③ 罗马教廷圣职部的决议详见Noll R R, *100 Roman Documents Concerning the Chinese Rites Controversy (1645-1941)*. Donald F. St. Sure S J (trans.). San Francisco: The Ricci Institute for Chinese-Western Cultural History, 1992.

来的祭祀礼仪，“其礼之因革损益，代不相袭，草野亦安得而尽知乎？”对于那些涉及偶像崇拜的祭祀仪式，他主张尽绝不祀。他讲到祭旗纛神时说，奉教武官没有为其塑像并施拜者，但“今之城隍，多有塑像，且谓某人死，则为某处城隍，是人鬼可替代为城隍，谬矣”；家内祭五祀乃《礼记》中按等级划分的大夫之祭，但现在除了灶神以外，户、中霤、门、行祭都已衰落，而经过世俗百姓演变得来的民间祭灶行为实为“无稽邪说”，主张奉教家尽革除不祀；至于祭祀孤魂阎王也应尽绝不祀。最后，李九功总结说：“发明天教之是，并勿轻拟儒书之非。”中国经书自秦焚书之后，自然有缺略或伪讹杂出者，也有一些因未能与上下文连通理解而以辞害志者，“如善会儒书之旨，则其相合之多者，正可取之以羽翼天教。而其不尽同处，或犹有习而安者，若果为显悖主诫，自当示以知避。苟但为俗习纤细仪文，非于主诫大有妨碍者，即恕为无功无罪，置之不议”。[①]李九功这种区别对待的态度代表了绝大部分中国奉教士大夫的观点。

明末著名的礼部尚书文渊阁大学士徐光启本身既是明朝的重要官员，也是一名天主教徒。对于祭祖问题，他曾撰文为世俗讹传天主教不奉祖先作辨证。他指出，圣教七诫之首即为孝敬父母，并非如世俗所传毁木主不奉事，其缙绅奉教者家中也必庙宇崇饰，品物隆备，只是不用值钱银锭、冥器冥衣等“假伪虚物”，由此说明，天主教与儒家在崇拜祖先方面是一致的。[②]徐光启还亲自参加了祀天大典，并在之后写下了《南郊陪祀有述》诗句两首，表达自己的感受。可见他并不认为中国的国家祭祀礼仪与天主教教义存在冲突。

---

① （明）李九功撰：《礼俗明辨》，载钟鸣旦、杜鼎克编：《耶稣会罗马档案馆明清天主教文献》第9册，第24—48页。按，书目中题名写作《礼俗明辨》，正文中写作《礼俗明辩》，今从正文内写法。《礼俗明辩》中回答的疑问与同时期严谟回答李西满疑问所做的《李师条问》，以及李九功的另一本著作《证礼刍议》基本一致，另有一篇未署名的《礼仪答问》所回答的问题也与此基本一致（参见第10册），其内容包括“祭风云雷雨原有何如”“日蚀月蚀行礼如何”“中国祭礼天子九献、诸侯七献、大夫士三献，其义何欤”“祭祖宗求福不求福”“将祭斋戒沐浴何义”“孔子庙中春秋二祭何义”“祀孔子与神祖宗有何分别”“祭孔子求福不求福”“子婚女嫁告祠堂何义”“家内祭五祀神”“长官敬城隍”“武官兵马祭旗纛神其礼何如”“祭孤魂何义”，以及各种丧礼仪式。这些问题都是礼仪之争期间，耶稣会士向在华奉教士大夫发出的问卷调查，以解决他们有关中国礼仪问题的疑问，并了解中国士大夫对这些问题的看法。详见钟鸣旦、杜鼎克编：《耶稣会罗马档案馆明清天主教文献》第9、11册，台北：利氏学社，2002年。

② 《辟释氏诸妄》，载钟鸣旦、杜鼎克、黄一农，等编：《徐家汇藏书楼明清天主教文献》第1册，台北：辅仁大学神学院，1996年，第68—69页。

福建闽中天主教徒丘晟讲道："夫中土隔西洋数万里之遥，所得同者，独此圣教至公之理。至于风土人情，理体文章，迥然相殊，不能强合，未可以掉三寸之舌，遽欲变中土而为西洋也。传教者，当因其人心之明而开导之。诚以此心痼弊已久，渐而引之，以所素知则易入，骤而语之以所难行，则愈塞也。"他认为，儒家所说的"天"就是指"天主"，并非道教所说的"玉皇上帝"；祭祀孔子也并非异端。他指出，中国从来异端很多，都仰赖孔子驳斥，同时也正因为孔子有"天命当畏"之说，西儒"辟佛尊天"之说才有人相信；讲到祭祀祖宗时他说："正当许之使为，于是得因其所为之意，而导之曰：尔既知有生身父母，独不知有大父母乎？"此大父母即为"天主"，况且不祭父母是佛教的规定，天主教更不能与之相同。[①]所以丘晟主张不仅应赞同儒家祭礼，还可借助这些思想发挥天主教教义。

清初另外两名天主教徒，江西的夏大常和福建的严谟，还从"祭"的含义入手，解释中国祭礼的内涵，区分哪些祭祀礼仪可以遵守，哪些需要摒弃。夏大常讲到《曲礼》篇中对"祷祠祭祀"四词含义的区分时说："祷以求为意，祠以文为主，祭以养为事，祀以安为道。"通过区分这四个词义，比较何种祭祀应该禁止，何种无须禁止。夏大常认为，"举一祭字，便分四种名色，四种意思。可知祭礼包含甚广，须当辨明邪正，分别好歹，方服人心……故立教者，惟当去其毒害人心之实，不必改此空疏无用之名。求福之祭，当禁矣；追养继孝之祭，不当禁也。土神之祭，当禁矣；事死如事生之祭，不当禁也……若是圣教中人，执定中国祭礼，都是祈福禳灾，中国人心，又必执定中国祭礼，都是追养继孝，是以一项道理，分作两种意见。中国必疑西洋人心，与我本性不合，安望能通超性耶？"[②]严谟在《辨祭》中辨别"祭"的含义时也认为，"祭"不过是泛称，不同类型的祭祀活动称呼不同，祭祀祖先虽然名为祭祀，其实根本没有祈祷求福之意，不过追养继孝而已。[③]严谟还著有《祭祖考》《木主考》等结合中国古籍来解释祭祀礼仪的

① （明）丘晟：《（福建）闽中将乐县丘先生致诸位神父书》，载钟鸣旦、杜鼎克编：《耶稣会罗马档案馆明清天主教文献》第10册，台北：利氏学社，2002年，第166—171页。

② 夏玛第亚：《祭礼泡制》，载钟鸣旦、杜鼎克编：《耶稣会罗马档案馆明清天主教文献》第10册，第81—82页。

③ （清）严谟：《辨祭》（早期与近期两种抄本），载钟鸣旦、杜鼎克编：《耶稣会罗马档案馆明清天主教文献》第11册，第37—60页。

专书。①

康熙时期，杭州奉教人士张星曜做《祀典说》，逐一解释中国祭祀典礼的来源，以及其中的道理或谬误。比如他对地方上将圣王杰士、孝子忠臣等列入祀典的行为表示赞同，“盖以若人之丰功盛德，不可遗忘，祀之以垂永久，且使后之人，观厥庙貌，溯其休风”，但是对周代以后祠庙泛滥的情况，以及后来盛行的生祠祭祀都持批判态度。②他在另一部著作《天儒同异考》中认为，“儒教已备，而犹有未尽晰者，非得天教以益之不可”③，于是细论天主教与儒学相合之处。比如儒家经典中对“天”的信仰与天主教中对“天主”的信仰是一致的，然后逐一条述天主教可补儒之二十一条及超儒之十四条。另一位杭州教徒洪意纳爵也做《祭祀问答》，解释了泰西耶稣会士关心的中国祭祀先祖的问题。④也有不知名的天主教皈依者指出，“试看中邦九流三教、七十二门，孰不自逞己之所习，为普世共当由之大道，人人应遵之至理，然而访究精微，难免舛谬”，并逐一对儒释道进行了描述或批判。⑤

总之，对于耶稣会士集中讨论的祭天、敬祖、祀孔等问题，中国籍奉教天主教徒主要持肯定态度，认为儒家自古流传下来的祭祀礼仪与天主教义并不冲突，不妥之处唯在于三代以后祭礼的世俗化泛滥。对于民间祭礼，尤其是涉及偶像崇拜等迷信活动的，他们极力反对，倡导入教者尽予革除。这些主张都与深受儒家思想影响的未奉教士大夫没有重大差别。也可以说，奉教士大夫在此问题上的理解不是分裂的，也不是矛盾的，而是可以从中找到天主教与其原有思想中的契合之处。

---

① 参见钟鸣旦、杜鼎克编：《耶稣会罗马档案馆明清天主教文献》第11册，台北：利氏学社，2002年。

② （清）张星曜：《祀典说》，载钟鸣旦、杜鼎克编：《耶稣会罗马档案馆明清天主教文献》第10册，第439—458页。

③ （清）张星曜：《天儒同异考》，载钟鸣旦、杜鼎克、蒙曦主编：《法国国家图书馆明清天主教文献》第8册，第434—435页。

④ 洪意纳爵：《祭祀问答》，载钟鸣旦、杜鼎克编：《耶稣会罗马档案馆明清天主教文献》第11册，台北：利氏学社，2002年。“意纳爵”应为教名，目录中作者名又写作“洪依纳爵”。

⑤ 详参《性理参证》，载钟鸣旦、杜鼎克、黄一农，等编：《徐家汇藏书楼明清天主教文献》第3册，第1380页。其所举涉及祭祀内容者包括“神鬼人魂”“祭祀”“社稷”“是非考证”“孔子”“上帝”等。

四、结论及延展的讨论

从以上讨论可见，明末清初耶稣会士在讨论中国祭祀礼仪时主要关注祭天、敬祖、祀孔、祭城隍，以及民间生活中的私人祭拜活动，对祭祀仪式的介绍也多以描述为主，对制度化的国家祭祀仪式则关注不多。这首先是因为耶稣会士进入中国最主要的目的是传播教义、发展教徒，国家祭祀礼仪与此关联度较小。其次，此时期欧洲耶稣会士人数总体不多，活动范围有限，加之语言障碍，因此较少在中国国内事务中具有发言权。从主观意愿上来看，耶稣会士也主动避免参与可能与天主教教义冲突的其他仪式活动。最后，耶稣会士关注的祭祀礼仪主要是可能涉及最不能被天主教教义所容忍的偶像崇拜仪式，其他不关涉偶像崇拜的国家祭祀礼仪对他们则无关紧要。

耶稣会士对中国祭礼的态度也可以分为西来耶稣会士和中国本土奉教人士两个群体进行考察。在欧洲来华的耶稣会士中，对中国祭祀礼仪的态度早就存在不同声音，并针对这些不同意见进行了多次讨论。这些纷争一直持续到中国礼仪之争期间，并与其他反对耶稣会的天主教派别的质疑交织在一起。而中国本土奉教人士，即信仰天主教的中国士大夫，基本上都能在天主教教义与中国祭祀礼仪之间找到契合之处。他们还承担了帮助西来耶稣会士向欧洲教廷解释中国祭祀礼仪的职责，但是对那些具有迷信色彩的中国民间信仰也极力主张摒弃。

除此以外，还有以下几点可以注意。首先，耶稣会士对待中国祭礼的态度并不代表其对中国及其民众的态度，他们对中国祭礼赞同与否主要着眼于是否与基督教教义相悖，而对中国人则尽量表示友好，以利于传教工作，这一点，包括方济各和多明我等会都是一致的。比如对中国祭祀礼仪提出批评的龙华民，不仅极力主张罗马教廷尊重中国人的习俗，如允许中国人在举行弥撒的时候戴帽子，允许用中文举行礼拜仪式，还推荐任用中国人为神职人员。金尼阁（Nicolas Trigault）也认为，“中国的修士们在任何一个方面都是完全满足要求的，一点儿也不比日本或是欧洲的神职人员逊色”①。

① Dunne G H. *Generation of Giants: The Story of the Jesuits in China in the Last Decades of the Ming Dynasty*. Notre Dame: University of Notre Dame Press, 1962: 164.

其次，耶稣会士对中国祭礼的认知与中国人对本国祭礼的认知有较大差异，前者基本上不甚区分这些祭祀礼仪到底是具有公共属性的典礼，还是民间或个人化的行为。这与中国人比较注重由于祭礼本身的性质以及参与人员的不同，而具有的不同象征意义，两者间还是有很大差异的。以往在对中国礼仪问题的研究中，并未注意或重视这种差异，而这恰恰是欧洲与中国在礼仪纷争中经常出现错位理解的关键问题之一。

最后，耶稣会士内部关于中国祭礼的不同态度显示，早在多明我会和方济各会向罗马教廷指责耶稣会的传教策略以前，耶稣会内部对这个问题的分歧就已经存在，因此礼仪之争并非由天主教内各个派别的争斗引起的。而且，如沙不列所指出的，不仅是在耶稣会士中间，甚至连日本的耶稣会士与其区长巴范济（Francesco Pasio）都对于中国礼仪问题表示强烈反对，他认为"盖因彼等所接近者，澳门与西南各埠之华人，其间士人少，而不泥守祀孔祀祖之古习"。同样，不同的声音不仅存在于耶稣会士中间，"多明我会与方济各会亦各有会士数人采用本会所反对与利玛窦所提倡之方法也"。不应该将天主教传教士对于中国祭祀礼仪文化的态度被各个教派之间的分歧和斗争所掩盖，只是派系之争使这一问题更为激烈和凸显，直至后来演变为"耶稣会与反耶稣会的公教势力，在欧洲内与在欧洲外之一种斗争而已"。[①] 至于耶稣会内部的分歧是否因为教派之争而有所缓和，以便一致对外，则需对礼仪之争以后耶稣会士的更多言论做进一步考察。

第三节　明末清初天主教传教士对中国道教信仰的认知与态度

以利玛窦为代表的耶稣会士采用较为灵活的传教策略，不仅积极学习中国语言和文化，还努力将天主教与儒家思想中的相似之处加以融通，并对当时中国广泛流行的佛教信仰进行批判，指出其不足信，这些策略习惯上被概括为"补儒易佛"。值得注意的是，中国传统社会历来多种信仰融合并存，

① 〔法〕沙不列撰：《卜弥格传》，第90—91页。

除佛教以外，道教信仰也占有重要地位，西方传教士显然无法回避或无视这个问题。那么他们对于道教信仰的态度如何，目前学界对此关注甚少。[①] 有的学者在讨论明末清初天主教传教士对待中国传统宗教信仰的态度时，往往笼统地将佛道二教等而视之。然而现有史料提示我们，在看到关联的同时，也应该充分注意两者的差异。本节尝试将反映天主教传教士对道教认知的史料进行梳理，并将传教士对待佛道二教的态度在差异分析的视角下进行比对，找到其中的原因，借以展现传统社会中西方异质文化相遇过程中所用策略的复杂性。

一、天主教传教士关于中国道教的言论和研究

早期入华的天主教传教士利玛窦曾经对中国包含道教在内的信仰世界如此介绍："在中国有三种宗教，其中最古老，中国统治者和学者信奉的，就是儒教，其他两个皆拜偶像，互相敌视，而为学者卑视。读书人多不谈超性之事，至论伦理道德则与我们的差不多，就这样借我所撰写的书籍，称赞儒家学说而驳斥另两家宗教的思想（指佛道思想）。"[②] 他在《利玛窦中国札记》中对朱元璋神道设教，以儒家为主，利用佛道的政策也有所认识。他说："本朝（明朝）的始祖洪武皇帝规定为了国家的好处，应该保留这三大教。他这样做是为了调解每一教派的信徒。然而，在为保持这三大教香火不断而立法时，他却严格从法律上规定儒家的教派应优先于其他两种，只有儒家才能委以管理公众事务的行政权。这样，就没有哪种教可以消灭另一种。统治者的做法是培养所有这三大教的忠诚，当需要时就根据他们自身的利益

---

① 相关研究主要有〔法〕荣振华：《入华耶稣会士中的道教史学家》，载〔法〕谢和耐、戴密微等：《明清间耶稣会士入华与中西汇通》，耿昇译，北京：东方出版社，2011年，第427—434页。该文主要是关于耶稣会士对道教文化研究的一般性介绍，提供了传教士关于道教文化研究的基本材料，但并未作深入讨论。荣振华先生称："我的研究仅仅是对史料问题作一番钩沉。我们往往很难确定手稿的写作时间，这样就使试图写一部历史的计划变得复杂起来了。我们的著作最多是能让专家们研究一些可能是很重要的文献。因此……我于此引证一些鲜为人知或大家不太熟悉的史料，对我们的法国入华耶稣会传教士们的著作书目试作一番论述。"还有康志杰：《明清来华耶稣会士与中国道教文化》（《国际汉学》第14期，郑州：大象出版社，2006年），该文基本认同荣振华教授的论述。

② 《利玛窦全集·利玛窦书信集》，第415页，转引自康志杰：《明清来华耶稣会士与中国道教文化》，《国际汉学》第14期，郑州：大象出版社，2006年。

而加以利用并逐一地安抚他们，给他们整修旧庙或另建新庙。”[①] 显然，耶稣会士对道教信仰是有所关注的，但比较而言，利氏对道教的解释比对儒家思想和佛教的理解简单得多，有时亦显示出所知甚少。

比如，利玛窦在单独介绍道教时说：“这个教派的道士们住在皇家祭祀天地的庙里，他们的部分职责就是当皇帝本人或代表皇上的大臣在这些庙里举行各种献祭时必须在场。这当然有助于提高他们的声望和权威，这种场合的乐队也由道士们组成。凡是中国人所知道的各种乐器都包括在乐队里面，但是他们奏出来的音乐让欧洲人听起来肯定是走调的。这些乐师还常常被请去办丧事，他们穿上华丽的道袍，吹笛和演奏别的乐器。新庙宇建成时的献祭仪式和指导那些祈福者列队上街，也都属于他们的权限。”[②] 这里所指居住在皇家祭祀天地的庙里的道士，应是参与国家祭祀活动的神乐观乐生，他们仅是道教中的很少一部分服务人员，绝大部分道士则在宫廷外的道观中居住。道教信仰广泛存在于中国普通百姓中，道士的日常活动也并非仅仅参与献祭和祈祷仪式，利氏对此则未及详述。

对于佛道二教的态度，利玛窦在他的名著《天主实义》中说：“二氏之谓，曰无曰空，于天主理大相刺谬，其不可崇尚，明矣。夫儒之谓，曰有曰诚，虽未尽闻其释，固庶几乎！”[③] 而对于明人也“痛斥二氏了，深为恨之”的行为，利玛窦认为，“恨之不如辩之以言，辩之不如析之以理。二氏之徒，并天主大父所生，则吾兄弟矣。譬吾弟病狂，颠倒怪诞，吾为兄之道，恤乎，恨乎？在以理喻之而已。余尝博览儒书，往往憾嫉二氏，夷狄排之，谓斥异端，而不见揭一巨理以非之；我以彼为非，彼以我为非，纷纷为讼，两不相信，千五百余年不能合一。使互相执理以论辩，则不言而是非审，三家归一耳。西乡有谚曰：‘坚绳可系牛角，理语能服人心。’敝国之邻方，上古不止三教，累累数千百枝，后为我儒以正理辨喻，以善行嘿化，今惟天主一教是从”[④]。可见，利玛窦对儒家思想虽未全部认可，但认为尚可接受，

① 〔意〕利玛窦、〔比〕金尼阁：《利玛窦中国札记》，何高济、王遵仲、李申译，北京：中华书局，1983年，第113页。

② 〔意〕利玛窦、〔比〕金尼阁：《利玛窦中国札记》，第111—112页。

③ 〔意〕利玛窦：《天主实义》（上卷），载朱维铮主编：《利玛窦中文著译集》，上海：复旦大学出版社，2001年，第15页。

④ 〔意〕利玛窦：《天主实义》（上卷），载朱维铮主编：《利玛窦中文著译集》，第16页。

而对佛道二教，则极力反对，等而视之，并主张不要只恨之，而要辩之以言，析之以理。比如，他论称道教信奉的主神玉皇大帝不过是凡人，不能与天主教所言之上帝相提并论："吾国天主，即华言上帝，与道家所塑玄帝玉皇之像不同。彼不过一人，修居于武当山，俱亦人类耳，人恶得为天帝皇耶？"[①]《天主实义》编写于1603年，当时在范礼安（Alexandre Valignano）、罗明坚（Michele Ruggleri）等的要求下，利氏已经开始思考在中国传教的方式问题，因此，上述说法中可能多少折射出他已欲在中国实行补儒排佛道的传教策略。

在利玛窦以后，万历末年的葡萄牙籍耶稣会士曾德昭[②]（Alvaro Semedo）也对中国道教有过介绍和评论。他继《利玛窦中国札记》之后，在一部向欧洲介绍中国的书籍——《大中国志》中谈到了中国的道教信仰。他论述了道教信徒的装束、生活方式，指出他们所信仰的均为肉身的大神和小神，以及他们经常参与祭祀和丧葬仪式。曾德昭这样描述："他们生活在团体中，不结婚，把头发和胡须留得很长，服装与常人无异，只在作礼拜时略有不同。他们戴一顶小冠代替帽子，仅容纳头发的髻。他们把他们最终的幸福寄托在肉体上，以求得安宁、平静的生活而无辛劳、烦恼。这一教派相信一位大神及别的小神都是肉身的。他们相信荣光和地狱；荣光不仅在来世，也在今世和肉体相结合。他们捏造说，用一种修炼和打坐的方法，有的人可以把自己变成一个孩子，并且年轻，另一些人可以成为神仙（Xin Sien），也就是地上有福的人，因此可以得到他们期望的一切东西，能够使自己从一个地方转移到另一个地方，尽管相距很遥远，而且快速轻易地做到这一点，诸如此类的胡话。他们擅长音乐，有良好的乐器。他们经常被叫去做祭祀和丧事，在皇帝和曼达林[③]的祭典上，他们总是助手。他们假装是术士，能够祈雨，把鬼物从作祟的地方驱走，但他们甚么都不能做，有时在作法时被鬼怪可耻地击败；在大旱时他们说能祈雨，常常延长祈雨的时间，直到下雨的时候。"[④]他还形象而具体地讲述了1622年几位道士在北京做法求雨不成，却引来冰雹，

① 〔意〕利玛窦：《天主实义》（上卷），载朱维铮主编：《利玛窦中文著译集》，第21页。

② 曾名谢务禄，后改名曾德昭。

③ 葡文Mandarim，意为"官员"或"官话"。

④ 〔葡〕曾德昭：《大中国志》，何高济译，上海：上海古籍出版社，1998年，第105页。

招致戏弄的事情。[①] 曾德昭对中国文化、法律、政治、风俗等情况的介绍，充满了好感和赞许，但讲到道教时，却流露出不屑之意，并将之描述成一种近于迷信的信仰。

明末，另一位西班牙耶稣会士庞迪我也曾在上奏朝廷的奏疏中指出，“黄白之术，世无此理。西土博物穷理之士，盖亦反覆穷究，信其必无。昔年初至，或误听来问，劝令勿信，久已释然矣。恐有迷惑沉湎（湎）者，犹疑秘而不传，亦致怨致谤之端也。试思既能烧炼，又何待远人赍送邪？志在黄白而能自作，曷为冒险冒谤，受劳受苦邪？……目今奏请钦命该衙门搜捡，一应像设、经典、衣服、器用、书札等，悉进御前，备细查验，果于常用之外，有烧炼器具、金石药物，及士夫往来，寻常柬牍之外，有片纸只字，恶情可据者，依律究罪”[②]。庞迪我不仅指斥道教之无理，甚至建议对道教所倡导的黄白之术加以打击和禁止，这与明朝反对佛道二教的很多士大夫不谋而合。

意大利籍耶稣会士王一元[③]（Alfonso Vagnone）在他的《推验正道论》一书里，对中国宗教信仰的问答也有多处涉及对道教神的回答，他解释了有关“文昌化书感应篇”、“南北二斗主人”（管辂所谓管人生死的两位道教星君）、“梓潼神”等道教信仰的疑问，但所论较为简单，或从其来源，或从其信仰内容等角度，点明其信仰之荒谬：

---

① 参见〔葡〕曾德昭：《大中国志》，第106页：“1622年在北京，发生一件有趣而又恶作剧的事件。时逢大旱，作了祈祷，实行斋戒和忏悔，但都无用。最后有几个道士自愿祈雨，他们肯定在一个指定的时日会下雨，这一请求得到接受，人们欢欣鼓舞，抱着很大的希望。于是在一个大广场（Piazza）即市场上，用小桌搭起一座台，其方式是，他们把很多大小高矮相同的桌子，一张放在另一张上，最下面的桌子有许多，越往上越少，一层一层直到最后只有一张桌子，看起来很成比例而且很高。道士的头目站在最高的一张上，祈祷求雨，其余的道士围着打转，同样祈祷，像巴尔神的教士（Baals Priest），（但他们不刺伤自己，因为在这里他们很需要水而不是血）。人们站在下面四周，指望下雨，道士看见那么多观众，便加紧他们的祈祷、呼叫和行祭。当预定的时刻到来，天空顿时阴云密布，全体欢呼，相信他们的教士许给他们的事将愉快实现，都在等待降雨。但看哪，突然降下一阵狂暴的冰雹，雹子大如鸡卵，有的比鸡蛋还要大，不仅降落在田地上，也降落在他们的园林，打死一些来不及躲藏的人。那里的神父写信告诉我，说他们认为世界末日已临，冰雹造成的骚乱，声响那样大，以致那些预言家，求雨反求到石头，挨了一顿杖刑作为报酬。”

② 黄白之术指道家炼制丹药、点化金银的法术。参见《庞迪我、熊三拔等揭利玛窦等入贡居住等项缘由奏疏》，载钟鸣旦、杜鼎克、黄一农，等编：《徐家汇藏书楼明清天主教文献》第1册，第93—94页。

③ 王一元，即耶稣会士高一志，又名王丰肃，字一元。

请问《文昌化书感应篇》等籍，虽似劝人为善，而大率以放蛤渡蚁，惊神驱鬼，施恩期报，以得眼前利乐为宗，究竟抹杀大本大原，与存心养性修身俟命之道，全然不合。谓之似德非德者，要知岂有文昌太上口授手撰哉！亦后人剿取释老因果轮回之说，录摘儒家一二理学之言，缀凑成编耳。何希圣希贤，每多舍本逐末，何耶？

请问南北二斗主人之生死，乃出自管辂之言，亦稗官装演，非正史所传也。今人信为实，然更缀八七元斗姥名号，拜之延命夫人之生也。由于主命，则死也乃归根复命，此一定不易之理。孟子所谓“妖寿不贰，修身以俟之”，可耳？岂天主生人反委生死之权于一隅，无灵之宿，任其喜怒，擅为增减者乎！

请问时日果有吉凶？何以同日出行，而所至之遇各不齐？同时结婚，而后来之祸福迥别？昔纣以甲子亡，武王以甲子兴，时日之吉凶果何凭乎？

请问今人以梓潼神为文昌，能主科名，故崇祀之。按中国天文，文昌六星在北极，紫薇坦象武不象文，故曰文昌，拜大将。梓潼之说，一说晋将张亚子战殁，蜀人祀之。一说梓潼张老入山薙柴伤指，血沥石白化蛇，持归饲之，后盗啖，县令乘马将捕之，□夕忽陷其县为湖，故称陷河。张亚子神，唐禧宗入蜀，褒封赐剑，梓潼之名，盖自此昉。夫指文昌为科名，固难解矣。以蛇神即文昌，更属难解。况□□□世为大夫，非摭拾轮回之说乎！考故明倪之毅公《斥淫祠疏》内云，文昌之星与梓潼无与，出自附会，特乞罢免。仍行天下学宫中，如旧有文昌祠者，急令拆毁，载于通纪。岂明理君子不察其故，概为礼敬，可乎？[①]

与王一元对道教神祇的解释相似的是《性理参证》中对儒家、佛教、道教和民间宗教信仰神祇的解释。这一解释的目的在于教世人分辨真伪，择善而从。有关道教信仰的神灵谈到了老君、玉皇、上帝、关羽、城隍、梓潼、灶神等，对这些神灵的态度基本是负面的、批判的。如在“老君论”中，先是介绍了道教始祖李耳的生平事迹和思想言论[②]，孔子问礼于老聃，老聃之

① 《推验正道论》，载钟鸣旦、杜鼎克、黄一农，等编：《徐家汇藏书楼明清天主教文献》第1册，第482—485页。

② “李耳之言，大约以淡薄寡虚为尚，谨言保身为事。”

死等传说，以及后人关于老子的推崇、信仰和对老聃学说的批评。在“玉皇论”中称，“玉皇原是北京真定府高平县玉皇村人，姓张，名仪。父称妙罗国王，母称月光皇后，所生长子，舍弃世位，隐居普明香严山，素习李老君之教。张仪死后，宋徽宗封之为玉皇大帝……凡从道教者，一概封之，男子封道士，女子封道姑，一人唱，百人传，日久年远，不究根源，竟把张仪当做天上至尊。吾谁欺？欺神乎？欺己乎？都欺人乎……上古若有，今时该有；上古若无，今时亦无。宋朝既封张仪为天上玉皇，宋家做几世君王，怎不见封其本家一人为玉皇乎？今之僧道祈求妄诬，他们保人平安，并不知玉皇从何而出，亦不究其根源，只图自己日食终饱，哪管他人贫穷祸殃哉！”[①]

清初，尤其在康雍乾时期，天主教传教士关于中国道教信仰有了进一步的深入了解。法国著名汉学家荣振华教授对这一时期著名的耶稣会传教士马若瑟（Joseph de Prémare）、刘应（Claude de Visdelou）、傅圣泽（Jean Francoise Foucquet）、韩国英（Pierre-Martial Cibot）和钱德明（Joseph-Marie Amiot）等的道教观点进行了介绍。指出法国耶稣会士马若瑟对道教的研究主要是用拉丁文对《道德经》做了评注，现收藏于法国巴黎国立图书馆。在巴黎耶稣会档案馆中，还收藏有他用汉文撰写的《三一三》一书，该书是关于道教与基督教三位一体学说的比较研究。[②]马若瑟是天主教传教士中索隐派的代表人物之一，这个派别强调的是在中国典籍中发现了基督教传统的踪迹，继而为基督教的传播寻求更早期的依据。

刘应也是法国耶稣会传教士，他在1725年撰写了《论出家道士们的宗教》一书，其手稿保存于教廷传信部的“中国杂稿”中。荣振华教授还在这些中国杂稿中发现了刘应神父口授巴黎外方传教会白日昇（Jean Basset）神父的一篇文字。在这篇文字中，刘应对中国道教关于灵魂、死亡、婚姻、炼丹术等的观点，以及中国道士的种类（不同道教派别的道士）进行了介绍。他说道：“他们（道教）的伦理与伊壁鸠斯派非常吻合。他们把一切都归咎于懒散，更确切地说是一种温和的冷漠，因为他们远没有和尚（佛教徒）们

---

① 参见《性理参证》，载钟鸣旦、杜鼎克、黄一农，等编：《徐家汇藏书楼明清天主教文献》第3册，第1464—1472页。

② 〔法〕荣振华：《入华耶稣会士中的道教史学家》，载〔法〕谢和耐、戴密微等：《明清间耶稣会士入华与中西汇通》，第428页。

那样严格。他们似乎在灵魂也会死亡这一观点上与哲学家们相吻合。道士们由此而得出结论认为，人们只应该坚持无声无息和无忧无虑地度过一生……道士们的极乐在于变成神仙，也就是长生不老的人。因为他们认为技巧可以弥补天生的不足。他们为此而制订了成百种不同的炼丹术秘诀，还有多种饮食制度……在伦理方面，他们的教理在多方面肯定会遭反对。”[①]虽然是介绍性文字，但字里行间却流露出刘应神父对中国道教信仰和道教徒的某种不认同。

傅圣泽神父对道教的研究主要体现在对道教经典《道德经》的研究。他不仅掌握了两种不同版本的《道德经》，还为之作了笺注。[②]他还把“道”与基督教中的“上帝”等同起来，“‘道’字系指我们基督徒最高的神——造物主上帝”，他认为“道”才是中国人最根本的信仰，并与基督教同出一源，其中关于仁义道德的讨论更是与基督教相一致。[③]傅圣泽神父是少有的对于道教信仰表示好感，甚至超越了对儒家思想认可程度的天主教徒。后来，傅圣泽的这些观点受到了教廷传信部同行的诸多质疑。

康熙、雍正年间，天主教徒李梅也指出佛道之术缘何能够吸引众多信众：“夫佛老之徒，不耕而食，不织而衣。安然自乐不绝于世者，以其术固人所易知易行，诱人以利，而不及于义也。修道教之术，则可以延今世之富贵寿命，而极至于成仙，人无不愿从矣。修佛家之术，则可以延来世之富贵寿命，而极至于成佛，人益无不愿从矣。”[④]李梅指出，佛老之术不过是以“利”诱人，于“义”则不及，所以虽然人们趋之若鹜，却并不足信。

乾隆后期的韩国英和钱德明也对道教关于长生不老的修炼功夫、催眠术，以及道教的阴阳理论表示了极大的关注。钱德明在论述道教的阴阳理论时，表现出了对道教信仰的反感，他认为，道教信仰在其发展最初是值得肯定的，后来则声名狼藉。他说：“这曾是一个很出色的教派，可与儒士们的

---

① 〔法〕荣振华：《入华耶稣会士中的道教史学家》，载〔法〕谢和耐、戴密微等：《明清间耶稣会士入华与中西汇通》，第429页。

② 在傅圣泽之前，比利时人卫方济（Jean François Noëlas）也曾翻译过《道德经》。

③ 〔法〕荣振华：《入华耶稣会士中的道教史学家》，载〔法〕谢和耐、戴密微等：《明清间耶稣会士入华与中西汇通》，第430页。

④ （清）李梅：《熘火集》，载钟鸣旦、杜鼎克、蒙曦主编：《法国国家图书馆明清天主教文献》第7册，第573页。

教派相媲美。但该派今天已名誉扫地，最终地受到了所有高雅之士的鄙视。因为自数世纪以来，该派信徒中仅包括中华民族中最为卑劣之徒。”①

总体来看，明末清初在华的数千名传教士中，只有少数人对道教做了比较深入的研究。以利玛窦、曾德昭为代表的耶稣会士主要是对中国的道教派别进行一般性介绍，他们的书籍多是写给欧洲人看的，以便了解中国文化，因此较为通俗浅显。随着对道教研究的深入，传教士开始逐渐关注探究道教的教义和经典，但是更为深入的研究对于传教士来说，其实十分困难。清初传教士南格禄（Claude Gotteland）就说：“从前西来之神父，不要紧学土话，不要紧办病人，不要紧开四规，惟专工读书识字，即如利玛窦，到中七年，亦不办一事，单单读书，所以能通中华经史。如今新来神父，不满二年，病人也办过，四规也开过，说话虽不甚清楚，到底也令教友们懂得。在新到神父之本意，也想静住一个地方，或二三年，或四五年，做读书识字之工。无如各会口教友，来请终传者，纷纷不绝。或云此处没有神父，或离神父甚远，病人多有不办神工而死者。主教代权闻之，心实不安，间有责备之言，亦其宜也。因此吩咐新来之神父们云，你读字且待后来，如今办病人，十分要紧。倘后来神父多了，能得空闲，就能读书。故此如今神父不识字，不是自己不要读书，按神父本心，也想读书识字，是自己十分要事，无奈如今神父，一月空闲都未有过。即以中国人而论，欲通文理，欲识经书，每云十年窗下。夫用此十年之工，而始能通文理，识经书，亦不得居为能事。今神父到来，欲做一二年诵读之工，尚不可得，如论云云，不免苛求太甚。”②这段话体现南格禄对当时进入中国的传教士没有时间好好读书识字、学习中国经史，只忙于学土话、看病人、开四规的反对，也从一个侧面反映出，类似利玛窦以及明末清初的利类思那样熟识中国文化和中国汉字的传教士的确少见。在这样的情况下，西方传教士对中国的语言文字和文化的学习尚需要一段时间，更遑论对道教经典教义的深入研究。

---

① 〔法〕钱德明：《中国杂纂》第15卷，巴黎1791年版，转引自〔法〕荣振华：《入华耶稣会士中的道教史学家》，载〔法〕谢和耐、戴密微等：《明清间耶稣会士入华与中西汇通》，第433页。

② 《诬谤论》，载钟鸣旦、杜鼎克、黄一农，等编：《徐家汇藏书楼明清天主教文献》第5册，第2085—2086页。

二、差异视角下的佛道二教观及其实践

明末清初，天主教传教士对待佛道二教总体上均持否定态度，但具体说来，又并非完全一致。他们在反对两教的内容、程度，以及方式等许多方面还是存在差异的。明朝末年基督教大规模传入中国以前，佛教已经在中国获得巨大发展，并成为中国最重要的宗教信仰之一。罗明坚、利玛窦等最初来华时，对佛教徒在中国的地位并非十分了解，因此曾试图通过模仿佛教徒进行传教活动，“他们一直穿着佛教和尚们通行的服装。当罗明坚第二次访问肇庆的时候，副总督曾劝告他说，如果他希望在中国长住，就应该改穿中国式样的服饰……在那之后的一些年里，他们所遭遇的很多困难，实际上是由于他们在公众心目中被认为是佛教徒而导致的。在韶州，利玛窦的住所靠近一所佛教的寺庙。这使他能够近距离地观察和尚们的生活。他对社会上广泛流行的对和尚品行的不良评价做出了判断，这就增加了他对他们的厌恶之感”[①]。后来，他们脱掉了僧服，改换了儒装，明确表示与佛教的差异，并对佛教教义及其行为进行批判，在社会交往中选择了地位较高的儒士。

天主教传教士中绝大部分人对道教信仰持排斥态度，但其所斥说的内容与佛教之侧重稍有不同。在崇拜塑像的问题上，传教士多认为佛道二教均崇拜塑像，应该加以毁撤。利玛窦曾论说：“全中国各地偶像的数目赫然之多简直无法置信。这种偶像不仅在庙里供奉，一座庙里可能就有几千尊偶像，而且几乎家家户户都有。在私人家里，按照当地的习惯，偶像被放置在一定的地方。在公共广场上、在乡村、在船上以及公众建筑的各个角落，这种到处都有的可厌恶的形象是第一件引人瞩目的东西。但是可以十分肯定，这个民族并没有多少人对偶像崇拜这种做作的、可恶的虚构有什么信仰。他们在这上面之所以相信，唯一的根据便是他们外表上崇奉偶像，即使无益，至少也不会有害。”[②]可见，传教士对中国人的偶像崇拜，尤其是盲目崇拜，十分反感。因此，出现了多次毁弃塑像运动。崇祯年间，天主教传教士艾儒略曾在福建展开了破坏偶像运动，“观音菩萨、关圣帝君及梓潼帝君、魁星君、吕祖帝君等像，皆令彼奉教之徒送至彼所，悉断其首，或置厕中，或投火

---

① 〔美〕邓恩：《从利玛窦到汤若望：晚明的耶稣会传教士》，第19页。

② 〔意〕利玛窦、〔比〕金尼阁：《利玛窦中国札记》，第113页。

内”[①]。这些被毁坏的塑像中有佛教塑像，如观音菩萨，也有道教和民间信奉的神，如梓潼帝君、魁星君、关圣帝君、吕祖帝君。从一般意义上说，佛道二教都是天主教徒试图与天主教信仰，甚至是儒家思想相区别的宗教信仰。

天主教徒指斥佛教的内容还体现在对其教义的不认同。如利玛窦在南京与佛教大师三淮（即大报恩寺僧雪浪）的公开辩论，以及明末四大高僧之一莲池袾宏与天主教徒关于两教教理的辩论等，这些辩论围绕着“天”、生死、崇拜偶像、祭拜方式等问题展开。但对道教信仰，耶稣会士对其批评的侧重点有所不同，更多集中在指斥其迷信和巫术色彩浓厚上面，并未更多涉及教义等理论性内容。比如耶稣会士刘应曾指出中国共有三种道士，第一种不婚娶并仅仅从事炼丹术，他们认为使用仙丹就会长生不老；第二种也娶妻纳室；第三种是那些前往各家各户中进行祈祷的人。[②]第三种人被称为“最善于耍花招”的人，指他们利用巫术或其他技巧来迷惑人。

也有一些传教士对道教抱有好感，甚至将道教文化作为中国宗教文化的根基之一，或是将之作为天主教可能很早就在中国有传播迹象的证据。如前文所述傅圣泽神父有关中国道教信仰的研究和观点，此不赘述。从同一时期马若瑟对道教理论的深入研究及其与基督教相似性的比较亦可以推断，马若瑟对道教信仰很可能也是感兴趣的，而非反感。这都与天主教传教士对待佛教的截然对立态度不同。这种情况表明，有时候传教士会倾向于将道教以及道家文化作为中国本土文化的一部分，或是一种哲学思想来理解，而不是将之看作纯粹的宗教信仰。从这个角度上来说，道教甚至更近于儒家而远于佛教。

因此，天主教徒对待中国儒释道的态度是有层次区别的，利玛窦《天主实义》首先反对的目标就是佛教，其次才是指斥道教和宋明理学，而提倡先秦儒家传统。天主教反对者称传教士的传教策略为“排佛、斥老、抑儒”[③]，这一次序恰显示出对待中国宗教信仰之态度的程度差别。当传教士将佛道二

---

① 黄贞：《请颜壮其先生辟天主教书》，载夏瑰琦编：《圣朝破邪集》，（基督教与中国文化史料丛刊之一），香港：建道神学院，1996年，第151页。

② 〔法〕荣振华：《入华耶稣会士中的道教史学家》，载〔法〕谢和耐、戴密微等：《明清间耶稣会士入华与中西汇通》，第429页。

③ 黄问道：《辟邪解》，载夏瑰琦编：《圣朝破邪集》，（基督教与中国文化史料丛刊之一），香港：建道神学院，1996年，第267页。明末王启元也曾在《清署经谈》中谈到天主教首先辟佛，次亦辟老，亦辟后儒的情况，此不赘述。

教并提，且表示出排斥态度时，往往是在同时谈到儒释道时才做此表述的，意在突出“天主之教与儒多同，与释、道甚异”的观点。[①]

还应该注意到，传教士对佛道二教的排斥并非建议消除其在中国的存在。比如庞迪我、熊三拔即指出，“释道二氏，流传既久，犹仅存之。天堂地狱之说，有助于儒术。……天主之教与儒多同，与释、道甚异，只在信天主事天主与否。今将明灵神不灭，及天堂地狱之永报，使人知一念一言一事，难欺天主之鉴观，难逃天主之赏罚。世间祸福，报力甚轻，身后吉凶，甚大甚久，必能使人真心为善去恶，则可以补儒家之阙”[②]。这是在佛道二教已然在中国扎根，不可能被忽视的背景下做出的权宜之计。值得注意的是，这一论说并非为佛道二教的存在寻找理由，而是要借助释道二教的存在，反衬天主教的真理，借以补儒家之阙。这是天主教徒反对佛道二教而赞同儒家思想的另一种策略。

三、天主教传教士对待佛道二教态度差异的原因

明末清初的天主教传教士之所以会对佛道二教持差异化的态度，可以从以下几个方面加以深入分析。

首先，当天主教传教士进入中国开展传教事业的时候，这两种宗教在他们眼中是有所差异的。这一点与他们早期在日本等地的传教经历有关。早在罗明坚、范礼安到达中国传教之前，他们曾经在日本进行传教活动，从教区隶属关系上来看，中国教区属于日本教区领导。传教士在日本发现了佛教的重要地位，并采取了相应措施，取得了一些成果。因此，在传教早期，利玛窦等才希望借鉴日本的传教经验，即通过佛教信仰打开中国的传教通道。后来利玛窦认识到，佛教虽然是外来宗教[③]，但其传入中国后就被深入融合进

① 《庞迪我、熊三拔等揭利玛窦等入贡居住等项缘由奏疏》，载钟鸣旦、杜鼎克、黄一农，等编：《徐家汇藏书楼明清天主教文献》第1册，第102页。

② 《庞迪我、熊三拔等揭利玛窦等入贡居住等项缘由奏疏》，载钟鸣旦、杜鼎克、黄一农，等编：《徐家汇藏书楼明清天主教文献》第1册，第102—103页。

③ 明末清初人陈确甚至将尊奉不同宗教作为区分华夷的标准，并将佛教与伊斯兰教、天主教等同于外来宗教看待，他说：“夫诵习周公、仲尼之道者，中国之所以为中国也。尊奉佛、回回、天主诸教者，夷狄之所以为夷狄也。”参见（清）陈确撰：《陈确集》（下），《别集》卷3《瞽言二》，北京：中华书局，1979年，第433页。

了中国人自己的宗教信仰体系当中，被深度中国化以后的佛教便成了中国所特有的，故而将之与伊斯兰教、犹太教、基督教等宗教信仰区别开来。但是道教不同，道教发源于中国本土，其在印度、日本并没有形成有影响的宗教信仰，更谈不上像佛教信仰那样深入融合进当地的本土文化中。因此，当16世纪天主教传教士进入中国时，面对道教信仰，其实并没有一个可以借助的范例，对于他们来说，道教信仰是新鲜的。

其次，对佛道二教认知程度的差别还与两教在中国的发展水平有关。明末清初，在民间很多地方，佛教信仰比道教广泛得多。明朝末年，海虞天目氏钱明印曾在讨论吴地习俗中称，“吴俗祀先，颇为失礼。按祀典，凡厉鬼，于清明、七月十五、月朔，有司祭于邑厉坛。其先圣先贤，忠臣孝子，义夫节妇，则于春秋仲月上丁致祭。士君子不从朝廷正祭祭其先，乃同有司祭厉鬼之日，礼乎？非礼乎？至七月十五，尤有异端一说，竞为虚幻之事。独是地官赦罪，明系道家之说，谓茅固兄弟，皆仙中一子，于七月十五赦罪。今佛说盛而道教衰，民间全从浮屠作事，僧尼巧妙，因曰七月十五，地藏王开狱放鬼也。士君子又忍以其先人为狱中之鬼乎！司马温公曰：天堂君子登，地狱吓人入。士君子纵不敢以其先人为君子，而必以其先人为小人，何哉？我天学诸家，从正祭，不从野祭，而僧道谤毁，谓不祀祖宗，但未敢与厉鬼同祭耳，岂有不祀先之说哉！”①

利玛窦也曾描述：“我们一位新受圣职的教士告诉我们，现在这一教派的道长们实在无知，居然不知道本派中亵渎神明的诵经和礼仪。他们对老百姓没有任何管辖权。他们的权威只限于对他们教中的低级道士，并限于他们自己的宗教居住区，在这里他们的权力是至高无上的。像已经讲过的其他教派一样，这种道士有很多为了求得延年益寿的方案而耗费很多时间仿效他们的圣人去实验炼丹术，据说他们的圣人曾留传下来有关这种双重学问的某些配方。”②

清初天主教徒张星曜认为，道教不过是在佛教的影响下发展起来的，“自黄帝作合宫以祀上帝以来，经书之言具在，概可见矣。故契敷五教，邪说不生，圣哲挺生，风俗淳美，何其盛欤！自佛氏书入中国，创说诡异，老

① （明）钱明印：《辨惑论》，载钟鸣旦、杜鼎克、蒙曦主编：《法国国家图书馆明清天主教文献》第7册，第409—410页。

② 〔意〕利玛窦、〔比〕金尼阁：《利玛窦中国札记》，第112页。

氏之徒效之，于是中国之人心，不可问矣”[①]。因此佛教对天主教的威胁要更甚于道教，故与佛教之间的矛盾和冲突也最为激烈。这引发了佛教人士的不满，如在万历四十四年（1616年）著名的“南京教案”中，发起人南京礼部尚书沈榷就因本人对佛教的偏好而反对天主教；在崇祯十年（1637年）的福建教案中，艾儒略也是受到了反天主教人士对于其“合儒排佛”策略的攻击。相比之下，天主教与道教的群体性冲突则较少，其中可给予关注的规模较大的一次是崇祯十六年，在四川成都地区爆发的一次道教大规模反对天主教的冲突，全城4000多道士在部分地方官绅、僧道和民众的支持下公开集会，并结交文人世士，撰写檄文，散发宣传册，攻击传教士，甚至将传教士控告至省最高法庭按察司，前后历时3个月，参加反教运动人数达6000人之多。[②]

再次，佛道二教本身存在明显差异，它们在宗教理论、修炼方法、崇拜对象、行为方式等许多方面都存在不同。与佛教或儒家思想相比，道教更类似于一种技术性宗教，比如强调使用法术、炼制灵丹、求取长生等，因此，天主教对道教的批评多是对其带有的巫术色彩加以驳斥，而较少辨析其宗教理论。[③]相比之下，对佛教的辩论除了对某些信仰神进行辩论以外，多有关于宗教理论的论辩[④]；从信仰的神祇来看，道教具有多神性的特点，信仰神

---

① （清）张星曜：《天儒同异考》，载钟鸣旦、杜鼎克、蒙曦主编：《法国国家图书馆明清天主教文献》第8册，第433页。

② 详细研究参见汤开建：《沉与浮：明清鼎革变局中的欧洲传教士利类思与安文思》（上），《北京行政学院学报》2014年第4期。文章指出，“天主教自万历传入中国，虽然与儒教代表的士绅和佛教代表的僧侣有过无数次冲突与斗争，特别是崇祯后期闽浙两省出现僧俗联合反对天主教的活动更为典型，但像成都这样由数千名道士集会公开反对天主教的活动，则是中国天主教史上的第一次”。

③ 如《醒迷篇》中主要是与诸佛、道、神、术等内容进行辨析。论佛包括论释迦、观音、阎王、唐僧、禅僧、轮回、戒杀生、谈空、无为教等，论“道”包括老君、真武、张天师、八仙等。参见佚名撰：《醒迷篇》，载钟鸣旦、杜鼎克编：《耶稣会罗马档案馆明清天主教文献》第9册，台北：利氏学社，2002年。

④ 比如徐光启《辟释氏诸妄》一书对佛教中的破狱、施食、烧纸、持咒、轮回、念佛、禅宗等行为和主张进行了辨析。以“破狱之妄”为例：“夫地狱以为有耶无耶？无则罪人原自不入，可不必破；有则为大主所设，坚于铁围，乃困苦冥魂者，竟为无赖凡流，念数番言，狱破魂走，有是理乎？且破狱时，止放一魂乎？抑概放众魂乎？如止放一魂，是众魂造罪，一魂独以情面幸免，非平等观，何以服众魂耶？天纲偏私，先自主狱者失矣，此不可之大者。若佛法广大慈悲，众魂皆放，则一人破狱，众魂得以幸免，狱止待一人破足矣，地狱可以不设矣。且佛言既有灵验，何不将阳世囹圄，念动真言，一试其能破否乎？夫不能破之于阳，而专能破之于阴，此必不得之数也。倘地狱可破，则人之权，反重于大主，然阳世虽极恶人，有钱者皆能修斋破狱，虽极善人，无钱者难以设供召僧，必如所云，是地狱亦有钱得生，无钱得死也。冥魂日闹于泉壤，坤维不宁矣。此破狱之最妄者也。”参见《辟释氏诸妄》，载钟鸣旦、杜鼎克、黄一农，等编：《徐家汇藏书楼明清天主教文献》第1册，第37—39页。

灵较多，很多亦流传于民间；从行为方式上来看，道教的行为有时比较个人化，注重个人修炼，而佛教则宣扬普度众生，比如佛教寺院经常在灾荒之年开展一些救济灾民的活动，这一点与基督教又有很多相似之处；从生死观上来看，道教信仰者追求长生不老，更在意对现世的延续，而佛教则关注人的来世，这也与基督教关于死亡与灵魂的基本态度存在值得辨析之处。因此从佛道二教的宗教特点来看，为了宣扬与解析教理教义，天主教徒有必要对佛教加以辨析，而道教则因与他们差异较大而没有成为天主教徒主要辨析的对象。

最后，从道教本身的特点来看，道教信仰者崇奉多个神灵，以至于有些神祇甚至很难分清是道教神还是民间信仰神，如前文所述关帝、吕祖、城隍等。有关于道教神灵的传说也充满了奇幻色彩，其信仰中带有的某些巫术色彩又与民间宗教信仰相切近，道教信仰者也常常参与民间的巫术活动，这些都是道教信仰与民间宗教信仰深度融合的表现。正因为如此，天主教传教士在向西方介绍中国的道教信仰时，甚至常常将两者混为一谈，未加区分。如利玛窦在讲到某些中国人的民间迷信时，说到了两种“非常愚蠢的做法”，在全国各地特别是有权势的人当中十分普遍：一是努力从别的金属中提取银子；二是企图延年益寿长生不死，并有大量讨论这两种奥秘的书籍流行。他评价道：“第一种糊涂做法，可以解释为贪得无厌的炼金术士的妄想，他们挥霍他们的全部财产徒然想达到一种愚蠢的野心……第二种蠢事常常被发现是与第一种联系在一起的。长生不老的问题，就其本身性质而言，的确值得认真探讨，”并指出“在我们现在居住的北京城里，在大臣、宦官以及其他地位高的人当中，几乎没有什么人是不沉溺于这种愚蠢的研究的。”[①]这些内容其实来源于道教信仰，利玛窦则将之作为民间迷信来理解。

道教本身内部也教派众多，十分杂乱，这一点与佛教和儒家思想是有相同之处的。利玛窦介绍说：“这三种教派大体包括了这一异教人民的全部主要迷信，但他们世俗愚蠢的虚荣还不仅限于此。随着时间的推移，由于他们领袖人物的影响，每一种迷信的根源都会衍生出许许多多骗人的小支派，以致在这三大牌号之下，人们可以数出近三百种不同的独立小教派。由于腐化的作法和规则每天都在增长着，所以频繁的新花样也就江河日下，他们的成

① 〔意〕利玛窦、〔比〕金尼阁：《利玛窦中国札记》，第96—98页。

员就利用这些来过放纵淫逸的生活。”①

明末清初的普通百姓对于道教神和一些民间神祇有时候也不加区分，只要他们能够发挥庇佑功能就会信奉，并不过多地追求他们所崇奉者的宗教神圣性。当时的传教士罗明坚就认为，中国人对已有宗教表现得淡漠和不恭，因此对传播天主教充满信心。②对于已经深入融合进中国平民信仰的道教神和民间神，天主教传教士除了对其表现出的巫术和迷信行为加以驳斥以外，还曾试图借助于一些神灵事件帮助传教。这都与对待佛教和儒家思想的态度有所差异。

明末清初，儒家思想、佛教、道教是中国人的三大主要信仰。当西方传教士来到中国时，在思想层面必须要解决如何对待这三个已有广泛基础的信仰问题。张星曜在其著名的《天教明辨》当中，除了辨明天主教的基本教理以外，还着重辨析了儒家思想中与天主教相类的内容，以及佛教、道教当中的相关信仰。③明末清初马若瑟的天主教小说《儒交信》中开篇有这样一段，说的是康熙年间致仕甲科司马慎信奉了天主教，好友同县杨员外与举人李光论及此事时，颇为惊讶地说：“有一桩大奇事，兄可知道么？老司马入西洋天主教去了，这却了不得，你说怎么处？”李子道：“史长恁的着吓，司马老先生是个真儒，信佛老，从天主，我不知其意，且请从容商议。”④当佛教和道教成为可以和儒家思想相提并论的两种最主要的选择时，弃之而从天主，就成了大新闻。

对于天主教徒来说，必须要找到自己在当时中国人思想观念中的位置，才能求得立足和生存。因此，关注他们对其他三种主要信仰的态度就显得十分关键。与对天主教传教士关于儒家思想和佛教研究形成鲜明对比的是，学者目前对天主教传教士对道教信仰的认知态度的研究十分有限，这一方面确

① 〔意〕利玛窦、〔比〕金尼阁：《利玛窦中国札记》，第112—113页。

② 参见〔法〕裴化行：《天主教十六世纪在华传教志》，萧濬华译，上海：商务印书馆，1937年，第192页。

③ 如第十九册“辨释教谬妄”“辨道教谬妄”中即详细列有“释迦佛罗汉僧、老君、玉皇、观音、三官、家堂、真武、文昌魁星、关公、五通、五路、灶君、阎君、吕祖、马祖、张道陵、金龙四大王、王灵官、许真君、土神、城隍土地、淫祠宜毁、楮钱虚妄”，还有一些民间信仰如“辨堪舆、辨卜筮、辨克择、辨星命、辨风鉴、辨占天”。详见（清）张星曜：《天教明辨》，载钟鸣旦、杜鼎克、王仁芳等编：《徐家汇藏书楼明清天主教文献续编》第6册，台北：利氏学社，2013年，第21—22页。

④ 马若瑟：《儒交信》（第一回），载钟鸣旦、杜鼎克、王仁芳等编：《徐家汇藏书楼明清天主教文献续编》第26册，第5页。

实反映了当时天主教徒对道教不甚重视，关注不多的事实；另一方面亦限于史料的不足和零散，使得进一步深入论述较难展开。当然也有现存文献的语言问题，如很多留存于世的明清天主教文献为拉丁文、葡萄牙文等，新的史料尚待开发，这些研究中的缺席应该引起学者的注意。